普通高等院校"十三五"规划教材

财政学

辛 波　陈燕娟◎**主　编**
铁　凝　孙　宇　殷金鹏◎**副主编**
黄　燕　张晓林　李海央

清华大学出版社
北　京

内容简介

本书是在坚持基本遵循公共财政学的一般分析框架下，结合我国最新的财政改革理论与实践，以习近平新时代中国特色社会主义思想为核心，按照财政学的产生与发展—政府、市场与财政的关系—财政支出—财政收入—财政管理—财政政策这一主线，来构建其基本内容。全书共分15章，各章设专题若干，其内容基本都涉及本章节最新的资料，具有前沿性、知识性、可读性的特点，以激发学生对学习与思考的兴趣。

本书既可作为高等院校经济类专业课程的教材，也可作为财政工作者或对财政感兴趣人士的学习参考书。

本书封面贴有清华大学出版社防伪标签，无标签者不得销售。
版权所有，侵权必究。举报：010-62782989，beiqinquan@tup.tsinghua.edu.cn。

图书在版编目(CIP)数据

财政学 / 辛波，陈燕娟主编．—北京：清华大学出版社，2019.11（2023.1重印）
普通高等院校"十三五"规划教材
ISBN 978-7-302-54183-7

Ⅰ．①财… Ⅱ．①辛… ②陈… Ⅲ．①财政学-高等学校-教材 Ⅳ．①F810

中国版本图书馆 CIP 数据核字(2019)第 256099 号

责任编辑：刘志彬
封面设计：李伯骥
责任校对：宋玉莲
责任印制：丛怀宇

出版发行：清华大学出版社
网　　址：http://www.tup.com.cn，http://www.wqbook.com
地　　址：北京清华大学学研大厦A座　　　邮　编：100084
社 总 机：010-83470000　　　　　　　　　邮　购：010-62786544
投稿与读者服务：010-62776969，c-service@tup.tsinghua.edu.cn
质量反馈：010-62772015，zhiliang@tup.tsinghua.edu.cn

印 装 者：三河市龙大印装有限公司
经　　销：全国新华书店
开　　本：185mm×260mm　　　印　张：20　　　字　数：499千字
版　　次：2019年12月第1版　　　　　　　　印　次：2023年1月第3次印刷
定　　价：56.00元

产品编号：085391-01

前 言

在现代市场经济条件下,市场在资源配置中发挥着决定性作用,但也存在自身无法解决或解决得不妥的公共问题。比如,宏观经济波动问题、垄断问题、外部性问题、收入分配不均问题、产业结构不合理问题等。要解决这些问题,政府不仅是首要的"责任人",而且也必须筹集与掌握一定的财政资源。在实际的经济生活中,财政与我们的生活息息相关,比如,教育、住房、医疗、物价、税收、扶贫等问题。我们每一个公民既是政府财政的受益者,同时也是政府财政的实际承担人。因此,不管从政府的层面来讲,还是从个人角度来看,我们都应该关心财政、了解财政、学习财政。

财政是一种以国家为主体的经济行为,是政府集中一部分国民收入用于履行政府职能和满足公共需要的收支活动,以达到优化资源配置、公平分配及经济稳定增长和社会发展的目标。实践中,财政表现为政府的一系列收支行为或政府的理财活动。

财政学是研究财政收支活动及政策的一门社会科学,是从财政现象入手,透过现象探索其本质,揭示支配这些现象的规律性。财政学作为经济学的一个分支,其目标的确定、过程的分析、结果的评价完全遵循和经济学研究相一致的原则,并将整个国民经济划分为"政府"和"市场"(或者"公"与"私")两大部分,从二者的相互关系来研究经济,力图使政府财政活动更能符合全民利益最大化的经济目标。

从当代中西财政活动来看,公共财政是主流,但由于每个国家经济发展不同,中西财政活动的演变也不一样。在西方,财政学就是公共财政学,是市场经济的产物。在中国,改革开放前主要表现为与计划经济体制相适应的财政学;改革开放后,外在影响财政理论中的市场因素和内容逐步增加,并指导和服务于市场化改革。随着市场化改革的深入,财政学研究最新的特点是引进、学习和借鉴西方财政学理论,否定计划型财政理论,无论是体系还是内容都已大幅度向国际通用的公共财政学靠拢。

本书在编写的过程中,力图体现以下几个特点:第一,组织体系完整、结构清晰。在每章开始分别设置了学习目标、知识点与开篇导言,以利于学生掌握本章的内容主旨,起提纲挈领之效;章节结束设置了本章小结、关键词、思考题、案例讨论，以便于学生进行系统总结和复习，做到温故而知新。第二，知识体系的系统性。每章从基础知识入手，在阐述基本理论的基础上，还注重了对学生实践运用能力的训练。第三，知识面的拓展。各章设专题若干，其内容基本都涉及本章节最新的资料，具有前沿性、知识性、可读性的特点，以激发学生对学习与思考的兴趣。

　　本书在编写过程中，参考借鉴并引用了有关财政学教材及学术杂志上发表的研究成果论文，特此说明，并向有关作者表示感谢。我们还要感谢刊印本书的出版社的各位，正是由于他们极大热情与辛勤努力的付出，才使本书得以顺利出版。虽尽努力，但由于各种原因，本书难免也会存在遗漏和不足之处。在此，编者真诚地希望读者能够提出宝贵的意见，帮助本书不断完善，以便共同推进我国普通高等院校财政学课程教学与改革的进步。

编　者
2019 年 5 月

目 录

第一章　财政与财政学的产生与发展 … 1
　　学习目标 … 1
　　开篇导言 … 1
　　第一节　财政的起源与发展 … 2
　　第二节　财政学说的形成与发展 … 5
　　第三节　财政学研究的内容、视角与方法 … 12
　　本章小结 … 16
　　关键词 … 16
　　思考题 … 16
　　案例讨论 … 17

第二章　市场、政府与财政职能 … 18
　　学习目标 … 18
　　开篇导言 … 18
　　第一节　市场失灵 … 19
　　第二节　政府干预 … 29
　　第三节　财政的职能 … 33
　　本章小结 … 36
　　关键词 … 36
　　思考题 … 36
　　案例讨论 … 37

第三章　财政支出规模及效益评价 … 38
　　学习目标 … 38
　　开篇导言 … 38
　　第一节　财政支出的意义及分类 … 39
　　第二节　财政支出规模 … 44
　　第三节　财政支出效益评价 … 53
　　本章小结 … 59
　　关键词 … 60

思考题 ·· 60
  案例讨论 ·· 60

第四章　财政支出结构　61

  学习目标 ·· 61
  开篇导言 ·· 61
  第一节　财政支出结构概述 ·· 62
  第二节　对几项重要财政支出的分析与比较 ························ 67
  第三节　政府投资支出分析 ··· 83
  第四节　财政支出结构的优化 ·· 87
  本章小结 ·· 92
  关键词 ··· 93
  思考题 ··· 93
  案例讨论 ··· 93

第五章　财政收入总论　94

  学习目标 ·· 94
  开篇导言 ·· 94
  第一节　财政收入的意义和分类 ······································ 95
  第二节　财政收入规模 ·· 99
  第三节　财政收入原则 ·· 106
  本章小结 ··· 107
  关键词 ·· 108
  思考题 ·· 108

第六章　税收基本原理　109

  学习目标 ·· 109
  开篇导言 ·· 109
  第一节　税收的概述及特征 ··· 110
  第二节　税制要素与税收分类 ·· 113
  第三节　税收负担及其转嫁与归宿 ·································· 120
  第四节　税收效应与税收原则 ·· 129
  第五节　最优税制理论 ·· 136
  本章小结 ·· 140
  关键词 ·· 141
  思考题 ·· 141
  案例讨论 ·· 141

第七章　流转税　142

学习目标 ········· 142
开篇导言 ········· 142
第一节　流转税概述 ········· 143
第二节　增值税 ········· 146
第三节　消费税 ········· 152
第四节　关税 ········· 155
本章小结 ········· 158
关键词 ········· 159
思考题 ········· 159
案例讨论 ········· 159

第八章　所得税　160

学习目标 ········· 160
开篇导言 ········· 160
第一节　所得税概述 ········· 161
第二节　企业所得税 ········· 165
第三节　个人所得税 ········· 168
本章小结 ········· 171
关键词 ········· 172
思考题 ········· 172
案例讨论 ········· 172

第九章　财产税及其他税收　173

学习目标 ········· 173
开篇导言 ········· 173
第一节　财产税 ········· 174
第二节　其他税收 ········· 182
本章小结 ········· 186
关键词 ········· 187
思考题 ········· 187
案例讨论 ········· 187

第十章　国际税收　188

学习目标 ········· 188
开篇导言 ········· 188
第一节　国际税收的产生与发展 ········· 189

第二节　税收管辖权 …… 190
　　第三节　国际重复征税的产生和消除 …… 193
　　第四节　国际避税与反避税 …… 195
　　第五节　国际税收协定 …… 200
　　本章小结 …… 203
　　关键词 …… 203
　　思考题 …… 204
　　案例讨论 …… 204

第十一章　税收筹划与税收征管　205

　　学习目标 …… 205
　　开篇导言 …… 205
　　第一节　税收筹划概述 …… 206
　　第二节　税收筹划的原理与方法 …… 208
　　第三节　税收的征管 …… 212
　　本章小结 …… 219
　　关键词 …… 220
　　思考题 …… 220
　　案例讨论 …… 220

第十二章　国有资产收入、经营管理与政府收费　221

　　学习目标 …… 221
　　开篇导言 …… 221
　　第一节　国有资产的含义与分类 …… 222
　　第二节　国有资产的管理与经营 …… 223
　　第三节　国有资产收入与分配 …… 230
　　第四节　政府收费 …… 236
　　本章小结 …… 238
　　关键词 …… 239
　　思考题 …… 239
　　案例讨论 …… 239

第十三章　政府公债　240

　　学习目标 …… 240
　　开篇导言 …… 240
　　第一节　公债的含义及分类 …… 241
　　第二节　公债的运行与管理 …… 244
　　第三节　公债的经济效应与政策效应 …… 255

本章小结 257
　　关键词 258
　　思考题 258
　　案例讨论 258

第十四章　政府预算与预算管理体制　　259

　　学习目标 259
　　开篇导言 259
　　第一节　政府预算概论 260
　　第二节　政府预算程序 269
　　第三节　政府预算改革 271
　　第四节　政府预算管理体制 282
　　本章小结 288
　　关键词 288
　　思考题 288
　　案例讨论 288

第十五章　财政平衡与财政政策　　289

　　学习目标 289
　　开篇导言 289
　　第一节　财政平衡与财政赤字 290
　　第二节　财政政策 296
　　第三节　财政政策与货币政策的配合 304
　　本章小结 307
　　关键词 307
　　思考题 308
　　案例讨论 308

参考文献 309

第一章
财政与财政学的产生与发展

> **学习目标**
>
> 通过本章的学习，要求学生掌握财政的产生、发展及财政的性质、特征、概念；了解中西方财政学说的演变过程；熟悉财政学研究的内容、角度与方法。为以后的学习打下坚实的理论基础。

开篇导言

财政是什么？这是我们开始学习这门课程需要首先回答的问题。说起来，这个问题既复杂又简单。说它简单，是因为现实生活中存在着许多与国民经济发展及人们生活密切相关的财政现象。例如，规模宏大的三峡水利工程、登月工程、高速铁路建设、歼-20隐形战机研发、航母建造等，都是由政府财政投资的。另外，政府每年要拿出大笔的资金从事农林基本建设；国家机关、学校、军队、公安、基础研究等部门主要靠政府财政拨款来维持其生存与发展；城乡居民在医疗、教育、养老、住房等领域都在一定程度上享受着政府的财政补贴；国际交流、对外援助等也需要由政府承担全部的责任。同时，为了维持国家庞大的财政支出，政府必须要依法向企业、单位及居民征收相关的税费，例如企业所得税、增值税、个人所得税、高速公路通行费、社会保障费，等等。如果没有这些税费，政府就会难为"无米之炊"，不可能承担起相应的职责。近些年来，随着我国经济实力的增强（已成为世界上第二大经济体），政府的财力越来越强，2018年中国的GDP总值为900 309亿元（可折算成14多万亿美元），政府的财政收入超过25万亿元的规模。但这些收入还不足以保证政府的需要，必要时还会通过发行国债或国际债券的方式来筹集资金，以促进国民经济的快速、稳定、健康的发展。

在一年一度的各级人民代表大会上，全体代表成员还必须通过必要的立法程序对本级上一年度的决算报告和当年的预算报告，给予讨论、审查与批准。在会议过程中，人大代表会把百姓最关心的热点问题反映出来,各界媒体也会对热点问题给予集中公开报道,使社会公众知道政府的钱来自哪里,用到何处。

以上诸如此类的财政问题或现象还有很多,对此,不仅政府官员要关注它、研究它,就是普通的百姓也自然而然地去关心它、议论它。对于大学生来讲,我们将来要承担起国家的建设与经济发展的重大责任。因此,对于财政问题,我们不仅应只是去接受它、感受它,更需要从基本原理与利用逻辑思维来学习它、掌握它。

第一节 财政的起源与发展

纵观人类社会发展的历史,财政不是从来就有的。它是随着社会生产力水平的提高,人类社会发展到一定阶段后,在社会再生产过程中,产生了独立于社会生产单位和消费单位之外的统治阶级为了自己及社会公共事务的需要而形成的。

一、财政的起源

(一)财政产生的过程

财政是一个古老的历史范畴,是随着社会生产力的发展和国家的产生而产生的。原始社会初期,人类所处的生存环境很恶劣,为抵御外界的侵袭,人们只能聚集在一起生活,运用最原始的生产工具共同劳动,生产出数量极少的劳动产品并归全体成员共同所有。随着社会生产力水平的提高,畜牧业与手工业开始从农业中分离出来,且单纯地从事商品交换的商人也出现了。于是,整个社会生产的产品除了满足人们最低生活需要之外,还出现了剩余,私有制也因此而产生。此后,因人们所占有的私有财产多寡不均,贫富分化逐渐加剧,社会分裂成为奴隶和奴隶主两大根本对立的阶级。奴隶主阶级为了巩固自己的统治地位,保护自己的既得利益,镇压奴隶的反抗,建立起了军队、警察、法庭及监狱等统治机构,这就标志着奴隶制国家的诞生。而国家作为一种管理机构,虽然它本身并不从事物质资料的生产,不直接创造财富,但是为了维持其自身的发展壮大并履行其职能,却需要消耗一定的物质资料。于是,国家就依靠它所拥有的政治权力,采用赋税等形式,强制、无偿地占有一部分社会产品来满足其需要。这样,在整个社会产品的分配中,就独立出来一种由国家凭借政治权力来参与的社会产品的分配,而这就是财政分配。

(二)财政产生的条件

从财政产生的过程可以看出,财政的产生需要满足两个条件:一个是社会经济条件;另一个是政治条件。

社会经济条件是财政产生的物质基础。如果一个社会的生产力水平极其低下,没有剩余产品,也就不存在财政产生的可能性。只有当生产力发展到一定水平,社会出现剩余产品时，才能具备财政产生的物质基础。

政治条件是财政产生的权力保证。只有当社会发展到一定阶段，贫富两大对立阶级的矛盾变得不可调和时，才会出现维护统治阶级利益的权力机关——国家。国家的产生及统治机构的设置就为国家无偿占有一部分社会产品提供了权力保证，同时，国家的出现也就意味着财政的产生。可见，财政不仅是一个历史范畴，同时也是一个经济范畴，更是一个政治范畴。

二、财政的发展

财政随国家的出现而产生，并随着国家的发展而发展，也将会随着国家的消亡而消失。它依次经历了奴隶社会、封建社会、资本主义社会、社会主义社会，并相应地形成了为各社会形态的国家政权提供服务的奴隶制财政、封建制财政、资本主义财政和社会主义财政。

在不同历史时期，财政作为国家的分配，伴随着商品货币经济的发展和社会的进步。其分配的形态经历了实物形态向货币形态的转化；收入形式由贡赋、租税、官产收入为主过渡到了以税收、公债甚至货币发行为主；支出重点也从祭祀、战争、王室、官俸等为主转向以政权建设、经济发展、文教科技、社会保障为主。此外，新的财政范畴也不断出现，如封建社会末期出现了公债，资本主义时期出现了国家预算、赤字财政、社会保障等；财政活动的范围和领域也不断地得以拓展，由简单的政府收支发展成为政府调控经济的重要手段，广泛地服务于政府实现其职能的各个方面。

三、财政的性质与特征

财政作为一种分配范畴，具有其他分配范畴所不具备的特征，具体表现为：

（一）财政分配的主体是国家或政府

财政分配是以国家或政府的存在为前提的，是由国家或政府组织在全社会进行的集中性分配，是凭借国家的政治强制力进行的分配，因此国家或政府是财政分配的主体。而其他分配形式如银行信用分配、企业财务分配及价格分配的主体是银行、企业，或是交换双方的买者或卖者，只有以国家或政府为主体的分配才是财政分配。

（二）财政分配的客体（即对象）是社会产品的价值

社会产品是一个国家的劳动者在一定时期内（通常是1年）所生产出来的产品和劳务的总和，其价格总和即为社会产品价值。根据马克思主义经济理论，社会产品价值均由三部分价值形态组成，分别是：用来补偿生产过程中已经消耗掉的生产资料价值部分（C）、劳动者为自己创造的价值部分（V）、劳动者为社会创造的价值部分（M）。其中，消耗掉的生产资料价值包括流动资产价值和固定资产价值两部分，固定资产价值是以提取固定资产折旧体现出来。在不同时期，国家对社会产品或社会产品价值三个组成部分的分配政策各不相同。一般来说，财政收入主要来自于社会产品（价值）中的"V"和"M"部分，这两部分作为劳动者新创造的价值，总称为国民收入。而作为劳动者为社会创造的价值"M"，是企业所得税的基础，也是财政收入的重要来源。此外，国家还会通过包括对个人收入征收个人所得税等在内的多种形式从"V"中筹措财政资金。

(三) 财政分配的目的是满足国家或政府实现职能的财力需要

国家职能如巩固政权、发展经济、促进民生进步等，这些都属于社会公共需要。财政分配的直接目的是保证国家实现职能的需要，间接目的是满足社会公共需要。从一定意义上看，国家与财政是相互依存的。没有国家，就不会有财政；而没有财政提供财力，国家的职能就难以实现，社会公共需要就得不到满足，国家自身也不易存续。因为"赋税是喂养政府机器的娘奶""赋税是政府机器的经济基础"。[①] 巩固政权也好，经济建设也罢，政府职能的实现都要依靠财政提供财力。

四、财政的概述

"财政"一词属于外来语。据考证，Finis 一词在公元 13—15 世纪起源于拉丁语，意思为货币支付，后来又发展为 Finare。16 世纪末期，法国政治家布丹在其所著《共和国六讲》一书中使用了"财政"一词，并且将 Finare 写成法文 Finances 一词，专指财政收入和公共理财活动。到了 18 世纪，英国著名的古典政治经济学代表人物亚当·斯密在代表作《国民财富的性质与原因的研究》一书中，就多处使用 Finance。直到 1892 年巴斯塔布尔才用 Public finance 表述财政这个概念(汉语的意思是公共财政)。

在我国"财政"一词最早出现于 1898 年(光绪二十四年)，在戊戌变法"明定国是"诏书中虽然有了"改革财政，实行国家预算"的条文，但直到民国(1912 年)以后，人们才逐渐对"财政"一词有了较全面的认识和理解。在 20 世纪 40 年代，中华书局所出版的《辞海》是这样解释财政的："财政谓理财之政，即国家或公共团体以维持其生存发达为目的，而获得收入、支出经费之经济行为也"。

中华人民共和国成立以后，虽然引进苏联的教科书，但人们对于财政概念的认识并不一致。对于财政的定义，主要有两种论点：一是认为财政是以国家为主体所进行的分配；二是认为财政是国家的经济活动。而改革开放以来，随着西方财政理论的传播，人们对于财政的理解有了进一步的认识，现在通常的解释是：财政是以国家(或政府)为主体的经济(或分配)活动、经济行为或经济现象。也有将财政的一般概念表述为：财政是一种以国家(或政府)为主体的经济行为，是政府集中一部分国民收入用于履行政府职能和满足公共需要的收支活动，以达到优化资源配置、公平分配及经济稳定和发展的目标。不管如何来定义财政这一概念，但在实践中，财政就表现为政府的一系列收支活动或政府的理财活动。

[①] 《马克思恩格斯全集》第 19 卷，第 32 页；第 4 卷，第 342 页。

第二节　财政学说的形成与发展

如同财政的产生与发展经历了漫长的历史过程一样，财政学的形成与发展也经历了长期的演变轨迹。而且，随着时代的变迁，财政学的内涵也在不断地更新变化。

一、中国古代的财政思想

中国是一个文明古国，在漫长的历史发展过程中，涌现出了许多杰出的经济和思想家。他们从当时的实际出发，为治国安民寻求良策，在财政思想方面提出了一些颇有见地的见解。

（一）轻徭薄赋的财政思想

轻徭薄赋是中国财政思想史上较为普遍的一种政策主张。历代的经济思想家普遍认为，轻徭薄赋的财政不仅有利于缓和社会矛盾，而且还有利于社会经济的恢复与发展。例如：西周时期的周公就提出了统治者应"勤政裕民"的主张；春秋时期的管仲以"治国之道，必先富民"的原则为齐王理财；孔子反对苛政，主张"敛从其薄"；孟子认为"易其田畴、薄其税敛"是富民的首要因素；唐代的刘晏以"理财常以养民为先"来告诫他的君王；北宋的王安石认为，理财要做到"因天下之力以生天下之财，取天下之财以供天下之费"；清代的魏源说得更形象化，他指出，"善赋民者，譬植柳乎，薪其枝叶而培其本根；不善赋民者，譬剪韭乎，日剪一畦，不罄不止"。

（二）"量入为出"与"量出制入"的财政思想

"量入为出"与"量出制入"的财政思想是中国财政思想史上关于财政收支安排的两种相互对立的观点。"量入为出"的思想最早提出应是在西周，当时在《周礼》中就有"以九赋敛财贿，以九式均节财用"的记载。而与"量入为出"相对应的"量出制入"的思想，最早见于唐代的杨炎。他说，"凡百役之费，一钱之敛，先度其数而赋于人，量出以制入"。由此也引起以后历代理财家对"量入为出"与"量出制入"的争论。如唐代陆贽率先批判杨炎提出的"量出制入"原则，指出"量入为出"是"圣王"之法，只有在政治衰败时才会"量出为入，不恤所无"。明代的张居正，也坚持财政的"量入为出"原则。事实上，封建统治者总是交替使用"量入为出"和"量出制入"两种财政原则的，即使在杨炎没有公开提出"量出制入"之前，也是这样。

（三）开源节流的财政思想

开源节流思想主张在发展生产的基础上开辟财源、节制赋税、富国富民。战国时代的荀况就最早表达了这一观点。他认为"下贫则上贫，下富则上富"，只有生产才是"财之本也"，只有以劳动为本，才能达到"上下俱富"。在税收思想上，他主张"轻田野之税，平关市之征，省商贾之数，罕兴力役，无夺农时，如是则国富矣"。在财政支出的问题上，他明确地提出了"节其流，开其源"的著名财政基本原则，后世将此基本原则概括为"开源节流"，并成为被广泛接受的一句财政原则的名句格言。

(四) 官营专卖的财政思想

官营专卖思想指的是不通过增加租税而是通过官营工商业和产品专卖的办法来充实国库。这种思想最早见于《管子·轻重·山国轨》："不藉而赡国，为之有道乎？"。在《管子·轻重·海王》中还提出了"官山海"的建议，主张由国家控制盐、铁、山林、川泽等自然资源来增加财政收入。到了西汉，桑弘羊还制定了"均输""平准"两法。"均输"是指各郡国的贡品，除稀少特优的贡品直接运送京城外，一般的贡品可由当地办理均输的官吏运往邻近高价地区出售或将贡品折成现金，并另购当地大量价廉物美的商品运到高价地区出售。这样一来，不仅能减少贡品在输送过程中所产生的损失、费用和承担运送贡品的劳役，而且还能增加国家的财政收入。"平准"是在京城设置一个官方机构，"贵则卖之，贱则买之"，使"万物平而便百姓"，这样不仅能打击投机商使其无法牟取暴利，而且还有助于社会经济发展和稳定。而唐代的刘晏则主张通过整顿盐和铁专卖并推行平准法来开辟财源，并收到了"官收后利而民不知贵"及"敛不及民而用度足"的实效。不过，这一政策对于封建社会后期工商业的发展也产生了不利的影响。

除了上述这些突出的财政思想外，历代的思想家还提出了"公平税负、统一税收、简化税制、中央与地方财政分权"等观点。尽管我国古代的财政思想十分丰富，但是仅作为理财之政，始终没有上升为理论的系统阐述，因此也就最终无法形成完整的财政理论体系。

二、当代西方的财政理论

从历史上来看，在古希腊、古罗马及西欧中世纪，一些思想家在论述政治经济问题时，对财政问题也有了诸多见解。但是，把财政作为一门专门的学问来研究，则是在15世纪末期资产阶级产生以后才出现的事情。1776年，亚当·斯密在《国富论》一书中比较完整地阐述了他的财政思想，因此，他也就被冠以了"财政学之父"的称号。到了1936年，英国经济学家凯恩斯(John Maynard Keynes，1883—1946)的《就业、利息和货币通论》(简称《通论》)的发表，则被认为是当代资产阶级财政理论形成的标志。

(一) 重商主义与重农学派的财政思想

重商主义起源于16世纪中叶的英国，盛行于17世纪。它认为一国经济的强弱取决于该国黄金的多寡，主张政府应积极运用包括财政手段在内的各种方式干预民间经济活动，尤其应当利用关税政策鼓励出口，保护本国贸易，以换回更多的金银，积累货币财富。

重农学派起源于18世纪的法国，主张自由放任，反对国家干预。重农学派把理论研究从流通领域转向了农业生产领域，认为农业是物质财富的真正源泉，只有发展农业生产，才能使得财源茂盛。在税收方面，它极力主张实行"单一的土地税"，并由占有"纯产品"的地主承担全部税负，并同时取消其他的课税。

(二) 古典学派的财政理论

亚当·斯密是西方财政学的开山鼻祖。他在《国富论》中，专门开辟独立的一篇"论君主或国家的收入"，系统地研究了国家财政收支、税收和公债等问题，有创见地把财政作为经济学中的一个重要范畴来加以专门研究，并形成当代财政学的理论体系。其主要观点有以下几个方面：第一，主张君主的职权应尽量掌控在狭小的范围内，以利于私人经济活动领域的扩大；认为政府只要像治安管理人员那样，防御外来者的侵略和内在的治安及保护资产阶级财产不受侵犯；与此相适应，政府的财政开支也要压缩到最低限度。第二，在赋税问题上提出以地租、利润、劳务三种收入作为划分税收的依据，并提出著名的"公平、确定、简便和征收费用最小"四原则。第三，对公债持否定态度，认为巨额的公债有可能破坏国家财政。

英国经济学家大卫·李嘉图（David Ricardo）在1871年出版的《政治经济学及赋税原理》一书中，不仅继承了斯密的理论，而且在内容上有所丰富和知识面的延伸。比如在公债问题上，李嘉图则与斯密一样持否定态度，认为举债是将生产性资本转向非生产性消费，会影响资本积累。但在赋税问题上，李嘉图和斯密的观点有所不同。李嘉图反对对资本课税，"因为征收这种赋税，就会损害维持劳动的基金，因而也就会减少国家将来的生产。"而斯密认为税收是人民的非生产性支出转为国家的非生产性支出，现有资本并无损失。

此后，他们的理论经过 J. 穆勒（John Stuart Mill）、A. 马歇尔（Alfred Marshall）和庇古（Arthur Cecil Pigou）等持经济自由主义观点的古典或新古典经济学家的阐述而形成了西方财政学的所谓"盎格鲁-撒克逊"传统观点。该传统观点推崇市场机制在资源配置方面起着效果良好的作用，相信存在"看不见的手"会自动地将私人利益引导到公共利益上，主张"最好的政府是管理最少的政府"。

(三) 现代西方的财政理论

▶ 1. 凯恩斯主义的财政理论

1929年爆发世界规模的经济危机后，世界经济陷入长期萧条，人民百姓失业问题严重。垄断资产阶级迫切需要一套"医治"失业和危机，加强垄断资本统治的新理论和政策措施。凯恩斯在其《通论》一书中阐述的经济思想正是适应了这种需求，引起了西方经济学界的震动。许多资产阶级经济学家因此放弃了庸俗经济学的传统观点，转而追随凯恩斯，并对《通论》一书的内容加以补充和延伸，形成了凯恩斯主义，其主要代表人物包括美国的汉森、萨缪尔森，英国的罗宾逊、斯拉法等人。他们的主要财政观点和政策主张表现在以下几个方面：

(1) 实行国家干预的经济和财政政策。凯恩斯认为，之所以出现经济危机，关键原因是有效需求不足（即消费需求和投资需求不足），而要消除经济危机，就必须刺激有效需求。因此，政府必须扩大财政开支，大量发行公债，推行财政赤字政策。汉森则把财政赤字政策和经济周期联系起来，认为在经济萧条时期，政府应推行赤字预算的政策，以弥补有效需求的不足；而在经济繁荣时期，应推行预算盈余的政策，以减少有效需求。这种旨在调节有效需求以熨平经济波动的政策,称为补偿性财政政策。

(2) 把税收作为调节社会经济的重要手段。凯恩斯认为,国家应通过改变租税体系,限定利率或其他方法,指导和刺激消费需求。后凯恩斯主义者还把税收和投资联系起来,根据国家干预经济的需要,实行增税或减税,以缓和经济衰退。

(3) 用发行公债的办法来弥补财政赤字。凯恩斯认为,政府扩大公共开支而导致的财政赤字可以通过举债来弥补。只要政府把公债用来刺激经济增长,公债就是安全的,并可以一直延续采用。

▶ 2. 货币主义学派、供给学派和理性预期学派的财政理论

凯恩斯主义的财政政策在第二次世界大战后的成功运用,的确使其在学界得到认可和称赞。但是,到了20世纪70年代初,当通货膨胀席卷西方国家,而失业率却未能像其理论所预示的那样大幅度降低时,人们逐渐对它产生了怀疑。以 M. 弗里德曼(Milton Friedman)为代表的一批经济学家借此发动了一场对凯恩斯主义的财政政策传统的"反革命"。其中主要有货币学派、供给学派和理性预期学派,他们认为正是国家对经济的大规模干预窒息了市场经济的活力,从而造成此时经济的"滞胀"局面。但是,凯恩斯主义的反对者们并未建立起一套足以与凯恩斯主义相抗衡的财政学说。只是,他们力图在这个框架内恢复古典学派的传统。

▶ 3. 公共选择学派的财政理论

当人们围绕着凯恩斯主义理论展开无休止的争论时,以布坎南(James M. Buchanan)和图洛克(Gorden Tullock)为首的一批经济学家在财政学的一个重要领域内取得了重大的理论进展。他们将财政作为公共部门经济,集中研究社会公共需要及满足这一需要的产品——公共产品,分析了决定公共产品的生产和分配的过程,及生产公共产品的国家机器的组织和机构。公共选择学派的主要财政观点表现在以下几个方面:

(1)明确界定公共产品的产权。

(2)在公共部门内部和部门之间引入竞争机制,重构官员的激励机制,按照市场规则来组织公共产品的生产和供给,约束政府的税收和财政支出。

(3)重新设计公共产品的偏好显示机制,使支持人尽可能真实地显示其偏好。

▶ 4. 新凯恩斯主义的财政理论

除上述一些主要流派的财政理论外,新凯恩斯主义对现代财政学的发展也做出了重要的理论贡献。与其他经济学派相比,新凯恩斯主义经济学派的理论缤纷繁杂。概括地讲,他们在吸纳并融合各学派理论之长、批判地继承和发展在原凯恩斯主义的基础上,试图建立起一种有微观理论基础的新凯恩斯主义宏观经济学。新凯恩斯主义的财政观点主要表现在以下两个方面:

(1)强调并从微观角度入手,阐明了市场机制的不完善性。他们从垄断竞争的市场结构出发,研究了经济中存在的实际性、风险和不确定性、经济信息的不完全性和昂贵性、调整的成本因素等,从而说明了企业的最优定价行为及其宏观经济含义,证明在市场经济中"看不见的手",并不能引导以经济利益最大化为目标的经济主体最大限度地促进社会利

益,达到"帕累托最优"的境界。恰恰相反,"看不见的手"导致了"协调失败",出现了长期的市场非均衡和社会福利的巨大损失。

(2)强调政府干预经济的必要性。他们以需求冲击为假设,着重论证了企业为什么总是拒绝及时随需求的变动而调整价格和劳务工资,这种微观行为反映到宏观经济层面又如何导致总产出和就业的形式变动。因此,需要通过政府干预来解决这种市场机制的失效问题。

【专题 1-1】

对财政学的一种解释

在现代经济学的分析视野中,人类的欲望可以大致分为两类:一类是个人欲望;另一类是公共欲望。一般说来,个人欲望的满足可以经由市场的活动,凭借价格机制的运作来达到圆满的解决;而公共欲望的满足则很难借助市场机制的运作达成,它一般需要通过政府预算决策来实现。在现代政府体系中,政府预算的编制须经议会的同意,而议会代表则由公众投票选举产生。因此追根溯源,公共欲望的满足一般经由公众投票过程达成。私人部门经济与公共部门经济的异同,如图 1-1 所示。

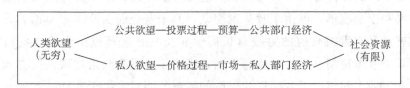

图 1-1 私人部门经济与公共部门经济的异同

尽管私人部门经济和公共部门经济有着各自的活动范围和经营方式,但就其本质来说,二者的目的都在于如何利用社会上有限的资源来满足人类的无穷欲望。从这个意义上说,二者之间的差别仅仅是手段上的。

我们知道,作为社会公众利益的代表者,政府是实现公共欲望的当然首选。因此,公共部门的经济活动实际上就是指政府的经济活动。而为了满足公共欲望,政府需要向公众提供道路、公园、治安、国防等各种公共产品和服务。此时,政府免不了要承担成本、耗费资金,这就形成了政府支出。政府要开支,就要有相应的收入来源,税收、收费和公债等是政府融资的主要渠道,这些共同形成政府的收入。所谓财政,指的就是政府的收支活动及其管理。由于财政活动是政府从事各种经济、社会和政治活动的基础,因此,在广泛的意义上,财政学是研究政府经济活动及其对经济运行所产生影响的经济学分支,也称公共部门经济学或公共经济学。

三、当代中国的财政学发展

自 20 世纪以来,中国的财政学从无到有、逐步发展起来,可以归结为以下几个阶段:

(一)译介阶段(1900 年前后—1950 年代初期)

中国财政理论的起源,最早可以追溯到 20 世纪初西学渐开的年代。其中,又分三个时期:

1. 清朝末年

自 1840 年鸦片战争失败后,一批有识之士积极向西方寻求救国救民的真理。大约在 19 世纪 80 年代,便有个别的西方财政学著述译介到国内。据史料记载,最早呈现于中国读者面前的现代财政学著作是 1903 年出版的、由清代钱恂所著的《财政四纲叙》,该书分别就租税、货币、银行、公债"四纲"进行了简要的论述。而真正使读者受影响很大的是同年出版由作新社翻译的《(最新)财政学》、1905 年由胡之清根据日文原本编著的《财政学奥付》、1909 年由张锡之翻译和小林丑三郎原著的《比较财政学》(上、下卷)。这一时期总的特点是:由于长期以来养成的夜郎自大情结,对待西方学说的基本态度是"师夷长技以制夷",目的在于谋求民富国强的良策。因此,追求实用、革新财政的倾向比较明显,疏于理论的基础性和系统性。与此相联系的是以传统的思维方式和认知框架对待西方财政理论,断章取义、牵强附会的现象十分严重。这就导致了此时西方财政理论的传播只具有开启新风的作用,是透过"国粹"夹缝的一缕曙光。

2. 北洋政府时期

中国民主革命的先行者孙中山先生及其追随者廖仲恺、章太炎等人的财政主张多集中于民生主义和土地改革,但由于政局的变动,并未及全面实施。相对而言,在实际应用上颇有成就的是袁世凯政府的财政总长周学熙及其私人幕僚梁士诒。他们在整理财政、编制预算、改革税制、发行公债等方面,提出了一系列政策建议。虽然谈不上理论的探讨,但在实践上却塑造了我国现代财政的雏形。同时,由于实践的需要,在很大程度上也激发了人们对译介西方财政理论的热情。在同期出版的各类经济学书籍中,财政类书籍的数量和版本是最多的,首先出现的是日文译本,其次是欧美、印度的译本。这一时期,虽然也有国人自撰的财政学著作,但数量极少,而且基本上仍属于编译或介绍性的内容。

3. 南京政府时期

由于国民党的统治时期基本是在战争年代,因此,筹措战争经费、缓解财政危机是当局面临的最为紧迫的任务。因此,这一时期财政理论的最大特点是关于战时财政的研究,出现了各类经济学家共同关注财政问题的局面,极大地推动了中国财政学的发展。与此前相比,国人自撰的财政学著作已占同类出版物的绝大部分,内容涉及了当代财政学的各个领域,外文译著的重点也逐渐从日本转向欧美。与此相适应,财政学已经成为高等教育的主修课程,涌现了一大批知名学者和论著。较具影响的有陈启修(又名陈豹隐)的《财政学总论》、李权时的《财政学原理》、姚庆三的《财政学原论》、薛贲时的《财政学新论》,及何廉、李锐、尹文敬、曹国卿等人的《财政学》和马寅初的《财政学与中国财政——理论与现实》等等,表现了财政理论研究本土化的努力。特别值得一提的是,同期还出现了以马克思主义为指导的财政学论著,例如,1929 年萨孟武所著的《财政学之基础知识——社会主义财政学》、1949 年千家驹所著的《新财政学大纲》、焦敏之编译的《苏联财政》、吉雅琴科原著的《苏联财政与信贷》和吴清友翻译的《苏联财政制度》等等。总的来说,这一时期的财政学论著或埋首于史籍的整理,或以针砭时弊为己任,或热衷于外籍的译介,虽然为财政学在我国的传播与发展提供了大量有参考价值的材料和广泛的舆论铺垫,但国人在理论的独创性方面还是没有大的进展和突破。

(二)初创阶段(1950—1964年)

新中国成立之初,苏联是我国的楷模,财政理论也是"原版"引进。当时在苏联影响甚大的是"货币关系论",认为财政所反映的经济关系是由于货币的使用而产生的,社会主义财政就是通过货币表现出来的价值分配关系。这一观点虽然正确地指出了财政与国家的内在联系,但它也把企业财务和银行信贷都包括了进来,混淆了财政、财务、价格等范畴,模糊了财政研究的特定对象。对此,国内许多公众提出了质疑,涌现了诸如"国家资金运动论""价值分配论""剩余产品价值运动论""国家意志论"等新的观点。"国家分配论"就是在与这些观点的论辩中,利用其自身的逻辑性强有说服力的特点,赢得了越来越多的赞同而成为主流学派的。许廷星教授于1957年出版的专著《关于财政学的对象问题》,在我国第一次提出并系统地论述了"国家分配论"的基本内容。针对苏联学者关于财政学对象是"货币关系论"的观点,绝非计划经济的产物。其所提出的两种属性分配关系和"国家分配论",涵盖了"以国家为主体""满足整个社会的共同需要"等丰富内容。在此基础上,关于财政问题的讨论进一步深入,大批学者的论文相继发表,直到1964年达到高峰,成为中国财政理论发展史上的一个里程碑。同年,出版了中国人民大学财政教研室编著的《财政学》(初稿)和邓子基编著的《财政是经济基础还是上层建筑》,对此召开了第一次全国财政理论研讨会。在这次会议上,人们进一步将财政与国家联系在一起,明确指出理解财政概念的关键:一是国家主体;二是分配关系。财政的本质就是以国家为主体的分配关系,从而最终确立了国家分配论的主流地位。

(三)成熟阶段(1980—1990年)

"六四会议"之后,新生的国家分配论还未来得及深化与完善,便在史无前例的"文化大革命"中被束之高阁。改革开放以后,财政话题重提,各种反对意见激烈交锋,形成了"再生产决定论""剩余产品决定论"和"社会共同需要论"等不同意见。争论的焦点就是:如何看待国家和财政的关系,怎样理解财政产生的原因、财政分配的对象、财政范畴的历史性。对此,1983年邓子基发表了著名的《为"国家分配论"答疑》一文,运用"剥笋"式的分析方法,重申财政虽然与再生产、价值、社会产品、剩余产品等范畴有着密切联系,但只有同国家的联系才是最深层次的"本质联系"。

与此同时,由于教学所需,国家分配论者相继出版了一批教材用书,以成熟而系统的理论体系占据了学界的主流。其中影响甚广的便是由邓子基主纂的《社会主义财政理论》(1978)、《社会主义财政学》(1980)、《财政与信贷》(1981),许毅与陈宝森主编的《财政学》(1984),许廷星主编的《财政学原论》(1986),何盛明与梁尚敏主编的《财政学》(1987),及邓子基的专著性教材《财政学原理》(1989)。比较而言,主张"剩余产品决定论"的专著只有王绍飞的《财政学新论》(1984),主张"社会共同需要论"的只有何振一的《理论财政学》(1987)。可见,整个20世纪80年代,国家分配论取得了空前的发展和突破。

(四)发展阶段(1990年至今)

1992年党的十四大政治报告提出了经济体制改革的目标模式是实行社会主义市场经

济，其中，邓小平南方谈话起到了至关重要的决定作用。之后，各个方面都开始加快了市场改革的步伐，尤其是我国加入了WTO后，更是从深层次进行改革，与国际接轨，开始了全面构建市场经济体制的进程。

在财政研究方面，为适应市场经济体制发展的需求，出现了多种新观点、新理论，并且各种观点之间的碰撞开始加剧与激化。这一阶段，不仅有关西方财政学理论的著作和译著有很快的发展，而且我国的财政学理论研究也有了大量的借鉴和吸收西方财政学中的合理理论要素。在论战中，学者们主要针对改革开放以前我国在计划经济时代长期实行的国家财政体系的弊端，集中讨论了中西方国家财政体系的异同点，在吸收西方关于公共财政研究的合理成分的基础上，围绕建立适应市场经济需求的我国新型公共财政体系的目标展开了广泛的研究和探讨。虽然对于如何扬弃我国传统国家分配论和西方公共财政论的认识上，各学者还有一定差异，但吸收西方公共财政论的合理成分以指导我国建立新型国家公共财政体系已经成为一种普遍共识。目前，中国的"公共财政论"的支持者逐步形成了相对系统的公共财政理论，具体包括公共财政框架理论、公共支出理论、税收理论、公债理论、政府间财政关系理论、财政风险理论等。考虑到我国财政支出含国有企业支出的规模和比重较大，产生了建立所谓公共财政和国有财政的"双元财政"的主张。"双元财政"的主要特点是，将国有企业支出从一般财政支出中剥离出去，使整个财政支出结构走上公共财政的道路。

此后，随着2007年美国次贷危机爆发，我国学术界对于财政政策如何干预对国民经济运行的调节，并防范国家的财政风险，一度成为人们关注的热点问题。另外，随着我国国力的提高与财政收入的增加，特别在中国共产党"十八大"与"十九大"召开后，在习近平新时代中国特色社会主义思想的指导下，众多学者加大了对于民生财政支出、税收制度改革、财政进一步分权等问题的研究力度。

第三节　财政学研究的内容、视角与方法

财政作为客观存在的范畴，必然促使人们不断地研究它，以更好地了解、把握和驾驭它，财政学作为研究财政收支活动及政策的科学，是从财政现象入手，透过财政现象探索财政本质，揭示支配这些现象的规律性。财政学又称为公共部门经济学或政府经济学。

一、财政学研究的内容

从大的方面来说，财政学研究的内容主要包括三部分：①财政基础理论（即什么是财政、财政本质、财政职能等）；②财政制度（通过一些范畴，如国家财政支出、国家税收、国家预算、国家公债等展开）；③财政政策（财政政策的手段、财政政策与货币手段的配合等）。这三部分间的关系是：财政理论是基础，财政制度是实践，理论通向实践的桥梁是财政政策。

由于各国经济发展情况有快有慢，市场的发育程度不同，我国与西方国家在财政学的研究内容上也不尽一致。在西方国家，财政学就是公共财政学，是市场经济的产物。在中国，改革开放前主要表现为与计划经济体制相适应的财政学；改革开放后，随着市场化改革的深入，财政学正在逐步公共化，无论是体系还是内容都已大幅度向国际通行的公共财政学靠拢。

【专题 1-2】

公共财政理论的基本框架

所谓公共财政主要是指一国政府为市场提供公共产品的分配活动或经济活动，它是与发达的市场经济相适应的一种财政模式。公共财政是弥补市场失灵的财政，是非营利性的财政，是一视同仁的财政，是法治化的财政。公共财政理论的基本框架，主要包括以下五个方面：

1. 财政对象——公共产品论

西方财政学对于许多问题的研究，都是以公共产品论为研究起点的。公共产品是指具有共同消费性质的物品。公共产品与私人产品是相对而言的。从世界范围来看，大部分公共产品必须由政府直接参与提供。公共产品则是构成了市场经济中政府（财政）活动的对象。

2. 财政目的——公共需要论

人类社会的需要可以分为私人个别需要和社会公共需要。社会公共需要是指社会公众对于公共产品的需要。在现代经济条件下，私人个别需要由市场提供的私人产品来满足；社会公共需要由公共部门（主要是政府）提供的公共产品来满足。政府财政的直接目的就是满足社会公众对公共产品的需要。

3. 财政起因——市场失灵论

市场失灵论基本分析思路是：市场有效运行→市场配置资源机制失衡（市场失灵）→经济运行不稳定→政府干预→财政介入→市场运行恢复平稳。也就说，政府干预和财政介入的根本原因是市场失灵。

4. 财政模式——公共财政论

政府经营国有资产的目的有两个：一是弥补市场缺陷，不以营利为目标；二是进入竞争性领域，追逐利润最大化。西方财政理论认为，首先应该为私人经济活动创造各种有利条件，为市场经济的有效运转提供服务。他们主张单一的公共财政模式，是把政府财政的活动范围界定于市场失灵领域之内。

5. 财政决策——公共选择论

财政是为政府提供公共产品服务的，但提供什么样的公共产品实际就是财政的决策过程，也是决策的选择过程。但公共产品的供应是建立在个人效用和偏好基础之上的，通过代议制民主制度及公决或议会投票程序反映出来成为政府预算决策的依据。

二、财政学研究的视角

财政与经济的关系是财政学的一条根本线索。财政学作为经济学的一个分支，其目标的确定、过程的分析、结果的评价完全遵循与经济学研究相一致的原则。财政学所要回答的同样是经济学的四个基本问题：生产什么（生产多少私人物品，多少公共物品）、如何生产（私人部门生产，还是公共部门生产）、为谁生产和如何决策。从经济学角度对财政问题进行研究，是财政学的基本视角。而从政治学角度研究财政问题，则是财政学的重要视角。因为政治是经济的集中表现。人们所有的经济活动，都会直接关系和影响着人们的经济利益，由此而形成的经济理论，也就必然要反映社会成员的各种利益要求和矛盾。这就使得经济理论研究往往难以局限于"经济"的层面，或多或少地上升到"政治"层面上来。财政活动的主体是政府，财政活动不仅影响和牵涉多方面的利益关系，更主要的还在于作为政府活动的一个部分，它往往就是政治活动的支点和后盾。因此，财政理论上的争论，使得人们往往超越经济的范围而采用了政治的办法来解决问题。

财政学研究的视角，绝不仅仅限于经济学和政治学。政府作为现代社会的管理者，其活动还涉及各种各样的社会问题，而财政则是政府处理社会问题的最重要手段之一，所以社会学角度也是研究财政问题的重要角度之一。此外，由于财政活动牵涉整个国家和社会全体成员的生活，因而财政学研究还必须从哲学、伦理学、心理学等视角进行。可见，财政学是一门经济学，也是一门政治学，更是一门社会学和伦理学。财政现象是国民经济的综合反映，只有具备广泛的知识且运用这些知识来综合分析财政现象，才可能透视财政现象的真谛。

三、财政学研究的方法

在分析政府经济活动的过程中，财政学不仅要解释实际政策对经济运行的影响，而且还要尽可能为政府的决策提供参考指南。财政学经常采用经济分析的两种基本方法是实证分析和规范分析。

（一）实证分析

实证分析（positive analysis）旨在描述各种经济因素的存在与经济运行的过程，并试图在各种经济变量或政策手段之间建立起联系。主要涉及事实判断，重在回答研究对象"是什么""会怎样"的问题。比如，为了应对经济危机，中央政府扩大政府开支的效果如何、经济增长与物价水平之间的关系如何、开征物业税对房地产市场有什么影响等等这些问题都属于实证分析的范畴。

（二）规范分析

在现实生活中，我们经常要对各种各样的政策建议或行动作出反应并加以评判。比如，电信资费是否偏高？政府增加开支为什么会加大通货膨胀的压力？类似的问题可谓不胜枚举。在经济学中，像这类对经济行为或政策手段的后果加以优劣好坏评判的研究方法被称为规范分析（normative analysis）。

规范分析确认什么是有利的结果，或者应该采取什么行动来实现有利的结果。它往往从预先确定的标准出发，用于描述实现上述标准的最优政策。因此，规范分析能够提出实现多种经济目标的政策建议。与旨在描述事实、不涉及结果好坏的实证分析方法相比，规范分析方法依赖于基本的价值判断,也就是说,只有在基本价值判断的基础上,规范分析才能对各种政策建议或行动加以评价。

一般来说,在财政学的研究中,如果涉及解释政府活动如何影响经济运行的问题,主要由实证分析来完成;而为政府决策提供指南,即探讨"政府应该采取什么政策"之类的问题,则有赖于规范分析。不过,这样的区分并不是绝对的,尤其是对"政府应该采取什么政策"这一问题来说,尽管分析和判断属于规范分析的范畴,但该问题的良好解决政策必须建立在实证分析的基础上。只有通过实证分析,才能了解政策对经济行为的影响,否则,即便确认了好坏标准,一些出发点良好的政策也可能导致与原先意图背道而驰的结果。比如说,假如你支持住房租金控制立法,该立法能够使住房租金降到贫困家庭可以承受的范围程度,你相信此举有助于贫困家庭获得更好的居住条件。但是,如果实证分析表明上述立法控制不仅会导致住房变得紧张,而且还会使市场上出租房屋的质量下降,那么贫困家庭的生活境况可能趋于恶化。在此情况下,你可能会重新考虑是否支持将住房租金控制作为向低收入人群提供帮助的一种手段。

值得注意的是,无论是在实证分析领域,还是在规范分析领域,经济学者们都难免会出现意见上的分歧。但相对来说,由于实证分析倾向于用数据和事实说话,因此争议程度相对较小,同时即便有争议,也比较容易达成不同程度的共识。而规范分析则较多地受到人们的立场、感情、信念等因素的影响,争议往往较大,并且难以达成共识。

【专题1-3】

当代财政学的奠基人:亚当·斯密

亚当·斯密(Adam Smith,1723—1790)是18世纪英国古典政治经济学理论的主要代表之一,也是资产阶级财政学的创始人。1776年出版的《国富论》主要研究促进或阻碍资产阶级财富发展的原因,论证资本主义制度比封建制度能更好地促进生产力发展和国民财富的增长。亚当·斯密主张利己主义、经济自由,认为每个人追求个人利益会给整个社会带来共同利益。

亚当·斯密财政思想的要点如下:

1. 收入论

亚当·斯密把国家收入分为两类:来自君主或国家财产的收入和来自赋税的收入。他认为,一切税收都来自地租、利润与工资,或来自这三种综合的收入。他把税收划分为以下几种:(1)地租税,包括房租税。所谓地租税即来自土地上的赋税,有两种征收方法:一是按照某种标准,对各地区评定一个定额地租,估定之后,不再变更;二是税额随土地实行地租的变动而变动,随情况的改善或恶化而增减。(2)利润税,即对资本收入的一种赋税,他把资本收入分为利息和利润两部分。(3)劳动工资税。(4)人头税和消费税。

2. 公债论

亚当·斯密不赞成政府发行公债,他认为只有在战时由于平时储蓄不足,战争期又耗费巨大,才可发行公债。因为政府发行公债,会把私人用于生产的资金转移给政府浪费掉，从而影响生产的发展。政府为了偿还公债的本息，又提高税收，增加人民负担，或者折价偿还，甚至赖账不还，使债权人蒙受损失。

3. 税收原则

亚当·斯密认为国家在制定税法或进行税收工作时，应遵循平等、确实、便利、最小征收费用原则。

本章小结

财政是一种以国家为主体的经济行为，是政府集中一部分国民收入用于履行政府职能和满足公共需要的收支活动，以达到优化资源配置、公平分配及经济稳定和发展的目标。实践中，财政表现为政府的一系列收支活动或政府的理财活动。

从财政学说的形成与发展，尽管我国古代的财政思想十分丰富，但还未能形成系统的财政理论体系。我国当代的财政学说，解放以前基本处于引入西方公共财政学的阶段，带有很强的编译性质。新中国成立以后，改革开放前主要表现为与计划经济体制相适应的财政学，"国家分配论"占据了主流地位。改革开放后，随着市场化改革的深入，财政学正在逐步公共化，无论体系还是内容都已大幅度向国际通用的公共财政学靠拢。当代西方财政理论大体可以分为三个阶段：重商主义财政理论时期、古典财政理论时期、现代财政理论时期。在西方，财政学就是公共财政学，是市场经济的产物。

财政学研究的内容主要包括三部分：财政基础理论、财政制度、财政政策。从经济学角度对财政问题进行研究，则是财政学的基本视角；从政治学角度研究财政问题，则是财政学的重要视角；此外，由于财政活动牵涉整个国家和社会全体成员的生活，因而财政学研究还必须从社会学、哲学、伦理学、心理学等视角进行研究。财政学研究的基本方法有两种，即实证分析与规范分析。

关键词

财政　财政学　公共财政论　国家分配论　实证分析　规范分析

思考题

1. 简述财政的性质与特征。
2. 试述我国古代财政思想的主要内容。
3. 当代西方财政学说的发展经历了哪几个阶段？其主要内容是什么？
4. 概括一下财政学研究的主要内容、视角与方法。

案例讨论

案例一： 2008年，温家宝总理在十一届全国人大一次会议记者招待会上曾说过这样一段话："其实，一个国家的财政史是惊心动魄的。如果你读它，会从中看到不仅是经济的发展，而且是社会的结构和公平正义的程度。"

问题：对于温总理的这段话，你是怎样理解的？

案例二： 对于国民党政权在大陆败亡的原因，有的学者提出了"经济崩溃说"。这一学说认为：抗战胜利后，国统区的财政由于美国的经济侵略、四大家族的残酷掠夺和内战的巨大消耗而陷入严重的赤字之中，币制改革的失败更加速了经济的危机。财政经济的崩溃，既推动国统区民众站出来为生存而斗争，也加剧了国民党内部各派矛盾的激化和军事与政治的瓦解，并最终导致了南京国民党政权的败亡。

根据你所学的历史知识，并结合你对财政重要性的理解，来评论一下上述的结论。

第二章
市场、政府与财政职能

学习目标

通过本章的学习，要求学生熟悉市场失灵及表现，了解政府干预的必要性与政府失效，掌握财政职能的含义与内容。

开篇导言

《圣经》中记载：公元前 1030 年，古以色列部落一直没有中央政府。以色列人要求先知撒母耳"创设给我们以仲裁的国王，像其他国家那样"。撒母耳为打消以色列人的念头，描述了在独裁者统治下的生活："国王会这样君临你等：他要夺走你等的儿子，安排在他的身边，做他战车的马童，跑在战车的前面；他要夺走你等的女儿，给他洒香水、备餐、烤面包；他要抢占你等的土地、葡萄园（即使是你等最好的园地），赏赐给他的仆人；他要强征你等 1/10 的畜群，你等将沦为他的奴仆。你等在那里要为自己有了国王而悔恨。"以色列人没有被这令人泄气的告诫吓住，人们不听撒母耳的劝告，说："不！我们需要国王，这样我们才能和其他国家一样，国王给我们以仲裁，走在我们前面，带领我们战斗。"多少世纪过去了，人们对政府的混合感情依然如故，不同的是今天政府的活动范围远远超越了过去，特别是政府财政活动的影响已经渗透到了人们生活的方方面面。

为什么会有政府，政府活动的目标是什么，应该提供哪些产品和服务？为什么需要财政，政府应该怎样开展它的财政活动？本章内容就是以市场经济的运行为出发点，在初步阐述了市场、政府、财政三者之间的关系基础上，提出了财政的基本职能。本章既是对第一章有关财政与财政思想的延伸，又是对后面各章基本内容的概括。

第一节 市场失灵

从亚当·斯密开始,竞争就在经济学中占据了不可或缺的地位,许多经济学家都精辟地指出过竞争市场的有效性。毫无疑问,如果竞争市场的结果能够尽如人意,那么,就完全可以放任所谓"看不见的手"来安排经济的运行而无须求助于政府部门。遗憾的是,竞争市场并非尽善尽美,而是存在多种缺陷,使政府部门获得了介入市场经济活动最为直接的理由。

一、完全竞争市场与帕累托效率

(一) 效率的含义及判定标准

通常,人们把"效率"理解为没有浪费,而经济学家则乐于称之为资源实现了有效配置。自亚当·斯密以来,许多经济学家认为完全的市场竞争必然会导致资源配置的高效率。然而,以前经济学家们对于效率的理解主要侧重于从实证角度展开分析,即注重证明市场竞争的必然结果,但没有给出可供判断的规范性标准。目前,被广为接受的判断标准是由福利经济学的"帕累托效率"这一概念提供与分析的。

所谓"帕累托效率"或"帕累托最优"(pareto optimality)指的是这样一种状态:如果社会资源的配置已经达到任何重新调整不可能不使其他任何人境况变坏的情况下,而使任何一个人的境况变得更好,那么这种资源配置就是最好的,也就是最有效率的。如果至少一个人处境变好了,其变动结果又未使任何人处境变坏,则这种变动就称为"帕累托改进"(pareto improvement)。因此,帕累托最优就是帕累托改进不可能发生的状态。帕累托最优包括生产最优、交换最优、生产与交换最优等三个条件。

(二) 帕累托效率实现的前提——完全竞争市场

西方经济理论证明,市场机制能实现交换的最优、生产的最优和生产与交换的最优,但是最优条件的实现需要一个特定的前提,这就是完全竞争市场。

所谓的完全竞争市场(perfectly competitive market),又称作纯粹竞争市场,是指竞争充分而且不受任何阻碍和干扰的一种市场结构。完全竞争市场具有以下几个特点:

(1) 市场上有众多的生产者和消费者,任何一个生产者或消费者都不能影响市场价格。

(2) 企业生产的产品具有同质性,不存在差别。

(3) 厂商进出一个行业不存在任何障碍,所有的资源都可以在各行业之间自由流动。

(4) 市场里每一个买者和卖者都掌握与自己的经济决策有关的商品和市场的全部信息。

在完全竞争市场上,经济完全由"看不见的手"进行调节,政府对市场不作任何干预,只起维护社会治安和抵御外来侵略的作用,承担的只是"守夜人"的角色。

(三) 完全竞争市场的运行(两部门经济)

在没有政府参与的两部门经济运行系统中,基本决策单位只有两个:家庭(或消费者)

和企业(或厂商)。一方面,家庭作为消费者,向企业购买商品,付出应该支付的费用;企业则生产并向家庭提供商品,获得商品的销售收入。另一方面,企业利用家庭支付的费用购买各种生产要素,实现生产过程;而家庭则需要向企业出卖他们所拥有的生产要素来获取货币收入。市场主体中的厂商和消费者,通过要素市场和产品服务市场不断买卖,实现需求与供给的平衡和个人利益与社会利益的结合。两部门经济运行简图,如图2-1所示。

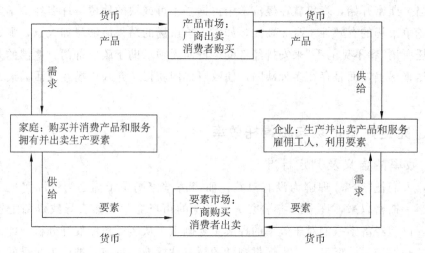

图2-1 两部门经济运行简图

完全竞争市场是通过市场机制来配置社会资源(土地、劳动、资本等)的。市场机制的构成要素,主要包括供求、价格和竞争。其中,社会供给和社会需求是市场的基本要素;价格是市场机制的核心要素,是联接供求双方利益的纽带;竞争是市场发挥作用的重要条件,是买卖双方围绕商品价格和质量进行的较量。这三个要素之间相互联系、相互依存,共同发挥作用。完全竞争市场这只看不见的手,不仅能告诉你什么能干,什么不能干,以及生产什么、如何生产、为谁生产等基本经济问题,而且还可以实现资源配置的帕累托效率。

二、市场失灵及表现

在实际经济运行的过程中,由于市场构成的复杂性与资源配置主体的多样性,建立在完全竞争模型基础上的帕累托效率条件的实现其实是很难的。实际上,在经济资源配置的过程中,在许多领域存在低效率现象,即"市场失灵"问题,如果用完全竞争模型对此是很难作出解释的。

(一)市场失灵的含义

市场失灵是指在资源配置的某些领域完全依靠市场机制的作用无法实现帕累托最优状态。根据不同的市场条件,又可以将市场失灵分为两大类:理想市场条件下的市场失灵和偏离理想市场条件下的市场失灵。前者是指即使现实的市场严格符合完全竞争的所有条件,但其运行的结果也仍然不符合整个社会的要求,这是市场机制与生俱来的、靠自身完善无法克服的市场失灵。偏离理想市场条件下的市场失灵是指市场条件达不到完全竞争的条件，市场因内部机制的不健全和外部环境的限制而不能有效发挥调节作用的状况。此外，市场失灵还具有相对性的含义，所谓相对性是指在社会经济运行的各种调节机制中，如果其他机制能够较市场机制在更低的成本下完成某项工作，或者能够在相同的成本下做得更好，这时市场机制就是失灵的或者相对低效的。①

（二）市场失灵的主要表现

在实际经济生活中，市场失灵的表现有很多，主要表现在以下方面。

▶ 1. 垄断

市场的高效率来源于竞争。当市场竞争充分时，每一个人或行为主体不具有控制市场商品供求和价格的能力，市场的竞争效率才能得到充分发挥。然而，市场竞争是一把"双刃剑"，在促进经济效益提高的同时，也必然导致市场中的集中与垄断的出现。当个别市场主体拥有支配市场、控制商品价格的能力之后，往往转而依靠维持垄断商品价格，而不是像以往那样依靠提高经济效益实现自己的利润目标。此外，它还通过规模经济、初始资本需要量、对重要资源的控制以及政府特许等条件设置进入壁垒，排斥其他企业进入该行业市场。总之，垄断限制了竞争，阻碍了生产要素的充分流动，造成资源配置的低效率，最终导致市场效率的丧失。

【专题 2-1】

垄断导致的低效率与寻租

由于市场上垄断力量的存在，会破坏帕累托效率，如图2-2所示。当垄断厂商实现利润最大化时，提供的产量是 Q_2，价格是 P_2。此时 P_2 大于 MC，表明消费者愿意为增加额外1单位产量所支付的数量超过了生产该单位产量所引起的成本，有帕累托改进的余地。只有当 $P_1 = MC$ 时，才能达到帕累托最优状态。但是，上述帕累托最优状态下，由于生产者的利润有所减少，消费者剩余有所增加，即以生产者放弃利益为代价，使得消费者获取利益。因此，只有在生产者和消费者达成某种协议来分享增加的消费者剩余，这种最优状态才能实现。然而，现实中很难达成这种协议，所以垄断市场的存在会导致资源配置的低效率。这样的分析同样适用于垄断竞争或寡头市场。

同时，垄断的存在还会导致纯粹的经济损失，即图中三角形a、b、c部分，消费者没得到，生产者也没得到。另外，垄断的存在还会导致市场上的寻租活动，即垄断厂商为了获得垄断利润或维持垄断地位而进行权力寻租。寻租所产生经济损失的大小，以不超过垄断利润 P_1、P_2、b、c 为上限。但是，寻租者不止一个，他们之间也会有竞争，所以最终造成的总的社会福利损失会很大，不仅包括三角形 a、b、c 的全部，而且也包括垄断利润 P_1、P_2、b、c 的一部分或全部。

▶ 2. 外部效应

外部效应是指私人成本与社会成本或私人收益与社会收益的非一致性。产生外部效应的主要原因是个人或组织的行为影响了其他人或其他组织，却没有为之承担相应的成本费

---

① 查尔斯·沃尔夫. 市场或政府——权衡两种不完善的选择[M]. 北京：中国发展出版社，1994：16.

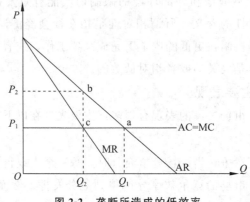

图 2-2　垄断所造成的低效率

用或没有获得相应的报酬补偿。外部效应可分为两种，即正外部效应与负外部效应。

正外部效应又称外部收益或者外部经济，是指产品或服务给所有者以外的其他人带来了利益和好处，但所有者却没能得到应有的报酬补偿。通常情况下，像灯塔、国防这类公共产品就是正外部效应的一个特例，这类产品的内部收益很少，其所提供的绝大部分收益都外部化了。

负外部效应又称外部成本或者外部不经济，是指产品或服务给所有者以外的其他人带来了损害，但受损者没有得到应有的损失补偿。例如，生产过程中所排放的废气、废水会污染环境，使生活在这一环境中的人们受到损害，而受损者并未得到补偿，污染者也没有承担相应的污染治理成本。

在存在外部效应的情况下，成本和收益不成比例，其结果会远离帕累托效率状态。因为个人进行决策的时候，只是将其实际承担的成本和得到的收益进行比较，在无须对外部成本进行补偿的情况下，个人实际承担的成本会小于其活动的总成本，因而会过量从事产生外部成本的活动，由其决定的产出规模会大于社会需要的最优规模；相反，在外部收益产出规模会小于社会需要的最优规模。显然，这都不是经济资源的有效配置。

【专题 2-2】

外部效应的矫正措施

当存在外部效应时，无论是正外部效应，还是负外部效应，都意味着资源配置不合理和效率损失，因此，需要对外部效应加以矫正。

造成带有外部效应的产品或劳务的市场供给过多或者不足的原因，在于私人边际效益与社会边际效益、私人边际成本与社会边际成本的非一致性。因而，对外部效应的矫正必须着重于对私人边际效益或私人边际成本的调整。当某种产品或劳务的私人边际效益或成本被调整到足以使得个人或厂商的决策考虑其所产生的外部效应，即考虑实际的社会边际效益或成本时，就被称作外部效应内在化。这个过程，也就是外部效应得以矫正，资源配置由不具有效率到具有效率的过程。

可见，外部效应内在化，实际上就是外部效应的边际价值被定价。负外部效应（外部成本）的内在化，就是外部边际成本被加入计算到私人边际成本之上，从而使产品、劳务的价格能反映全部的社会边际成本；正外部效应(外部效益)的内在化，就是外部边际效益被加入计算到私人边际效益上，从而使产品、劳务的价格能反映全部的社会边际效益。

政府矫正外部效应的措施：由市场机制的自发作用调节资源配置，不能充分达到帕累托优化状况，也不能实现外部效应内在化。因此，矫正外部效应的主要责任落在政府身上。政府矫正外部效应又可采用多种措施，但执行不同措施的难易程度和效果有所不同。

1) 政府管制(government administration)或公共管制(public regulation)

政府管理或公共管制。即对生产消费行为作出某些限制。这种措施主要适合对负外部效应的矫正。限制的形式可根据具体情况来制定。比如，为了控制污染，政府可规定排出的污染物限制在一个可接受的水平。但是，通过管制矫正外部效应应当具备以下条件：①了解生产者的供给曲线，即私人边际成本。②了解消费者的需求曲线及社会边际效益。③还要对外部边际成本进行衡量和测定，并推算出社会边际成本。这样，政府就可根据社会边际效益与社会边际成本的交点来决定一个有效率的产出水平，并规定这类产品的产出量不得超过这一水平。

显然，这种管制存在许多缺点：第一，它要求政府掌握大量信息，并且这些信息必须是准确的，这却是非常困难的。因此会出现对成本或效益的估价过高或者过低，实行的管制要么过严、要么过松，产品的提供量有时过多、有时过少的现象。第二，社会的供给和需求状况经常发生变化，原先政府在既定的供给与需求情况下实施管制所规定的产出水平就可能不再具有效率。第三，政府不但要规定(污染)产品的总量，而且还要为每一企业规定个别的限量，这样才能在总量超过规定水平时找到具体的责任者实行限产管制。这就要求政府具体地了解各个企业、厂商的生产状况，并根据各厂商之间的相对变化情况来调整各自的管制限制，这无疑又是相当不易的。第四，管制和限量本身没有使产生污染的厂商来承担这种外部成本，即在限量之内的产品的外部成本并没有内在化。有些厂商会在限量的范围内获得超额利润，在有违效益的同时出现收入分配不均。

2) 法律手段(legal method)

立法可以看作另一意义上的管制。对于因权益界限不明确而造成的外部效应问题，可通过立法以明确生产者和消费者权益的方法来解决。例如，制定知识产权保护法规，确认专利权、著作权、商标权的归属。消费者(使用者)只有按法律规定向这些知识产品、精神产品的提供者(生产者)购买才能享受这些产品的好处，违背者将视同偷窃或抢劫而受到法律制裁，这样就可以使这些产品的外部效应内在化。这种通过法律手段的管制可使产权得以明确。在产权明确界定的情况下，正如科斯定理所指出的那样，在相关交易方之间将既定的权力自由交换为现金支付就是有效率的，政府仅仅通过设定资源使用的权力就可以使外部效应内在化。这其实是在通过法律确定产权归属的情况下，借助市场机制的作用来矫正外部效应。

3) 实行一体化(unitization)

养蜂和果园可互为对方带来外部效益，如果果园的主生意人同时经营养蜂项目，外部收益就内在化了。不过，只有在果园的规模足够大，使果园所有的蜜蜂只能在这一个果园采蜜的情况下，才能完全矫正外部效应带来的效率损失。

从整个社会看，实行一体化意味着全面地实行集中计划的公共生产，这就要求政府作为社会总代表，以社会利益和社会成本为决策依据，通过统一计划来安排生产，组织一个足够强的经济实体来将全部外部效应内在化。然而，这既需要条件，又有很大难度。就所需条件讲，它要求制订全社会统一计划的政府具有充分的信息，要了解现有资源的所有情况、每一种产品所有可能的生产技术和每一个消费者的偏好。就难度讲，因为现实生活中资源、产品的种类、数量繁多、技术复杂、个人偏好各异，因此，政府要掌握从生产到消费的所有信息是不可能的，也是做不到的。可见，一体化生产对实行市场经济制度的社会是不适宜的，因此也就不能较好地解决千千万万个独立的生产经营主体的行为带来的外部效应问题。

4）政府税收（taxation）

政府征税主要是用来矫正负外部效应。矫正性的税收着眼于私人边际成本的调整。其操作办法是：对带有负外部效应的产品或劳务征收相当于其外部边际成本大小的税收，以此将征税产品或劳务的私人边际成本提高到同社会边际成本相一致的水平，即可实现负外部效应内在化。所以，征税额与外部效应相等是这种矫正性措施的基本特征。

如图 2-3 所示，如果对排放污染物的厂商就其每单位产品征税 T，T 等于最佳产量 Q_0 下的外部成本，则厂商的供给曲线上升到 $ss+T$，市场均衡达到帕累托最优的 E_0 点。可以看出，在征税之前，由私人边际成本曲线 ss 与社会边际效益曲线 DD 相交形成的均衡点 E_1 所决定的产量 Q_1 和价格 P_1 是不符合帕累托效率的，征税之后由均衡点 E_0 所决定的产量 Q_0 比 Q_1 减少了，价格 P_0 比 P_1 上升了。

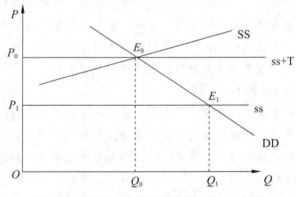

图 2-3 对外部成本效率损失的矫正——征税

归纳矫正性税收的作用：(1) 将外部边际成本加到私人边际成本之上，以此增加产品的生产成本和市场价，进而将产品的产量减少至社会边际效益同社会边际成本相等的最佳水平。(2) 将部分收入从产品生产者手中转移给遭受负外部效应影响的个人或厂商以及需要享受政府提供服务的个人或厂商。(3) 将负外部效应减少至可以容忍的影响水平，但不能减少至零。

5）政府补贴（subsidy）

政府提供补贴主要是用来矫正正外部效应。矫正性的补贴着重于私人边际效益的调整。其操作办法是：对带有正外部效应的产品或劳务，按照该种产品或劳务的外部边际效益的大小发放补贴,以此将补贴产品或劳务的私人边际效益提高到同社会边际效益相一致的水平,即可实现正外部效应内在化。所以,补贴额与外部效应相当是矫正性补贴措施的基本特征。如图 2-4 所示,政府可以对厂商每生产一个单位的该产品补贴 F,F 为最优产量下的外部边际效益,这样,厂商的供给曲线将由 SS 下移至 SS−F,于是,市场均衡产量达到帕累托最优的 Q_0 点;或者,政府也可以对消费者每消费一个单位的该产品补贴 F,这样,消费者的消费曲线将由 dd 上移至 DD,同样可以达到帕累托最优的均衡产量 Q_0 点。可以看出,政府补贴之后产量增加了,产品的生产价格由 P_1 降至 P_2,消费价格由 P_1 提高到 P_0,P_0 与 P_2 的差额即为政府补贴额。

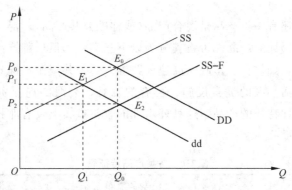

图 2-4 对外部收益效率损失的矫正——补贴

矫正性补贴的作用有:

(1)把外部边际效益加入计算到私人边际效益之上,可以增加对带有正外部效应的产品或劳务的需求与供给,并降低消费者为其支付的净价格,进而将其产量调整到社会边际效益同社会边际成本相等的最佳水平。

(2)增加带有正外部效应的产品或劳务的消费者和生产者所获得的效益,从而鼓励这类产品或劳务的消费和生产。

(3)外部边际效益是可以递减并最终趋于零的,即通过政府补贴之后社会边际效益与私人边际效益可以达成一致,由它与社会边际成本达成的均衡产量也是符合市场效率的,这时就无须政府再给予补贴,生产和消费均成了市场行为。所以,政府补贴的作用并不是无限的。

政府给予矫正性补贴的例子并不少见,如卫生防疫、教育、医疗、公共服务设施、农业技术和良种、整治污染、改良环境等。教育带来的正外部效应表现在:良好的社会风气和生活环境、较高的国民素质、经济得以较快发展等。对学生发放助学金、奖学金,可以鼓励人们接受教育并勤奋学习,是把正外部效应内在化的一项措施。

▶ 3. 公共产品供给不足

在市场经济的条件下,人们消费的物品分为两大类:一是个人使用的物品和服务,如食品、服装和机器设备等,这类产品统称为私人产品;另一类是社会共同使用的物品和服务,如国防、路灯、警察、环境卫生、公共设施等,称为公共产品。

那么如何来区分呢?如果按照其消费特征来看,基本标准有两方面:①排他性和非排他性。②竞争性和非竞争性。排他性是指个人被排除在消费某种物品的利益之外。当消费者为私人产品付钱之后，他人就不能享用此种产品或服务所带来的利益，私人产品具有排他性。公共产品的第一个特征是非排他性。即无法排除他人从公共产品获得利益。比如校园里的钟声、马路上的路灯，就不可能排他，或者排他的成本太高。公共产品的第二个特征是非竞争性。非竞争性是指消费者的增加不引起生产成本的增加，即多一个消费者引起的社会边际成本为零。或者说，一定量的公共产品按零边际成本为消费者提供利益或服务。比如电视广播，在一定条件下，多一个收听收看者，其边际成本为零。可见，纯公共产品一般同时具备非排他性和非竞争性。纯私人产品一般同时具有排他性与竞争性。

在现实生活中，还有一类产品是混合产品（或称准公共产品）。混合产品的概念是兼具公共产品和私人产品属性的产品。可将其分为以下三类：①俱乐部产品，即具有非竞争性的同时也具有排他性，如教育、影院、高速公路等。②公共资源，即具有非排他性的同时也具有竞争性，如生活小区的健身设施、公有的森林、公海的渔业资源等。③外部性产品，即收益具有外溢性特征的产品，这种外溢性的收益事实上具有非排他性的特征。各类产品的特征如表 2-1 所示。

表 2-1　各类产品特征表

		消费的竞争状态	消费的排他状态
私人产品		竞争性	排他性
公共产品		非竞争性	非排他性
准公共产品	俱乐部产品	非竞争性	排他性
	公共资源	竞争性	非排他性
	外部性产品	外溢性的收益事实上具有非排他性的特征	

由于公共物品具有共同消费的特性，许多人不付费也能消费，这就产生了经济学称之为"免费搭车"的现象。休谟在《人性论》中谈及两个邻人排除草地上的污水，每个人都想找理由使自己省去麻烦和开支。三个和尚没水吃的故事也说明了这个问题。由于"免费搭车"现象的排斥往往很困难，或排斥成本高昂（如设围墙等成本），私人企业不愿供给，必然会导致公共产品供给不足。

【专题 2-3】

免费搭车的博弈模型

"免费搭车"又称"搭便车"，是指消费者享受了公共物品的好处，却不愿分担公共物品的生产成本，而依赖于他人承担公共物品的生产成本。即使有部分消费者不存在"搭便车"的心理，愿意自己付费购买，也只会按照自己所得到的边际收益来出价，而不会按整个社会所得到的好处来出价。这样，这类公共产品的供给就会小于社会福利最大的产量，存在着经济资源配置的低效率。

在此，可以借用"囚徒困境"模型的思路来解释公共产品在私人提供时可能发生的类似困境：假设个人 A 和 B 面临着是否对某公共品做出贡献的抉择，公共品的成本为 150 元，两人的初始禀赋均为 300 元,从公共品的消费中得到的满足均是 100 元。若两人共同对公共品的提供做出贡献,则双方分摊公共品的成本;若只有一个人愿作贡献,则需要单独承担公共品的成本。公共品提供的支付矩阵如表 2-2 所示。

表 2-2 公共品提供的支付矩阵

两人模型		个人 B	
		贡献	不贡献
个人 A	贡献	325 325	250 400
	不贡献	400 250	300 300

在这种情形下,个人有相当大的动力去坐享其成,因为若自己贡献而对方不贡献,自己的效用水平不仅远低于对方(250<400),而且也低于自己的初始禀赋(250<300)。没有人愿意因自己贡献而对方不贡献而使得自己的效用水平反而下降。另一方面,如果对方贡献而自己不贡献,则可坐收渔利,获得最高水平的效用(400>325>300>250)。当双方都如此理性地考虑并行事时,结果就是集体的非理性,该公共产品就不会被提供出来,尽管能给双方都带来利益的增进。

▶ 4. 信息不完全或不对称

在分析完全竞争市场上,帕雷托效率条件实现时有一个基本的假设,即市场交易过程的信息是完备的。但实际上,我们不但无法充分了解别人,也无法充分了解自己,即市场的信息是不完全的,或信息是不对称的。信息不对称是指在相互对应的经济个体之间的信息呈现不均匀、不对称的分布状态。也就是说,有部分人对关于某些事情的信息比另外一部分人掌握得更多一些。在这种情况下,拥有信息较多的一方就会通过逆向选择和道德风险两种途径在与对方的交易中充分利用自己的信息优势造成市场失灵。

所谓"逆向选择"就是信息不对称所造成市场资源配置扭曲的现象。比如说有一个商业保险公司,拟推出一个疾病保险险种,为了赚取更多的利润,公司自然希望身体健康的人士前来投保。但是,由于保险公司对某位保险险种的购买者患病的可能性不能准确地了解,结果前来投保的却是身体不健康的人员,这种现象就叫逆向选择。最终,使保险公司无法有效地分担风险,被迫破产倒闭。再比如,旧机动车交易市场,由于买卖双方对车辆的质量等信息不对称,通常情况下,买者只会选择价格比较低的车辆购买,而卖者则设法出售一些质量较差的车辆经营才能赚钱。长此以往,可能会使这个市场所交易销售的车辆质量越来越差,甚至导致这一市场的消失。

"道德风险"是指人们享有自己行为的收益,而将成本转嫁给别人,从而造成他人的利益受到损失的可能性。道德风险的例子就更为广泛了,比如说个人一旦购买了车险,他开车的谨慎程度就会大大地降低,这就是道德风险。再比如财险的购买者可能有意无意地放松对自己财产安全的关注;公费医疗制度的参加者则会故意增加就医次数,索要高价药品等。

一般情况下,在市场交易双方签约之前容易发生逆向选择,而在签约之后容易发生道德风险。不管是哪种情形,最终都会导致交易双方的利益受损,市场交易效率的降低。

▶ 5. 收入分配不公

在现实的经济社会中，由于每个人所拥有的资源禀赋不同，再加上所处的环境条件、教育程度的不同，决定了社会成员在进入市场之初就是不平等的。法国经济学家萨伊讲过，土地、劳动、资本共同创造效益。劳动者按能力和劳动分配；资本拥有者按资本分配；土地拥有者则取得地租。有些人生来就拥有资本、土地而不劳而获；有些人则必须依靠自己的劳动来谋生；更有不幸的人由于病残、低能或由于贫困而无法受到良好的教育而收入低微。由于个人无法控制的原因造成收入分配不均和贫富分化是市场机制配置资源的一个必然结果。实践表明，收入差距超过一定范围，不仅会引发严重的社会问题，最终还会直接影响到市场的资源配置效率。

【专题 2-4】

收入分配不公的度量

为实现收入分配的公平目标，避免分配不公的恶化，西方国家一般以以下量化指标来度量监测分配不公的情况。

贫困指数：表示处于贫困线以下人口占总人口比例的指数，亦称贫困率。指数在[0，1]之间，指数越大，表示分配越不公。贫困的衡量有绝对指标和相对指标两种。最常用的是绝对贫困指标，即将贫困线视为仅能维持最低生活水准的收入水平。相对贫困指标，即将贫困线视为低于社会平均收入水平一定比例的收入水平。在实践中，政府对贫困问题，一般是尽量消除绝对贫困，而尽量缩小相对贫困。

基尼系数(Gini coefficient)：表示社会收入分配不平均程度的指数，由意大利统计学家基尼(Corrado Gini, 1884—1965)提出。基尼系数以洛伦茨曲线为计算基础，它的计算方法就是通过测算实际收入分配线(洛伦茨曲线)和绝对平均线(45°线)之间的偏差而得出的。在图 2-5 中，OI 代表累计的收入百分比，OP 代表累计的人口百分比，正方形 OIYP 的对角线 OY 表示收入的绝对平均线，描述实际的收入分配情况的曲线为洛伦茨曲线。若洛伦茨曲线与 45°线之间的面积为 S_A，45°线以下的全部面积为 S_A+S_B，则基尼系数的计算公式为

$$基尼系数 = \frac{S_A}{S_A+S_B}$$

基尼系数的指数在[0，1]之间，指数越大，分配越不公。基尼系数在 0.2 以下，表示"绝对平均"；基尼系数在 0.2~0.3 之间表示"比较平均"；基尼系数在 0.3~0.4 之间表示"较为合理"；基尼系数在 0.4~0.5 之间表示"差距较大"；基尼系数在 0.5 以上表示"差距相当大"。西方国家一般将基尼系数控制在 0.3~0.4 之间，并且政府每年定期公布本国的基尼系数，以便于选民进行公正选择。如图 2-5 所示。

财富差距倍数：表示社会财富分配不均程度的指数，是指最富有的家庭财富与最贫穷家庭财富的倍数。指数在[1，+∞]之间，指数越大，表示分配越不公。

▶ 6. 有益品提供的不足

有益品(merit goods)作为市场缺陷的一种表现形式，最初由马斯格雷夫(Musgrave)于 1959 年提出。他认为，所谓的有益品就是社会(区别于消费者个人的偏好)愿意鼓励供应

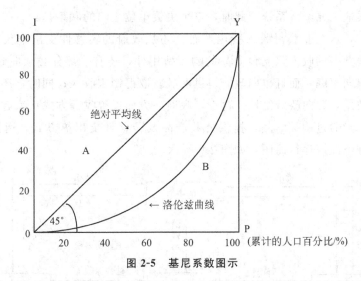

图 2-5 基尼系数图示

的产品。从现象来看，有益品指的是这样一种产品或服务，即社会希望消费的数量大于人们愿意消费的数量，因此社会要给予鼓励。

然而，在市场经济的条件下，由于信息不全、收入限制、经济效益、个人偏好缺陷等方面的因素，会造成个人对有益品的消费过低。比如，有时候人们宁愿购买第二辆汽车和第三个冰箱，也不愿意让其孩子接受足够好的教育。而相对有益品而言，那些无益品（是指政府为了降低消费而征税或禁止的物品），如烟、酒和毒品等，却会得到许多人的青睐，在这种情况下，不仅会造成社会整体利益受损，而且也会降低经济资源的配置效率。

▶ 7. 宏观经济失调

社会总供给与社会总需求的平衡是市场经济正常运行的基本前提之一。但是，市场主体自发的行为不可避免地会导致部分商品与要素的市场供求失衡，进而导致社会总供求的大幅度失衡，造成高失业率、高通货膨胀和周期性的经济萧条和危机等多种问题，其结果必然是破坏市场价格机制，最终导致社会资源配置的无效率。

总的来讲，市场失灵是市场运行过程中必然出现的现象，不仅揭示了市场经济的一个极为重要的特征，而且也使得人们对于市场的认识由过去的过于理想化，而变得比较客观现实。也就是说，在经济资源配置这一问题上，市场虽然是有效的，但也存在着缺陷。

第二节 政府干预

市场在上一节内容里所讨论的诸方面存在着这样那样的失灵或不如人意，政府介入这些领域自然就成为人们的最佳选择。

一、三元经济系统

当人们注意到政府作为一个决策单位，在经济运行中扮演着重要角色时，原来的二元经济系统就扩展成三元经济系统。此时,三个决策单位之间的联系是:首先,家庭不仅通过提供生产要素,从企业获得收入费用,而且还从政府的转移性支出中获得了补贴等收入;同时,家庭获得的收入除支付商品的购买费用外,还有一部分必须向政府缴纳税收。其次,企业不仅向家庭,而且也向政府提供商品,取得销售收入;同时,还需要向家庭提供要素的购买费用,并向政府纳税。再次,政府一方面以税收等方式从家庭和企业取得收入。另一方面,又通过购买商品,提供公共产品及转移性支出等方式,运用已取得的收入。三部门条件下经济运行简图,如图2-6所示。

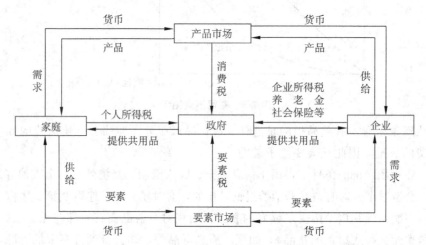

图2-6 三部门条件下经济运行简图

二、政府及其经济职能

(一)对于政府的理解

通常认为,"政府"就是"政权组织",或者只将各级行政机关视为"政府"。关于什么是政府(国家),有不同的观点,具体内容见表2-3。

表2-3 不同学派的政府观

政府观	主要内容
政府有机论	社会是一个自然的有机体,个人是社会的一部分,政府是该有机体的心脏。个人只有在有助于社会目标的实现时才有价值。这些目标由政府来决定。在计划经济时代,我们过多地强调政府(国家)的利益,即在利益分配上坚持先国家、再集体,最后才是个人的观点。这实际上是一种有机体的政府(国家)观
政府机械论	政府是个人为了更好地实现个人目标而创立的物体。处于舞台中心的是个人,没有了个人,也就没有了政府(国家)
契约论	国家的产生是因为人们为了摆脱丛林式的"一切人反对一切人"的状态。社会中的个人经过谈判,签订契约成立国家,保护各自的利益。国家是公民之间自由达成契约的结果,目的是为公民服务
掠夺论	国家是掠夺和剥削的产物,是统治者掠夺和剥削被统治者的工具
诺思的国家理论	国家带有契约和掠夺的双重属性。若暴力潜能在公民之间进行平等分配,便产生契约性的国家;若这样的分配是不平等的,便产生了掠夺性(或剥削性)的国家

(二）政府的经济职能

▶ 1. 政府职能的观点

在经济学中，关于政府的职能特别是政府在经济发展中的作用，一直存在着市场主导型和政府主导型两种观点。

1）市场主导型观点

市场主导型观点源于新古典学派，强调自由运作的市场力量在经济发展中的作用，认为市场机制本身能够运作得很好，只是在一个十分有限的范围和程度上才会出现失灵。因此，只有着重于促进市场机制运作效率的政府活动才是适当的。与此相适应，政府干预应局限于一个狭窄的范围内，即除了提供诸如国防、法律这类基本的公共服务之外，政府的经济事务还应仅限于诸如环境保护、基础教育等这些具有明显外部性的领域。

2）政府主导型观点

政府主导型观点源于凯恩斯学派，强调政府要全面干预经济，特别是要通过财政政策与货币政策来实现人们充分就业和经济增长目标。认为在经济发展的过程中，如果没有政府的强有力干预，就不可能实现快速的资本积累、有效的资源配置、及时的技术更新换代，而这三大要素正是现代经济增长的必要条件。与此相适应，政府的经济职能不仅体现在为民间部门的迅速扩张提供良好的经济环境、提供充足有效的经济基础设施，而且还要直接参与战略性产业的投资活动。

▶ 2. 政府的经济职能

在现代市场经济中，虽然政府主导观与市场主导观的侧重点有所不同，但都不否认政府在经济发展过程中所承担的重要经济职能。只要人类社会有国家，政府就有其经济职能。只是其内容与边界会因社会的不同形态、经济发展的不同阶段、不同体制的变化而有所差异。概括起来说，现代市场经济条件下，针对市场失灵，政府的经济职能主要体现在微观规制与宏观调控这两方面基本内容上。

1）微观规制

微观规制（government regulation），是指政府利用国家强制权对微观经济主体进行直接的经济、社会控制或干预，其目标是克服市场失灵，实现社会福利的最大化。微观规制产生于政府对市场机制失灵的一种弥补与纠正，其作用范围局限于市场失灵领域而不是全社会，如外部性、公共产品、垄断等。

政府微观规制的方式虽然是多种多样的，但可以归结为两大方面：①政府直接介入微观生产过程，在市场失灵的领域进行资源配置。这主要是在公共品生产领域，政府以财政资金的途径，向社会提供公共产品和公共服务。政府的公共产品供给，又可分为政府直接投资生产（如铁路、邮政、学校、警察等）与政府间接生产（如政府授权、参股、补贴等）两种方式。②政府的公共政策规制。政府依据法律权限，或者纠正阻碍市场机制发挥作用的行为，或者制定有利于促使市场机制发挥作用的政策。例如市场准入规制、价格规制、数量与质量规制、环境保护规制等等。可见，政府微观规制的实质，就是在市场机制失灵的领域，政府用资金、法律、行政等方式弥补市场机制配置资源的不足，以克服特定领域的市场失灵问题，使国民经济的各个部门都得到健康、和谐地发展。事实证明，通过以上规制，政府在遏制垄断行为、提供基础设施与服务、治理污染、改善生态环境等方面都做出了一定的贡献。

2）宏观调控

宏观调控（macro-economy control），是指中央政府运用经济政策对国民经济的总量进行调节与控制，促进总需求与总供给的基本平衡，以实现经济的平稳增长。

一般来说，社会总供给与社会总需求的平衡，是国民经济稳定协调持续发展的重要保证。但在实际的经济运行过程中，社会总供求的失衡总是不可避免的，并会出现以下的两种情况：

（1）总供给大于总需求。实际表现为：经济零增长、负增长或低增长；社会对劳动力的需求减少，就业水平下降；产品销售困难，实际存货水平上升。导致企业利润减少甚至亏损，严重者会导致其破产；居民就业机会减少，生活水平下降；国民经济发展陷入停滞，甚至会引发经济危机。

（2）总供给小于总需求。实际表现为：经济增长过快，投资与消费过热；产品供不应求，物价上升；就业增加，失业率降低。产生的现象是经济的过快增长超过了国民经济的承受能力，引起结构失衡；投资与消费的增加超过了国民收入的增长速度，导致经济过热；货币的流动性超出了实际经济运行的需要，引发投机行为盛行。因此，政府宏观调控的必要性就在于要克服市场经济运行的总量失衡状态，保持社会再生产过程的协调稳定发展。其方式通常包括有经济政策（货币政策与财政政策）、经济计划、法律与行政等。

三、政府失灵

市场失灵需要政府干预，但政府机制同样存在缺陷和干预失效问题。由于"二战"后一段时期内一些西方国家政府对经济过度干预造成的不良后果，目前在西方国家理论界，政府失灵是比市场失灵更受关注的一个问题。甚至有人批评说，把钱和权交给政府，就如同把威士忌酒和车钥匙都交给未成年人一样。

所谓政府失灵，是指政府干预作为弥补市场失灵和缺陷的手段时，不能实现预期的社会和经济目标或给社会带来额外的福利损失。政府失灵主要表现为以下几个方面：①政府干预未达到预期的目标。②虽然达到了干预的目标，但成本太高，造成了资源的浪费。③未达到干预目标或虽实现了干预目标，同时又产生了未预料到的副作用。在实践过程中，我们经常可以看到这三种情况：一是政府行为的低效率，如政府政策的水平偏差，政府机构工作的效率低下；二是政府行为的扩张，如政府部门组成人员的增加和政府部门支出水平的增长；三是政府部门的寻租行为等等。

导致政府失灵的原因很多，且多有争论，众说纷纭。大体有以下几个方面：①政府官员也是经济人，并非大公无私，他们都有自己的利益，必然以追求自身利益极大化作为行动的准则。②缺乏竞争、没有动力去降低成本。③信息有限，信息不完全或失真，导致决策失误。④政府官员滥用权力寻租，谋取私利等。另外，现实社会又是如此之复杂，即使有的政治家主观上想把事情办好，但由于种种局限不易办到，或者出现好心办坏事的现象。这些都表明政府不是永远正确的，政府也会犯错误。

第三节 财政的职能

市场失灵是政府存在的理由,而在政府干预市场失灵的各种手段中,财政无疑是最为重要的。因为财政是政府活动的物质基础,所以,"政府应做的,就是财政要干的"。

财政职能是指政府活动所固有的内在经济功能,是对财政在社会经济中的地位与作用、影响的理论概括。在现代社会,对财政职能(政府经济职能)最权威的划分应首推美国财政学家理查德·A.马斯格雷夫,他在1959年出版的经典名著《财政理论》(The Theory of Public Finance)中,创造性地将政府职能概括为资源配置、收入分配和稳定经济三大职能。这一分类简洁地勾勒出政府介入经济生活的主要轮廓,被认为是财政经济史上最富有成果的思想之一。

一、资源配置职能

资源配置是指政府通过各种方式(主要是财政预算)以合理确定社会总资源中私人物品与公共物品的划分,以及合理选择公共物品的构成,使之有助于实现全社会范围内资源的有效配置,形成较为合理的资产结构、产业结构、技术结构及地区结构。

一般来讲,市场机制在资源配置的大多数方面是有效的,具体来讲就是市场机制很适合私人产品的配置。不过市场机制在诸如竞争失效、公共产品短缺、外溢性、不完全市场、信息不灵等方面的资源配置却是无效率的。为了解决市场机制这方面的失效问题,必须求助于市场以外的力量——政府。于是政府就有了资源配置职能,政府的资源配置职能一般是在一定政治程序下通过运用特定的预算手段(支出和税收)并提供相应的公共物品和劳务来实现的。对于竞争失效(如垄断、自然垄断)、外溢性、不完全市场、信息不灵等方面的资源配置失灵问题,政府干预所提供必要的公共服务,除了运用财政措施外,有时还要加上必要的金融、行政、法律措施等。

二、收入分配职能

收入分配是指政府通过各种方式(主要是财政预算)使国民收入和社会财富在初次分配的基础上进行再分配,并使之符合社会公民认为"公平"或"公正"的分配状态。

在经济学家看来,市场内在的分配机制是按照等价交换、公平自愿的原则进行的,这种以要素禀赋分配为根据的收入分配原则本身并没有任何不公平之处。按理说应该产生一个近乎完美的分配结果,但不幸的是一个完全由市场决定的收入分配状态其结果却总是不能符合社会所认为的"公平"状态。在市场经济中可以观察到的一个基本事实现象:要素禀赋分配导致了贫富差距和两极分化。西方经济学家把这种现象称为"马太效应",喻指贫者愈贫,富者愈富。在市场经济中,这种收入分配的不平等,尤以资本收入分配为甚,原因是资本收入分配比劳动收入分配更占优势,资本生利的结果是拥有大量资本者不劳动收入也可以越来越多，而劳动者即使辛勤劳动，境况却极难改善，而进一步地积累则造成贫富差距悬殊。但是两极分化问题是市场分配自身产生的弊端，完全按照市场方式是无法解决的，于是客观上就要求依靠外部力量，以非市场的方式——财政手段来解决这一问题，这样就产生了政府的收入分配职能。

政府的收入分配职能一般是由一套直接的所得税与转移支付所承担的。政府一方面通过对富有者征收累进所得税、遗产税和赠与税等减少高收入者的一部分收入。另一方面又可以将筹集的资金以转移支付的方式对贫困者进行救助以提高低收入者的收入，这样就可以大大缓解市场分配中出现的两极分化和收入分配不公问题。政府对收入进行再分配的方式除了财政措施如转移支付和税收外，还可以有行政法律措施，如最低工资法、减贫目标等。

三、经济稳定与发展职能

经济稳定与发展职能是指政府通过各种方式（主要是财政预算与政策）有意识地影响、调控经济，消除波动，以实现宏观经济稳定与发展的目标（经济增长、物价稳定、降低失业、国际收支大致均衡）。

在经济学家看来，市场机制本身具有很强的自我调节和自动均衡能力。在大多数情况下，市场能够实现自动稳定，但是在解决诸如失业、通货膨胀和经济稳定增长等方面往往是力不从心的。在市场经济中可以观察到的一个基本事实现象：在严重的经济危机或经济萧条冲击下，市场自我调节的能力是失效的，它无法自动实现充分就业的均衡。因此，虽然现代许多经济学家仍然相信市场自身存在着最终使经济恢复稳定的力量，但是，他们也不得不承认，等待经济自动恢复的成本（代价）——从丧失掉的产出和人民遭受的痛苦的角度来看是巨大的，有时甚至是危险的。这正如人的自我调节能力也是有限的一样。市场需要政府正如人需要医生一样。正是因为市场无法自动实现稳定与发展，因此政府调节成为医治这一市场疾病的良方，于是产生了政府的经济稳定与发展职能。政府的经济稳定与发展职能主要是通过一整套宏观经济政策的调节来实现的。除了使用财政政策与货币政策方法外，还有行政法律措施，如价格管制、工资管制和外贸管制等。在政府所拥有的各种宏观经济政策方法中，财政政策的地位举足轻重，在维持社会总供求的平衡方面具有无法替代的作用，特别是在解决总供求的短期稳定和结构性失衡方面效果尤佳。财政政策虽然不能完全消除经济波动，但毕竟可以维持经济波动的偏离，而如果没有财政政策的调节，经济发展的状况必定也不会乐观。

四、财政职能的相互冲突与协调

从规范的观点看，政府有三大经济职能——配置、分配与稳定，它们几乎完美共同构成了一个相互协调、密切联系的有机整体。但从实证的观点分析，在实践中落实或实施这三大职能却可能出现多方面的冲突，原因在于政府往往会用同一套财政政策工具去实现这三个政策目标。财政职能的冲突往往表现为鱼和熊掌不可兼得的关系；财政职能的协调最终表现为舍鱼而取熊掌的状态。

（一）职能的冲突

▶ 1. 配置职能与分配职能的冲突

配置职能要求提高全社会的资源配置效率，以获得一个较高的经济增长率。而较高的资源配置效率和较高的经济增长率会要求有较高的资本形成率。经济学理论表明，较高的资本形成率有赖于增加储蓄与投资，因为高收入者的储蓄边际倾向要高于低收入群体，这就似乎要求政府在为公共物品筹资时应该有一个累进的所得税制度，但这对公平显然是无助的。如果政府为了公共物品的筹资而把累进所得税强加在高收入者身上，虽然促进了再分配，有助于分配职能的实现，但对于效率的实现是无意义的。

▶ 2. 稳定职能与配置职能的冲突

稳定职能要求在经济过冷和失业严重期间，可通过增加政府支出的办法进行补救，在经济过热和通货膨胀严重时期，可通过减少政府支出的办法进行调节。但这却可能与配置职能发生冲突，因为在经济过冷时的增加政府支出将导致社会货物的供应过剩，或公共支出的浪费，这将对配置效率不利。在经济过热时的减少政府支出则可能导致公共货物的供应不足，这同样对配置效率是不利的。

▶ 3. 稳定职能与分配职能的冲突

稳定职能要求在经济过冷和失业严重时期，应对低收入群体给予较多的减免税收和增加更多的转移支付，因为比之高收入者，他们的花费大概会多于其减免的税收和增加的补贴。这是稳定职能与分配职能不发生冲突。但是在经济过热和通货膨胀严重时期，情况相反，经济学家认为，为抑制经济过热，应提高低收入群体的税收，因为他们比高收入者更可能降低需求，另外为抑制通胀冻结工资，或可能会伤害低收入者。为平衡预算削减社会福利，同样可能影响低收入者的利益。而这些措施都与分配职能是相冲突的。

（二）职能的协调

财政职能协调就是在目标发生冲突时进行规范分析，理性取舍，最终以宏观的得大于失，进行抉择。虽然协调并不能消除冲突，但可以化解、弱化冲突，使之朝着有益于社会的方向发展，对政府来讲关键是要加强公共政策的研究与设计。事实上，世界各国普遍存在的有关政府预算的激烈辩论，就很好地表明了政府职能的冲突，而最后的政治决定往往体现的就是冲突的协调。

【专题 2-5】

现代财政学之父：理查德·阿贝尔·马斯格雷夫

理查德·阿贝尔·马斯格雷夫（Richard Abel Musgrave，1910—2007），是 20 世纪最主要的政治经济学家之一，全球著名的现代财政学（公共经济学）家。作为战后伟大的经济学家和思想家，理查德·马斯格雷夫被誉为现代财政学的真正开拓者之一，是现代财政学之父。马斯格雷夫最大的学术贡献表现在以下几个方面：

（1）马斯格雷夫是在 20 世纪 50—60 年代将经济学从描述和制度性的课题转化成了使用微观经济学和凯恩斯宏观经济学的工具来了

解税收的影响的课题的第一人。

（2）马斯格雷夫在1939年在"经济学季刊"发表了论文《财政自愿交换论》。后来，保罗·萨缪尔森将他的这一研究成果从实证理论转换成为了规范理论。

（3）除了在公共物品的发展做出的贡献，他在《预算决定的多重理论》一文中首先引用了"有益品"与"无益品"的概念，这一概念在经济学领域中引起了极大的争议。

（4）在税收政策上，他主张税收政策不仅仅是要以公正的方式取得收入，而且要在对税制的公正性最小伤害的情况下提高整个经济的业绩。

（5）马斯格雷夫是政府积极干预主义的倡导者。他坚定地认为政府是社会正义的工具和有效的宏观经济政策制定者。他的理论将政府的经济活动分成了三个部分：资源配置、商品与服务的分配和宏观经济的稳定。

（6）另外，他还简化了凯恩斯模型、发展了代际公平和税务归宿等理论，为以后财政学的发展开辟了新途径。

本章小结

完全竞争市场会使社会经济资源的配置到达帕累托最优状态，但在现实的经济运行过程中，由于受到市场构成及各种因素的限制，市场经济会出现各种失灵现象。如垄断、公共产品的免费搭车、有益品供给不足、外部性、信息不对称和不充分、经济波动以及收入分配不公平等。

市场失灵需要政府干预，具体作用表现在三部门经济运行过程中。一般来说，政府的经济职能主要体现在微观规制与宏观调控这两方面基本内容上。另外，政府机制同样存在缺陷和干预失效问题。

财政职能是财政本身所固有的功能，在不同时期的具体表现形式也有不同。财政三大职能为资源配置职能、收入分配职能、经济稳定与发展职能。财政职能的冲突往往表现为鱼和熊掌不可兼得的关系；财政职能的协调最终表现为舍鱼而取熊掌的状态。

关键词

帕累托效率 完全竞争市场 市场失灵 公共产品 外部性 有益品 信息不对称 逆向选择 道德风险 政府失灵 财政职能

思考题

1. 根据所学的西方经济学理论，阐述帕累托最优的含义及条件。
2. 市场失灵的表现有哪些？
3. 政府失效的表现及原因是什么？根据我国的实际情况来谈一下解决这一问题的

方法。

4. 简述财政的职能。

案例讨论

案例一：早在几十年前，德国时任经济部长、经济学家路德维格·艾哈德就说过："政府不是喂养于天国、产奶于大地的母牛"。美国法学家理查德·爱泼斯坦于1995年也曾说过的："今天，我们越来越多地求助于行政控制，越来越少地接受交易。这种不幸的状态意味着，任何一个懂得政府行动越少、成就将越多的政党，都将在政治上获得巨大而可喜的发展机会。"

如果从政府失灵的角度，你如何来理解这两段话的内容？

案例二：某年初，A市政府财政局申请建造一座办公楼，经有关部门审核，同意其申请，于是，财政局就建成了一座既大又美观的办公大楼。因为办公楼很大，点子、办法多的办公室李主任认为，该楼一部分房间可以用作办公，一部分可以改装成四星级宾馆对外开放。这样，一方面可以使该楼得到有效使用；另一方面还能够给本单位带来经济利益。该方案一提出，大家都认为，李主任改造大楼用途的方案可行。宾馆营业后，生意兴隆至今。

如果从政府职能的角度来看，你认为财政局这样做对吗？为什么？

第三章 财政支出规模及效益评价

学习目标

通过本章内容的学习，要求学生熟悉财政支出的内涵、性质以及相关分类，熟悉几种财政支出规模发展的理论解释，掌握衡量财政支出效益分析评价的几种方法。

开篇导言

在经济学领域，任何一项影响资源配置的公共政策、公共部门所从事的任何经济活动以及任何一种对民间部门经济活动的管理办法，都必须付出一定的成本，那么财政支出正是政府干预、调节经济，履行职能的行为成本。

从新中国成立到改革开放前的30年，由于经济处于恢复和初步发展时期，赶上那个期间发生了"大跃进""文革"等重大事件，我国财政支出规模增长速度缓慢，部分年份甚至出现负增长的情况。1950年，财政支出总额仅有68.08亿元（包括国内外债务部分，1994年之后的收支数字不包括国内外债务部分），1951年超过100亿元，此后长期在数百亿元徘徊，至"文革"结束后的1977年，财政支出规模为843.53亿元，这也是改革开放前时期支出总额的最高点。其中，1957年、1961年、1962年、1967年、1968年、1974年、1976年财政支出较上年均为负增长。改革开放以来，我国财政支出规模绝对额总体上是稳步增长的，而且增长速度也逐步加快。1978年，财政支出总额为1 110.95亿元，到1992年增至4 389.68亿元。1998年实行积极财政政策后，支出规模急速增长，当年支出总额为10 798.18亿元，2002年达到了2万亿元、2008年超过6万亿元、2011年突破了10万亿元、2018年超过25万亿元！

随着我国经济总量的增加，财政支出的规模不断扩大是一个必然的趋势。但是，财政支出规模扩大不是没有限度的，要和我国的经济增长速度与政府职能的转变相适应，同时对于财政支出的效益也必须做出相应的评价，以提高财政资金的使用效率。

第一节 财政支出的意义及分类

财政支出又称公共支出或政府支出，是以国家为主体，以政府的事权为依据进行的一种财政资金分配活动，集中反映了国家的职能活动范围及其所造成的耗费。从本质上来讲，财政支出就是满足社会公共需求的社会资源配置活动，是国家通过财政收入将集中起来的财政资金进行有计划的分配，以满足社会公共需求和社会再生产的资金需求，从而为实现国家的各种职能服务。

一、财政支出的意义

由于财政支出直接反映了政府的政策选择，是履行政府职能进行宏观调控的主要手段，因此，安排一定规模的财政支出不仅具有一定的理论意义，而且还具有重要的现实意义。

（一）财政支出是实现政府财政职能的主要手段

在现代财政活动的收入、支出和资产管理三个环节中，财政支出是目的。这是因为它与政府各项职能的实现具有密切关系。只有运用一定的资金，并按照等价、有偿的原则来购买商品与劳务，将之转化为公共产品，供给社会，政府才能实现其在政治、经济、文化、社会等方面的职能。所以，财政支出是实现政府职能的必要条件。财政支出规模在很大程度上决定着国家政府职能的范围大小和功能强弱。没有财政的支出，任何政权都不可能得以维持。

（二）财政支出是实现经济结构调整的重要途径

在市场经济下，资源配置的基础环节是市场，企业自身的积累和投资是经济发展所需资金的主要来源。但是资源的浪费、盲目无序的状态，极易由于投资是在分散决策的基础上进行而形成的。同时在涉及关系国计民生的基础设施建设上面，企业也往往缺乏积极性。而财政支出的财政性资金是一笔数额大、期限长的集中性投资。它不仅代表了国家的宏观政策，而且投资项目具有基础性、长远性和集中性的特点，会对市场经济产生重要的影响，能够弥补市场的不足，矫正市场的失灵，对经济结构的调整与优化起到重要作用。

（三）财政支出是实现社会公平的重要方式

众所周知，在社会分配领域，依靠单纯的市场调节，极易造成社会财富的集中，形成两极分化的分配格局。而政府的财政支出可以在市场初次分配的基础上，通过政府的有计划安排，形成分配领域的第二次分配，使得各区域、各经济主体在政府财政支出的帮助及引导下，形成社会经济均衡发展的格局，并促进社会分配达到相对公平的状态。

二、财政支出的分类

在各种项目下安排的财政支出，虽然无一例外地表现为资金从政府手中流出。但是，不同的财政支出对国民经济运行的影响却存在着差异。为了科学分析财政支出不同项目的配置与效益情况，把握财政支出运动发展的规律，加强财政资金的管理和监督，有必要按照一定的标准对财政支出进行分类。目前，由于各国在政治体制、经济社会发展程度等方面的不同，迄今为止世界上还没有一套令各国人们都能认同的统一分类标准。在此，结合我国实际情况并参考国际标准，我们对公共支出进行了如下的分类。

（一）按财政支出的经济性质分类

按照财政支出的经济性质分类，可以分为购买性支出与转移性支出。

购买性支出直接表现为政府购买商品或劳务的活动，包括购买进行日常政务活动所需的商品和劳务的支出，也包括用于进行国家投资所需的商品和劳务的支出。前者包括政府用于国防、外交、行政、司法等方面的支出，后者包括政府用于道路、桥梁、港口、码头等方面的支出。这些支出项目的目的和用途虽然有所不同，但却有两个明显的共同点：一是政府与其他经济主体一样，在安排这类支出时，财政一方面付出了资金，另一方面相应地获得了商品和劳务；二是政府通过消耗所购买的商品和劳务向社会提供各种各样的公共产品来履行国家的各项职能。这样，政府就直接消耗了一部分社会经济资源。因此，有时也把购买性支出称为消耗性支出。

转移性支出是政府按照一定的形式，将一部分财政资金直接无偿的、单方面的转移，主要包括政府部门用于补贴、债务利息、失业救济金、养老保险等方面的支出。这些支出的目的和用途各异，但却有一个共同点：政府财政付出了资金，都无任何商品和劳务所得，既不存在经济交换——政府获得等价物的问题，也不存在政府占有并消耗经济资源的活动。这类支出并不反映政府部门占用社会经济资源的问题。相反，转移只是在社会成员之间的资源再分配，政府部门只充当了中介人的作用，在不同社会成员之间进行经济资源再分配的活动。

【专题3-1】

按财政支出经济性质的分类具有较强的经济分析意义

购买性支出所起的作用，是通过支出使政府掌握的资金与微观经济主体提供的商品和服务相交换，因而，对于社会的生产和就业有直接的影响，对分配的影响是间接的。转移性支出所起的作用，是通过支出过程使政府所有的资金转移到领受者手中，是资金使用权的转移，此类支出直接影响收入分配，而对生产和就业的影响是间接的。

在安排购买性支出时，政府必须遵循等价交换的原则，因此，通过购买性支出体现出的财政活动对政府形成较强的效益约束。在安排转移性支出时，政府并没有十分明确和一以贯之的原则可以遵循，而且，财政支出的效益也极难换算。显然，通过转移性支出体现出的财政活动对政府的效益约束是软的。

微观经济主体在同政府的购买性支出发生联系时，必须遵循等价交换原则。在同政府的转移性支出发生联系时，并无交换发生，它们收益的高低在很大程度上取决于同政府讨价还价的能力。

在财政支出总额中，购买性支出所占的比重大些，财政活动对生产和就业的直接影响就大些，通过财政所配置的资源的规模就大些；反之，转移性支出所占的比重大些，财政活动对收入分配的直接影响就大些。联系财政的职能来看，以购买性支出占较大比重的支出结构的财政活动，执行配置资源的职能较强；以转移性支出占较大比重的支出结构的财政活动，则执行收入分配的职能较强。

（二）按财政支出在社会再生产中的作用分类

按照财政支出在社会再生产中的作用分类，可以分为补偿性支出、积累性支出、消费性支出。

补偿性支出是用于补偿生产过程中消耗掉的生产资料方面的支出。该项支出在经济体制改革之前，曾是我国财政支出的重要内容，但目前，属于补偿性支出的项目，只剩下企业挖潜改造支出一项。

消费性支出是财政用于社会共同消费方面的支出。主要包括文教科学卫生事业、抚恤和社会救济费、行政管理费、国防费等项支出。

积累性支出是财政直接增加社会物质财富及国家物资储备的支出。包括基本建设支出、流动资金支出、国家物资储备支出、生产性支农支出等。

(三) 按财政支出的目的分类

按照财政支出的目的分类，可以分为预防性支出与创造性支出。

预防性支出是指用于维持社会秩序和保卫国家安全，不使其受到国内外敌对力量的破坏和侵犯，以保障人民生命财产安全与生活稳定的支出。主要包括国防、司法、公安与政府行政部门的支出。

创造性支出是指用于改善人民生活水平，使社会安全与秩序更为良好，经济更为发展的支出。主要包括经济、文教、卫生和社会福利等项支出。

(四) 按政府对财政支出的控制能力分类

按照政府对财政支出的控制能力分类，可以分为不可控制性支出与可控制性支出。

不可控制性支出可解释为根据现行法律、法规所必须进行的支出。一般包括两方面：

(1) 国家法律已经明确规定的个人享受的最低收入保障和社会保障，如失业救济、养老金、食品补贴等。

(2) 政府遗留义务和以前年度设置的固定支出项目，如债务利息支出、对地方政府的补贴等等。

可控制性支出可解释为不受法律和契约的约束，可由政府部门根据每个预算年度的需求分别决定或加以增减的支出，即弹性较大的支出。

(五) 按财政支出的收益范围分类

按照财政支出的收益范围分类，可以分为一般利益支出与特殊利益支出。

一般利益支出，指的是全体社会成员均可享受其所提供的利益的支出，如国防支出、司法支出、行政管理支出等。由于这类支出具有共同消费和联合受益的特点，所以每个社会成员的受益量不能分别估计，受益的成本也不能分别核算。

特殊利益支出，是指对社会中某些特定社会成员或企业给予特殊利益的支出，如教育支出、医疗卫生支出、企业补贴支出、债务利息支出等等。由于这些支出所提供的利益仅由一部分社会成员享受，所以每个社会成员的受益量可以分别估计，受益的成本也可以分别核算。

(六) 按财政支出产生效益的时间分类

按照财政支出产生效益的时间分类，可以分为经常性支出和资本性支出。

经常性支出是维持政府部门的正常运行而进行的支出，产生的效益只对当期产生影响。例如：行政机关和事业单位的工资奖金、办公经费和业务费支出等是维系行政事业单位的日常活动，向公众提供公共服务的支出，其价值一次性地转变为这些活动和服务带来的效益——行政管理、社会秩序、社会安定、公共信息等等。这类支出在性质上属消费性支出，支出所带来的效益仅限于当期，一旦支出后其价值就会消失。

资本性支出是指购买或生产使用年限在一年以上的耐用品所需的支出。例如，基本建设支出、固定资产投资支出等，这些支出会在使用期内逐步地转变为社会效益。这类支出的补偿分为两部分，一部分在当期得到补偿，而更多的是在以后的较长时间内得到补偿。

（七）按政府职能分类

在财政支出分类中，按政府职能分类是各国最常用的一种分类方法。财政支出可以分为社会管理支出和经济管理支出。财政社会管理支出包括国防、社会文教、行政和其他支出等；财政经济管理支出主要是经济建设支出。按政府职能或费用类别对政府支出进行分类，可以将政府支出与政府职能直接联系起来，能够明白揭示并便于公众了解政府执行怎样一些职能及侧重于哪些职能。

过去，我国财政支出按政府职能主要分为5类：经济建设、社会文教、国防、行政管理和其他支出。2006年，国务院制定了新的政府收支分类体系，并从2007年开始按照新的分类体系编制政府预算和部门预算。目前，我国政府财政支出的分类包括：一般公共服务、外交、国防、公共安全、教育、科学技术等17大类，"类"下设"款"，"款"下设"项"。

（八）按政府的管理权限分类

按照财政支出的管理权限划分，可以分为中央政府财政支出与地方政府财政支出。在我国地方政府的财政支出又可以分为省、市、县、乡四级。这种公共财政支出的划分同时确定了各级政府的事权和支出范围。可以反映财政体制状况，反映中央和地方政府在财政资源配置中的地位和相互关系。从我国历年的财政体制改革来看，中央和地方之间的财政支出关系一直是财政体制的核心问题。因此，按照管理权限对财政支出进行分类，具有重要的理论意义和现实意义。

【专题3-2】
财政支出的国际分类方法以及我国目前的分类方法

根据国际通行的分类方法，大体上可以将财政支出分类标准归为两大类：一类是用于理论和经验分析的理论；另一类是用于编制国家预算的统计。

从理论分类来看，根据分析的目的不同，可按政府职能、支出目的、组织单位、支出利益等标准分类。比如，以财政支出的用途和去向为标准，财政支出可分为防务支出和民用支出两大类，前者包括国防、公安、司法等与防务有关的支出，后者包括除防务支出以外所有的其他各项支出。这种分类方法的目的在于分析一国财政支出的军事化程度或民用化程度。前面介绍过的按经济性质分类就是这种分类。

从统计核算分类来看，国际货币基金组织采取职能分类法和经济分类法是对财政支出的进一步分类。按职能分类，财政支出包括一般公共服务、国防、教育、保健、社会保障和福利、住房和社区生活设施、其他社区和社会服务、经济服务及无法归类的其他支出。按经济分类，财政支出包括经常性、资本性和净贷款。其中，国际货币基金组织的职能分类法与我国目前按支出用途分类法比较接近。

表 3-1　国际货币基金组织的财政支出分类

职 能 分 类	经 济 分 类
1. 一般公共服务 2. 国防 3. 公共秩序和安全 4. 教育 5. 保健 6. 社会保障和福利 7. 住房和社区生活设施 8. 娱乐、文化和宗教事业 9. 经济事务和服务 　（1）燃料和能源 　（2）农林牧渔业 　（3）采矿和矿石资源业、制造业和建筑业 　（4）交通和通信业 　（5）其他经济事务和服务业 10. 其他支出	1. 经常性支出 　1）商品和服务 　　（1）工资、薪金以及其他有关项目 　　（2）雇主缴款商品和服务的购买 　　（3）其他商品和服务的购买 　2）利息支付 　3）补贴和其他经常性转让 　　（1）补贴 　　（2）对下级政府的转让 　　（3）对非营利机构的转让 　　（4）对家庭的转让 　　（5）国外转让 2. 资本性支出 　1）现存的和新的固定资产的购置 　2）存货购买 　3）土地和无形资产购买 　4）资本转让 　　（1）国内资本转让 　　（2）国外资本转让 3. 净贷款

我国现行支出分类也采用了国际通行做法，即同时使用支出功能分类和支出经济分类两种方法对财政支出进行分类。

支出功能分类。我国政府支出功能分类设置一般公共服务、外交、国防等大类，类下再分款、项两级。主要支出功能科目包括：一般公共服务、外交、国防、公共安全、教育、科学技术、文化体育与传媒、社会保障和就业、社会保险基金、医疗卫生、环境保护、城乡社区事务、农林水事务、交通运输、采掘电力信息等事务、粮油物资储备及金融监管等事务、国债事务、其他支出和转移性支出。

支出经济分类。是按支出的经济性质和具体用途所作的一种分类。在支出功能分类明确反映政府职能活动的基础上，支出经济分类明确反映政府的钱究竟是怎么花出去的。支出经济分类与支出功能分类从不同侧面、以不同方式反映政府支出活动。我国支出经济分类科目设工资福利、商品和服务支出等12类，类下设款，具体包括：工资福利、商品和服务、对个人和家庭的补助、对企事业单位的补贴、转移性、赠与、债务利息、债务还本、基本建设、其他资本性、贷款转贷及产权参股和其他支出。

支出功能分类、支出经济分类与部门分类编码和基本支出预算、项目支出预算相配合，在财政信息管理系统的有力支持下，可对任何一项财政支出进行"多维"定位，清清楚楚地说明政府的钱是怎么来的，做了什么事，最终用到了什么地方，为预算管理、统计分析、宏观决策和财政监督等提供全面、真实、准确的经济信息。

第二节 财政支出规模

　　财政支出规模是财政支出总量的货币表现形式,在一定程度上反映了政府在该财政年度内支配社会资源的多少,同时财政支出规模也反映了政府满足社会共同需要的能力,以及政府对社会经济发展干预的强度,体现了财政在国民经济全局中的地位和作用。虽然财政支出规模的大小受该国政府体制、政府职能、经济制度、历史传统、社会习惯等多种因素的影响,但是从世界各国财政支出的历史进程的演变来看,其规模总体上呈现出不断扩大的趋势。因此,研究、探讨和确定一定时期内政府财政支出的合理规模,对于正确界定政府与市场在社会经济发展中的职能范围、充分发挥市场在资源配置中的决定性作用和更好地发挥政府的作用、提高政府工作效率等具有重要的意义。

一、财政支出规模的含义

　　财政支出规模就是在一定财政年度内政府通过预算安排的支出总额。财政支出规模是衡量在一定时期内政府支配社会资源的多少、满足公共需求的能力高低的重要指标,反映了政府对社会经济发展的影响力的强弱。

　　财政支出规模也可从广义和狭义两层意义上来理解。狭义的财政支出规模是指政府预算中支出的规模,反映了某一财政年度内政府通过预算形成的财政支出规模。广义的财政支出规模是指某一财政年度内通过政府安排的用于社会共同需求方面的所有支出,即除了狭义上的财政支出外,还包括预算外支出等。目前,在与进行财政支出规模的国际比较时,我国多数学者是以我国预算内财政支出口径,即狭义的财政支出进行比较的。由于预算内财政支出与政府实际财政支出之间存在一定的差距,因而经过比较而得出的结论就会出现偏差。为了便于比较和分析,这里讨论的财政支出规模如无特别说明,均指狭义上的财政支出规模。

二、衡量财政支出规模的指标体系

　　为了科学、合理的对财政支出规模进行数量分析,需要采用一定的指标对财政支出总量和增长趋势加以衡量,通常衡量财政支出规模的指标体系主要有静态指标体系和动态指标体系两类,其中静态指标体系是由绝对标准和相对标准构成;动态指标体系由增长率、弹性系数和边际倾向构成。两类标准各有所长,又各有不足,一般是根据实际需要,采用不同的标准。

(一) 静态指标

▶ 1. 绝对标准

　　绝对量的指标,也可以称为财政支出的绝对规模。绝对标准是指以一国货币单位表示的财政支出的实际数额。使用绝对标准可以直观地反映某一财政年度内政府支配的社会资源的总量。度量绝对量的指标主要有按当期价格计算的财政支出和按不变价格计算的财政支出。

　　它是一种直接用货币量表示财政规模衡量指标,可以比较直观、具体地反映一定时期内政府财政活动规模和所提供的社会公共事务的规模。因而各个国家和地区通常采用这类指标编制政府财政预算,并向立法机关提供有关预算报告。但在需要对政府支出规模进行动态分析和横向或纵向比较时,运用绝对量指标往往有很大局限性。首先,这一标准不能反映政府支配的社会资源在社会资源总量中所占的比重,因而不能充分反映政府在整个社会经济发展中的地位。其次,绝对标准是以本国货币为单位,不便于进行国际比较。此外,由于这一指标是以现价反映财政支出的数额,没有考虑通货膨胀因素对支出总量的影响,因而所反映的只是名义上的支出规模,与以前年度,特别是在币值变化比较大年份的财政支出绝对额缺少可比性。因此,只度量财政支出的绝对规模不足以说明问题,更重要的是要测量财政支出的相对规模。

▶ 2. 相对标准

相对标准是指财政支出占 GDP(或 GNP)的比重,反映了一定时期内在全社会创造的财富中由政府直接支配和使用的数额。相对标准目前是国际上对财政支出规模进行比较时常用的指标类型,由于这种方法是通过计算财政支出占 GDP 的比重来衡量财政支出规模的,因而排除了通货膨胀的影响,反映了财政支出的实际规模,从而与以前年度的财政支出规模也具有可比性。

无论采用哪种财政支出规模的衡量方式,出发点和目的都是为了有效地控制财政支出的总量。财政支出的增长、规模的不断扩大虽然是一个历史的发展趋势,但是这种增长并不是无限制的,不能放任其过快发展。如果支出增长过快,持续超过国民收入的增长速度,就会出现所谓政府"超分配"的问题,造成巨额财政赤字,形成沉重的债务负担,使国家财政运行陷入困境,进而影响整个国民经济的正常运行。因此,我们应该根据财政支出的不同性质及其对经济的不同影响,对财政支出的过快增长进行必要的控制。

(二)动态指标

观察财政支出的发展变化情况,通常采用由静态指标衍生而来的财政支出增长率、财政支出的弹性系数和财政支出的边际倾向三个动态指标。

▶ 1. 财政支出的增长率

财政支出的增长率是指本年度财政支出比上一年度财政支出增长的百分比,就是同比增长率,用公式表示为

$$F = \frac{\Delta G}{G_{n-1}} \times 100\% = \frac{G_n - G_{n-1}}{G_{n-1}} \times 100\% \tag{3-1}$$

式中,F 为财政支出增长率;ΔG 为上一年度财政支出额变量;G_n 为本年度财政支出总量;G_{n-1} 为上年度财政支出总量。

▶ 2. 财政支出的弹性系数

财政支出的弹性系数是指国内生产总值的增长引起财政支出增长的大小,也就是说,财政支出增长幅度对国内生产总值增长幅度的比例。

用公式表示为

$$E_g = \frac{\dfrac{G_n - G_{n-1}}{G_{n-1}}}{\dfrac{\text{GDP}_n - \text{GDP}_{n-1}}{\text{GDP}_{n-1}}} \tag{3-2}$$

式中，E_g 为财政支出弹性系数；GDP_n 为本年度国内生产总值；GDP_{n-1} 为上年度国内生产总值。

财政支出弹性大于1，表示国内生产总值的增长引起财政支出更大幅度的增长，即财政支出增长幅度大于国内生产总值的幅度；反之，财政支出弹性小于1，表示财政支出增长幅度小于国内生产总值的幅度；财政支出弹性等于1时，表示两者同步变化，幅度相等。

▶ 3. 财政支出的边际倾向

随着国内生产总值的增加，财政支出也会随之增加，在国内生产总值增加的份额中财政支出所占的份额，就是财政支出的边际倾向，用公式表示为

$$M_g = \frac{\Delta G}{\Delta GDP} \tag{3-3}$$

式中，M_g 为财政支出的边际倾向；ΔGDP 为国内生产总值变量。

如果财政支出的边际倾向不断提高，也从另一个角度反映了财政支出增长的趋势。

【专题 3-3】

我国财政支出规模的变化情况

虽然不同国家在不同时期财政支出规模增长的幅度有所不同，但无论从绝对数指标还是相对数指标来看，经济发达国家和发展中国家都有不断增长的趋势。对于我国来说，我国财政支出规模的变化趋势也是大致如此。随着我国 GDP 的增长，财政支出绝对数每年都有较大幅度的增加，但财政支出的相对数，其变化比较大，以1994年为界限呈现出明显的 U 字形变化轨迹，这与我国的财政体制变革有关。具体情况参见表 3-2。

表 3-2 中国财政支出规模的变动情况

年 份	财政支出（亿元）	收支差额（亿元）	财政支出增长率（%）	财政支出占 GDP 的比重（%）
1978	1 122.09	10.17	33.0	31.2
1980	1 228.83	−68.90	−4.1	25.7
1985	2 004.25	0.57	17.8	22.4
1989	2 823.78	−158.88	13.3	15.8
1990	3 083.59	−146.49	9.2	15.8
1991	3 386.62	−237.14	9.8	14.6
1992	3 742.20	−258.83	10.5	13.1
1993	4 642.30	−293.35	24.1	12.6
1994	5 792.62	−574.52	24.8	11.2
1995	6 823.72	−581.52	17.8	10.7
1996	7 937.55	−529.56	16.3	10.9
1997	9 233.56	−582.42	16.3	11.6
1998	10 798.18	−922.23	16.9	12.6
1999	13 187.67	−1 743.59	22.1	13.9
2000	15 886.50	−2 491.27	20.5	15.0
2001	18 902.58	−2 516.54	19.0	16.8
2002	22 053.15	−3 149.51	16.7	18.0

续表

年　　份	财政支出（亿元）	收支差额（亿元）	财政支出增长率（%）	财政支出占GDP的比重（%）
2003	24 649.95	−2 934.70	11.8	18.5
2004	28 486.89	−2 090.42	15.6	19.3
2005	33 930.28	−2 280.99	19.1	18.4
2006	40 422.73	−2 162.53	19.1	19.3
2007	49 781.35	1 522.68	23.2	18.7
2008	62 592.66	−1 275.76	25.7	19.9
2009	76 299.93	−7 822.93	21.9	22.8
2010	89 874.16	−6 794.16	17.8	22.8
2011	108 930	−5 190	21.2	23.1
2012	125 712	−8 502	15.1	24.2
2013	139 744	−10 601	10.9	24.5
2014	151 662	−11 272	8.5	23.8
2015	175 768	−23 551	15.9	25.5
2016	187 841	−28 289	6.8	25.2
2017	203 330.03	−30 763	7.4	24.6
2018	220 906	−37 554	8.7	24.5

数据来源：根据历年财政部网站公布的相关数据整理得到。

三、财政支出增长的理论解释

从世界范围来看，不管哪一个国家，随着经济发展水平的提高，社会的进步和人民生活质量的提高，财政支出的规模无论是绝对数还是相对数都呈上升趋势。其中绝对数的上升是明显的、快速的；相对数的上升是不明显的、缓慢的。对于财政支出规模不断增长的原因，许多经济学者提出了理论解释。

（一）瓦格纳法则

19世纪80年代德国著名经济学家瓦格纳在对欧洲国家和美国、日本等国财政支出资料进行实证分析的基础上得出了著名的瓦格纳法则（Wagner's Law）。瓦格纳法则基本原理是：随着国家职能的扩大和经济的发展，要求保证行使这些国家职能的财政支出不断增加，即随着人均收入提高，财政支出相对规模相应提高。他把导致政府支出增长的因素归结为政治因素、经济因素等。瓦格纳法则的解释如图3-1所示。

从政治因素角度解释，他认为市场失灵和外部性存在需要政府的活动增加。瓦格纳认识到，随着经济的工业化，不断扩张的市场与这些市场中的行为主体之间的关系更加复杂化，这需要建立司法体系和管理制度，以规范行为主体的社会经济活动。

从经济因素角度解释，他认为政府对经济活动的干预及从事的生产性活动，也会随着经济的工业化而不断扩大。因为随着工业化经济的发展，不完全竞争市场结构更加突出，市场机制不可能完全有效地配置整个社会资源，需要政府对资源进行再配置，实现资源配置的高效率。除此之外，城市化以及高居住密度会导致外部性和拥挤现象，这些都需要政

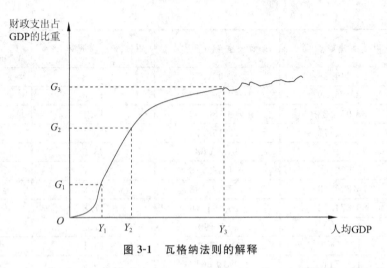

图 3-1　瓦格纳法则的解释

府出面进行干预和管制。最后，教育、娱乐、文化、保健及福利服务的需求收入弹性较大，要求政府在这些方面增加支出。也就是说，随着人均收入的增加，人们对上述服务的需求更加强烈，政府要为此增加支出。

虽然瓦格纳只是笼统地谈到进入工业化发展阶段之后的一般情形，并没有具体地说明国家活动规模不断增长的理由，同时瓦格纳关于财政支出增长的含义究竟是指绝对增长还是相对增长，在当时并不清楚。但他的有关发展期间政府支出份额不断上升的理论，在市场经济中已经得到了较为充分的证实。瓦格纳法则适应了当时俾斯麦政府强化国家机器，扩大干预经济，以加紧对内镇压，对外扩张的帝国主义政策的需要，成为包括德国在内的各个帝国主义国家推行帝国主义财政政策的理论基础。瓦格纳的财政支出理论被许多国家的经济发展资料所证实。后来的许多财政学家也都把这一广为奉行的规律作为分析起点，从不同角度提出了关于政府支出增长的建设性理论。

（二）梯度渐进增长论

英国经济学家皮考克（A. T. Peacock）和魏斯曼（J. Wiseman）于 1961 年出版了《联合王国公共支出的增长》一书，两人在对英国 1890—1955 年间的财政支出考察之后认为，在一个较长的时期内，财政支出的增长并不是直线型的，而是呈现出阶梯性增长的特点，这被称为"梯度渐进增长论"。

对这一理论的分析，是建立在这样的假设基础之上的：政府希望花更多的钱，但公民却不愿意交纳更多的赋税。政府必须考虑公民的意愿，关注公民能容忍的税收水平，这是政府财政支出的约束条件。在这样假设的基础上，皮考克和魏斯曼认为，在和平时期，财政支出呈现逐渐上升的趋势，但这时的增长是直线型的；在战争时期，财政支出呈现跳跃性增长态势，这时，由于战争支出的大量增加，私人部门支出和民用财政支出相对减少；战后，民用财政支出快速增长，部分替代战争支出的下降。皮考克和魏斯曼解释说，在这里，起作用的是两个效应：审视效应（inspection effect）和替代效应（displacement effect）。和平时期，财政支出的增长之所以呈直线型的，是因为公众心里有一个"可容忍的纳税水平"，财政支出规模的增长受这一水平的制约；但在战争时，公众"可容忍的纳税水平"提高，财政支出就出现阶梯性跳跃增长;战后,公众"可容忍的纳税水平"并没有降低,从而财政支出规模可以继续保持在一个高水平上,这就是"审视效应"。"替代效应"有两层含义:一是战时战争支出对私人支出的和民用财政支出的替代,财政支出规模扩大,而私人支出和民用财政支出规模相应减少;二是战后民用财政支出对战争支出的替代,战争支出减少,而民用财政支出增加。审视效应和替代效应所导致的财政支出的增长,如图3-2所示。

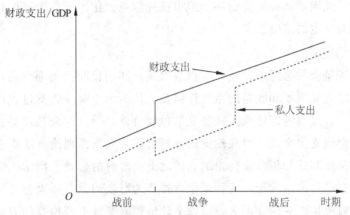

图3-2 审视效应和替代效应所导致的财政支出的增长

在皮考克和魏斯曼的模型中,强调了公共收入对财政支出的制约,因此,又有人将这一理论称为"公共收入增长引致论"。尽管替代效应经常被其他经济学家用来解释财政支出的增长,但理论界对替代效应有许多不同的解说,大批的计量研究成果也没能给它以充分的经验证明。

(三)公共选择增长论(官僚行为增长理论)

公共选择学派是以经济学的理论和分析方法来研究政治问题的一个重要理论流派,在解释政府财政支出不断增长的原因时,引入了对制度、政治决策过程的效应分析。由于公共选择学派把经济分析的工具和方法应用到了对政治决策过程的分析,对财政支出不断增长的形成机制,也有着独特的见解。

公共选择学派对财政支出增长的分析主要是从两个方面论述的。首先,从官僚行为的角度来看,公共选择理论认为官僚机构中的理性经济人是以追求机构最大化为目标的。对他们来说,机构规模越大,官僚们的权力也就越大。因此,相对于私营企业家所拥有的增加收入的机会,官僚们更关心的是所得到的额外津贴、权力和荣誉等,而所有这些目标无疑都是与官僚的预算规模正相关的。事实上,官僚机构通常凭借所拥有的提供公共产品的垄断权,常常以机构规模最大化为目标,从而导致财政支出规模不断扩大,甚至会超出公共产品最优产出水平所需的支出规模。此外,在很多情况下,官僚们往往独家掌握着特殊信息,这就使他们能够让政治家们相信他们确定的产出水平的社会收益比较高,从而也能实现预算规模最大化的产出。其次,利益集团增长理论认为,利益集团的存在和作用也会导致政府规模的扩大。对此,公共选择学派的代表人物戈登·塔洛克进行了描述:假如存在一个由100名农民组成的共同体,其中的51人是一个小的利益集团,他们建议修条公路,而能从这条公路中受益的人仅局限于这51人或其中的大多数。这样,在相互投赞成票的作用下，即使修路于某些人无利，这项方案也会获得通过。

财政支出是政府的行为，制度和政治决策过程必然对财政支出产生影响，在分析财政支出增长时，当然不应忽视这一重要因素。尤其在西方社会，随着现代资本主义的发展，滋生了很多利益集团，在西方式的所谓民主政体下，往往对政府财政支出决策施加各种影响，导致财政支出不断增长。公共选择增长理论还认为官僚也是人，他们也同样关心个人利益最大化，正是此因素，导致他们不断追求预算的最大化。公共选择增长理论对我国财政支出的分析具有一定的借鉴意义。

（四）财政幻觉论

财政幻觉假说是公共选择学派用以解释政府规模和增长的又一理论之一。财政幻觉概念涉及对政府活动真实成本和收益的系统性错觉。认为由于财政收支过程的混沌性产生的对税收负担的错觉，投票者即纳税人往往低估税收价格，导致对公共产品需求增加，以至于支持了较高的财政支出水平。财政幻觉的分析遵循公共选择理论方法论上的个人主义的传统，建立在公共产品论和税收价格论的基础之上。政府的财政支出给人们带来好处，但人们就此忽略了自己付出的代价，这种现象就被称为财政幻觉。如果公民以他们所纳的税赋来衡量政府财政支出的多少，那么政府就会让纳税人觉察不到税收的方式，扩大财政支出。当纳税人出现这样的现象时就是财政幻觉。当纳税人因财政幻觉而低估税赋时，会极力支持更多的政府支出。因此，税收结构越复杂，越容易产生财政幻觉。

在财政支出中，由于公众无法正确识别公共物品的价格，可能存在一定程度的"预期幻觉"和"赤字幻觉"，这些财政幻觉导致公众低估公共物品的价格，从而形成公共物品在一定程度上的供给短缺，体现在政府投资需求快速增长，最终影响社会资源的配置效率。

（五）福利经济学的财政支出增长理论

福利经济学从微观经济角度对财政支出增长进行了研究。福利经济学派认为，市场需求、提供公共产品的社会环境、公共产品的质量、公共部门投入的价格等因素，是影响财政支出增长的主要变量。

福利经济学采用效用最大化的分析方法，是将市场有效供给原理运用到政府公共产品的供应中，通过对影响财政支出增长的变量，如公共产品的需求、生产组织形式、公共产品的质量，公共部门成本价格等进行分析，认为如果某项财政支出弹性大于1，则政府将倾向于增加这方面的支出，财政支出相对于GDP的比重也将上升。另外，公共部门在供给产品时所处环境的政治、社会、经济等多种因素也是不断变化的，这些都会引起公共部门成本的增加，财政支出的增长。

（六）马斯格雷夫和罗斯托的支出增长论

马斯格雷夫和罗斯托是用经济发展阶段论来解释公共支出增长的原因。在经济发展的早期阶段，政府投资在社会总投资中占有较高的比重，公共部门为经济发展提供社会基础设施，如道路、运输系统、环境卫生系统、法律与秩序、健康和教育以及其他用人力资本的投资等等。在发展的中期阶段，政府投资还应继续进行，但这时政府投资只是对私人投资的补充。一旦经济达到成熟或晚期阶段，公共支出将从基础设施支出转向不断增加的对教育、保健与福利服务的支出，且这方面的支出增长将大大超过其他方面支出的增长，也会超过 GDP 的增长速度。

【专题 3-4】

罗斯托的经济发展阶段论

W.W.罗斯托

第二次世界大战后，美国经济学家 W. W. 罗斯托（1916—2003）在 1960 年出版了《经济成长的阶段》，提出世界各国经济发展要经历的五个阶段：第一，"传统社会"，这个阶段不存在现代科学技术，主要依靠手工劳动，农业居于首位。第二，为"起飞"创造前提的阶段，即从传统社会向"起飞"阶段过渡的时期，近代科学知识开始在工、农业中发生作用。第三，"起飞"阶段，即经济史上的产业革命的早期，即工业化开始阶段，新的技术在工、农业中得到推广和应用，投资率显著上升，工业中主导部门迅速增长，农业劳动生产率空前提高。第四，向"成熟"发展的阶段，现代科学技术得到普遍推广和应用，经济持续增长，投资扩大，新工业部门和国际贸易迅速发展。一般从"起飞"到"成熟"阶段，要经过 60 年左右。第五，"高额群众消费"阶段，主导部门转到耐用消费品生产方面。其后，罗斯托在《政治与增长阶段》（1971）一书中，又提出了新的第六个阶段，即"追求生活质量"阶段，主导部门是服务业与环境改造事业。他认为"起飞"和"追求生活质量"是两个关键性阶段。他把美国看成处在最先进的理想阶段，第三世界国家是处于"起飞"阶段。

四、影响财政支出增长的因素

通过以上的分析，我们可以对影响一国财政支出增长的因素做出一般性的概括。

（一）经济因素

政府的开支是同国家的经济发展速度、人均收入水平密切相关的。经济增长使社会财富不断增加，消费也从低收入状态向高收入状态发展；与之相适应的，公共产品也在随之增加。例如，人们对高等教育、保健设施、停车场、通信设施、高速公路等方面需求大大增加。为满足社会对公共产品的需求，政府的财政支出需要随之增加。另一方面，经济的增长不仅为财政支出的增长提供了可能，也造成了政府职能范围的扩大和公共部门的增加，这也是财政支出不断增长的原因。

（二）人口因素

人口增加是财政支出增长的重要原因之一。因为人口增加促使了对司法警察、教育、住房、保健设施、社会福利等需求的增加，尤其是对于普遍存在的准公共产品而言，人口的增加有可能带来"拥挤问题"，这就会引起对于扩大设施规模的需求，从而导致财政支出增长。其次，人口结构的变化也导致了政府支出的增加。例如，育龄儿童增加导致对相关医疗保障条件的更高要求；学龄人口增长则要求提供更多的中小学教育；尤其是西方各国出现的老龄化现象，意味着社会保障支出中养老金数额的不断上升。

（三）市场失灵因素

由于市场在资源配置过程中存在着缺陷，特别是公共产品的提供是私人无法解决的。为了弥补市场缺陷，政府加大了干预经济的功能。其中，财政支出是重要的方式之一。不同的财政支出手段所产生的效应是不同的。比如，财政资金的全额投入可以带动社会的配套资金，也可采取财政贴息、财政补贴和税收支出等手段投入，后者可能以少量的财政资金带动更多的社会资金投入，并引导社会资金的使用方向，即发挥财政"四两拨千斤"的效应。

（四）技术进步因素

技术进步也有可能引起人们对财政支出的新需求。这是因为技术的发展和工艺的变化，一方面使设备的更新周期越来越短，各种产品的重置费用也日益增加；另一方面技术的发展要求政府提供更高水平的基础设施。例如，汽车的出现，便要求政府加大对公路设施的投资；设备密集型的军事设施要比人力密集型的基础设施需要更大规模的财政支出。随着科学技术更新换代的不断发展，政府履行相同职能，提供相同或接近的公共产品和服务所需的财政支出与以前相比已大大增加了。

（五）工业化、都市化因素

随着社会经济的发展，都市化程度日益提高。工业化所造成的环境污染和对自然环境的破坏增加了政府用于环境保护、自然资源保护和卫生防疫等方面的财政支出。而都市化程度的提高会出现"拥挤现象"，造成对市政建设、基础设施建设及公共服务需求的大幅度提高。相应地，政府财政支出也随之增加。

【专题 3-5】

我国财政支出合理规模的确定

鉴于目前我国的公共社会事业发展还比较落后的状况，以及政府在促进公共社会事业发展中起着主导作用，政府应该不断增加对公共物品与公共服务的投入力度。当然，在公共需求不断增长的情况下，单靠政府财政是难以从根本上解决问题的，我们应大胆借鉴西方发达国家的经验，积极探寻公共产品与服务供给的市场化途径，合理界定政府与市场在提供公共产品与服务方面的分工。在这一大方向下，财政支出的规模可以随着社会经济的发展与变化状况来进行适时调整。

至于政府财政支出规模占 GDP 的比例究竟多大才算合适，对此问题，可以具体考虑以下几个因素：

（1）我国所处的经济发展阶段。目前，我国仍处在社会主义初期阶段，面临着许多困难，社会福利水准不可能像发达国家那么高，因此，政府财政支出规模还不能太大。

（2）我国政府管理公共资源的能力还不是很强，如果把大量的财政资源交给政府支配，就可能会出现财政资金的浪费问题，这既损害公平，又损害效率。因此，政府支配的财政资金应仅限于满足政府履行最基本职能的需要。

（3）从根本上来讲，在市场经济体制下，政府应该是一个"小政府"，对资源的配置市场应该发挥基础性作用，政府支配的财政资金应该主要限于消除市场失灵。

根据以上诸要素的分析与多位学者的研究，还有主要发达国家在经济高速成长阶段的历史经验，我国财政支出的相对规模应保持占 GDP 的 25%～30% 为宜。

第三节 财政支出效益评价

在财政资金既定的情况下，如何把有限的财政资金配置于最佳用途上？这就是财政支出的使用效益问题。通常来说，财政支出规模要适当，结构要合理，根本的目的就是要追求财政支出社会效益的最大化，是财政支出的核心问题。

效益，是指人们在有目的的实践活动中"所得"与"所费"的对比关系。从价值形态上看，效益意味着通过资源投入的合理组合，实现既定产出的成本最小化。所谓提高经济效益，就是"少花钱、多办事、办好事"。

一、财政支出效益的含义

对于财政支出效益的含义，我们可从以下三个方面来把握。

（1）内源性效益。内源性效益是指财政支出本身所产生的效益，包括直接效益和间接效益。直接效益是指某些财政项目直接产生的可计量的经济效益，如经济建设支出项目、农业支出项目等。间接效益指某些项目不直接产生经济效益但却存在社会效益，有些可以量化，有些难以量化，比如事业性支出项目、行政性支出项目等。

（2）部门绩效。部门绩效是指使用财政支出的公共部门财政年度内的工作绩效。有两层含义：①部门在财政资源的配置上是否合理并得以优化，财政资源使用是否得到相应的产出或成果，也就是对部门资源配置的总体进行评价；②部门本身的工作绩效评价。例如是否完成了既定的社会经济发展指标、完成预算目标的财力保证程度和部门内资金使用的效益情况等等。

（3）单位绩效。财政支出最终能否发挥相应的效益，还要取决于使用单位。对单位绩效评价应该从单位具体的实际情况来考察，并结合相应的技术方法来实施。

二、财政支出效益的评价方法

在现代民主社会里，财政支出虽然主要是通过民主政治特别是以投票为主要特征的政治决策作出的，但政治决策实质上是主观的，而资源配置的经济效率需要客观标准。所以，评估财政支出决策时，必须进行一些定量分析，来判断某一特定支出项目或支出方案的收益是否超过成本，是否可以实施。对于一些效益不易衡量的财政支出项目，则在实现既定目标的前提下，尽量节省成本费用开支。因此，针对不同的财政支出项目，需选用不同的评价财政支出效益的方法。

（一）成本—效益分析法

成本—效益分析法，就是针对政府确定的项目目标，提出若干建设方案，详细列举各种方案的所有潜在成本和效益，并把它们转换成货币单位，通过比较分析确定该项目或方案是否可行。现在，成本—效益分析法在许多国家的中央政府、各级地方政府以及世界银行等国际组织得到广泛应用。

成本—效益分析法一般分为六个基本步骤：确定政府项目要实现的目标、列举成本和效益、测算成本和效益、测算贴现成本和效益、选择决策标准、选定项目。

▶ 1. 确定政府项目的目标

政府支出项目的目标看起来很容易确定，但实际上是一个比较复杂的过程，主要表现在以下三个方面：(1)在众多的目标之间作出选择。政府支出项目通常被期望实现很多目标，而且最好是同时实现这些目标。比如增加收入总量和消费总量；再分配地区间、群体间和个人间的收入；降低失业率；改善国际收支等。(2)要考虑目标实现的时间跨度。在众多的目标当中，既有现在要实现的，也有将来要实现的。目标实现的时间跨度因其所要实现的性质不同而差异很大。(3)目标之间可能会发生冲突。追求一个目标的同时可能要牺牲另一个目标，或者至少以另一个目标不能完全实现为代价。例如，使当前消费最大化可能会减少未来消费水平，因为这会减少当前储蓄和投资的数量。又如，收入再分配可能要求把政府新的投资项目在相对落后的地区实施，而这种安排对经济增长的贡献可能要比安排在更发达地区的贡献低。当然，认识到各种目标之间的冲突并不意味着在政府投资政策的形成过程中只追求一个特定的目标而排除其它所有目标。

▶ 2. 列举成本和效益

在列举成本和效益项目之前，首先必须正确认识政府项目中成本和效益的含义。①这里的成本不同于支出。即使某一活动没有任何直接支出，但其真实成本可能很大。②这里的效益不等于收入。尽管政府项目的产品销售收入是效益的重要组成部分，但并不是全部，还有由此而产生大量外溢效益。

正是由于政府项目的成本—效益分析是从全社会角度考虑社会资源的配置状况，所以在列举政府项目的成本和效益时，成本不仅包括直接成本，也包括间接成本；效益不仅包括直接效益，也包括间接效益。

直接成本是指政府项目使用的直接投入物的成本，比如该项目所投入的劳动力、资本、外汇等成本。间接成本是指政府项目的建设和经营所导致的外部成本，通常表现为给人们带来不便、不舒服、不愉快或境况变差，很难以定量方式直接估价。比如，政府决定在两条交叉的繁忙市区道路上修建一座立交桥，在建设期间不仅会有噪声、灰尘，还会使交通更加拥挤，给人们的出行带来不便，这些都属于该项目的间接成本。又如，政府在某一地区开发一个新项目，使附近农田可使用的水资源减少，农产品产量的相应减少也是一种间接成本。因此，成本—效益分析中的成本指的是政府项目的社会成本。

直接效益是指政府项目所导致的产出增加或生产率提高并由该项目产品的直接使用者享有的效益。比如，某一农田水利设施的建设，直接效益就是在一定时期内获得灌溉的土地产量的净增加。间接效益是指政府项目产品的非使用者所获得的外部效益。例如，农田水利设施项目可能使毗邻土地的墒情变好；一条铁路或高速公路的建设会促进周围地区的经济发展。因此，成本—效益分析中的效益指的是政府项目的社会效益。

在列举成本和效益特别是在列举效益时，还要区分项目的实际产出效益和金融效益，避免效益的重复计算。实际产出效益是指能导致社会福利发生变化的总物质生产可能性的变化；金融效益则是指对社会没有产生实际福利效益的分配变化。在列举效益时，应只考虑那些实际增加产出和福利的效益。例如，政府从事一项灌溉工程可能会使农用土地价值增加，但这种增值只是反映出土地的产出潜能提高了；如果把土地价值的增加与农业产出增加的价值都计算在内，就会导致重复计算该项目的效益。

▶ 3. 测算成本和效益

在确认应该包括哪些成本和收益项目之后，接下来就需要找到计算成本和效益值的方法。作为公共支出项目，既然不能仅从项目自身的成本和效益考虑必要性，在计算成本和效益值时，也就不能仅以市场价格为依据。一方面，公共部门要从社会福利最大化角度考虑现有的市场价格是否符合帕累托效率条件，要对被种种因素扭曲的市场价格进行调整，计算所谓"影子价格"；另一方面，许多公共项目提供的产品或服务往往不存在市场，也就没有现成的市场价格可利用，这时需要设法创造出"影子价格"来。

▶ 4. 计算贴现成本和效益

一般来说，政府很多项目的成本和效益往往会发生在多个年度周期。例如，我国兴建的三峡工程和南水北调工程，建设周期需要很多年。兴建初期要发生大量支出，而效益和成本则分布于该工程的整个寿命期。为了准确估价项目在整个寿命期内的效益是否大于成本，这就要求需要把将来所要发生的成本和效益贴现成现值，即收益现值（PVB）和成本现值（PVC），而后才能进行比较。在这里，还涉及一个社会贴现率的问题。社会贴现率一般比私人企业的投资收益率高。因为社会贴现率是站在国家宏观经济角度，对投资所应达到的收益率标准，它不但要考虑该项投资在目前的收益，还要考虑将来的获益；即使不考虑将来的因素，私营部门也往往较为短视，因而将投资的收益率估计过低，最后公共支出项目会带来外部效应，这种外部收益也应纳入项目效益之中。成本与效益的贴现公式如下所示：

$$PVB(C) = \sum B(C)/(1+r)t$$

式中，PVB 为项目现值；B 为项目收益，C 为项目成本；r 为贴现率；t 为期限。

▶ 5. 选择决策标准

成本—效益分析的最终目的是要帮助政府决策者做出有效率的支出决策。这首先需要选择科学的支出项目评估标准。在成本—效益分析的实际应用中，决策标准有多种多样，常用的三种标准有净现值标准、收益—成本比率标准、内部收益率标准。

1）净现值标准

为了确定一个项目的收益是否大于成本，需要计算该项目的净现值（NPV），即按净现值标准判断一个项目是否可行。令 r 代表实际社会贴现率，贴现一个项目发生在每一年度的收益和成本，并把它们的现值相加。一个项目的净现值就是收益现值减去成本现值。

$$NPV = \sum_{t=0}^{T} \frac{B_t}{(1+r)^t} - \sum_{t=0}^{T} \frac{C_t}{(1+r)^t} \tag{3-4}$$

如果一个项目的净现值是正值，该项目就是可取的；如果不存在具有更高净现值的其它项目，该项目就应当实施。

2）收益—成本比率标准

收益—成本比率（BCR）是项目的收益与成本的比率。准确地说，收益—成本比率是项目的收益现值与成本现值的比率：$BCR = \dfrac{PVB}{PVC}$。收益—成本比率的计算公式为

$$BCR = \frac{\sum_{t=0}^{T} \frac{B_t}{(1+r)^t}}{\sum_{t=0}^{T} \frac{C_t}{(1+r)^t}} \quad (3\text{-}5)$$

根据 BCR 标准，如果一个项目的 BCR 大于 1，该项目就是可取的。

3) 内部收益率标准

内部收益率(IRR)是让一个项目的 NPV 为零的贴现率。随着贴现率的提高，净收益的现值就会降低，但终究会在某一点上恰好等于成本的现值，这时的贴现率就被称为内部收益率。因此，计算 IRR 与计算 NPV 不同：在计算 NPV 时，社会贴现率是既定的，IRR 的计算则是让贴现率的值作为要找的未知变量。内部收益率的计算公式为

$$NPV = 0 = \sum_{t=0}^{T} \frac{B_t}{(1+IRR)^t} - \sum_{t=0}^{T} \frac{C_t}{(1+IRR)^t} \quad (3\text{-}6)$$

如果求解出来的 IRR 大于基点利率，比如社会贴现率，该项目就是可取的；反之，该项目就不可取。

▶ 6. 选定项目

成本—效益分析的最终目的是要在各种备选项目或方案之间作出选择。在实践中，最常用的决策标准是净现值标准，因为收益—成本比率标准和内部收益率标准的局限性比较大。在多种项目之间作出选择时，收益—成本比率标准通常不能给出正确的答案；对内部效益率标准而言，当项目规模不同时，不能提供可靠的比较基础。那么如何利用 NPV 标准选定项目呢？首先，一个项目的 NPV 必须是正数；其次，所选定的项目必须是所有项目当中 NPV 最大的项目。

【专题 3-6】

如何运用成本—效益分析方法对政府项目进行评价

假定某一政府项目持续四年，把项目实施的当年作为 0 年，当年没有收益，只有成本 1 000 万元，而且以后每年不再有成本。下一年开始就会有收益 350 万元，而且以后每年都有与此数额相同的收益。如果社会贴现率为 5%，那么，该项目是否可行？

1) 净现值标准

经测算，可得具体数据，如表 3-3 所示。

表 3-3 政府某项目各年度净现值表

年份 项目	第 0 年	第 1 年	第 2 年	第 3 年	总额
t 年的贴现系数	1	0.952	0.907	0.864	
t 年的收益	0	350	350	350	1 050
t 年的收益乘以贴现系数(PVB)	0	333.33	317.46	302.34	953.13
t 年的成本	1 000	0	0	0	
t 年的成本乘以贴现系数(PVC)	1 000	0	0	0	1 000
NPV=PVB−PVC					−46.87

在本案例中,尽管收益总额(1 050 万元)超过成本总额(1 000 万元),但贴现后的收益 PVB 小于贴现后的成本 PVC,因此,净现值 NPV=PVB−PVC=−46.87<0。这表明,政府不应当实施该项目。

2) 收益—成本比率标准

根据表 3-5 中的数据,可得出 $BCR=\dfrac{953.13}{1\ 000}=0.953<1$,这说明该项目是不可取的。

3) 内部收益率标准

当 PVC=0 时,可得出 IRR=2.5%<5%,也说明该项目不可取。

(二) 最低费用选择法

由于相当多的财政支出成本与效益难以准确计量,有的甚至根本无法衡量,不能运用成本—效益分析法,因此就要选择其他的方法——最低费用选择法。

最低费用选择法的主要特点是,不用货币单位来计量备选的财政支出项目的社会效益,而只计算每项备选项目的有形成本,并以成本最低为择优的标准。

运用最低费用选择法的步骤概括如下:

首先,根据政府确定的目标,提出多种备选方案。其次,以货币单位为统一尺度,分别计算出各备选方案的有形费用并予以加总。在计算费用的过程中,如果遇到需要多年安排支出的项目,也要运用贴现法折算出现值,以保证备选方案的可比性。最后,按照所需费用的高低排出顺序,以供决策者选择。在目标既定的情况下,费用最低的备选方案自然成为最优方案。

最低费用选择法多用于军事、政治、文化、卫生等财政支出项目上。运用此方法确定最佳支出方案,难点不在技术,而在于被选方案的确定。因为,所有备选方案可以无差别地实现同一个既定目标,据此再选择费用最低的方案,但要做到这一点仍是不易的。

(三) 公共定价法

市场经济中,价格机制是实现最优资源配置的主要机制。由于政府也可以提供大量的满足社会公共需要的"市场型物品",这些物品同样面临着价格的确定问题,这就是所谓的公共定价。通过公共定价,可以纠正市场失灵,提高资源配置效率,可以实现某些重要微观市场的稳定和改进收入分配。并且能使这些物品得到最有效的利用,提高财政支出的效益。公共定价涉及定价水平和定价体系两个方面。

▶ 1. 定价水平

定价水平是指政府提供每一单位"公共物品"的定价是多少。在管制行业,定价水平依据正常成本加合理报酬得到的总成本计算,因此确定定价水平实质上是研究如何确定总成本。

(1) 边际成本定价。对于自然垄断行业,政府按边际成本定价,使产品的边际成本与边际效用相等,该产品的消费净得益最大。但是由于边际成本低于平均成本,按边际成本定价就会发生亏损,这亏损需要由政府的补贴来补偿,否则企业就不能维持正常的简单再生产。

(2) 平均成本定价。按平均成本定价,企业可以获得正常利润,但是与边际成本定价相比,虽然会存在一定的效率损失,然而与垄断定价相比,仍属于帕累托改进。采用平均成本定价,消费者要承担所消费产品的全部成本,在收入分配上是中性的。

2. 定价体系

定价体系是指把费用结构(固定费用和可变费用的比率)和需求结构(家庭用、企业用和产业用,及少量、大量需求等不同种类的需求,高峰负荷和非高峰负荷等不同负荷的需求)进行综合考虑的各种定价组合。

(1) 二部定价法。这是一种由两种要素构成的、反映成本结构的定价体系。①与使用量无关的按月或按年支付的"基本费",弥补企业的固定成本;②按使用量支付的"从量费",弥补企业的可变成本。所以定价水平虽然是平均成本,但效率更高,效率取决于人们不会因为"基本费"的收取而退出消费。从收入分配的角度看,消费量低的人的平均成本高,存在小额消费者补贴大额消费者的现象,存在着一定的不公平。

(2) 负荷定价法。这种定价体系是对不同时间段或时期的需求制定不同的价格。例如,电力、煤气、自来水和电话等行业,按需求的季节、月份、时区的高峰和非高峰的不同,有系统地制定不同的价格,以调节供求,这样有利于充分利用资源和效率的提高。在收入分配方面,负荷定价的影响是中性的。

(四) 其他方法

对于财政支出效益的评价,除了以上介绍的几种主要方法外,理论界还提出了以下几种方法。

(1) 目标预定与实施效果比较法。是通过比较财政支出所产生的实际结果与预定的目标,来分析完成(或未完成)目标的因素,从而评价财政支出的绩效。

(2) 摊提计算法。是通过分析某项支出通过年度盈余得以回收的时限,来计算投资回收期或投资风险。一般来说,摊提的时间越短,风险就越小。

(3) 因素分析法。是将影响投入和产出的各项因素罗列出来进行分析,测量影响程度,查明指标变动原因,并将投入产出比进行计算据以评价的一种分析方法。因素分析法具体又可分为连环替代法、差额分析法、指标分解法和定基替代法等。

(4) 历史动态比较法。是将过去各时期里发生的公共支出按一定原则和类别分别排列,来分析公共支出效率变化的情况。

(5) 横向比较法。是将相同或近似的支出项目通过比较在不同地区间的实施执行情况来分析判断其支出的绩效。

(6) 专家评议与问卷调查法(公众评判法)。是通过若干相关领域的专家对财政支出绩效进行分析,同时,设计不同的调查问卷,发给一定数量人员填写,最后汇总分析各方意见进行评价判断。

(7) 模糊数学法。是采用模糊数学来建立模型,对经济效益进行综合评价的方法。

【专题 3-7】

我国对财政支出绩效评价的开展情况

从 20 世纪 90 年代开始,由美国开始,世界各国基本上建立了较为完善的财政支出绩效评价制度和体系。2003 年,我国财政部教科文司率先对中央教科文部门 7 个项目资金进行试点,相应制定了《中央级教科文部门项目绩效考评管理试行办法》和《中央与地方共建高校实验室专项资金绩效考评指标》;2004 年财政部又扩大到 11 个试点项目;2005 年 5 月,财政部预算司又印发了《中央部门预算支出绩效考评管理办法(试行)》的通知；2006 年 8 月，财政部财预〔2006〕406 号《关于完善和推进地方部门预算改革的意见》，对各地开展绩效评价工作提出要求。在总结上述办法取得的成绩与存在的问题的基础上，2011 年 4 月财政部又印发了《财政支出绩效评价管理暂行办法》，该办法分总则、绩效评价的对象和内容、绩效目标、绩效评价指标、评价标准和方法、绩效评价的组织管理和工作程序、绩效报告和绩效评价报告、绩效评价结果及其应用，附则 8 章 37 条。

目前，我国各地财政部门根据财政部或上级主管部门的要求，基本上都制定了自己的财政支出的绩效评价方案与实施办法，虽然具体细节上有所区别，但大致内容是基本相同的。财政支出绩效评价的基本操作流程，如图 3-3 所示。

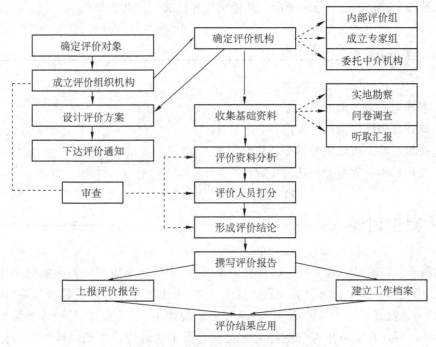

图 3-3　财政支出绩效评价的基本操作流程

本章小结

　　财政支出是政府动用一定的社会资源进行有计划的再分配过程中所耗费的资金总和，是政府为市场提供公共服务所安排的支出。按照不同的标准可将财政支出划分不同的类别。

　　财政支出规模的测度体系由静态指标和动态指标构成。其中静态指标包括绝对指标和相对指标；动态指标包括财政支出增长率、财政支持的弹性系数和财政支出的边际倾向。

　　从西方财政发展史看，财政支出规模具有不断增长的趋势。西方财政学界关于财政支出增长理论,较著名的有"瓦格纳定律""经济发展阶段论""梯度渐进增长论""官僚行为增长理论""财政幻觉论"和"福利经济学的财政支出增长理论"。

为确保财政支出的效率性,财政支出项目决策可借助成本效益法、最低费用选择法、因素分析法和公共定价法等方法来进行权衡。

关键词

财政支出　财政支出规模　财政支出效益　经常性支出　资本性支出　财政支出的弹性系数　财政支出的边际倾向　最低费用选择法　公共定价法

思考题

1. 简述财政支出的分类。
2. 试述瓦格纳法则的主要内容。
3. 衡量财政支出规模的指标体系有哪些?
4. 简述成本—效益分析法的步骤。

案例讨论

案例一:据报道,云南省河口县有一个名为"中国—东盟河口国际旅游文化景观长廊"(以下简称"文化长廊")的项目,这个在2011年2月完工的项目被当地誉为"边境明珠",总投资额为2.7亿元。但在3年之后的2014年5月23日,该项目却开始动工拆迁,拆迁补偿费用保守估计要3亿元,高于它的建设费用。斥资2.7亿元的"文化长廊",为何如此短命?官方称,"本着还河于民、还景于民"的理念,"文化长廊"将被改造成城市公共空间和平台。

对此,你如何看待政府财政支出效益的评价问题?

案例二:根据我国政府的财政预算报告,2000年全国财政支出规模达到近15 886亿元,占当年GDP总量的15%;2018年,全国财政支出规模达到22万亿元,占当年GDP总量的24.5%左右。

你是如何看待我国财政支出规模不断膨胀这一问题的?

第四章 财政支出结构

学习目标

通过本章的学习，要求学生熟悉财政支出结构的内涵、影响因素及我国财政支出结构的演变。同时，了解目前世界各国财政支出结构的状况；掌握财政支出结构优化的含义、原则及路径选择。

开篇导言

财政状况是关乎社会经济发展的重要因素。在1994年，我国进行了重大的财税体制改革，建立起了以增值税为主的税收体系。这次改革，使得我们拥有了一套跟欧洲各国比较相似的现代税收体系。但是，这次改革对于建立起现代的财政体制而言，只是完成了一部分的任务，而没有完成的另一部分任务就是财政支出结构的改革。

1994年到现在，我国借助良好的税收体系，使财政收入大幅增加，但是目前的财政支出结构却远不能胜任社会经济发展的需要。目前我国面临的最严峻的社会经济问题是收入分配问题、医疗问题、教育问题、贫困者和失业问题、地方的土地财政问题、环境污染问题，这一切虽不能说都是由财政支出结构不合理造成的，但起码都和这一问题有密切的关系。如果我们不能迅速地采取措施，加大对财政支出结构的调整力度，很有可能使这些问题持续恶化。

对于政府的财政支出来说，要满足社会和经济发展的需要，就得合理和有效率。合理就要体现在对财政支出结构的适当调整上；效率要体现在财政支出要把钱用到社会最需要的公共服务上去。即：在确定了财政支出把钱花在什么地方之后，还要努力提高效率，花最少的钱，办最多的事情。

对于经济学强调的成本—收益理念，也需要在政府的财政支出领域得到很好的体现。

第一节 财政支出结构概述

从第三章有关财政支出分类的介绍中我们已经看出,财政支出的用途是很广泛的,对财力的需求也是多方面的。在财政支出总额已定的情况下,各类别财政支出之间的关系是不均衡的状态。财政支出结构也是各类别财政支出的比例关系问题。要做到财政支出结构的合理,就必须正确处理好各类别财政支出的比例。

一、财政支出结构的含义

简单来说,财政支出结构是指各类别财政支出占总支出的比重,也称财政支出构成。从社会资源的配置角度来看,财政支出结构直接关系到政府动员社会资源的程度,从而对市场经济运行的影响可能比财政支出规模的影响更大。不仅如此,国家财政支出结构的现状及其变化,表明了该国政府正在履行的重点职能以及变化趋势。

二、影响财政支出结构的因素

对于一个国家来说,财政支出结构会受到多种因素的影响,其中主要有政府职能及财政资金供给范围、经济发展水平、政府在一定时期的社会经济发展政策和国际政治经济形势等。

(一)政府职能及财政资金供给范围

财政支出结构与政府职能及财政资金的供给范围有着直接的关系。比如我国在计划经济体制下,政府职能及财政资金的供给范围比较宽,既承担了社会共同需要方面的事务,也承担了大量竞争性、经营性等方面的事务。所以,在财政支出结构上必然体现出浓厚的计划经济体制的特点,如经济建设支出投入的比重较大,增大了一些本应由市场该办的事务性支出。在市场经济体制下,政府主要涉及市场不能办的事情或办不好的事情,着力于经济的宏观调控。所以,在财政支出中经济建设支出的比重就相对较小,同时在经济建设中用于基础设施、公用设施等投入的比重大,而很少用于竞争性、营利性领域的支出。

(二)经济发展水平

经济是财政的基础,一方面经济发展的水平决定财政收入及供给水平;另一方面财政支出的结构受到经济发展水平的影响。因为一定时期的经济发展水平决定着当时社会需要水平及社会需要结构。按照马克思主义的观点,人们首先要解决的是衣、食、住、行这些人类生存的基本需要,而后才能考虑其他更高层次的需要。在经济发展水平不高的情况下,财政供给水平和保障能力也必然不高,财政支出结构也会相应体现出这一时期的特点。以我国为例,我国要完善和发展市场经济,迫切需要建立完备的社会保障制度。但限于国家财力,我国社会保障程度和范围十分有限,国家的社会保障支出还不能做到像西方国家那样在财政支出中占有那么大的比重。这会随着国家经济发展水平和财力能力的提高,逐步解决。因而,财政支出结构会比较明显地反映出一个国家的经济发展水平。

(三)政府在一定时期的社会经济发展政策

财政支出反映着政府的活动范围、方向和政府的政策。政府发展什么、控制什么、支持什么、限制什么,在财政支出结构中反映得十分清楚。因此,政府在一定时期的社会经济发展政策直接会影响到财政支出结构的状况。比如我国为了实施科教兴国战略,国家规定每年财政科技、教育投入的力度要高于财政经常性收入的增长。这一政策的实施,就会使得我国财政支出结构发生相应地变化。

(四)国际政治经济形势

在当前世界政治多极化、经济一体化大趋势的形势下,国家政治经济及政府政策,受国际形势和环境的影响越来越大,几乎没有任何一个国家可以孤立地存在和发展,都需要通过不同形式与国际社会发生这样或那样的联系和交往。经济一体化即使各国经济形成了紧密的联系,也形成了相互的依赖。因此,各国经济发展会受到国际经济形势和政治形势的影响,各国制定本国经济政策也需要充分考虑到国际形势的因素,从而对财政支出的结构产生显著的影响。比如,1997年的东南亚金融危机和2008年因美国次贷危机引发的全球金融危机。

三、我国财政支出结构的演变及特征

从改革开放以来,我国的财政支出总量逐年增长,1980—2017年间的平均增长率大约为15%,高于我国GDP的年均增速8%左右。对于财政支出结构,在国际上较为一般化的分类是经济性支出、维持性支出和社会性支出。经济性支出是政府参与生产和投资的支出,包括农林水电支出、基础设施建设支出等,一般具有较强的生产性,与理论研究中出现的生产性支出相对应。维持性支出是用来保证国家正常运行的支出,提供的是纯公共产品,包括行政管理支出、国防支出等。社会性支出是政府服务社会、提高全民福利的支出,包括教育、科学技术、社会保障等支出。

《中国统计年鉴》的统计口径在2006年时进行了一次调整,之前按照财政支出功能,可以直接将行政管理费和国防费总和设定为维持性支出、经济建设费用设定为经济性支出,社会文教费用设定为社会性支出。2007年之后,维持性支出则包括一般公共服务、外交、国防、公共安全、粮油物资储备等项支出;经济性支出包括城乡社区、农林水电、交通运输、资源勘探信息、商业服务业、金融、国土海洋气象、债务利息、债务发行、灾后重建等项支出;社会性支出包括教育、科学技术、文化体育与传媒、社会保障和就业、医疗卫生与计划生育支出、节能环保、住房保障等项的支出。按照这种划分口径,我国1998—2017年三类公共支出的大致情况,如表4-1所示。

表 4-1 三类支出占财政总支出的比重

年 份	维持性支出(亿元)	维持性支出占总支出的比重(%)	经济性支出(亿元)	经济性支出占总支出的比重(%)	社会性支出(亿元)	社会性支出占总支出的比重(%)
1998	2 534.97	23.48	4 197.51	38.71	2 930.78	27.14

续表

年　份	维持性支出（亿元）	维持性支出占总支出的比重(%)	经济性支出（亿元）	经济性支出占总支出的比重(%)	社会性支出（亿元）	社会性支出占总支出的比重(%)
1999	3 097.00	23.48	5 061.46	38.38	3 638.74	27.59
2000	3 975.76	25.03	5 748.36	36.18	4 384.51	27.60
2001	4 954.53	26.21	6 472.56	34.24	5 213.23	27.58
2002	5 809.10	26.34	6 673.70	30.26	5 924.58	26.87
2003	6 599.13	26.77	6 912.05	28.04	6 469.37	26.24
2004	7 721.99	27.11	7 933.25	27.85	7 490.51	26.29
2005	8 987.30	26.49	9 316.96	27.46	8 953.36	26.39
2006	10 550.43	26.10	10 734.63	26.56	10 846.20	26.83
2007	15 770.59	31.68	12 822.26	25.76	18 236.94	36.63
2008	18 275.16	29.20	18 128.86	28.96	23 247.85	37.14
2009	20 893.92	27.38	24 996.52	32.76	28 110.04	36.84
2010	23 473.65	26.12	29 831.57	33.19	33 719.68	37.52
2011	27 283.19	24.90	36 654.77	33.55	42 398.60	38.81
2012	28 214.10	22.40	38 227.47	30.35	55 236.79	43.86
2013	30 957.71	22.10	45 507.47	32.46	60 316.59	43.20
2014	32 215.14	21.22	50 046.73	32.97	66 052.66	43.52
2015	35 109.00	19.96	60 053.94	34.15	76 782.87	43.66
2016	38 260.35	20.38	63 231.29	33.68	84 061.07	44.77
2017	39 362.33	20.20	68 026.67	34.91	87 474.00	44.89

数据来源：根据《中国统计年鉴(2016)》进行的测算，2017的数据来自财政部的有关公告，数据已按照口径做了相加和调整。

从表4-1中可以看出，随着时间的推移，我国三类财政支出的绝对额都呈上升趋势。相比而言，维持性支出的比重呈现先上升后下降的趋势；经济性支出的比重则刚好相反，呈现先下降后上升的趋势；社会性支出的变化与其他两类不同，比重呈现跳跃式增长。但从近几年的数据来看，三类支出的比重逐渐呈现稳定的态势。总体而言，我国财政支出的比重是在先社会性支出、再经济性支出、后维持性支出的路径上变化发展。之所以呈现出这些变化特征，其关键原因就在于随着市场经济体制的逐步完善与我国国力的增强，政府的执政理念已从过去重视经济增长开始转向越来越重视民生问题的解决。而民生问题的解决会在财政支出结构的调整中反映出来，特别是在社会性支出的增加上得到体现。

四、我国目前的财政支出结构

自2007年起，基于有利于公共财政体系建立，有利于预算的公正、公开、细化、透明，有利于加强财政经济分析与决策，有利于国际比较与交流的原则，我国完成了财政支出结构的改革，实行了支出的功能和经济分类。

(一) 支出功能分类

新的支出功能分类根据社会主义市场经济条件下政府职能活动情况及国际通行做法，把财政支出分为17类。

▶ 1. 一般公共服务

一般公共服务包括人大事务、政协事务、政府办公厅(室)及相关机构事务、发展与改革事务、统计信息事务、财政事务、税收事务、审计事务、海关事务、人事事务、纪检监察事务、人口与计划生育事务、商贸事务、知识产权事务、工商行政管理事务、食品和药品监督管理事务、质量技术监督与检验检疫事务、国土资源事务、海洋管理事务、测绘事务、地震事务、气象事务、民族事务、宗教事务、港澳台侨事务、档案事务、共产党事务、民主党派及工商联事务、群众团体事务、彩票事务、国债事务、其他一般公共服务等支出。

▶ 2. 外交

外交包括外交行政管理事务、驻外机构、对外援助、国际组织、对外合作与交流、对外宣传、边界勘界联检等方面支出。

▶ 3. 国防

国防包括现役部队和国防后备力量、国防动员及其他国防支出等。

▶ 4. 公共安全

公共安全包括武装警察、公安、国家安全、检察、法院、司法、监狱、劳教、国家保密、其他公共安全支出等。

▶ 5. 教育

教育包括教育管理事务、普通、职业、成人、广播电视、留学、特殊、教师进修及干部继续、教育附加及基金支出、其他教育支出等。

▶ 6. 科学技术

科学技术包括科学技术管理事务、基础研究、应用研究、技术研究与开发、科技条件与服务、社会科学、科学技术普及、科技交流与合作、其他科学技术支出等。

▶ 7. 文化体育与传媒

文化体育与传媒包括文化、文物、体育、广播影视、新闻出版、其他文化体育与传媒支出等。

▶ 8. 社会保障和就业

社会保障和就业包括社会保障和就业管理事务、民政管理事务、财政对社会保险基金的补助、补充全国社会保障基金、行政事业单位离退休、企业倒闭破产补助、就业补助、抚恤、退役安置、社会福利、残疾人事业、城市居民最低生活保障、其他城镇社会救济、农村社会救济、自然灾害生活救助、红十字事业及其他社会保障和就业支出等。

▶ 9. 社会保险基金支出

社会保险基金支出包括基本养老保险基金支出、失业保险基金支出、基本医疗保险基金支出、工伤保险基金支出、生育保险基金支出、其他社会保险基金支出等。

▶ 10. 医疗卫生

医疗卫生包括医疗卫生管理事务、医疗服务、社区卫生服务、医疗保障、疾病预防控制、卫生监督、妇幼保健、农村卫生、中医药、其他医疗卫生支出等。

▶ 11. 环境保护

环境保护包括环境保护管理事务、环境监测与监察、污染防治、自然生态保护、退耕还林、风沙荒漠治理、退牧还草、其他环境保护支出等。

▶ 12. 城乡社区事务

城乡社区事务包括城乡社区管理事务、城乡社区规划与管理、城乡社区公共设施、城乡社区住宅、城乡社区环境卫生、建设市场管理与监督、政府住房基金支出、国有土地使用权出让金支出、城镇公用事业附加支出、其他城乡社区事务支出等。

▶ 13. 农林水事务

农林水事务包括农业、林业、水利、南水北调、扶贫、农业综合开发、其他农林水事务支出等。

▶ 14. 交通运输

交通运输包括公路、水路、铁路、民用航空、其他交通运输支出等。

▶ 15. 工业商业金融等事务

工业商业金融等事务包括采掘业、制造业、建筑业、电力、信息产业、旅游业、涉外发展、粮油事务、商业流通事务、物资储备、金融业、烟草事务、安全生产、国有资产监管、中小企业事务、可再生能源、能源节约利用、其他工业商业金融等事务支出。

▶ 16. 其他支出

其他支出包括预备费、年初预留、住房改革支出、其他支出等。

▶ 17. 转移性支出

转移性支出包括返还性、财力性转移、专项转移、政府性基金转移、彩票公益金转移、预算外转移、调出资金、年终结余等支出。

(二) 支出经济分类

支出经济分类主要反映政府支出的经济性质和具体用途，主要分为 12 类。

▶ 1. 工资福利支出

工资福利支出包括基本工资、津贴补贴、奖金、社会保障缴费、伙食费、伙食补助费、其他工资福利等支出。

▶ 2. 商品和服务支出

商品和服务支出有办公费、印刷费、咨询费、手续费、水费、电费、邮电费、取暖费、物业管理费、交通费、差旅费、出国费、维修(护)费、租赁费、会议费、培训费、招待费、专用材料费、装备购置费、工程建设费、作战费、军用油料费、军队其他运行维护费、被装购置费、专用燃料费、劳务费、委托业务费、工会经费、福利费、其他商品和服务等支出。

3. 对个人和家庭的补助

对个人和家庭的补助包括离休费、退休费、退职（役）费、抚恤金、生活补助、救济费、医疗费、助学金、奖励金、生产补贴、住房公积金、租赁补贴、购房补贴、其他对个人和家庭的补助等支出。

4. 对企事业单位的补贴

对企事业单位的补贴包括企业政策性补贴、事业单位补贴、财政贴息、其他对企事业单位的补贴等支出。

5. 转移性支出

转移性支出包括同级政府间转移性支出、不同级别政府间转移性支出。

6. 赠与

赠与包括对国内的赠与和对国外的赠与。

7. 债务利息支出

债务利息支出有国库券付息、向国家银行借款付息、其他国内借款付息、向国外政府借款付息、向国际组织借款付息、其他国外借款付息等。

8. 债务还本支出

债务还本支出包括国内债务和国外债务还本支出。

9. 基本建设支出

基本建设支出包括各级发展与部门改革集中安排的用于房屋建筑物构建、办公设备购置、专用设备购置、交通工具购置、基础设施建设、大型修缮、信息网络建设、物资储备、其他基本建设等支出。

10. 其他资本性支出

略。

11. 贷款转贷及产权参股

贷款转贷及产权参股包括国内贷款、国外贷款、国内转贷、国外转贷、产权参股、其他贷款转贷及产权参股等支出。

12. 其他支出

其他支出包括预备费、预留、补充全国社会保障基金、未划分的项目支出及其他等支出。

第二节 对几项重要财政支出的分析与比较

一、行政管理支出

（一）行政管理费的属性

行政管理费是为了满足政府行政管理职能的需要而安排的财政支出，具体指财政用于国家各级权力机关、行政管理机关、司法检察机关和外事机构行使其职能所需的费用支出。行政所提供的服务，具有典型的非排他性和非竞争性的特征，是最为典型的公共产品。这使行政管理所产生的效应具有显著的社会性，可以为一个国家范围内的全体成员共同享用，而且这种效用不能为任何人所分割。由于这一特点，行政管理不能作为一种商品由市场来提供。

行政活动是非直接生产性劳动，不直接创造社会财富，是社会财富的"虚耗"，就此而论，此类支出越少越好。但适度的行政管理支出是必要的，为财富生产提供良好的社会条件。如果没有行政管理所提供的社会服务和条件，社会财富的生产就难以进行，从这个角度讲，这类活动的支出并不是在"虚耗"社会财富。

（二）行政管理费的内容

行政管理费是财政用于国家各级权力机关、行政管理机关和外事机构行使其职能所需的费用。2006年之前，广义的行政管理费项目包括行政管理费、公检法司支出、武装警察部队支出、国家安全支出、外交外事支出和对外援助等。

（三）我国行政管理支出的现状分析

新中国成立后至20世纪80年代之前的时期里，受体制和历史因素的影响，我国总的经济增长速度较慢，与之相对应，行政管理支出的增长速度也十分缓慢。改革开放以来，随着我国经济建设事业的不断发展，财政收入与财政支出水平有了较大增长，而同期的行政管理支出规模也出现了迅速增长的局面（如表4-2所示）。一般来说，随着财政支出的增长，行政管理费也会相应增长。但是，由于行政管理费的纯消费性特征，因而增长速度应小于财政支出的增长速度。自20世纪90年代至2006年，我国行政管理费占财政支出的比重逐步增加，在大多数年份中，前者的增速均超过后者，因而规范和加强行政管理费的管理势在必行。

表4-2 1996—2006年我国行政管理费及其占财政支出的比重

项目 年份	行政管理费 （亿元）	行政管理费 增速(%)	财政支出 增速(%)	行政管理费占财政 支出的比重(%)	行政管理费占 GDP的比重(%)
1996	1 040.80	18.90	16.30	14.90	1.67
1997	1 137.16	14.60	16.30	14.70	1.72
1998	1 326.77	17.80	16.90	14.80	1.90
1999	1 525.68	26.30	22.10	15.30	2.25
2000	1 787.58	37.00	20.55	17.40	2.79
2001	2 197.52	26.90	19.00	18.60	3.20
2002	2 979.42	16.80	16.70	18.60	3.41
2003	3 437.68	14.40	11.80	19.00	3.45
2004	4 059.91	17.70	15.60	19.40	3.45
2005	4 835.43	17.90	19.10	19.20	3.54
2006	5 639.05	16.30	19.10	18.70	3.59

资料来源：根据《中国统计年鉴(2007)》计算求得。

2007年之后,由于我国按照国际通行的规则进行了政府收支分类科目改革,因此"行政管理费支出"项目统计口径和以前相比就有了变化。一般来说,目前的行政管理费支出是将一般公共服务(减去国内外债务利息)、外交(减去对外援助部分)和公共安全三项相加。由于我国对行政管理费用进行了较为严格的控制,遏制住了其不断增长的势头。因此近几年来,我国行政管理支出占财政支出的比重呈现出不断下降的局面,目前基本控制在15%以下。同时,行政管理费占GDP的比重也基本稳定在3%~4%之间,如表4-3所示。

表4-3　2007—2017年我国行政管理费占财政支出的比重　　　　　单位:亿元

项目年份	财政支出	行政管理费（亿元）	财政支出增速（%）	行政管理费增速（%）	行政管理费占财政支出的比重（%）	行政管理费占GDP的比重（%）
2007	49 781.35	11 051.24	23.16	——	22.20	4.48
2008	62 592.66	12 665.72	25.74	14.61	20.24	4.21
2009	76 299.93	14 026.28	21.90	10.74	18.38	4.18
2010	89 874.16	14 987.94	17.80	6.86	16.68	3.77
2011	109 247.79	17 442.54	21.56	16.38	15.97	3.69
2012	125 952.97	19 978.94	15.29	14.54	15.86	3.85
2013	140 212.10	21 899.54	11.32	9.61	15.62	3.85
2014	151 585.56	21 986.27	8.89	3.96	14.50	3.45
2015	175 877.77	23 408.07	16.03	6.47	13.31	3.46
2016	187 755.21	26 304.50	6.75	12.37	14.01	3.53
2017	203 330.00	26 303.52	7.70	0.00	12.93	3.18

资料来源:根据《中国统计年鉴(2017)》及财政部网站的有关数据计算求得。

(四)行政管理支出的国际比较

从绝对规模来看,一般来说,随着财政支出的增加,行政管理费也会相应地增加。但从相对规模来看,由于行政管理支出的非生产性性质,则要求行政管理支出规模应有一定的限度。从世界范围来看,行政管理支出占政府财政支出的比例是多少合适,这恐怕是各国政府都需要面对的问题。

从理论上来讲,行政管理支出的规模是由多种因素形成的,而且具有历史延续性。直接的影响因素主要有:经济总体增长水平、财政收支规模、政府职能及其相应的行政组织规模、政府治理结构、财政预算体制、行政效率和行政管理费的使用效率等。对于一个国家或地区行政管理费的绝对规模应该是多少,理论上并没有统一的标准。但是我们可以通过行政管理费占财政支出的比重进行纵向和横向的比较来确定。

一般来说,行政管理费占财政支出的比重应该呈下降趋势,起码应相对稳定,否则就可以认为该国行政管理费支出规模过大。我国在1978年仅为4.71%,1980年为6.15%,1990年为13.44%,2000年为17.42%,2007年更是达到22.2%,近几年来虽有所下降,比如2017年降至12%左右,但和世界上其他发达国家或发展中国家相比,中国的这一数值也是比较高的,如表4-4所示。

表 4-4　2017 年世界代表性国家行政管理支出占公共财政支出的比重

国　　家	比重(%)
埃及、土耳其、波兰、英国	5 以下
泰国、印度、澳大利亚、美国、加拿大、德国、俄罗斯	5～10
捷克、阿根廷	10～15

资料来源：《国际统计年鉴(2018)》及有关资料整理。

二、国防支出

(一) 国防支出的内容和性质

国防支出是公共财政用于国防建设和军队建设方面的费用。国家的一项重要职能就是防御外敌入侵，捍卫国家安全。因而，建立军队和军事设施是必需的，这就决定了国防支出是国家的一项基本支出。

国防支出从总体上看具有纯粹的社会消费性质，目标是捍卫国家安全。不论是武器装备研制的财务支出，还是军事人员的经费支出，或是军事活动维持支出，都不会直接增加生产资料和消费品，也不会为社会经济的发展提供直接的物质财富，相反的，会消耗大量的社会产品。从这个意义上看，国防支出属于非生产性支出。

(二) 国防支出的合理限度

国防支出的合理限度，主要是指国防支出究竟支多少才合适的问题。如果单纯从国防角度看问题，可能就会得出军费开支越多越好的结论。因为充足的军费开支有助于提高威慑和防御能力。但是，国防开支数额是要被控制在一定的限度之内的，军需与民需之间有此消彼长的相互制约关系。这就是人们习惯上称的"要大炮(国防)还是要黄油(民需品)"的问题。大炮与黄油之间的权衡，如图 4-1 所示。

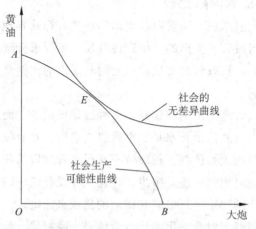

图 4-1　大炮与黄油之间的权衡

图 4-1 描述了社会生产在军需品与民需品之间进行选择的情况。一个政府可以扩充军备，但需要以减少民需品等其他产品的生产为代价。图中的无差异曲线代表着军需品与民需品选择的结合，无差异曲线越高，则对整个社会所带来的利益水平也就越高。最高的利

益水平位于 E 点，此时无差异曲线恰好与社会生产可能性曲线相切。这种国防和民需品生产之间的选择、权衡分析，有利于政府决策时对两者进行兼顾。但实际上要找到这一理论上存在合理的国防支出规模并非易事。历来都存在主张与反对扩大国防预算的不同观点。实践证明，引起国防支出预算规模变化的因素是多方面的，比如国家安全受到威胁的程度、对安全受到威胁的认识、国家财政收支状况、世界格局的变化及公共决策过程等。

（三）国防支出的国际比较

众所周知，国家的国防支出主要取决于该国所处的地理位置、国内政治形势及与周边国家的关系等因素。当前，国际仍存在着深刻而复杂的变化形势，和平与发展依然是当今时代的主题。国际形势发展的基本态势是保持总体稳定，但不确定、不稳定、不安全因素有所增加；世界多极化、经济全球化趋势在曲折中深入发展；广大发展中国家总体实力继续发展，成为推动世界多极化和国际关系民主化的重要力量；联合国在国际事务中发挥着不可替代的作用。但是，公正、合理的国际政治经济新秩序尚未建立，霸权主义和单边主义倾向有新的发展，围绕战略要地、战略资源和战略主导权的斗争此起彼伏。在这种情况下，各国虽然在尽量削减国防支出，但总体上来说，国防支出占 GDP 与政府财政支出的比重依然比较高，如表 4-5 所示。

表 4-5　2017 年世界前十个国家的国防支出的数据

比重＼国家	美国	中国	俄罗斯	沙特	法国	英国	德国	日本	印度	韩国
占 GDP 的比重（%）	3.8	2.0	4.1	9.3	2.2	2.3	1.4	1.0	2.5	2.8
占财政支出的比重（%）	10.0	8.3	11.2	25.2	3.9	5.2	3.0	2.4	9.0	12.8

资料来源：SIPRI 军费开支。

【专题 4-1】

我国政府的国防支出

国防是国家生存与发展的安全保障。加强国防和军队现代化建设，维护国家安全统一，是中国国防的主要任务。

自改革开放以来，我国始终坚持适度控制的国防费用投入，国防支出的增长速度基本保持与经济增长速度相适应，国防支出占国民生产总值的比重基本维持在 1.5% 左右。国防支出占财政支出的比重逐步下降，从 1978 年的 15% 降到 1985 年的 9.6%，再从 1995 年的 9.3% 降到 2012 年的 5.3%。作为世界第一人口大国，2013 年我国国防费用预算仅为 7 201.68 亿元。而同期美国国防投入为 6 310 亿美元，是中国的 5.45 倍。即使在 2017 年中国国防预算首次突破 1 万亿元关口，中国的军费开支总额约合 1 514.3 亿美元，只占美国的 1/4。目前，我国人均国防费用只有美国的 2.5% 左右，军人人均国防费用也只有美国的 7% 左右，投入水平相对较低。由此可以看出，我国奉行防御性的国防政策体现在实际的财力分配过程中。

进入 21 世纪，世界新军事变革加速推进，加快信息化建设与新装备的研发，是各国家军队追求的主要目标。同时，目前中国的国防与国家利益面临多重挑战，比如美国对中国崛起的遏制及有些国家在东海与南海对中国固有领土主权的挑衅等。为了对应这些挑战，同时响应习总书记"强国、强军"的号召，加快我国的军事变革与国防力量建设，推进军队现代化和信息化的复合发展，就需要适度增加国防投入。

三、教育支出

（一）教育支出的性质

教育是提高人力资本最基本的手段，当今世界各个国家都把教育发展作为国家社会经济可持续发展的关键支持系统和重要组成部分，作为增强综合国力、国际竞争力的核心问题和重大战略决策。当代世界各国之间的差距，从根本上来说就是教育上的差距。因此，教育事业对国家社会经济的发展起着重要的基础性作用。教育支出在整个西方国家的政府支出中占据了越来越重要的地位，在消耗性支出中已超过国防支出，成为最大的消耗性支出；在整个政府支出中，教育支出一般是仅次于社会保障支出的第二大支出。

从经济性质看，教育服务一般被看作是一种混合物品。然而，教育是分初、中、高几个层次的，多数国家根据本国经济发展水平，通过宪法对初级教育规定若干年的义务教育。义务教育，是保证公民基本素质的教育，既是每个公民的一种权利，也是每个公民的一种义务，带有强制性。既然国家是通过立法安排的义务教育，每个公民都可以无差别的享受这种教育，那么这种服务理所当然应当由政府来提供和保证。如果政府不能保证义务教育经费的充足，应视为政府的失职。从这个角度来看，义务教育是纯公共产品。至于义务教育以外的高层次教育，主要有高等教育、职业教育和成人教育等，则具有两面性。一方面，高层次教育是提高公民素质的教育，可以为国家培养建设性的人才，从而促进社会经济的发展，因而也属于公共物品的范畴。另一方面，受教育者可以从高层次教育中获得更多的知识和技能，为将来找到一份较好的职业、获得较高的收入、拥有较多的晋升机会奠定基础。也就是说，个人从高层次教育中得到的利益是内在和私人化的，而且一个人接受高级教育，就会减少另一些人接受高级教育的机会。因而，按照公共产品理论，义务教育以外的高层次教育，不属于纯公共产品，而是属于混合产品。

（二）我国教育支出的现状

近几年，我国财政支出中教育支出的比重不断提高。从改革开放初期的5.9%到近几年的15%左右，且趋于稳定，从而可以看出我国政府对于社会文教的重视程度在逐渐增强。但同时不能忽视的是，国家财政性教育经费占GDP的比重较低。2011年之前，国家财政性教育经费占GDP的比重都低于4%，2012年刚好达到国务院1993年《中国教育改革和发展纲要》所确定的20世纪末达到4%的目标（目前基本稳定在4%左右，如表4-6所示），而且与世界平均支出水平依然有差距（世界平均水平2000年为4.06%，2017年为5%左右）。从我国教育经费来源构成看，以政府投入为主，国家财政性教育经费占全部教育经费的60%以上。除政府投入外，目前已经形成政府财政投入、社会团体和公民个人办学、社会捐资和集资办学、收取学费和杂费及其他经费等多种形式、多元化教育资金来源。

表4-6　我国政府教育投入情况（2001—2018年）　　　　单位：亿元

年　份	教育支出(亿元)	财政支出(亿元)	国内生产总值(亿元)	教育支出比例(%)	
				占财政支出	占GDP
2001	3 057.0	18 902.6	10 9655	16.2	2.8
2002	3 491.4	22 053.2	120 332	15.8	2.9
2003	3 850.6	24 649.9	135 822	15.6	2.8
2004	4 465.9	28 486.9	159 878	15.2	2.8
2005	5 161.1	33 930.3	183 217	15.2	2.8
2006	6 348.4	40 422.7	211 923	15.7	3.0
2007	7 122.3	49 781.4	249 529	14.3	2.9
2008	9 010.2	62 592.7	314 045	14.4	2.9
2009	10 437.5	76 299.9	335 352	13.7	3.1
2010	12 550.0	89 575.4	398 000	13.9	3.1
2011	16 497.3	109 247.8	473 104	15.1	3.5
2012	21 242.1	125 692.9	519 322	16.9	4.1
2013	22 000.2	140 212.1	568 845	15.7	3.9
2014	23 041.7	151 585.6	636 403	15.2	3.6
2015	26 271.9	175 877.8	676 700	14.9	3.9
2016	28 072.8	187 755.2	744 127	14.9	3.8
2017	30 259.0	203 330.0	827 122	14.9	3.6
2018	32 222.0	220 906.0	900 309	14.6	3.6

数据来源：根据《中国统计年鉴(2018)》及财政部网站的有关数据计算求得。

（三）教育支出的国际比较

从世界范围来看，教育开支占政府财政一般支出的比重总体呈稳定缓慢上升态势，OECD国家该指标平均值由1995年的11.8%上升到2017年的14%左右。从部分西方国家财政性教育拨款占政府一般支出比重看，不同国家该指标差距较大（如表4-7所示）。一般来说，一个国家的教育拨款占政府支出的比重与该国的"福利化"及教育的市场化程度有关。比如，美国与加拿大教育支出比例之所以比较低，这和国家的教育体制有关。私立学校的设立很大程度缓解了中央财政和地方财政在教育方面的压力，这也是我国教育体制改革的一个方向。

表4-7　2017年部分国家和地区教育支出占财政支出的比重

国家和地区	比重(%)
印度、南非、俄罗斯、美国、加拿大	10以下
英国、荷兰、波兰、澳大利亚、中国大陆	10~15
新加坡、新西兰、韩国、中国香港	15~20
泰国、墨西哥	20以上

资料来源：《国际统计年鉴(2017)》及其他网站资料的整理。

四、卫生支出

（一）公共卫生支出的性质及提供

政府卫生支出是由政府干预卫生事业而形成的支出。政府卫生支出关系到一个国家居民医疗需求的满足和整体健康水平的提高。尤其是公共卫生领域中的市场提供存在着广泛的缺陷，为这一领域中的政府发挥作用提供了理论依据。1993年世界银行在《世界发展报告》中，提出了政府要对卫生事业进行干预的三条理由是："第一，减少贫困是在医疗卫生方面进行干预的最直接的理论基础；第二，许多与医疗卫生相关的服务是公共物品，其作用具有外部性；第三，疾病风险的不确定性和保险市场的缺陷是政府行为的第三个理论基础"。因此，无论是从效率还是公平的角度来看，政府都需要对卫生事业进行干预。

公共卫生领域是具有很大外部效应的纯公共产品，包括安全饮用水、传染病与寄生虫病的防范和病菌传播媒介的控制等。由于这些物品具有非排他性，即不能将免费者从这种服务的受益中排除出去，因而私人不会提供或者不会充分提供此类产品。政府提供公共卫生服务的另一个重要因素是公平的收入分配。市场是以个人对劳动和资本贡献的大小来分配收入，劳动的贡献是以个人健康为前提的，卫生条件甚至于疾病却是对健康和劳动能力的一种极大的威胁。在市场规则下，疾病会使劳动者的收入减少甚至丧失劳动能力，而贫困者又难以抵御疾病风险的侵袭，这样就会陷入"贫困的循环"。现在，人们越来越认为，卫生保健是一种每个人应享有的权利，不是一种基于经济基础的特权。政府卫生政策的目标包括缓解和消除因收入差距对健康形成的不良影响。此外，疾病的风险是最难以确知的，在私人经济市场上，人们化解风险的方法是购买商业保险。但商业保险的趋利性必然会产生"逆向选择"，即选择低风险的保险对象，而政府的公共卫生服务带有社会保险的性质，让疾病的社会风险在更大的范围内由政府承担，可以为劳动者提供了可靠的健康基础。

（二）我国卫生财政支出的现状与问题

随着我国医疗卫生体制改革的推进，特别是近几年，我国不断深化医疗卫生体制改革，我国医疗卫生领域的财政支出规模呈现出快速增长形势。尽管如此，医疗卫生领域的财政支出水平依然相对较低，尚难以满足医疗卫生事业均衡发展的需求。

首先，我国医疗卫生支出规模不断扩大，占财政支出和GDP的比重呈现出不断上升的趋势。根据《中国统计年鉴（2017）》和卫生部卫生发展研究中心有关的研究数据表明，我国卫生总费用由1978年的35.44亿元增长到2017年的14 451亿元，占财政总支出的比重由1978年的3.2%上升到2017年的7.1%；占GDP的比重由1978年的1.0%上升到2017年的1.8%。政府卫生投入重点支持健全全民医保体系，新农合和城镇居民医保财政补助标准从2010年的每人每年120元提高到2017年的450元。与此同时，支持促进基本公共卫生服务均等化，支持公立医院改革，支持巩固完善基层运行新机制。

其次，我国医疗卫生政府支出水平仍然偏低。《国际统计年鉴（2017）》的最新数据显示：我国医疗卫生政府支出占GDP的比例小且低于世界平均水平10%，只是刚超过低收入国家6%的平均水平。另一方面，政府支出在医疗卫生总费用中的比重偏低，政府支出在医疗卫生总费用的比重低于社会医疗卫生支出和个人医疗卫生支出在卫生总费用中的比重。

【专题 4-2】
如何优化我国政府的医疗卫生财政支出规模

优化我国医疗卫生财政支出规模，解决群众看病难、看病贵的问题，既需要完善医疗卫生财政支出体系，也需要加强医疗卫生服务的供给，并通过医疗卫生财政支出来撬动医疗卫生服务供给。

（1）科学构建医疗卫生财政支出的责任分担机制。各级政府应在明确自身医疗卫生事权的基础上，构建财政支出责任分担机制，责任的划分应以地区经济发展、财政收入水平和医疗卫生事业发展目标为依据，综合考虑人口、消费水平、物价指数等因素，确定各级政府在医疗卫生财政支出中的分担比例。

（2）不断提高医疗卫生财政支出总量水平。针对我国医疗卫生财政支出水平依然偏低的状况，政府应围绕深化医疗卫生体制改革的总目标和长期目标，不断加大医疗卫生领域的政府投入力度。一方面，强化政府对医疗卫生事业发展的财政责任，将医疗卫生财政支出作为政府财政支出的优先方向；另一方面，在健全我国医疗卫生政府投入保障机制的基础上，不断强化医疗卫生的财政支出程度，逐步提高人均医疗卫生财政支出水平及医疗卫生支出在财政总支出、医疗卫生总费用、GDP 中的比重。

（3）加大医疗卫生服务的总供给。随着我国进入老龄化社会，针对群众日益增长的医疗卫生需求，仅通过加大医疗卫生财政支出很难解决看病难、看病贵的问题。因此，需要通过政府引导发挥市场机制作用，构建多元化的医疗卫生供给机制来加大医疗卫生服务的总供给。一方面，探索建立与社会经济发展水平、医疗卫生事业均衡发展相适应的医疗卫生服务供给市场，鼓励社会资本兴办医疗服务机构，加大医疗卫生专业人才的培养，促进医药企业的研发和生产；另一方面，推动公共卫生保健体系的完善，加强对社会紧缺的医疗卫生资源供给的财政支持。

（4）优化医疗卫生财政支出的结构和方向。一方面，适应深化医疗卫生体制改革的需要，加大医疗卫生财政支出结构的调整，逐步增加对公共卫生保健、公共服务体系建设、公立医院改革、医疗保障体系建设、药品供应保障体系建设等方面的财政支出，满足城乡居民的基本医疗卫生需求；另一方面，调整医疗卫生政府支出的方向，注重向公共卫生基层人才培养方面倾斜，优先保障基层医疗卫生机构、公共卫生、医疗保障的财政支出，逐步加大对初级卫生保健、县级公立医院综合改革、城乡医疗救助制度、新型农村合作医疗、城镇居民基本医疗保险、城镇职工基本医疗保险和卫生人才培养方面的财政支持。[①]

五、社会保障支出

社会保障支出（公共财政中的社会保障经费），即社会保障支出中政府所承担的那一部分费用，主要用于改善各地区的社会保障服务，可以反映政府对社会保障的供给程度。财政社会保障支出通常以财政支出中社会保障支出所占比重来表示，是反映政府对社会保障投入状况的指标，也是用于说明社会保障在政府公共财政支出中的地位和水平的指标。

---

① 梁学平. 我国医疗卫生政府支出现状与国际比较[J]. 价格理论与政策，2013(7)：74-75.

（一）我国基本社会保障制度的主要内容

在 1942 年国际劳工组织出版的文献中，社会保障被定义为：通过一定的组织对这个组织的成员所面临的某种风险提供保障，为公民提供保险金、预防或治疗疾病，失业时资助并帮助他们重新找到工作。根据国际劳工组织批准的社会保障公约规定，社会保障包括 9 个方面的内容：医疗、疾病、失业、老龄、工伤、家庭、生育、残疾和遗属津贴，几乎涉及了一个人"从摇篮到坟墓"的全过程。

在国务院 2004 年 9 月发布的《中国的社会保障状况和政策》白皮书中，我国的社会保障体系包括了社会保险、社会救济、社会福利、优抚安置等内容。

▶ 1. 社会保险

社会保险是政府参照保险市场原则为社会成员提供的生活保证，是社会保障制度的核心组成部分。社会成员的生活困境并不完全来自于残疾、收入低等原因，还可能来自于对某种事物的选择不当等原因。对于这些原因造成的贫困，政府可采用社会保险的方式来解决。

各个国家社会保险项目的基本组成部分大致是相同的，主要包括：

（1）养老保险，又称老年保险，是劳动者在达到法定退休年龄，按规定退出工作岗位，由养老保险基金支付养老金的一种社会保险项目。

（2）医疗保险，是劳动者及其直系亲属患病时，由医疗保险基金按规定支付一定医疗费用的一种社会保险项目。

（3）失业保险，是劳动者在失去工作、中断生活来源时，由失业保险基金按规定支付失业保险金的一种社会保险项目。

（4）工伤保险，是劳动者因工负伤时，由该保险按规定支付工伤津贴的一种社会保险项目，其待遇标准高于非因工负伤的情况。

（5）伤残保险，是劳动者在未达到法定退休年龄但却丧失了劳动能力时，由该保险按规定支付伤残补助金的一种社会保险项目。

（6）疾病、生育保险，是劳动者在休病假、产假时，由该保险发放病、产假工资的一种社会保险项目。

（7）丧葬补助，是劳动者过世时，由该保险向其家属支付一次性丧葬补助金的一种社会保险项目。

▶ 2. 社会救济

社会救济是政府通过财政拨款，为贫困的社会成员提供的生活保证。社会救济与社会保险同属于社会保障，在性质上具有相通之处，主要体现为两者都具有强制性，且都是为了保障社会成员最基本的生活需要的目的服务的。但是，两者也有不同：

（1）社会救济具有无偿性，贫困者不用为接受政府的救济而支付任何费用；在社会保险方式下，受保人先得缴纳一定的费用才能获得相应的生活保证。

（2）社会救济的对象是贫困者，因而是一种事后补救；社会保险的对象是所有的劳动者，因而是一种防患于未然的预防性措施。因此，社会救济实际上是保障社会成员基本生活需要的最后一张"安全网"。在西方国家,社会救济项目主要包括贫困补助、赡养补助、住房补助、医疗补助等。

3. 社会福利

社会福利在此是狭义的概念,指对特定的社会成员的优待和提供的福利。社会福利体系主要包括社会福利事业(如政府主办的社会福利院、精神病院、儿童福利院等)、残疾人劳动就业和社区服务等,主要是对孤老残幼等有特殊困难的社会成员进行基本生活保障。

4. 社会优抚

社会优抚是一种特殊的保障体系,保障对象是现役军人,部队退役人员及其相关人员。具体包括现役军人、革命伤残军人、复员退伍军人、军属和革命烈士家属、志愿兵、军队离退休和复员干部等。

(二)政府介入社会保障的原因

政府出面干预社会保障的理由有以下几个方面。

(1)市场经济条件下的资源配置无法实现收入的公平分配。例如,当社会成员在遭遇无法预料或人为无法抗拒的灾难(如严重疾病、自然灾害等)而导致生活困难时,只有通过政府提供的无偿援助,才能真正使这部分社会成员摆脱困境。

(2)保险被认为是优质品(merit goods)。当消费者抱侥幸心理,对未来可能遭遇的风险估计不足,因而不愿意投保商业保险时,就很有可能会发生生活困难。为此,政府有必要强制地要求社会成员将现在的一部分收入存入其个人账户或存入政府的社会保险账户,并为之管理这笔资金以供将来利用。

(3)保险市场中存在着"逆向选择"问题。即风险较小的投保人认为自己的付出会比可能得到的利益大,因而不愿意投保,愿意投保的大多数人是风险较大的个人。在这种情况下,以盈利为目的的商业保险无法满足或不愿提供这类保险,此时社会保险就会成为社会成员的共同需要。

(4)健全完善的社会保障体系能够在一定程度上帮助政府调节经济、平抑经济周期波动。由于社会保障体系中的经济支出和失业费等支出,在经济过热时大幅度减少,经济过冷时大幅度增加,从而促进经济回升或抑制经济衰退,具有自动稳定功能。

(5)由政府组织建立社会保障制度,也是由国家的经济发展水平决定的。新中国成立几十年来,我国一直实行低工资制,国有企业的已退休人员和即将退休人员,并没有为自己储蓄足够的资金用以养老和应付老年医疗开支。在政府改变原有的国家统包社会保障方式后,这部分人员的生活将面临困难。所以,处于经济转轨阶段的我国政府有责任解决这部分人员的社会保障问题。

(三)我国社会保险制度的主要内容

社会保险制度是社会保障制度的核心。2010年10月28日第十一届全国人民代表大会常务委员会第十七次会议通过《中华人民共和国社会保险法》,自2011年7月1日起施行。社会保险制度坚持以广覆盖、保基本、多层次、可持续的方针,社会保险水平应当与社会经济发展水平相适应。该法明确国家建立基本养老保险、基本医疗保险、工伤保险、失业保险、生育保险等社会保险制度，保障公民在年老、疾病、工伤、失业、生育等情况下依法从国家和社会获得物质帮助的权利。

▶ 1. 基本养老保险制度

我国的基本养老制度涵盖了职工基本养老保险、城镇居民社会养老保险和农村居民社会养老保险。

我国现行的职工基本养老保险制度主要内容有城镇职工养老保险是由社会基本养老保险、企业补充养老保险及个人储蓄性养老保险组成的多层次体系。其中，基本养老保险具有强制性、统一性。职工个人和企业必须依法参加并缴纳基本养老费，实行社会统筹与个人账户相结合，职工个人缴纳的保险费（最终达到职工个人缴费工资的8%）进入养老保险专门管理机构为其开立的个人账户，用人单位缴纳的保险费（占企业职工缴费工资总额的20%）全部进入社会养老保险统筹基金，不再划入个人账户。

（1）保险覆盖范围。城镇各类所有企业，都必须参加养老社会保险，即基本养老保险。城镇个体工商户本人、私营企业主、自由职业者也可以参加养老保险。

（2）保险费用筹集。企业和职工个人共同缴纳费用，财政负责弥补养老保险计划的赤字。企业缴费一般不超过企业工资总额的20%，个人缴费从1998年起每两年提高一个百分点，最终达到个人工资的8%。目前大多数地区养老保险出现收不抵支的现象，中央财政给予财政支持。

（3）运行模式。社会统筹与个人账户相结合的运行方式。各地方要按职工个人缴费工资的11%的数额为职工建立基本养老保险账户，个人缴费全部计入个人账户，其余部分从企业缴费中划入。随着个人缴费比例的提高，企业缴费划入个人账户的比例应逐步减小；当个人缴费比例提升到8%的最高限额时，企业缴费划入个人账户的比例应降低到3%。企业缴费除去划入个人账户的部分外，其余部分进入社会统筹基金，用于向已经退休的职工发放各种退休费用。个人账户的存储额每年参考银行同期存款利率计算利息。这部分存储额只能用于职工养老，不得提前支取。职工调动时，个人账户中的存储额全部随同转移；职工或退休人员死亡，个人账户中的个人缴费部分可以由家属继承。

（4）养老金待遇。新的养老金保险制度实施后参加工作的职工，如果个人缴费年限满15年，在退休后可按月领取基本养老金。基本养老金由基础养老金和个人账户养老金两部分组成。退休后基础养老金的月标准为该地区上年度职工月平均工资的20%；个人账户养老金的月标准按本人退休时个人账户存储额除以120的方法确定。个人缴费年限不满15年的，退休后不能享受基础养老金，其个人账户中的存储额一次性地支付给本人。新的养老金保险制度实施之前参加工作的，采取一些过渡性措施，如"过渡性养老金"的发放。全国所有县级行政区全部开展新型农村和城镇居民社会养老保险工作，基本实现了制度全覆盖，标志着我国城乡居民的基本养老保险制度体系的初步形成。

（5）养老基金管理。养老金统筹应由县、市级逐步向省级统筹过渡，以便提高统筹的层次，进一步发挥互助互济、风险分担的保险功能，同时也有利于国家对社会保险的宏观调控。在资金管理上，实行收支两条线管理，即养老保险计划的缴费收入要纳入财政专户存储；支出要专款专用，并要经过严格的程序审批。养老保险基金的节余除预留相当于两个月的养老金开支外，应全部购买国家债券和存入专户，严格禁止投入其他金融和经营性事业。要建立健全社会保险基金监督机构，财政、审计部门要依法加强监督，确保基金的安全。

2005年12月颁发的《国务院关于完善企业职工基本养老保险制度的决定》规定，参加基本养老保险并且累计缴费满15年的职工，退休后将按月发给基本养老金，基本养老金待遇水平与缴费年限的长短、缴费基数的高低、退休时间的早晚直接挂钩。基本养老金由基础养老金和个人账户养老金组成。退休时的基础养老金月标准以当地上年度在岗职工月平均工资和个人指数化月平均缴费工资的平均值为基数，缴费每满1年发给基数的1%。个人账户养老金月标准为个人账户储存额除以计发月数，计发月数根据职工退休时城镇人口平均预期寿命、个人退休年龄、利息等因素确定。参加基本养老保险并缴费未满15年的职工，则由社会养老保险专门管理机构将其个人账户储存的本息额一次性支付给职工本人。企业补充养老保险作为企业在参加社会基本养老保险的基础上依据国家政策和本企业经济状况建立的一种养老保险形式（也称企业年金），采用个人账户方式进行管理，实行基金完全积累和市场化运作。

(6) 新型农村社会养老保险制度。农村社会养老保险是指通过个人、集体、政府多方筹资，将符合条件的农村居民纳入参保范围，达到规定年龄时领取养老保障待遇，以保障农村居民年老时基本生活为目的，带有社会福利性质的一种社会保障制度。新型农村社会养老保险制度是在总结完善我国20世纪90年代开展的农村社会养老保险（以下简称老农保）制度的基础上建立起来的一项崭新的制度。根据世界许多国家的实践经验，解决养老问题将来主要靠社会保险。党中央、国务院高瞻远瞩，审时度势，决定从2009年起在全国范围内开展新型农村社会养老保险试点（以下简称新农保），逐步解除农民的后顾之忧，实现"养老不犯愁"的目标。

新农保参保范围是参保人群需要具有辖区户籍，男年满16周岁未满60周岁、女年满16周岁未满55周岁（不含在校生）、不符合职工基本养老保险参保条件的城镇非从业人员。基本计算公式是：

(领取养老金时账户中的总额÷139×12)+(55×12)＝每年获得的养老金数(不包括利息等)

新型农村社会养老保险制度的基本原则是"保基本、广覆盖、有弹性、可持续"。新型农村社会养老保险制度采取社会统筹与个人账户相结合的基本模式和个人缴费、集体补助、政府补贴相结合的筹资方式。满60周岁以上的农村居民个人不再缴费，直接享受中央财政补助的基础养老金，但符合参保条件的子女应当参保缴费。这既是政府组织引导下的农村居民自愿参加，又是"待遇享受"的必要条件。

有统计数据显示，截至2017年我国新农保参保人数达到4亿人。虽然我国用短时间实现了新农保制度的全覆盖，建立了有史以来覆盖人数最多的养老保险制度，但仍有几千万符合参保条件的农村居民没参保。这些人大多是年轻人，要进一步调动他们的参保积极性，还需进一步完善激励机制。

按照人力资源社会保障部要求，将新农保与城镇居民社会养老保险合并，称为城乡居民社会养老保险，即不再区分城市户籍和农村户籍，只要没有参加城镇职工养老保险，符合参保条件就可以参加城乡居民养老保险，符合领取待遇条件就可以领取城乡居民养老保险待遇，而且两种户籍缴费、领取待遇的条件和规则相同。各省也同时规定了两种制度的衔接问题。可以预见，将来在全国范围内，新农保与城镇居民社会养老保险合并，从而成为历史名词。

▶ 2. 失业保险

从1986年起，开始在国有企业职工中实施失业保险（称待业保险）。1999年1月，国务院正式颁布了《失业保险条例》，将失业保险的实施范围进一步扩大，创立了现行的失业保险制度。主要内容有以下几个方面。

（1）覆盖范围。城镇企事业单位均应参加失业保险计划。失业人员具备可以领取失业保险金的条件有，按照规定参加失业保险，所在单位和本人已按照规定履行缴费义务满1年的；非因本人意愿中断就业的；已办理失业登记，并有求职要求的。

（2）费用筹集。单位要按照本单位工资总额的2%缴纳失业保险费，职工个人要按照本人工资的1%交纳失业保险费。

（3）保险金的拨付。失业人员失业前所在单位和本人按照规定累计缴费时间满1年不足5年的，领取失业保险金的期限最长为12个月；累计缴费时间满5年不足10年的，领取失业保险金的期限最长为18个月；累计缴费时间10年以上的，领取失业保险金的期限最长为24个月。重新就业后，再次失业的，缴费时间重新计算，领取失业保险金的期限可以与上次失业应领取而尚未领取的失业保险金的期限合并计算，但是最长不得超过24个月。失业保险金的标准，按照低于当地最低工资标准、高于城市居民最低生活保障标准的水平，由各省、自治区、直辖市人民政府确定。

▶ 3. 基本医疗保险制度

我国现行的基本医疗保险制度包括城镇职工基本医疗保险制度、城镇居民基本医疗保险制度和新型农村合作医疗保险制度。

1998年12月，国务院下发了《关于建立城镇职工基本医疗保险制度的决定》，创建了我国现行的城镇职工基本医疗保险制度。①

（1）覆盖范围。城镇所有用人单位，包括各种所有制企业、机关、事业单位，社会团体，民办非企业单位等都要为职工投保医疗保险，称为基本医疗保险；乡镇企业、城镇个体户是否需要为职工投保医疗保险，由当地省级政府决定。

（2）费用筹集。用人单位和个人共同缴纳，单位缴费率应控制在职工工资总额的6%左右，职工个人缴费率为工资收入的2%。随着经济发展，用人单位和职工缴费率可作相应调整。

（3）运行模式。社会统筹与个人账户相结合的运行模式。基本医疗保险基金由统筹基金和个人账户构成。职工个人缴纳的基本医疗保险费，全部计入个人账户。用人单位缴纳的基本医疗保险费分为两部分，一部分用于建立统筹基金，一部分划入个人账户。划入个

---

① 城镇职工医疗保障体系由基本医疗保险、职工大病医疗费用补助、公务员医疗补助、企业补充医疗保险等构成。其中，具有强制性、统一性的基本医疗保险是这一体系的基础和核心。

人账户的比例一般为用人单位缴费的30%左右，具体比例由统筹地区根据个人账户的支付范围和职工年龄等因素确定。

统筹基金和个人账户要划定各自的支付范围，分别核算，不得互相挤占。统筹基金的起付标准原则上控制在当地职工年平均工资的10%左右，最高支付限额原则上控制在当地职工年平均工资的4倍左右。起付标准以下的医疗费用，从个人账户中支付或由个人自付。起付标准以上、最高支付限额以下的医疗费用，主要从统筹基金中支付，个人也要负担一定比例。超过最高支付限额的医疗费用，可以通过商业医疗保险等途径解决。统筹基金的具体起付标准、最高支付限额及在起付标准以上和最高支付限额以下医疗费用的个人负担比例，由统筹地区根据以收定支、收支平衡的原则确定。

《社会保险法》规定，国家建立和完善城镇居民基本医疗保险制度。城镇居民基本医疗保险实行个人缴费和政府补贴相结合。享受最低生活保障的人、丧失劳动能力的残疾人、低收入家庭六十周岁以上的老年人和未成年人等所需个人缴费部分，由政府给予补贴。

为实现建立基本覆盖城乡全体居民的医疗保障体系的目标，国务院决定，从今年（2019年）起开展城镇居民基本医疗保险试点。2007年国务院《关于开展城镇居民基本医疗保险试点的指导意见》做出了具体规定。

（1）参保范围。不属于城镇职工基本医疗保险制度覆盖范围的中小学阶段的学生（包括职业高中、中专、技校学生）、少年儿童和其他非从业城镇居民都可自愿参加城镇居民基本医疗保险。

（2）缴费和补助。城镇居民基本医疗保险以家庭缴费为主，政府给予适当补助。参保居民按规定缴纳基本医疗保险费，享受相应的医疗保险待遇，有条件的用人单位可以对职工家属参保缴费给予补助。国家对个人缴费和单位补助资金制定税收鼓励政策。

（3）费用支付。城镇居民基本医疗保险基金重点用于参保居民的住院和门诊大病医疗支出，有条件的地区可以逐步试行门诊医疗费用统筹。

《社会保险法》规定，国家建立和完善新型农村合作医疗制度。新型农村合作医疗的管理办法，由国务院规定。新型农村合作医疗，简称"新农合"，是指由政府组织、引导、支持，农村居民自愿参加，个人、集体和政府多方筹资，以大病统筹为主的农村居民医疗互助共济制度。2002年10月，国家明确提出各级政府要积极引导农村居民建立以大病统筹为主的新型农村合作医疗制度。2009年，国家作出深化医药卫生体制改革的重要战略部署，确立新农合作为农村基本医疗保障制度的地位。新型农村合作医疗制度从2003年起在全国部分县（市）试点，2010年实现基本覆盖全国农村居民。

新农合采取个人缴费、集体扶持和政府资助的方式筹集资金。2017年，各级财政对新农合的人均补助标准在2016年的基础上提高30元，达到450元（以后也会适时调整）。其中中央财政对新增40元部分按照西部地区80%、中部地区60%的比例进行补助，对东部地区各省份分别按一定比例补助。农村居民个人缴费标准在2016年的基础上再提高30元，2017年全国平均达到180元左右（以后也会适时调整）。个人筹资水平提高后，各地加大医疗救助工作力度，资助符合条件的困难群众参合。新生儿出生当年，随父母自动获取参合资格并享受新农合待遇，自第二年起按规定缴纳参合费用。

▶ 4. 工伤保险

根据2010年12月20日《国务院关于修改〈工伤保险条例〉的决定》，新工伤保险条例自2011年1月1日起施行。对于工伤保险做了更新、更完善的规定。

(1) 覆盖范围。中华人民共和国境内的企业、事业单位、社会团体、民办非企业单位、基金会、律师事务所、会计师事务所等组织和有雇工的个体工商户应当依照规定参加工伤保险，为本单位全部职工或者雇工缴纳工伤保险费。

(2) 费用筹集。工伤保险的收入全部由用人单位缴纳，职工不再缴纳工伤保险费，缴费率目前多为1%。

(3) 基金管理。工伤保险在直辖市和设区的市实行全市统筹，其他地区的统筹层次由省、自治区人民政府确定。工伤保险基金逐步实行省级统筹。跨地区、生产流动性较大的行业，可以采取相对集中的方式异地参加统筹地区的工伤保险。工伤保险基金存入社会保障基金财政专户，用于工伤保险待遇、劳动能力鉴定及法律、法规规定的其他费用的支付。

(4) 工伤保险待遇。职工治疗工伤应当在签订服务协议的医疗机构就医，情况紧急时可以先到就近医疗机构急救。治疗工伤所需费用符合标准的，从工伤保险基金支付。

▶ 5. 生育保险

1995年1月劳动部正式颁布《企业职工生育保险试行办法》。该办法规定：(1) 覆盖范围，城镇企业及其职工都要参加生育保险。(2) 费用筹集，企业按照工资总额的一定比例（不超过1%）向社会保险机构缴纳，职工个人不缴纳；对生育保险费用实行社会统筹的办法。(3) 保险待遇，女职工生育按照法律、法规的规定享受产假，产假期间的生育津贴按照本企业上年度职工月平均工资计发，由生育保险基金支付，超出规定的医疗服务费和药费由职工个人负担。

【专题4-3】
社会保障制度模式介绍

从世界各国推行的社会保障制度模式来看，主要有四种类型：(1) 社会保险型。特点是以政府立法作为实施依据；资金来源多元化，保险费用大部分由雇主和雇员缴纳，政府给予必要资助；强制性，社会成员只有在履行缴费义务后，才能依法领取社会保障津贴。社会保险型起源于德国，随后被西欧、美国、日本所仿效。(2) 国家福利型。特点是收入均等化、就业充分化、福利普遍化、福利设施系统化，强调服务对象为社会全体成员；个人不缴纳或低标准缴纳社会保障费用，费用主要由政府和雇主承担；保障范围广，给付水平高；保障目的是维持社会成员有一定标准的生活质量，以增进社会福利。这项制度来源于福利国家的福利政策，由英国初创，接着在北欧各国流行。(3) 个人储蓄型。特点是强调自我保障、自我储蓄，费用主要由个人负担；强调权利与义务对等，社会成员享受保障的高低程度取决于其个人账户上资金的多少；社会保障资金进行经营化管理；国家提供最低生活保障、立法与监督。这种制度目前主要在一些发展较为迟缓的非洲国家实行。(4) 国家保险型。具备的特点是社会保障费用由政府和企业负担，保险费全部计入企业的成本；保障范围仅局限于公有制领域；保障项目不全，保障水平较低。苏联是该类型的首创与代表。

第三节 政府投资支出分析

一、政府投资支出的特点与范围

在任何社会里，社会总投资都可以分为政府投资和非政府投资两大部分。由于社会经济制度和经济发展阶段的不同，这两大部分投资在各国社会总投资中所占的比重存在着相当大的差异。影响这个比重的因素主要有两个：一是社会经济制度的差异。一般来说，实行市场经济的国家，非政府投资在社会投资总额中所占的比重较大；在实行计划经济体制的国家，政府投资所占比重较大。二是经济发展阶段的差异。发达国家中政府投资占社会总投资的比重较小；次于发达国家和中等发达国家的政府投资占社会总投资的比重较大。

和非洲各国政府投资相比，政府投资具有不同的特点。(1)政府居于宏观调控主体的地位，可以从社会效益和社会成本角度来评价和安排自己的投资。政府投资可以不盈利或低利，但是，政府投资项目的建成，如社会基础设施等，可以极大地提高国民经济的整体效益。(2)政府财力雄厚，而且资金来源多半是无偿的，可以投资大型项目和长期项目。(3)政府可以从事社会效益好而经济效益一般的投资。总之，由于政府在国民经济中居于特殊地位，可以而且应该将自己的投资集中于社会基础设施及农业、能源、通信、交通等有关国计民生的领域内。换言之，在投资主体多元化的经济社会中，如果政府不承担社会基础设施投资的责任或者投资不足，该社会的社会基础设施的供应就可能短缺，经济发展就会遇到瓶颈障碍。

二、基础设施投资

基础设施是指为社会生产和消费活动提供服务的各种公共设施。基础设施有广义和狭义的区分，狭义的基础设施主要包括交通运输、机场、港口、桥梁、通信、水利、下水道工程等公共服务设施。广义的基础设施还包括科学、教育、文化、卫生等部门提供服务时所需的文化、卫生、教育、科研等公共服务设施。在此，我们仅就狭义的概念进行分析。

(一)政府介入基础设施领域的理论依据

基础设施是国民经济运行的基础，直接制约着各领域经济资源配置的效率水平。在市场经济条件下，政府投资的一个基本方面就是基础设施，这与该投资领域中存在着市场缺陷有着密切的关系。

▶ 1. 基础设施消费中存在外部效益

由于基础设施具有外部效益，且外部效益具有非排他性，因而不可能完全由市场来提供。要想纠正资源配置的不足，就需要使外部效益内在化，使基础设施产品的价格得以反映产品的全部效益。政府用于实现基础设施产品外部效益内在化的可能措施之一是补贴，即通过对基础设施产品的外部效益进行相应的补贴,以诱使市场将供给量调整到社会边际效益等于社会边际成本的水平,从而实现资源的最优配置。这正是基础设施历来被认为是政府职责范畴,并促使各国政府广泛介入该领域的一个主要原因。

▶ 2. 基础设施的生产与消费有着与其他产品不同的特点

基础设施作为一个特定的概念,有着不同于其他产业的特征:

(1)基础设施的生产大都是投资大、周期长、回收慢、风险高,因而便决定了理性假设下的私人资本不愿意进行这方面的投资,或对这方面的投资较少。在这种情况下,只有政府才有能力集中社会资源来投资这些大型又长期的项目,并且使投资的风险由社会来分担,从而推动经济的增长。

(2)基础设施作为一种"先行资本",是一种基础性产品,对整个国民经济的发展具有很强的制约作用。在私人资本不愿或无力投资的情况下,政府应有充足的投入,否则会直接影响各类经济活动的有效进行,形成国民经济发展的瓶颈,从而影响经济的快速持续增长。

(3)基础设施具有地域性。这种产品往往固着于一地,为某一或大或小的地域服务,因此它们所提供的服务不可能从外地引进或国外进口,极易形成垄断。这是各国政府对基础设施投资或对基础设施经营进行管制的一个重要理由。

▶ 3. 基础设施配置存在着地区公平问题

政府介入基础设施,有时也是为了出于社会财富再分配的考虑。例如,政府帮助落后地区修建公路、铁路等基础设施,就是为了吸引私人资本流入这些地区,促进这些地区与其他地区尤其是经济发达地区的交流,以带动落后地区的经济发展,从而既提高了资源在地区之间的配置效率,又改善了地区之间的收入分配状况。

分析表明,为了弥补基础设施产品的外部效益、促进地区公平、推动经济增长,基础设施的投资应有政府的参与。

(二)加强我国基础设施建设的基本政策选择

在经济发展的早期阶段,政府的财力往往非常有限,而基础设施的投资需求却很大,基础设施投资在资金供给与需求上的巨大缺口致使许多发展中国家的基础设施投资不足,形成了国民经济发展的"瓶颈",严重影响了国民经济的协调发展。我国的情况亦是如此。在这种情况下,如何利用政府有限的财力来满足巨大的基础设施投资需求已成为摆在我们面前亟待解决的问题。综观各国各地区在基础设施投资方面的成功经验,可供我们选择、借鉴的基础设施投资方式主要有以下几种。

▶ 1. 政府投资,免费提供

政府投资,免费提供是指由政府对基础设施进行投资,并由政府弥补产品的生产成本,而公众则免费消费该产品。这是政府投资于基础设施的一种最基本的方式。

▶ 2. 政府投资,机构经营

政府投资,机构经营是指由政府对基础设施进行直接投资,然后由作为非独立法人的政府机构实施非盈利性的收费经营。这是各国政府常用的另一个重要的基础设施投资方式。

3. 政府投资，商业经营

政府投资，商业经营是指由政府委托的法人组织按商业原则经营基础设施，自负盈亏，基础设施投资资金除了来自于政府直接投资外，法人组织以政府为担保者在金融市场上直接融资，政府作为唯一股东，享受投资的最终成果。在政府财力有限的情况下，政府投资商业经营投资方式对于某些具有排斥性又较适宜于市场经营的基础设施来说不失为一种较好的方式。

4. 财政投融资

财政投融资是指以政府信誉为基础、以产业政策为目标而进行的一种财政融资和金融投资活动。不同于一般的财政投资和商业性投资，而是一种新型的国家投资管理方式，它的投资范围比财政其他投资更为广泛，是贯彻国家产业政策的一种行之有效的方式。国外的财政投融资，比较成功的经验是建立发展政策银行，作为执行政府长期性投资政策的机构。政策银行的资本金，包括发行长期建设国债、集中邮政储蓄等。

5. BOT、TOT 和 ABS

BOT、TOT 和 ABS 是近年来在很多国家兴起的基础设施投资方式。BOT 是"build-operate-transfer"的缩写，意即"建设—经营—转让"，是指政府将一些拟建的基础设施项目通过招商转让给某一财团或公司，由其组建一个项目经营公司进行建设经营，并在双方协定的一定时期内，由该项目公司通过经营该项目偿还债务，收回投资，协议期满该项目产权转让给政府。TOT(transfer-operate-transfer)，即转让—经营—转让，是指委托方(政府)与被委托方(外商或私人企业)签订协议，规定委托方将已经建成投产运营的基础设施项目转让给被委托方在一定期限内进行经营，委托方凭借所转让的基础设施项目的未来若干年的收益，一次性地从被委托方那里融到一笔资金，再将这笔资金用于新的基础设施项目的建设。ABS(asset backed securitization)，即以资产为支持的证券化，是指以项目所属的资产为基础，以该项目资产所能带来的预期收益为保证，通过在资本市场上发行高档证券来募集资金的一种项目融资方式。

6. PPP 模式

PPP(public-private-partnership)模式，是指政府与私人组织之间，为了提供某种公共物品和服务，以特许权协议为基础，彼此之间形成一种伙伴式的合作关系，并通过签署合同来明确双方的权利和义务，以确保合作最终顺利完成。与 BOT 等模式不同，PPP 在项目初期就可以实现风险分配，同时由于政府分担一部分风险，使风险分配更合理化，减少了承建商与投资商风险，从而降低了融资难度，提高了项目融资成功的可能性。政府在分担风险的同时也拥有一定的控制权。PPP 模式中，政府与社会主体建立起"利益共享、风险共担、全程合作"的共同体关系。

7. 民间机构投资和经营，政府监管

基础设施除了前面几种投资形式之外，其余的部分，政府可让民间机构投资经营。对于民间机构投资经营的基础设施，大部分必须接受政府的监督管理。

三、农业投资

从产品性质上来说，农产品属于典型的私人产品。但是，在政策上各国财政几乎无一

例外地承担着对农业的大量投资。我国的情况也是如此,在列入国家预算支出的支农资金中包括了农林、水利、气象等方面的基本建设投资支出;农林等部门的企业挖潜改造资金支出;农林等部门科技三项费用;农林、水利、气象等部门的事业费支出;支援农村生产支出;综合开发支出和扶贫支出。各国政府在发展农业上的共同的政策选择,与农业生产所固有的特点和在国民经济中的重要地位有着必然的联系。政府之所以要介入农业领域,其理论依据包括以下几个方面。

(一)农产品的供给弹性与需求弹性具有不对称性

农业以有生命的动植物为主要劳动对象,以具有肥力为特征的土地为基本生产资料,根本特点是经济再生产与自然再生产交织在一起。农业生产周期较长,受自然条件影响较大,生产具有强烈的季节性和地区性,人口控制较为困难。因此,在农产品市场上,在农产品的供给由于受自然条件的约束和供给者决策的相应变化而经常出现波动。但是,农产品的需求却由于它的"必需品"性质而呈现出相对稳定的特点。可以说,农产品是社会消费与社会生产的"必需品",农业是国民经济的基础,农业的稳定与发展直接制约着国民经济的稳定与发展。农产品市场上这种供给弹性与需求弹性的不对称,经常引起农产品价格的大幅度波动,进而影响工业生产,波及市场物价,不利于国民经济的稳定。

(二)农业利益较低

农业生产由于受自然因素的制约、周期较长、风险较大、生产条件和外部环境较差,而且农业产品单位价值较低,且大多容易腐烂,运输贮藏不便。因此,农业生产相比其他行业的生产来说,利益比较偏低,私人资本的积累相对较低。当农业利益较低时,不仅很难吸引优质资源等进入农业,甚至连农业本身的资源也会向效益较好的其他行业转移。

(三)农业经济中存在外部效益

农业基础设施、农业科技、农业教育与培训、农业生态环境的保护等是农业生产要素的重要组成部分,也是农业可持续发展不可或缺的因素。但这些产品在消费过程中存在着外部效益,因此不可能完全通过市场来提供,而只能由政府通过税收的方式来弥补。可以说,农业经济中的外部效益是各国政府无一例外地对某些生产要素进行大量投资的关键原因所在。

(四)地区之间农业资源禀赋存在较大差异

对农业资源配置中地区公平的关注是政府介入农业领域的又一重要原因。政府如果能够为农村贫困地区提供基本的基础设施、技术、人才、资金等资源,就能够促进农村贫困地区的经济发展,保证农村贫困地区的贫困人口最基本的生存权利和发展权利,从而既能改善地区之间的收入分配状况,又能提高农村贫困地区发展经济的能力。

综上所述,由于农业经济发展过程中存在着供给弹性与需求弹性不对称、外部效益、农业利益较低、地区公平等问题。因此农业仅仅依靠市场的力量很难得到快速的、可持续的发展,而需要依靠政府的扶持。政府发展农业的政策,重点应放在市场存在缺陷的领域内,如农业基础设施、农业生态环境保护、农业科技、农业教育与培训、农产品价格稳定等方面,以辅助市场增进农业资源配置的效率与公平。

第四节 财政支出结构的优化

财政支出结构表明了公共支出的基本内容及各类别财政支出相对重要程度,是政府职能在量上的体现。科学合理的公共财政支出结构成为国家调节经济与社会发展和优化经济结构的强大杠杆,而不合理的财政支出结构会阻碍经济、社会的协调发展。所以,研究财政支出结构优化的问题成为一项非常重要的任务,并且具有十分重要的现实意义。

一、公共财政支出结构优化的内涵

财政支出结构优化是考察公共部门配置公共资源效果的核心内容,财政支出结构的优化应当是公共支出宏观规模适度、财政资源分配的合比例性及公共支出耗用的有效性这三方面的有效统一。

(1) 公共财政支出结构的优化必须要以一定规模的公共支出总量为基础,公共支出总量的不断扩大为结构的优化创造条件。财政支出结构优化作为研究公共部门资源配置问题的核心内容,首先要在公共财政支出规模确定的情况下来讨论。只有当财政支出总量合理确定以后,才有可能来研究财政支出结构优化问题。而财政支出总量是相对于合理的公共支出范围和公共支出水平而言的。也就是说,财政支出总量的确定是研究财政支出结构优化的前提条件和外部约束条件。值得注意的是,财政支出结构的优化可以分为增量的结构优化和存量的结构优化,如果没有总量的扩大,就谈不上增量的结构优化。

(2) 公共资源分配的合比例性。财政资源分配的合比例性包括外在合比例性和内在合比例性。一方面,公共财政支出的合理规模即是对财政支出结构外在合比例性的要求。另一方面,财政支出结构内在合比例性要从宏观、中观和微观三个层次来研究公共资源的配置。在一定时期内,经济资源总是稀缺的。为了能够运用有限的资源,更好、更全面的满足各种社会公共需求,先要从宏观着重,熟悉社会总资源在公共部门和私人部门两大经济部门之间如何配置才是合理有效的;从中观层面来看,要在此基础上进一步考察公共经济部门与私人经济部门两大部门内部的资源配置问题;从微观角度来说,要从公共部门具体的公共支出项目来研究资源配置。只有当集中于政府手中的资源的社会边际成本等于资源用于私人部门的社会边际成本时,政府占有和使用的资源才是有效率的,对整个社会来说才是有益的。

(3) 公共支出耗用的有效性。从财政活动的最终目的来看,财政活动能否全面地、高质量地满足社会公共需要,不仅取决于公共部门在分配过程中是否按照客观比例实现了财政资源配置,而且还取决于在具体使用财政资源过程中对公共资源的耗费是否符合高效率的客观要求。这就要求财政支出应该是在既节约经济又高效的情况下实现预期的目标效果。

二、公共财政支出结构优化的原则

公共财政支出结构的优化，实质上是合理配置公共资源以满足各种不同的社会公共需要。由于社会公共需要的多样性和多层次性，决定了为满足社会共同需要所须财政配置资源活动的多样性和多层次性，从而使公共财政支出结构也呈现多样性特征。公共财政支出结构的调整和优化还必须与政治经济发展的情况和政府经济目标相适应。所以，公共财政支出结构的优化应坚持以下原则。

（一）公共性原则

社会公共需要是公共财政的基石，规范公共财政支出结构应体现社会公共需要，财政支出范围应与社会公共需要相符。在调整和优化财政支出结构中，必须以社会公共需要为原则来规范财政行为，对真正符合社会公共需要的公共支出予以保留，对那些不该由政府承担的支出，区别情况逐步予以调整、压缩。

（二）适应性原则

适应性原则是指公共财政支出结构与政府职能、财政支出规模、财政体制、经济发展阶段等影响的适应程度。

(1) 公共财政支出结构必须与政府职能相适应，不能偏离政府的公共财政的目的。公共财政是政府职能在分配和再分配关系中的体现，政府职能的范围和方向决定着公共财政支出的范围和方向，而财政支出又服务于政府职能的实施。在市场经济条件下，政府通过财政等公共部门参与社会资源配置，弥补市场缺陷，为社会发展提供必不可少的服务。因此，公共财政职能必须服从于政府的职能，财政资金供给范围也要服从政府职能范围。

(2) 公共财政支出结构的调整要与政府可支配财力相适应，也就是要与公共财政支出规模相适应。但凡由市场能调节的事务，应由市场尽其所能地发挥市场机制的作用。

(3) 公共财政支出结构必须与财政体制相适应。财政体制通过其自身的作用机制能够推动或延缓公共支出结构的转换。因此，与财政体制相适应的公共支出结构，能够获得财政体制的有力推动而完成自身的转化；与财政体制不相适应的公共支出结构，由于与财政体制之间存在的摩擦，会削弱公共支出结构自身演进的能力，使财政支出结构发展与经济的发展出现停滞，或加剧二者之间的不协调。

(4) 公共财政支出结构必须与经济发展阶段相适应，不能超越或滞后于经济发展阶段。公共支出结构的转换与经济增长是紧密联系的，经济发展到一定阶段，必然会出现相应的财政支出结构，而财政支出结构的进一步转换则能够推进经济发展到一个新的阶段。

（三）效益性原则

效益性原则是指公共财政支出结构的变动应该使为支持结构的"所费"与结构发展带来的"所得"之间具有低投入、高产出的特征。换言之，效益性原则表明合理科学的财政支出结构应当注重效益，从这个意义上说，公共支出结构的转换过程应该是不断提高结构效益的过程，这其中要注意两个问题。

(1) 由于公共部门的活动涉及经济和社会等多个领域，公共财政支出结构效益不仅指经济效益，而且还包含社会效益、生态环境效益等。因而对公共支出结构效益的考察，要综合各种效益。其中，要重点考察社会效益最大化原则。社会效益是相对经济效益而言，经济效益多数可由市场解决，优化公共财政支出结构应当追求社会效益最大化。纯公共产品只能由政府来提供，从社会效益角度看，应首先保证公共支出中用于提供纯公共产品的支出，然后再安排准公共产品财政负担的部分。政府应根据公共产品社会效益的不同，分层次、有重点地确定公共财政支出范围，调整公共财政支出的结构。

（2）由于社会共同需要是财政支出效益也要从多方面即以政治、经济、文化、科学、社会的等形式表现出来。表现形式的多样性说明支出结构效益间缺乏统一性，即性质不同的效益不能直接相加。这就决定了公共财政支出结构效益的衡量，只能以指标体系，而不是某一个单一指标。从指标上看，支出结构效益的高低并非都能直接以量化的指标来表现，尤其是社会效益和生态环境效益就更难以直接量化。因此，从概念上可以将支出结构效益理解为投入与产出的比较，但在具体衡量结构效益时，对难以量化的效益状态，应采取间接、相对的表示方法。

（四）协调性原则

公共财政支出结构的协调性是指支出结构内部各组成要素之间的相互适应，即各个要素的动态平衡，是明确支出重点与非重点前提下的平衡发展。理解这一原则应注意两点：一是支出结构协调是动态的协调，是各个要素在相对独立又相互联系的运动中不断打破原有的平衡，又不断实现新的更高层次平衡的过程。二是支出结构的协调主要指结构内部各个要素的相互适应。这种意义上的平衡并不是各个要素不分主次的平均发展，而是有所侧重的平衡发展。在不同的条件下，构成支出结构的要素因在支出结构中的地位不同，有着明确的主与次、重点与非重点的区分。协调不是要取消这种差别，而是要在承认这种差别的基础上实现要素之间相互促进的发展。

（五）渐进性原则

渐进性原则是指公共财政支出结构的优化要循序渐进。任何国家的财政支出结构都是经过长期演化而形成的，是各种利益协调、妥协与斗争的结果，因此具有一定的惯性。如果在短时间内大幅度地改变现有的支出结构，可能会激发出很多矛盾。所以，要在改革方案争取大多数人认可的情况下，制定出短期目标与长期目标，循序渐进地进行，该退出的要逐步退出，该加强的要逐步加强。

三、公共财政支出结构的演进规律

在不同经济发展阶段内，政府所提供的公共产品和公共服务的内容和结构是不断变化的，从而引起财政支出结构的不断变化，研究财政支出结构优化要从分析财政支出结构演进入手。很多学者对财政支出结构的演进进行了理论分析，包括马斯格雷夫的经济发展阶段增长论及恩格尔定律等。

（一）马斯格雷夫"三阶段说"的论述

美国财政学家马斯格雷夫把经济发展划分为初期阶段、中期阶段和成熟阶段。他对不同国家在不同发展阶段的财政支出状况进行比较研究后得出以下结论。

在经济发展的早期阶段,公共资本的作用很大,这是因为交通、通信、水利等基础设施落后直接影响到私人部门生产性投资效益,从而间接地影响整个经济发展,而对这类基础设施的投资具有较大的外部经济效益,往往投资大、周期长收益又小,私人部门不愿或没有能力投资,因此需要地方政府或中央政府提供,为经济发展创造良好的投资环境,克服基础设施"瓶颈"效应。其次,由于私人资本的积累是有限的,即使某些项目不具有外部经济效益,也需要通过政府预算来提供。一旦经济进入发展的中期,私人产业部门业已兴旺,资本存量不断扩增,私人企业和农业的资本份额增大,那些需由政府提供的具有较大外部经济效益的基础设施已基本建成,对其增加也逐渐变缓了。此时私人资本积累开始上升,公共积累支出的增长率就会下降,因而公共积累支出在整个社会总积累支出中所占的比重就会下降。当经济进入成熟期,政府投资的增长率又有可能回升。因为随着人均收入进一步增长,人们对生活的质量提出了更高的要求,需要更新基础设施。因此,经济成熟阶段对私人消费品的补偿性投资将处于显著地位,使公共积累支出又呈现较高的增长率。

(二)恩格尔定律的论述

恩格尔定律(Enger's law)揭示了消费者消费需求变化的规律,当人均收入较低时,总支出中用于食物和必需品的比例高,用于舒适品和奢侈品的比例低。随着人均收入的提高,用于食物和必需品的消费支出比例便会下降,舒适和奢侈品的消费支出比例则会上升。这种需求的变化必然会引起产业结构的变化,而产业结构的变化对政府职能着力点的变化与政府投资方向的变化会产生重要影响。

当人们实际收入提高时,人们对公共产品和私人产品的需求会随之增加,但是公共产品需求的收入弹性大于市场私人产品。当个人收入超过一定的水平时,公共产品就变得越来越重要,人们就越来越多的需要政府服务,像医疗保健、社会保障、文化体育、交通运输等公共物品和准公共物品开始"侵蚀"消费结构中的私人产品的相对份额。当财政收入较低时,财政支出中用于社会经济管理职能方面的支出比例就低,用于国家职能、维持国家正常生产和生活秩序的基本社会需求的比例就高。随着收入的提高,用于政府基本需要的支出比例会下降,用于社会经济管理职能方面的支出比例将会上升。人们的需求结构会随着收入的增长而变化,不仅对市场供应的私人物品提出新的要求,还对政府提供的公共物品在质和量上提出新的要求。

四、财政支出结构优化的实证研究

自20世纪80年代以来,国内外经济学者根据政府财政支出的演化规律,从不同的角度借助计量经济模型,通过研究财政支出结构与经济增长的关系来确定财政支出结构调整的方案。

(一)国外学者的研究

Landau(1983)利用104个国家1960—1971年的有关数据对经济平均增长率进行了回归,发现人均真实GDP的增长与政府消费占GDP的比重显著负相关;1986年,他通过研究又发现不包括国防和教育的公共消费支出占GDP的比重对经济增长具有显著的负效应。

Aschauer D. 和 J. Greenwood(1985)及 Barro(1991)等经济学家认为,尽管政府消费会给家庭带来效用,但由于需要增加税收为消费支出融资,会降低投资收益率,从而削弱投资刺激,因此,政府消费很可能具有负的增长效应。Grier K. 和 Tullock(1987)用第二次世界大战后 115 个国家的集合性横截面——时间序列数据进行的经验分析表明,GDP 的实际增长率与政府消费支出比率是显著负相关;相反,政府的投资支出(诸如基础设施服务的提供)为经济增长提供了必要的环境。Knoop(1995)在一个包含人力资本积累的内生增长模型中就美国经济进行了削减转移支付、公共投资、公共消费、政府购买和财政总支出等五项政策实验来探究在不同支出项目中应该降低哪一类的比重。

Ram(1986)利用 115 个国家 1960—1970 年、1970—1980 年的产出、投资、政府消费、人口数量等因素对政府消费大小和经济增长关系进行计量分析,发现政府消费的系数为正且至少在 1% 水平上显著,这种正效应在低收入国家更强。S. Devarajan、V. Swaroop 和 Zou(1996)在"AK"模型的基础上研究了政府在教育、交通、国防上的支出对社会福利和经济增长的影响。他们提出在理论上把公共支出分为生产性和非生产性,通过使用 43 个发展中国家 20 年的数据,在假设只有两种政府支出 g_1 和 g_2,且生产函数是固定替代弹性的前提下得出:增加 g_1 是否是生产性支出,不仅取决于两部分支出的生产力而且也依赖于它们最初在财政支出中所占的比重,即使一种财政支出客观上更具有生产性,但如果原来在政府支出中的份量太高,增加该支出也不会提高经济增长率。因此,提高政府支出经常性支出的份额会对经济的增长有显著的正效应,而总支出中的资本性支出的份额对经济的增长有负效应;当经济增长最大化时,各级政府财政支出占财政总支出的最优比例为其边际贡献占财政总支出的边际贡献的比例。

Alfred Greiner(1996)将财政政策对经济内生增长的作用途径总结为以下五个方面:线性生产技术、外溢效应、生产性公共资本、人力资本投资、研究与开发,认为在一定条件下政府公共支出对这五个方面都有正的效应。他强调,如果增发国债扩大政府支出选择的是公共消费和转移支付等非生产性支出,那么积极财政政策会降低经济增长率;如果增发国债扩大政府公共支出选择的是公共基础设施、教育、国防等生产性支出,则积极财政政策会产生正的经济增长效应。

(二)我国学者的研究

20 世纪 90 年代中期以前,我国对此问题研究的出发点是计划经济,探讨的中心集中于积累性财政支出和消费性财政支出的比例。而 20 世纪 90 年代中期以来,我国对此问题研究的出发点是市场经济,探讨的中心集中于财政支出各项比例的调整。

有的学者在内生经济增长模型中引入财政支出变量来分析经济增长中的最优财政支出结构,认为当经济增长率最大化时,各项财政支出所占的比重等于该项财政支出的边际生产力贡献与财政总支出的边际生产力贡献之比;在财政支出结构中,经济建设支出、行政管理支出与经济增长之间的呈负相关,社会文教支出、国防支出、资本(国内私人资本投资和国外直接投资)与经济增长之间呈正相关关系。

此外,我国学者也开始借鉴西方经验,运用计量经济模型来测算出我国各类财政支出的最佳比例。有的算出我国财政支出中用于科研的最佳数量是占 GDP 的 0.8%,财政教育投入的最佳数量是不低于 GDP 的 2.4%。有的通过供求分析、边际分析认为行政管理支出最优规模为 10% 以内,并通过供求分析及模型分析得出的国防支出占财政支出的比重应控制在 10% 较为合理。[①]

【专题 4-4】
我国财政支出结构优化的路径选择

进入 21 世纪以来,中国财政支出结构发生了积极的变化,财政支出公共化的趋势非常明显。中国财政部门各级不断加大对民生领域的投入力度,向社会主义新农村建设倾斜,向社会事业发展的薄弱环节倾斜,向困难地区、基层和群众倾斜,并着重建立保障和改善民生的长效机制。但也存在着明显不合理的地方,比如:行政管理费支出不断增长,已大量挤占急需的公共支出项目;财政对农业的支出比重下降,制约了农业产业化的发展;福利保障性支出明显不足等等。

针对上述问题,我国今后应进一步加大对财政支出结构的调整力度,围绕着"保障与改善民生"这一主题,做好下七个方面的工作:继续增加教育经费,提高教育资金使用效率;大力支持医药卫生体制改革,提高医疗服务和保障水平;加大保障性安居工程投入力度,推进公共租赁房、廉租房建设和农村危房及城市棚户区改造;支持加快建立覆盖城乡居民的社会保障体系,进一步扩大新型农村社会养老保险试点范围,并将试点地区城镇无收入居民纳入保障范围;加强农业农村基础设施建设,大力推进农田水利建设、中小河流治理、小型病险水库除险加固、山洪灾害防治等,切实改善农村生产生活条件;支持节能减排和科技创新,促进经济结构调整和发展方式转变;同时,压缩一般性支出,降低行政成本,用财经纪律约束党政机关节约开支。

本章小结

财政支出结构是指各类别财政支出占总支出的比重,也称财政支出构成。对于一个国家来说,财政支出结构会受到多种因素的影响。其中主要有政府职能及财政资金供给范围、经济发展水平、政府在一定时期的社会经济发展政策和国际政治经济形势等。自 2007 年起,我国完成了财政支出结构的改革,实行了支出的功能分类和经济分类。

由于各国所处的经济发展阶段、所选择的经济体制及政府所追求的主要经济政策目标等存在着诸多不同,公共财政支出具有各自明显的国情和时代特征,因而各国在公共财政支出结构上也存在一定的差异。

政府采购也称公共采购,是指各级政府及其所属机构为了开展日常政务活动或为公众提供公共服务的需要,在财政的监督下,以法定的方式、方法和程序,对货物、工程或服务的购买。国库集中支付制度是对财政资金实行集中收缴和支付的管理制度,其核心是通过国库单一账户对财政资金的运行进行集中管理。政府采购、国库集中支付制度、部门预算作为财政支出管理体制改革的三项核心内容,互为条件,相辅

---

① 马进. 财政支出结构优化的理论分析及研究综述[J]. 社会科学家,2006(7):61-64.

相成,是我国目前财政支出改革的三项主要工作。

财政支出结构优化是考察公共部门配置公共资源效果的核心内容,应当是公共支出宏观规模适度、财政资源分配的合比例性及公共支出耗用的有效性这三方面的有效统一。财政支出结构优化的原则包括:公共性原则、适应性原则、效益性原则、协调性原则、渐进性原则等。为了使得财政支出结构不断优化,不少的学者对财政支出结构的演进进行了理论分析,包括马斯格雷夫的经济发展阶段增长论及恩格尔定律等。自20世纪80年代以来,国内外经济学者根据政府财政支出的演化规律,从不同的角度借助计量经济模型,通过研究财政支出结构与经济增长的关系来确定财政支出结构调整的方案。

关键词

财政支出结构　社会保障制度　恩格尔定律　财政支出结构的优化

思考题

1. 何为财政支出结构?它受哪些因素的影响?
2. 2007年以来,我国的财政支出结构是如何分类的?
3. 通过与别的国家财政支出结构的比较,你觉得目前我国的财政支出结构有哪些方面不太合理?
4. 基于财政支出结构的演化规律,我国的财政支出结构优化应遵循哪些原则?其路径应如何选择?

案例讨论

案例一:在2011年年初召开的全国"两会"上,200多名全国人大代表和全国政协委员分别在议案和提案中提出压缩"三公消费"问题,自此国务院要求各级政府每年在政府预算中全面公开"三公经费",特别是中央提出"八项规定"以来,这一要求更加严格。所谓"三公消费"是指政府部门人员因公出国(境)经费、公务车购置及运行费、公务招待费产生的消费。

您认为为什么要公开并压缩"三公经费",怎样才能有效地做到这一要求?

案例二:农村养老问题一直是一个大问题,年轻人都出去打工,很多的农村村庄都变成了空心村和老人村。关于未来农村老人的养老该何去何从,国家也为农村老人的养老问题,做出了很大的补贴政策。

联系你的农村家乡,列出政府对农民的养老有哪些补贴政策,并谈谈你对此事的看法。

第五章 财政收入总论

学习目标

通过本章的学习，要求学生了解财政收入的含义、意义及分类，掌握财政收入规模的含义、影响因素，理解最优财政规模的理论及分析方法，熟悉财政收入的原则。

开篇导言

政府收入是政府运行的"血液"，主要是为了满足支出的需要，是对政府提供公共产品的补偿。俗话说得好：有钱好办事。同样，政府也难为无米之炊。同时，财政收入不仅只是为了满足财政支出的需要，而且也是调整社会收入分配的一种手段，同时也是政府进行宏观调控的财力基础。新中国成立初期，新中国的财政收入不足 50 亿元，随着我国社会经济的发展，特别是改革开放以来，我国的财政收入连年增加，是"芝麻开花节节高"。据统计，2018 年全国一般公共预算收入 183 352 亿元，其中税收收入为 156 401 亿元，全国一般公共预算支出首次突破 22 万亿元。

近年来，我国财政收入的持续快速增长一直成为社会各界关注的热点。有人在喜，有人在忧，有人在期待。喜的是我国的国库更充盈了，更有财力办大事了；忧的是有些年份我国财政收入的增长速度超过了同期 GDP 的增长速度，说明这是一种不和谐、不稳定、不协调的增长；期待的是进一步调整我国财政支出的结构，进一步向教育、医疗卫生、社会保障和就业、住房保障等民生方面的支出倾斜，并减轻纳税人的负担。为此，专家也建议，随着财政"蛋糕"的做大，财政部门也应进一步加强财政科学化精细化管理，提高财政资金管理绩效，确保财政资金更有效地"取之于民，用之于民"。

第一节 财政收入的意义和分类

财政收入又称公共收入或政府收入,是指政府为履行职能、实施公共政策和提供公共物品与服务需要而筹集资金的总和。财政收入表现为政府部门在一定时期内(一般为一个财政年度)所取得的货币收入。财政收入是衡量一国政府财力的重要指标,政府在社会经济活动中提供公共物品和服务的范围和数量,在很大程度上取决于财政收入的充裕状况。从动态的角度看,财政收入是政府筹集财政资金的过程,是以国家为主体的分配活动的一个阶段或一个环节,通过组织收入、筹集资金,形成特定的分配关系。

一、财政收入的意义

(1) 财政收入是财政支出的前提。财政分配是收入与支出的统一过程,财政支出是财政收入的目的,财政收入则是财政支出的前提和保证,在一般情况下,收入的数量决定着财政支出的规模。因此,只有在发展生产的基础上,积极聚集资金,才能为更多的财政支出创造前提。

(2) 财政收入是实现国家职能的财力保证。国家为了实现职能,必须掌握一定数量的资金,而财政收入正是国家筹集资金的重要手段。

(3) 财政收入是正确处理各方面物质利益关系的重要方式。财政收入的取得不仅仅是个聚集资金的问题,在具体操作过程中,取多少、采取何种方式,关系到政府的政策方针的贯彻落实,涉及各方面的物质利益关系的处理。只有在组织财政收入的过程中正确处理各种物质利益关系,才能达到充分调动各方面的积极性,达到优化资源配置,协调分配关系的目的。

二、财政收入的分类

依据不同的标准,可以对财政收入进行不同的分类。

(一) 按财政收入形式分类

财政收入作为一个集合概念,涵盖有多种具体的收入形式。在我国现阶段,财政收入形式由税收、非税收入和公债收入三个方面构成。

(1) 税收是政府以政治权利为依托取得的财政收入,使用范围相当广泛,而且具有不需要偿还的性质,因此,税收成为财政收入的基本形式。在许多国家,财政收入的90%以上要靠税收来保证,以至于可以近似地用税收收入的分析来观察整个财政收入的状况。

(2) 非税收入有广义、中义和狭义之分。广义的非税收入是指税收之外的所有财政收入形式,包括国有资产收益、政府债务收入、政府收费收入和政府基金收入。中义的非税收入是指税收和政府债务收入之外的财政收入。中义的非税收入,也是OECD国家通常采用的标准。财政部印发的财预〔2006〕13号《关于政府收支分类改革方案的通知》中的非税收入即是中义的非税收入,分设八款:政府性基金收入、专项收入、彩票公益金收入、行政事业性收费收入、罚没收入、国有资本经营收入、国有资源(资产)有偿使用收入、其他收入。狭义的非税收入仅指政府收费收入和政府基金收入。

国有资产收益是政府凭借国有资产所有权取得的利润、租金、股息（红利）、资产占用费以及国有资产产权处置收入等财政收入。由于在长期的社会主义建设过程中，国有经济在我国的国民经济中形成了庞大的规模，加之以前我们对国有企业的利润分配采取直接上缴国家财政的形式，因此，利润曾在我国财政收入中占有相当大的比重。即使市场化改革的今天，国有经济的规模虽然有所下降，而且对国有企业的利润分配形式进行了相应的改革，但国有企业通过各种方式上缴财政的利润、租金、股息（红利）等在我国财政收入中仍然占有一定的地位。

政府收费是指政府向居民提供特定服务或实施特定管理所收取的规费，以及政府对所提供的公共产品和服务而直接向使用者或受益者收取的使用费。从广义上讲，凡是以政府部门为主体的收费，都可以被称为政府收费。政府收费是政府财政收入的重要来源之一，同时又是一种特殊的价格形式，其实质是国家意志和权威的经济体现。

(3) 公债是政府以国家信用为依托取得的财政收入，最基本的特点是有偿使用。因此，有人认为它并非是政府真实的财政收入，也不能成为政府的经常性收入，这种收入在财政收入所占的比重一般与政府的经常性收入和财政支出的规模是否相对称有关。随着市场经济的发展，人们对公债的看法也发生了很大的变化，公债不再被简单地视为弥补赤字的手段，而成为政府主动干预经济发展的一个非常重要的财政政策工具。

（二）按财政收入用途分类

按照财政收入是否具有特定用途，财政收入可以分为一般收入和专项收入。一般收入指没有特定用途的收入，政府可以根据需要安排收入的使用。大部分的财政收入都是一般收入，政府可以根据社会经济发展的需要统筹安排使用这些收入。

专项收入是在筹集收入时规定了具体用途的收入，政府只能将其用于特定目的。如我国政府收入科目里的社会保险基金收入，就是具有特定用途的收入，只能用于和社会保险相关的支出项目，即使有剩余也不能挪作他用。我国财政收入中还有少数税收收入是专项收入，如车辆购置税、城市维护建设税等，另外，教育费附加、排污费收入、水资源费收入、矿产资源补偿费收入等也属于专项收入。

（三）按财政收入的价值构成分类

按照马克思政治经济学的观点，财政收入是对社会产品价值的分配，而社会产品价值由C、V、M三个部分所组成，因此财政收入必然来源于产品价值的某些部分。分析财政收入与社会产品价值各个部分之间的联系，有助于我们进一步深化对财政收入经济源泉的认识。

▶ 1. C 与财政收入

C 是补偿生产资料消耗的价值部分，包括固定资产的折旧和流动资产耗费的价值。从生产运行的角度看，补偿价值必须能够随着生产过程的进行，不断地提取，而又不断地重新投入，以保证生产过程的连续性。因此，从逻辑上讲，C 不能被用于新的分配。在市场经济条件下，企业是一个独立的经营实体，要做到自负盈亏，自我积累，自我发展。在这种情况前提下，折旧基金的管理权限应该属于企业，而不是属于政府。因此，C 部分不能成为财政收入的来源。

2. V 与财政收入

V 是产品价值中以劳动报酬形式支付给劳动者个人的部分。在市场经济条件下,个人劳动报酬不仅限于工资,而是以工资为主,辅之以奖金、津贴、补贴、实物福利等多种形式,工资本身也拉开了很大的档次。因此,V 的部分已经成为财政收入的重要来源。主要包括对个人直接征收的税收收入,如个人所得税、车船使用税等;对个人间接征收的税收收入,如增值税、消费税等;居民个人交纳的规费收入等。此外,居民个人购买的国债在债务收入中也是一个重要来源。应该指出的是,如果把个人的收入放大来看,即不仅局限于产品价值中的工资性收入,那么我们就会看到利息、股息、红利、特许权使用费及偶然性所得等更多的形式正在越来越成为个人收入的内容,这些收入都属于个人所得税征收的对象。随着我国经济实力的不断增强,居民个人的收入水平也会有更快的提高。依据国际经验分析,以个人所得税为主体的财政收入格局终将建立起来。

3. M 与财政收入

M 是产品价值中扣除补偿价值和个人消费价值之后的剩余产品价值,M 的大小对于财政收入也具有非常重要的意义。因为只有剩余产品存在时,劳动者创造的产品才有可能拿出其中一部分供给非直接创造产品的劳动者所享用。因此,我们可以说,M 奠定了公共财政的根基。在现实生活中,财政收入与 M 的直接联系是企业所得税和国家依据所有权从国有企业分享的一部分收益。

(四)按政府层级分类

按政府层级分类,财政收入可分为中央政府财政收入与地方政府财政收入。自新中国成立以后,中央与地方政府的财政利益分配关系经过几次大的调整。特别是 1994 年施行的分税制体制改革,明确划分了中央与地方政府各自的事权与财权,规范了中央与地方的财政关系。对中央与地方政府间税种的划分、中央财政给予地方税收返还数额,原来体制下的体制补助、上解等进行了规定。

财政体制的变迁带来了中央与地方政府财政关系的变化。首先,实行分税制改革后,加大了中央财政收入占全国财政收入的比重。从 1993 年的 22% 提高到 1994 年的 55.7%,此后,这一比重基本在 50% 左右波动。例如,2017 年全国一般公共预算收入 172 567 亿元,其中,中央一般公共预算收入 81 119 亿元,占比 46.6%;地方一般公共预算本级收入 91 448 亿元,占比 53.3%。中央财政收入的增加有利于中央政府实施控制权来进行宏观调控。其次,在全国范围内按照统一规定的税种、分享比例等对中央与地方政府税收收入进行了分配,改变了以前多种制度并存的财政体制,从制度上初步规范了政府间的财政。再次,实施了过渡时期转移支付办法,按照因素法确定的标准财政收入、标准财政支出、激励机制系数来计算对某地区财政转移支付额。尽管这一办法并不能从根本上解决地方政府间财政收入不均衡的问题,但却是对原来"基数法"计算转移支付额的一次彻底变革。

【专题 5-1】

我国中央与地方政府税种的划分

1994 年分税制财政体制以后,经历几次调整,目前属于中央政府的税种包括消费税

(含进口环节由海关代征的部分)、车辆购置税、关税、海关代征的进口环节增值税。

属于地方政府的税种包括城镇土地使用税、耕地占用税、土地增值税、房产税、车船税、船舶吨税、环境保护税、契税、烟叶税。

属于中央与地方政府共享的税种包括：

(1) 增值税(不含进口环节由海关代征的部分)，其中中央政府分享50%，地方政府分享50%。

(2) 企业所得税，其中中国铁路总公司、各银行总行及海洋石油企业缴纳的部分归中央政府，其余的部分由中央与地方政府按60%与40%的比例分享。

(3) 个人所得税，中央与地方政府的分享比例与企业所得税相同。

(4) 资源税，海洋石油企业缴纳的部分归中央政府，其余部分归地方政府。

(5) 城市维护建设税，其中中国铁路总公司、各银行总行以及各保险总公司缴纳的部分归中央政府，其余部分归地方政府。

(6) 印花税，证券交易印花税全部归中央政府，其他印花税归地方政府。

(五) 按国际标准分类

国际货币基金组织在《2001年政府财政统计手册》中，将政府收入划分为税收、社会缴款、赠与、其他收入四类，具体情况如下。

▶ 1. 税收收入

税收收入类细分为所得、利润和资本收益；工资和劳动力；财产；商品和服务；国际贸易和交易，其他税收等征收的税收。

▶ 2. 社会缴款

社会缴款类收入细分为社会保障缴款和其他社会缴款。社会保障缴款又按缴款人细分为雇员、雇主、自营职业者或无业人员、不可分配的缴款。

▶ 3. 赠与

赠与收入类细分为来自外国政府赠与、来自国际组织赠与和来自其他广义政府单位的赠与。

▶ 4. 其他收入

其他收入类细分为财产收入；出售商品和服务；罚金、罚款和罚没收入；除赠与外的其他自愿转移，杂项和未列明的收入等。

【专题 5-2】

政府收入的会计分类

政府收入的会计分类是按照一定的原则、方法对政府收入进行类别和层次划分，以全面、准确、清晰地反映政府收入状况。根据财政部印发的财预〔2006〕13号《关于政府收支分类改革方案的通知》，从2007年1月1日起全面实施政府收支分类改革，政府收支分类体系由"收入分类""支出功能分类"和"支出经济分类"三部分构成。收入分类，主要反映政府收入的来源和性质，根据目前我国政府收入构成情况，结合国际通行的分类方法，将政府收入分为类、款、项、目四级。收入分类科目的类级科目包括税收、社会保险基金、非税收入、贷款转贷回收本金、债务收入和转移性收入。其中，"款"一级科目设置情况如下。

（1）税收收入。分设20款：增值税、消费税、企业所得税、企业所得税退税、个人所得税、资源税、固定资产投资方向调节税、城市维护建设税、房产税、印花税、城镇土地使用税、土地增值税、车船使用和牌照税、船舶吨税、车辆购置税、关税、耕地占用税、契税、烟叶税、其他税收收入。这是财政预算收入的主体。

（2）社会保险基金收入。分设6款：基本养老保险基金、失业保险基金、基本医疗保险基金、工伤保险基金、生育保险基金、其他社会保险基金。也就是通常所说的"五险"。

（3）非税收入。分设8款：政府性基金、专项、彩票资金、行政事业性收费、罚没、国有资本经营、国有资源（资产）有偿使用、其他收入。

（4）贷款转贷回收本金收入。分设4款：国内贷款回收本金、国外贷款回收本金、国内转贷回收本金、国外转贷回收本金。

（5）债务收入。分设2款：国内债务和国外债务收入。

（6）转移性收入。分设10款：返还性、一般性转移支付、专项转移支付、政府性基金转移、预算外转移、地震灾后恢复重建补助、上年结余、调入资金、地震灾后恢复重建调入资金、债券转贷收入。①

第二节 财政收入规模

财政收入规模，是指政府究竟可以组织多少财政收入，也被称为财政收入的数量界限。对政府财政收入来说，既不能太多，也不能太少，应该有一个适度的或最优的规模。最优的财政收入规模是保证社会经济健康运行、资源有效配置、GDP分配使用结构合理、财政职能有效发挥，从而促进国民经济和社会事业的稳定、协调发展的必要条件。各国都把保证财政收入持续稳定增长作为政府的主要理财目标。

一、评价财政收入规模的指标

财政收入规模通常是指一定时期内（一般为一年）财政收入来源的总量。财政收入规模的大小，可以用反映财政收入规模的存量指标与反映财政收入规模的变动指标来表示。

（一）财政收入规模的存量指标

财政收入规模存量的大小，可以采用绝对量和相对量两类指标加以反映。

衡量财政收入规模的绝对量指标是财政总收入，主要包括中央和地方财政总收入、中央本级财政收入和地方本级财政收入、中央对地方的税收返还收入、地方上解中央收入、税收收入等。财政收入的绝对量指标系列，具体反映了财政收入的数量、构成、形式和来源。

---

① 为了把预算外资金收入纳入预算管理，财政部最新修订了《2011年政府收支分类科目》，把分类科目下的有关"款"的科目中的具体内容又作出了调整。详细情况可参阅修订的《2011年政府收支分类科目》。

衡量财政收入规模的相对指标，反映政府对一定时期内新创造的社会产品价值总量（即国民收入 GDP）的集中程度，又称为财政集中率（K）。这一指标用公式可表示为

$$K = \frac{FR}{GDP} \times 100\%$$

其中，FR 表示一定时期内（一年）的财政收入总额，可以根据反映对象和分析目的的不同，运用不同的指标口径。如中央政府财政收入、各级政府财政总收入、预算内财政收入、预算内和预算外财政总收入等，常用的是各级政府预算内财政总收入。同样地，公式中的国民收入也可运用不同的指标口径，如国内生产总值、国民生产总值等。另外，还可以根据政府统计所取得的收入的口径不同，把财政收入占 GDP 的比重用大口径、中口径、小口径的宏观税负来表示。

（二）财政收入规模变化的指标

反映财政收入规模变化的指标一般有财政收入增长率、财政收入增长的弹性系数、财政收入增长边际倾向。

财政收入增长率：当年财政收入与上年同期财政收入增长的百分比。

财政收入增长的弹性系数：财政收入增长率与 GDP 增长率之比。财政收入增长弹性系数的大小说明财政收入增长与 GDP 同比的相对变化；财政收入增长弹性系数大于1，说明增长的快，反之，说明是缓慢增长甚至是负增长。

财政收入增长边际倾向：GDP 每增加一个单位的同时财政收入增加多少，表明财政收入增长额与 GDP 增长额之间的关系。经济含义与财政收入增长的弹性系数基本一致。

二、影响财政收入规模的因素

保证财政收入增长是各国政府所重视的。但财政收入能有多大规模，能以何种速度增长，不是或不完全是以政府的意愿为转移的，它受各种经济和社会因素的制约和影响。

（一）经济发展水平和生产技术水平

▶ 1. 经济发展水平对财政收入规模表现为基础性的制约

经济发展水平即国家社会产品的丰富程度和经济效益的高低，经济发展水平对财政收入规模的影响表现为基础性的制约，二者存在源与流，根与叶的关系。经济规模及结构性问题制约着财政收入的增长。经济决定财政，经济的总量规模决定着财政收入的规模。财政收入的增长是由经济发展水平和发展阶段决定的，经济发展是财政收入增长的基础。一般来说，在假定税收制度、管理力度不变的条件下，经济发展水平越高，财源越丰富，财政收入占 GDP 的比重越高；当市场经济相对成熟、管理体制和税制结构相对稳定的时期，财政收入占 GDP 的比重便会相对稳定。如英、法、美等西方主要国家，19 世纪末财政收入占国内生产总值的比重一般为 10% 左右，而到 20 世纪末以至于 21 世纪，则上升到 30%～50%。从横向比较看，经济发展水平较高的发达国家财政收入水平一般高于经济发展水平较低的发展中国家。

▶ 2. 生产技术水平是影响财政收入规模的重要因素

生产技术水平也是影响财政收入规模的重要因素，它对财政收入规模的制约可从两个

方面来分析：一是生产技术进步往往以生产速度加快、生产质量提高为结果，技术进步速度较快，GDP 的增长也较快，财政收入的增长就有了充分的财源；二是生产技术进步必然带来物耗比例降低，经济效益提高，产品附加值所占的比例扩大。由于财政收入主要来自产品的附加值，所以技术进步对财政收入的影响更为直接和明显。

（二）分配政策和分配制度

分配政策对财政收入的影响也很大。在经济总量一定的前提下，如果分配政策使国家财政集中的财富过多，会直接减少企业的收入，不利于企业生产的扩大，最终将对经济发展和财政收入的增加产生不利影响。相反，如果分配政策使国家财政集中的收入太少，将会直接减少财政的经济建设支出，降低国家对经济的宏观调控能力，最终也将不利于企业的发展和个人收入的增加。因此，国家应当制定合理的分配政策，既保证国家财政收入稳步增长，又促进企业的持续发展。从收入分配政策的表现形式上看，对财政收入规模的作用有两个：一是收入分配政策能够影响剩余产品在国民生产总值或国民收入总量中所占的份额；二是收入分配政策直接决定财政收入占剩余产品的份额。比如，荷兰、瑞典等北欧国家，由于政府承担着较大比例的社会福利职能，收入分配制度向政府倾斜较多，因此财政收入的规模较大，一般都占 GDP 的 50% 以上。

（三）价格对财政收入的影响

价格变动对财政收入的影响，表现为价格总水平升降的影响。随着价格总水平的上升而财政收入同比例地增长，表现为财政收入的"虚增"，即名义增长而实际并无增长；反而言之，随着价格总水平的下降而财政收入增长速度下降，则表现为财政收入的"虚降"，即名义下降而实际并无下降。只有因物价上涨形成名义增长而无实际增长的情况下，财政收入的增长才是通过价格再分配机制实现的。这时财政收入的增量通常可分为 GDP 正常增量的分配所得和价格再分配所得两部分。价格再分配所得即为通常所说的通货膨胀税，也就是由于一国长期实行赤字财政政策，从而通过市场机制形成的有利于国家的再分配。所以，通货膨胀税是国家财政的一项经常性的收入来源。通过 GDP 的平减价格指数可以消除价格对财政收入的影响，求出实际财政收入增长率并与名义财政收入增长率相对比。计算方法是：

GDP 平减价格指数＝名义 GDP（按当年价格计算）÷实际 GDP（按不变价格计算）

实际财政收入＝名义财政收入÷GDP 平减价格指数

同时，决定价格对财政收入影响的另一个因素是现行税收制度。在实行以累进所得税为主体税种的国家，纳税人所适用的税率会随着名义收入增长而提高，也会随着名义收入下降而降低档次。因此，这种税收体制下的财政收入对通货膨胀的影响有一定的抵御能力。在大部分发展中国家，实行以比例税率的间接税为主体的税收制度，当通货膨胀率高于财政收入增长时，将会导致财政收入的实际增长低于名义增长，甚至实际是负增长。在这种税制结构下，通货膨胀对财政收入的影响较大。

三、最优财政收入规模的确定

世界各国历来都重视财政收入规模的选择，并将实现最优的财政收入规模作为选择财政收入分配制度、规范财政分配体制和制定相关财政政策的主要依据。

(一) 对最优财政收入规模的理解

综合现有的研究成果，我们可以这样来理解所谓的最优财政收入规模，即：以实现社会投资最大化、社会资源利用效率最大化和社会福利最大化为追求目标，以正确处理公共经济与私人经济关系为基础，所形成的处于社会经济均衡状态下的财政收入规模。

(二) 国内外对此问题的研究

目前，国内外学术界关于最优财政规模的研究已取得了相当大的进展，主要内容体现的观点有以下几种。

▶ 1. 财政收入规模的最小化就是最优

将财政收入规模最小化视为最优化的思想观点，主要是在总结财政分配的历史经验实践的基础上得出的一种粗浅的认识。观点主张轻徭薄赋，反对横征暴敛。如中国古代孔子在他的"仁政"思想中提出了执政者必须"敛从其薄"的观点。孟子在阐述"民本"思想的过程中，主张执政者在理财方面必须实行"薄赋敛"的财政政策。从历史上看，将财政收入规模最小化视为最优化的观点，不仅是中国早期社会里由"轻重论"沿袭下来的一种主流观点，而且也是西方国家一直延续到古典经济理论时期的占统治地位的财政理论观点。在现代社会条件下，这种观点仍然具有较大的影响力，现代社会中产生的"小政府、大社会"思想，实际上就是财政收入规模最小化视为最优化观点在现代社会中的具体体现。

▶ 2. 合乎制度约束规范的财政收入规模就是最优

合乎制度约束规范的财政收入规模就是最优观点认为，所谓最优财政收入规模是指在既定的财政收入分配制度下，最能体现财政收入分配制度要求的财政收入规模。人们将这种观点称之为"合乎制度约束规范的财政收入规模"。从当前财政研究的一些文献资料来看，许多分析最优财政收入规模或最优税收负担的文献资料，往往将财政收入分配制度视为当然合理性，将既定财政收入分配制度下形成的财政收入规模及发展趋势视为财政收入规模的未来走势，并赋予"最优"含义。这种观点是在近年来中国财政数理研究中较为流行。

▶ 3. 财政收支适合状态下的财政收入规模就是最优

观点认为，所谓最优财政收入规模是指在财政分配实践中达到"以支定收"与"以收定支"相适合状态下的财政收入规模。人们将这种观点称之为"财政收支适合状态下的财政收入规模"。这种观点，实际上是一种建立在财政收支关系分析基础上形成的财政收支相互决定论思想，在当今财政理论界占有主流地位。[①]

【专题 5-3】

对最优财政收入规模三种观点的评价

在如何界定最优财政收入规模方面，上述三种观点都具有其合理性，但也存在着局限性。

对所谓财政收入规模最小化即为最优化的观点而言，这种"大社会、小财政"的提法，与"小政府、大社会"的提法同出一辙，它所要表达的思想，仅仅是一种对过度膨胀的政府财政规模的一种思想反抗。而实践中的小财政却未必处于规模最优状态。事实上，无论财政收入

---

① 姚绍学．最优财政收入规模问题研究评析[J]．经济研究参考，2003(64)：10-15.

规模过大还是过小，都会影响经济与社会的健康发展。财政收入规模过大，会加重社会经济负担，拖累社会经济发展；财政收入规模过小，又会加剧财政收支矛盾，影响政府机构的正常运转和政府职能的实现，难以满足社会公共需要，同样是对经济与社会发展的损害。

就合乎财政分配制度约束规范的财政收入规模即为最优财政收入规模的观点而论，这种观点实际上是一种颠倒了主客观关系的逻辑结论。最优财政收入规模是社会经济发展的客观要求，它客观地存在于社会经济发展过程中并决定着财政分配制度的主观选择，只有当财政制度的选择符合最优财政收入规模要求时，这种财政制度才是合理的。当财政制度的选择不符合最优财政收入分配规模要求时，就需要变革和调整财政制度。最优财政收入规模与财政收入分配制度的关系是前者决定后者，而不是后者决定前者。如果财政收入分配制度的选择、设计和安排不合理，则越能体现该制度要求的财政收入规模就越不合理，越不能将其称之为最优财政收入规模。

从所谓财政收支适合状态下的财政收入规模即为最优财政收入规模的观点来讲，"以支定收"与"以收定支"相适合的观点，只是强调了财政收支在总量上的对称或相等。如果这种财政收入与财政支出的适合是建立在政府行政低效率状态下，则此种状态下的财政收入规模也不能将其称之为"最优"。最典型的是在政府机构臃肿庞大、冗员过多状态下，为满足不合理的财政支出需要而一味地强调财政收支平衡，不仅对社会经济发展无益，反而极其有害。这说明，不作任何前提条件设定，而简单地将财政收支适合状态下的财政收入规模称为最优财政收入规模，同样是不正确的。

其实，要确定一个国家或政府的财政收入规模的最优状态，从理论上来讲是相对容易的，但是从实际操作上来说是非常困难的。因为不同的国家国情不一样，经济发展水平也不一样，就是同一个国家因为发展阶段不同，面临的经济形势也会不一样，掌握的标准都会有很大的差异的。因此，关于财政收入的最优规模确定问题具体情况具体分析，不能完全要求统一。但是有一个原则却是相同的：财政收入最优规模的选择，必须真正置于合乎社会民意的基础上，使其符合社会经济发展的客观要求！

四、我国财政收入规模分析

我国财政收入随着经济的不断增长而增长，从总体上说，增长形势是良好的，对财政收入本身而言，各年的增速虽然是波折的，但增长速度适中。然而，GDP的增长相对而言，则呈现明显不同的两个阶段：1995年以前表现为不断下降的趋势，1995年财政收入占GDP仅为10.7%，为历年来最低点；从1996年开始回升并从1998年表现为快速回升的趋势，2008年财政收入占GDP的比重再次突破20%，至2013年该比重达到了22.7%，近几年基本徘徊在20%左右，整个历程大致呈不规则的"V"字形。我国财政收入增长变化趋势如表5-1和图5-1所示。

表5-1 我国财政收入增长及占GDP的比重

年 份	财政收入（亿元）	GDP（亿元）	财政收入占GDP的比重（%）
1952	173	679	25.6

续表

年　份	财政收入（亿元）	GDP（亿元）	财政收入占 GDP 的比重（%）
1957	303	1 068	28.4
1962	313	1 149	27.3
1967	419	1 773	23.6
1972	766	2 518	30.4
1977	874	3 201	27.3
1982	1 212	5 294	22.9
1987	2 199	11 962	18.4
1988	2 357	14 928	15.8
1989	2 664	16 909	15.8
1990	2 937	18 547	15.8
1991	3 149	21 617	14.6
1992	3 483	26 638	13.1
1993	4 348	34 634	12.6
1994	5 218	46 759	11.2
1995	6 242	58 478	10.7
1996	7 407	67 884	10.9
1997	8 651	74 462	11.6
1998	9 875	78 345	12.6
1999	11 444	82 067	13.9
2000	13 395	89 403	15.0
2001	16 386	95 933	17.1
2002	18 903	104 790	18.0
2003	21 715	116 898	18.6
2004	26 396	159 878	16.5
2005	31 649	183 084	17.3
2006	39 373	209 407	18.8
2007	51 304	246 619	18.8
2008	61 316	300 670	20.4
2009	68 477	397 983	20.4
2010	83 080	397 983	20.9
2011	103 740	471 564	22.0
2012	117 210	519 322	22.5
2013	129 143	568 845	22.7
2014	140 370	643 974	21.8
2015	152 269	689 052	22.1
2016	159 605	743 586	21.5
2017	172 593	827 122	20.9
2018	183 352	900 309	20.4

资料来源：根据历年统计年鉴及有关媒体的资料整理。

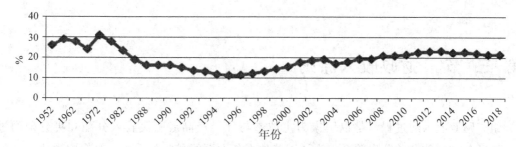

图 5-1 我国财政收入占 GDP 的比重变化趋势示意图

【专题 5-4】

财政收入规模的国际比较

一个国家财政收入占 GDP 比重的高低，受多种因素影响，但最根本的是取决于经济发展水平和政府职能范围的大小。一般经济发展水平越高，社会创造的剩余产品越多，可供政府运用的社会资源也就越多；政府职能越大，政府承担的社会事务越多，社会要求政府提供的公共产品和服务也就越多。经济发展水平越高、政府职能越大的国家，财政收入占 GDP 比重相应要高一些。因此，并没有一个统一公认的标准。

从可统筹安排财力角度看，通常讲的财政收入占 GDP 比重是指公共财政收入（包括税收收入和纳入一般预算管理的非税收入）占 GDP 的比重。从 2008 年开始，我国政府公共财政收入占 GDP 比重基本保持在 20% 多一点。除了公共财政收入以外，我国政府以行政权力和国有资产所有者身份集中的社会资源还包括政府性基金收入、财政专户管理资金收入、社会保险基金收入和土地出让收入等四个部分。按照包括上述五个部分收入的大口径计算，我国政府财政收入占 GDP 比重基本维持在 30% 左右。

根据国际货币基金组织《政府财政统计年鉴（2008）》公布的数据计算，51 个国家的财政收入占 GDP 比重平均为 40% 左右，21 个工业化国家的平均水平为 45% 左右，30 个发展中国家的平均水平为 35% 左右。其中，税收收入占 GDP 比重的世界平均水平为 25% 左右，工业化国家的平均水平为 30% 左右，发展中国家的平均水平为 20% 左右。通过国际比较表明，我国政府当前的公共财政收入占 GDP 比重并不高。

那么，财政收入规模究竟多大合适？从理论上说，理想的财政收入相对规模，应该体现以下四个基本要求：(1) 政府的财政收入水平应满足政府行使基本职能的需要以及规模适度增长的需要。(2) 有利于保持和促进经济的适度增长与社会发展。(3) 财政收入水平应与社会经济的承受能力相适应。(4) 财政收入的增长应与经济与投资的增长相适应。

在现实的经济生活中，是否存在一个"恰当"的财政收入相对规模，可以实现以上四个方面的基本要求呢？这是多年来经济学家们一直都在探讨的问题。例如，基思·马斯顿、凯斯特、科门迪、普洛瑟、佩登等学者，他们各自从不同的角度，用不同的方法建立了众多的经济模型，来试图测算一个国家或地区财政收入的相对规模究竟多大比较合适，并试图分析各国财政收入相对规模差异的原因。在此问题上，我国也有许多专家学者对此问题进行了研究，他们通过模型的构建与分析，并参考其它国家的财政经验，认为我国在近一时期内财政收入相对规模，即财政收入占 GDP 的比重应保持在 25%～30% 为宜。

第三节 财政收入原则

组织财政收入的过程,是以国家为主体参与社会产品或国民收入分配和再分配的过程,涉及各方面的利益分配关系。为了正确处理各方面的利益关系,在组织财政收入过程中,必须遵循一定的原则。

一、发展经济、广开财源的原则

组织财政收入,筹集财政资金,首先要遵循发展经济、广开财源原则。这是根据马克思关于社会再生产原理中生产决定分配理论提出的。马克思指出:"一定的生产决定一定的消费、分配和这些不同要素相互间的一定关系"①,他还指出:"分配关系和方式只是表现为生产要素的背面,……分配的结构完全决定生产的结构,分配本身就是生产的产物,不仅就对象说是如此,就形式说也是如此。就对象说,能分配的只是生产的成果,就形式说,参与生产的一定形式决定分配的特定形式,决定参与分配形式。"②这就是说,生产是决定分配的,没有生产就没有分配。财政作为重要的分配范畴,要以国家为主体参与社会产品或国民收入分配,先要有可供分配的社会产品或国民收入,而可供分配的社会产品或国民收入,则取决于社会经济的发展。因此,生产决定分配,经济决定财政,这就要求在组织财政收入过程中,首先必须遵循发展经济、广开财源的原则。这也正如毛泽东同志所指出的:"财政政策的好坏固然足以影响经济,但决定财政的却是经济。"③"从发展国民经济来增加我们的财政收入,是我们财政政策的基本方针。"④实践证明,只有经济发展了,才能广开财源,增加国家财政收入。因此,财政部门在制订财政收支计划,特别是在组织财政收入工作中,一定要牢固树立"只有促进经济发展,才能增加财政收入的观点"。从我国目前情况来说,财政工作的一个重要方面,就是要促进社会主义市场经济的发展,通过深化改革,优化资源配置,促进生产经营单位转换经营机制,加强企业经营管理和经济核算,提高经济效益,以此广开财源,增加国家财政收入。

二、合理确定财政收入数量界限的原则

财政收入,是国家凭借政治权力参与社会产品或国民收入分配取得的收入。财政收入有一个数量界限问题。合理确定财政收入的数量界限,既可以达到"民不加赋而国用足",又可以促进经济发展和人民生活水平的提高;反之,若取之无度,必然会给国民经济和人

---

① 《马克思恩格斯选集》第二卷,人民出版社1996年版,第213页。
② 《马克思恩格斯选集》第二卷,人民出版社1996年版,第209页。
③ 《毛泽东选集》四卷合订本,人民出版社1964年版,第846页。
④ 《毛泽东选集》四卷合订本,人民出版社1964年版,第120页。

民生活带来严重的危害。因此，合理确定财政收入的数量界限，使之"取之有度而民不伤"，便是组织财政收入时必须遵循的另一项重要原则。根据财政客观规律和实际工作经验的总结，财政收入的数量界限表现为：一是财政收入增长的最高限量，即当年财政收入的增长速度和规模不能超过同期国民收入的增长速度和规模；二是财政收入的最低限量，即在正常年景下，本年财政收入的规模一般不能低于上一年已达到的水平。财政部门在组织财政收入时，要根据实际社会经济情况，合理确定财政收入的数量界限，切实做好财政收入工作。

三、兼顾国家、集体和个人三者利益的原则

组织财政收入，筹集财政资金，必然涉及各方面的物质利益关系，特别是国家、集体和个人之间的物质利益关系。在财政分配问题上，尤其在组织财政收入过程中，如何兼顾国家、集体和个人三者利益，对于充分调动广大劳动者的社会主义积极性，对于促进社会主义经济持续稳定发展和保障国家财政收入，都具有十分重要的意义。兼顾国家、集体和个人三者利益，首先要保证国家利益。这是因为，国家利益是社会产品或国民收入分配中劳动者为社会劳动部分的体现，主要用于巩固国家政权和社会主义经济建设，代表广大劳动人民的根本利益，同时，也是实现集体利益和个人利益的根本保证。其次，要兼顾好集体利益。集体利益，包括企事业单位和社会团体利益，是劳动者的局部利益。财政在正确处理各方面的分配关系时，集体的利益固然要服从国家全局的利益。但是，为了促进集体经济和社会各项事业的发展，在保证国家全局利益的前提下，要尽可能兼顾到集体的利益。再次，要兼顾个人利益。个人利益是国民收入分配中劳动者为自己劳动部分的体现，是劳动者个人的切身利益，也是国家利益和集体利益的归宿。财政在正确处理各种分配关系时，在保证国家利益和兼顾集体利益的同时，为了更好地调动广大劳动者的社会主义积极性，也要兼顾好劳动者个人的利益，并在经济建设持续发展的同时，个人的物质文化生活水平能得到不断提高。

四、区别对待、合理负担的原则

我国地域辽阔，人口众多，由于历史的原因，经济发展很不平衡。因此，我国组织财政收入，不仅要为实现国家职能筹集所需要的资金，而且还要根据党和国家对不同地区和各个产业、企业的不同方针政策，实行区别对待、合理负担的原则。区别对待，是指对不同地区、不同产业和企业，因某种原因需要扶持和鼓励的情况，予以不同对待。合理负担，是指除了按照负担能力合理负担外，对国家需要扶持和鼓励的地区、产业和企业在负担上给予政策优惠，以促进这些地区经济、产业和企业的发展。

本章小结

财政收入是指政府为履行职能、实施公共政策和提供公共物品与服务需要而筹集的一切资金的总和。对于政府来说，财政收入有其重要的意义。财政收入是财政支出

的前提；是实现国家的职能的财力保证；是正确处理各方面利益关系的重要方式。

依据不同的标准，可以对财政收入进行不同的分类。在我国现阶段，财政收入形式由税收、非税收入和公债收入三个方面构成。

财政收入规模通常是指一定时期内（一般为一年）财政收入来源的总量。财政收入规模的大小，可以用反映财政收入规模的存量指标与反映财政收入规模的变动指标来表示。影响财政收入规模的因素包括经济发展水平和生产技术水平、分配政策和分配制度、价格水平等。至于最优财政收入规模的确定，目前在理论上主要有三种观点，即财政收入规模的最小化就是最优、合乎制度约束规范的财政收入规模就是最优、财政收支适合状态下的财政收入规模就是最优。

为了正确处理各方面的利益关系，在组织财政收入过程中，必须遵循发展经济、广开财源的原则；合理确定财政收入数量界限的原则；兼顾国家、集体和个人三者利益的原则；区别对待、合理负担的原则。

关键词

财政收入　非税收入　一般收入　专项收入　预算内收入　预算外收入　财政收入规模　财政收入规模的相对指标　财政收入增长的弹性系数　财政收入增长边际倾向　最优财政收入规模

思考题

1. 对于政府来说，财政收入有何重大意义？
2. 简述财政收入有哪些分类。
3. 影响财政收入的规模有哪些因素？其衡量的指标包括哪些？
4. 请阐述你对最优财政规模的理解。
5. 根据你所学的，你认为我国目前的财政收入规模是否合理？并请说明你的理由。
6. 政府组织财政收入应遵循的原则有哪些？

第六章
税收基本原理

学习目标

通过本章的学习，要求学生了解理解税收的含义、性质、分类及税制的构成要素，熟悉税收负担及转嫁与归宿，认识税收效应与税收原则，掌握最优税制理论。

开篇导言

美国著名政治家富兰克林曾经说过："人生中只有两件事不可避免，那就是死亡和纳税。"想想看，我们每个人一来到这个世界上，税收就与我们的日常生活息息相关，形影不离。大到买房买车，我们需要缴纳房产税和车船使用税；小到买日常用品，我们需要缴纳消费税，只是这些税都被含在商品的价格中。同时，在日常生活中，我们还能处处感受到税收带来的便利。我们游玩的公园，美丽的校园，我们上学走的马路，马路上一排排的路灯等等，这些公共设施大都是用税收来建造的。还有我们享受的义务教育，也是税收的功劳。

那什么是税收呢？通俗地说，税收就是国家聚众人之财，办众人之事。税收是一个古老的经济范畴，在中国，税收已经有4 000多年的历史。在远古的舜帝时期，要求臣服的部落和被保护的小部落贡献财物，同时部落内部的人也要缴纳土地出产物。税的名称最先出现在春秋鲁宣公十五年（公元前594年）的"初税亩"，即初次实行按亩征税。"税"字左边为"禾"，右边为"兑"，有输送之意。税字一出，便广泛应用开来，直至今天。

法国路易十四时代的财政大臣、政治家科尔伯特曾指出："征税的艺术就是拔最多的鹅毛又使鹅叫声最小的技术"。现在，经济学家们正致力于征税效率与公平的研究，希望通过更好的税收制度安排来完成效率与公平更合理的搭配。纵观世界各国，都是根据本国的经济发展水平与政治制度，选择适合本国国情的税收制度的。自新中国成立以来，我国的税收制度历经了几次变革，已从计划经济体制下的商品流转税为主体的单一税收制度，发展成为社会主义市场经济体制下的以流转税、所得税为主体的复合税收制度。目前，我国新一轮税制改革正在紧锣密鼓地进行之中。

第一节 税收的概述及特征

税收是一个古老的财政范畴,是生产力发展到一定阶段,伴随着国家财政的产生而产生的,迄今已经经历了奴隶社会、封建社会、资本主义社会和社会主义社会几千年的历史。税收既是一种延续了几千年的财政收入形式,又是现代社会的普遍经济现象。

一、税收的概述

马克思把税收定义为,"赋税是政府机器的经济基础,而不是其他任何东西。"[1]"国家存在的经济体现就是捐税。"[2]列宁也认为,所谓赋税,就是国家不付任何报酬而向居民取得东西。亚当·斯密曾指出,"人民必须拿出自己的一部分收入,给君主或国家,作为一笔公共收入"。[3]小川乡太郎认为,"税收就是国家为了支付行政经费而向人民强制征收的财物"。[4] 西蒙·詹姆斯、克里斯托弗·诺布斯则认为,"税收是由政府机构实行不直接偿还的强制性征收"。[5] 根据马克思主义学说,我国学者一般认为,税收是与国家的存在有直接联系的,是政府机器赖以存在并实现其职能的物质基础。同时,税收也是一个分配范畴,是国家参与并调节国民收入分配的一种手段,是国家财政收入的主要形式。国家在征税过程中形成的特殊的分配关系,使得税收的性质取决于社会经济制度的性质和国家的性质。

税收,又叫赋税或者税,是作为公共部门的国家或者政府为了实现职能的需要,凭借政治权力,运用法律手段,按照特定的标准,参与一部分社会产品或国民收入分配与再分配所进行的一系列经济活动。具体来说,税收概念主要包括以下几方面的内容。

(一) 税收的主体

税收的主体包括征税和纳税。税收是以国家为征税主体,除了国家之外,任何机构和团体,都没有权利征税。在征税过程中,征收者是国家和政府,缴纳者是经济组织、单位和个人。政府征税是为了履行提供公共产品和公共服务的职责,经济组织、单位和个人享用了政府提供的公共产品和服务并得到满足,因此,有义务及时足额地缴纳税款。在征纳双方的关系中,政府处于主动地位,纳税人则处于相对被动的地位。

(二) 征税的依据

政府既是政权组织,又是社会管理者。政府征税凭借的是国家政治权力,这种政治权力凌驾于财产权利之上,通过立法程序来规范征纳双方应履行的权利与义务,并以此取得税收收入。政治权力为国家所独有,在经济上实现的形式就是税收。通常,政府同时还具

---

[1] 《马克思恩格斯全集》第19卷.北京:人民出版社,1972:32.
[2] 《马克思恩格斯全集》第4卷.北京:人民出版社,1972:342.
[3] 亚当·斯密:《国民财富性质和原因的研究》(下册),商务印书馆1974年版,第383页.
[4] 小川乡太郎:《租税总论》,商务印书馆1935年版,第383、11页.
[5] 西蒙·詹姆斯、克里斯托弗·诺布斯:《税收经济学》,中国财政经济出版社1988年版,第11页.

有另外一种身份，即代表国有资产的所有者来取得相应的收益。但严格来说，政府凭借国有资产所有权所取得的收益与凭借政治权力所取得的税收收入，其性质是不同的。

（三）税收的目的

一般来说，税收是为了满足政府履行经济和社会管理职能的需要而征收的。在市场经济条件下，税收表现为政府作为公共产品和服务的供给者而向需求者（即社会公众及组织）开出的"价格"。在市场失灵的条件下，政府为弥补市场缺陷，需要提供一些公共产品和服务，而税收则是政府提供这些公共产品和服务的收入保证。

（四）税收课征的对象

税收课征的对象是在一定时期内物质生产部门的劳动者生产出来的社会总产品中用来补充劳动消耗的 V 部分和剩余产品价值 M 部分。其中主要是 M 部分，生产过程中物质消耗的 C 部分的价值不应是税收分配的对象。因此，税收课征的对象是国民收入，主要是其中的剩余产品价值。

（五）税收是国家财政收入的主要形式

在现代经济社会中，国家财政收入除了税收以外，还有债、费、利等多种形式。其中，债是指国家作为债务人，以债券形式向国内外居民和经济组织发行，有偿使用，到期必须还本付息的公共债务；费主要是指国家在向社会提供各种劳务和服务的过程中，按受益原则所收取服务费；利是指国家从国有企业和国有资产经营收益中获得的利润。在众多的财政收入形式中，税收始终是国家取得财政收入的最基本、最普遍、也是历史最悠久的分配形式，是国家财政收入的最主要来源。

（六）税收是一系列经济活动

税收是参与一部分社会产品或国民收入分配与再分配所进行的一系列经济活动，包括税收组织财政收入活动、税收调控经济活动、税收监督管理活动等等。

由于税收将原本属于纳税人的一部分国民收入转归政府所有和支配，因而它体现了国民收入的一种再分配关系。同时，政府为了更好地实现社会公平，也会有意识地利用税收来调整国民收入在不同社会成员之间的分配状况。

税收是国家参与社会产品分配的主要形式，是一个经济过程，一种经济活动。在这个经济过程或者经济活动中，作为课征者的国家与作为缴纳者的企业、个人之间形成了一种特殊的经济关系。这种经济关系包含两个方面的内容：一是征纳关系，表现形式为税法，运动轨迹是企业、个人依法纳税，国家依法征税；二是分配关系，具体表现为国家凭借政治权力，将纳税人在市场活动后获得的一部分财富和收入转归政府所有，并且按照国家所代表的集团或者阶级的利益在全社会进行分配。

税收还是国家调节经济的重要手段。在税收产生后的很长一段时间里，为国家筹集财政收入成为税收的主要功能。但是进入了现代化的社会大生产，税收调节经济的作用便日益强化起来，成为国家宏观调控体系中不可缺少的经济手段。具体表现在，国家征税是收入的单方面转移，结果不仅可以直接引起国民收入在政府和纳税人之间的转移，影响生产、消费、储蓄、投资，影响社会资源在公共需要和私人需要之间及不同产业部门之间的配置结构，还可以间接引起不同社会成员之间的国民收入占有份额发生变化，从而调节社会成员之间的收入分配格局。

二、税收的特征

税收作为特定的分配形式，有着自身所固有的特征，即强制性、无偿性和固定性。"三性"使得税收区别于其他形式的财政收入，不同时具备"三性"的财政收入也可以认定为非税收入。

（一）强制性

税收的强制性是指政府征税凭借政治权力，通过颁布法律、法令实施，任何单位和个人都不得违抗。从根本上说，税收的强制性是由税收的依据即国家政治权力所决定的。税收的强制性包括两个方面：一是税收分配关系的建立具有强制性。它是通过立法程序确立的，政府依法征税，纳税人必须依法纳税，不允许有超越税法行为的存在。在现代社会，税收之所以能成为财政收入的主要形式，重要原因之一就在于有法律保障，有法律的约束力。二是税收征收过程具有强制性。税收征收的法律保障是税法，税法有一整套完备有效的实施保障系统，可以使税收的强制性落到实处，得到长期稳定的保证。税法从征税和纳税两方面来规范、约束、保护税收分配关系。具体而言，对于征税者，税法是政府运用征税权力的依据，当征税受到阻挠和抵制时，政府可以依税法进行追究。对于纳税人，必须依法纳税，凡违反税收法律、法令的行为，必然受到法律的制裁。理解这一性质，对在理论上确定纳税人的法律义务，增强纳税观念具有特殊的重要意义。

（二）无偿性

税收的无偿性是指政府征税以后，税收即为政府所有，既不需要偿还，也不需要对纳税人付出任何代价。税收的无偿性是针对具体的纳税人而言的，就是说政府征税不是与纳税人之间进行等量财产的交换，而是纳税人的经济利益向政府的无偿让渡，政府不需要对纳税人直接返还已纳税收，也不需要直接对纳税人提供相应的服务或给予相应的权利，它只是所有权的单向转移。明确税收的无偿性特征，可以把税收同公债、规费、国有资产收益等财政收入形式区分开来。

因为征税是无偿地，纳税人能够实实在在地感觉到是对部分利益的"剥夺"，所以纳税人才容易把税收当作是额外负担而产生对税收的误解，以至于产生逃避纳税的行为。因此必须以规范的法律，用强制的手段来保证税收的收入。由此可见，税收的无偿性与强制性是紧密地联系在一起的。

（三）固定性

税收的固定性是指政府征税必须通过法律的形式预先规定征税对象及统一的征收比例或数额，并只能按预定的标准征纳。这些事先规定的事项对征纳双方都有约束力。一般来说，纳税人只要取得了税法规定范围内的收入，发生了应该纳税的行为，拥有应税的财产，就必须按规定标准纳税，不得违反。同样，征收机关也只能按预定标准征税，不得随意变更标准。

可见，税收的固定性不仅体现在课税对象的连续有效性，还体现在课税对象和征收额之间的关系是有固定限额的。固定性是政府稳定地取得财政收入的基本保证。税收的三个特征是统一的整体，无偿性是税收分配活动本质的体现；强制性是实现税收无偿征收的强有力的保障；固定性是无偿性和强制性的必然要求。这三个特征是税收区别于其他财政收入范畴的基本标志，也是鉴别财政收入是否是税收的基本标准。任何社会制度下的税收都必须同时具有这三个特征，缺一不可，也就是说，只有同时具有这三个特征的分配范畴才是税收。

【专题 6-1】

税收的主要理论依据

在西方经济学中，关于税收的主要理论依据可溯源于17世纪英国著名哲学家托马斯·霍布斯(T. Hobbes)的"利益交换说"(benefit-exchange-theory)。他认为"人们为公共事业缴纳的税款，无非是为了换取和平而付出的代价""间接税和直接税就是为不受外敌入侵，人们以自己的劳动向拿起武器监视敌人的人们提供的报酬"。[①] 因此，他把税收解释为人们享受政府提供公共事业服务而付出的代价，是商品交换法则而引入公共经济活动的结果，把税收看做是政府与公民之间的一种利益交换关系，强调的是政府与公民之间的权利与义务的对等关系。

在托马斯·霍布斯的利益交换说之后，西方经济学家们相继提出新的理论解释。洛克、休谟、边沁及亚当·斯密等人提出的社会契约说、利益原则和支付能力原则，使"利益交换说"得到不断发展，并对欧美各国的税收制度和税收实践产生了重大影响。但自20世纪30年代以来，经济学界则从经济运行的角度提出了新的税收学说，认为国家征税除了为公共物品的供给筹措经费之外，还发挥着经济调节的功能，如矫正外部效应、协调收入分配、刺激有效需求、优化产业结构等。总之，这一税收学说主要侧重于从弥补市场失灵和调节宏观经济的角度，来阐明税收存在的客观性与必要性。

第二节 税制要素与税收分类

从广义上说，税收制度是指所有处理税收关系的、有法律效力的成文制度。税收制度中最重要的是征税制度，即关于由谁征税、对什么征税、对谁征税、怎样征税、征多少税等规定。由于每一个税种都是相对独立的、完整的征税制度。因此，从狭义上说，税收制度是税种法律制度的总和，而税制要素是指构成税种法律制度的基本要素。这些基本要素在每一种税的税法中都存在，并且被明确表达。反过来说，税制要素不全的不能构成税种。因此，理解税制要素是理解征税制度的关键。

一、税制要素

税制要素是指构成税收制度的基本因素，一般包括纳税人、课税对象、课税标准、税基、税率等。其中，纳税人、课税对象、税率是三个基本要素。

---

① 霍布斯. 利维坦[M]. 北京：商务印书馆，1936：96.

(一) 纳税人

纳税人亦称为纳税主体，指税法规定的直接负有纳税义务的单位和个人。纳税人是纳税义务的法律承担者，只有在税法中明确规定了纳税人，才能确定向谁征税或由谁来纳税。因此，纳税人是税法的基本要素之一。纳税人既有自然人，也有法人。自然人是指公民或居民个人。法人是指依法成立并能独立行使法定权利和承担法定义务的企业或社会组织。一般来说，法人纳税人大多是公司或企业。

扣缴义务人是税法规定的，在经营活动中负有代扣税款并向国库交纳义务的单位。税务机关按规定付给扣缴义务人代扣手续费，扣缴义务人必须按税法规定代扣税款，并按规定期限缴库，否则依据税法规定受法律制裁。扣缴义务人的确定是基于收入分散、纳税人分散的情况。确定扣款义务人，就是采用源泉控制的方法，保证国家的财政收入，防止偷漏税，简化纳税手续。例如我国个人所得税法规定，以支付纳税人所得的单位和个人为扣缴义务人。

纳税人应与赋税人相区别。负税人是指最终负担税款的单位和个人。在税收负担不能转嫁的条件下，纳税人与赋税人是一致的；反之，纳税人与赋税人可能是分离的。

(二) 课税对象

课税对象亦称税收客体，征税对象指税法规定的征税标的物，是征税的根据。课税对象用于确定对纳税人哪些所有物或行为征税的问题，是区别于两种不同税的主要标志。由于现在社会中，国家的征税对象主要由商品、所得、财产、资源、行为等组成，所以税制通常被分别设计为商品税、所得税、财产税、资源税、行为税等。

▶ 1. 税目

由于课税对象是比较笼统的，为了满足税制的需要，还必须把课税对象具体化，将课税标的物划分成具体项目。这种在税制中对课税对象规定的具体项目称为税目。税目规定了一个税种的征税范围，反映了征税的广度。税目的划分根据国家调节经济和税收管理的不同需要，可繁可简。有些税种的征税对象简单、明确，其本身就是税目，如房产税、屠宰税等。但从大多数税种来看，一般课税对象都比较复杂，且税种内部不同课税对象之间又需要采取不同的税率档次进行调节。这就需要对课税对象做进一步的划分，做出具体的界限规定。税目的划分，可以使纳税人更透彻地了解税收制度，也可使国家灵活地运用税收调节经济。

▶ 2. 税基

税基又称计税依据，是指按课税标准计算的课税对象的数量，表明在具体征税过程中政府按什么计算税额。按照课税标准的不同，税基可分为实物税基和货币税基。同时，由于国家为了实现一定的政治和经济目标，往往并不是对课税对象的全部数量都予以课税，而是规定某些税前减免或扣除项目，这样一来，就存在所谓的经济税基与法定税基的差别。经济税基是按课税标准计算的课税对象的全部数量；法定税基是经济税基减去税法规定的税前减免或扣除项目后的剩余数量，是据以直接计算应纳税额的基数。可见，如果没有法定税前减免或扣除项目，经济税基与法定税基在数量上是相同的。税基的选择，尤其是法定税基宽窄的界定，对税收效率与税收公平均有显著影响，因而是实现税制目标函数的重要变量。

▶ 3. 税源

税源是指税收的经济来源或最终出处，从根本上说，税源是一个国家已创造出来并分布于各纳税人手中的国民收入。课税对象与税源有一定联系。由于课税对象既可以是收入，也可以是能带来收入的其他客体，或是仅供消费的财产，因此，课税对象与税源未必相同。有些税种的课税对象与税源相同，如所得税的课税对象与税源都是纳税人的所得；有些税种的课税对象与税源不同，如财产税的课税对象是纳税人的财产，但税源往往是纳税人的财产收入或其他收入。课税对象与税源的关系提示我们，选择和确定课税对象时，需要考虑税源的存在性及对税源的影响。在社会产品价值中，能够成为税源的只能是国民收入分配中形成的各种收入，如工资、奖金、利润、利息等。税源并不等于课税对象，课税对象是征税的依据，税源则表明纳税人的负担能力。

税源与税基有着明显的区别。税源总是以收入的形式存在的，是税收负担能现实存在的物质基础；税基则既可以是收入或财产，也可以是支出，而支出本身是无法承载税收负担的。

（三）税率

税率是税额相对于税基的比率，税基与税率的乘积是税额。税率是税收制度的核心和中心环节，税率的高低既是决定国家税收收入多少的重要因素，也是决定纳税人税收负担轻重的重要因素，因此，它反映了征税的深度，体现国家的税收政策。从税法角度，税率可划分为比例税率、定额税率和累进税率三种类型。

▶ 1. 比例税率

比例税率是按税基规定但不随税基数额大小而改变的征税比率。比例税率具有计算简便、利于征管、促进效率的优点。缺点是在一定条件下，不利于税收负担公平，即在税收负担上具有累退性，表现为收入越高，负担越轻，不尽合理。一般适用于对商品或劳务的征税。比例税率在具体运用上一般有三种类型：(1)行业比例税率，即按不同行业差别规定不同的税率。(2)产品比例税率，即按产品的不同规定不同的税率。(3)地区差别比例税率，即对不同地区实行不同的税率。

▶ 2. 定额税率

定额税率亦称固定税额，是按单位实物税基直接规定一定量税额的税率。定额税率具有计算简便，税额不受价格和收入变动影响的特点。

定额税率适用于从量计征的税种。在现代商品货币经济条件下，价格和收入经常变动，为稳定税收负担和保证财政收入，从价计征的税种在多数国家的税制中居于主要地位，而从量计征的税种居于次要地位，由此也决定了定额税率在使用上的局限性。目前，在我国定额税率主要在财产课税、资源课税中使用。

▶ 3. 累进税率

累进税率是随税基增加而逐级提高的税率。具体形式表现为根据税基的大小，规定若干个等级，每个等级对应一个税率，税率水平随着税基等级增加而递增。累进税率有依额累进和依率累进两种形式。按照计算方法不同，依额累进包括全额累进和超额累进；依率累进包括全率累进和超率累进。

超额累进税率是把征税对象按数额的大小分成若干等级，每一等级规定一个税率，税率依次提高，但每一纳税人的征税对象则依所属等级同时适用几个税率分别计算，将计算结果相加后得出应纳税款。目前,采用这种税率形式的有个人所得税。全额累进税率是在此税率划分基础上,纳税人的征税对象达到哪一个级次,就按该级次对应的最高税率进行计算。

超率累进税率是以征税对象数额的相对率划分若干级距,分别规定相应的差别税率,相对率每超过一个级距的,对超过的部分就按高一级的税率计算征税。目前,采用这种税率形式的有土地增值税。全率累进税率同样是在此税率划分的基础上,按征税对象达到的那一级税率来全额计算税款,不再分别计算。

全额累进税率与超额累进税率都是按照量能负担的原则设计的。但二者又有不同的特点,主要表现在:(1)在名义税率相同的情况下,全额累进税率的累进程度高,税负重;超额累进税率的累进程度低,税负轻。(2)在级距的临界点附近,全额累进税率会出现税额增长超过税基增长的不合理现象,超额累进税率则不存在这种问题。(3)全额累进税率在计算上简便,超额累进税率计算则复杂。

在实践中,各国税制都将公平原则放在重要位置,因此,超额累进税率目前得到普遍推行。为了解决该税率使用上的复杂性问题,采取了简化计算的"速算扣除法"。即先计算出速算扣除数,然后运用下列公式计算出应纳税额:

$$应纳税额 = 法定税基 \times 适用税率 - 速算扣除数$$

速算扣除数是指同一税基按全额累进税率计算的税额与按超额累进税率计算的税额之间的差额。

$$本级速算扣除额 = 上一级最高所得额 \times (本级税率 - 上一级税率) + 上一级速算扣除数$$

比例税率、定额税率和累进税率都是税法中的税率形式,可概括称为"税法税率"。有时人们为了经济分析的需要,还常引入另外的税率形式,主要包括名义税率、实际税率、边际税率和平均税率,可概括称为"虚拟税率"。

名义税率即为税率表中所列的税率,是纳税人实际纳税时适用的税率。实际税率是纳税人真实负担的有效税率,它等于实纳税额与经济税基之比,在没有税负转嫁的情况下,即为纳税人的税收负担率。有些税种由于实行减免税或税前列支和扣除,实际税率会低于名义税率。边际税率是指一定数量的税基再增加一个单位所适用的税率,在实行比例税率的条件下,边际税率始终不变;在实行累进税率条件时,税基的不同级别有不同的边际税率。平均税率是实纳税额与法定税基之比。当实行比例税率时,若无税收减免,平均税率就等于实际税率,也与边际税率一致;当实行超额累进税率时,平均税率与边际税率常常存在差别,差别大小由法定税基的大小所决定。

【专题6-2】

全额累进税率和超额累进税率的区别

全额累进税率在调节收入方面,较之比例税率要合理。但是采用全额累进税率,在两个级距的临界部位会出现税负增加不合理的情况。例如:如果甲某年收入1 000元,适用税率5%;乙某年收入1 001元,适用税率10%。则甲应纳税额为50元,乙应纳税额为100.1元。虽然,乙取得的收入比甲只多1元,却比甲多纳税50元,这就不太合理。对于像这样的问题,可以用超额累进税率来解决,见表6-1。

表 6-1　超额累进税率计算表　　　　　　　　　　　　单位：元

级　数	所得额级距	税率/%	速算扣除数
1	所得额在 1 500 元以下（含 1 500 元）	3	0
2	所得额在 1 500～4 500 元部分	10	105
3	所得额在 4500～9000 元部分	20	555
4	所得额在 9 000～35 000 元部分	25	1 005
5	所得额在 35 000～55 000 元部分	30	2 755
6	所得额在 55 000～80 000 元部分	35	5 505
7	所得额超过 80 000 元部分	45	13 505

如果要计算所得额为 2 500 元的应纳税额：
(1) 1 500 元适用税率 3%；税额＝1 500×3%＝45（元）。
(2) 1 500～2 500 元部分适用税率 10%；税额＝(2 500－1 500)×10%＝100（元）。
总之，2 500 元应纳税额＝45＋100＝145（元）。

但依照超额累进税率定义应纳税额过于复杂，特别是征税对象数额越大时，适用税率越多，计算越复杂，这就会给实际操作带来困难。因此，在实践中，可采用速算扣除数法计算。

$$应纳税额＝2 500×10\%－105＝145（元）$$

（四）课税环节

课税环节是税法规定的纳税人发生纳税义务的环节，规定了征纳行为在什么阶段发生。确定在哪个环节或哪几个环节课税是税收中十分重要的问题，它关系到税款的及时入库和税收杠杆作用的正确发挥。课税环节可以有多种选择：有的税种仅仅要求纳税人在生产或者销售的单一环节纳税，有的税种则要求纳税人多个环节纳税。

（五）纳税期限

纳税期限是纳税人向国家交纳税款的法定期限，各种税都明确规定了税款的交纳期限。纳税期限也是税收固定性特征的重要体现，现代税收制度在确定纳税期限时一般有以下几点考虑因素：①根据各行业生产经营的不同特点和不同征税对象决定纳税期限。如各种所得税，以年所得额为征税对象，实行按全年所得额计算征收，分期预缴，年终汇算清缴，多退少补。②根据纳税人交纳税款数额的多少来决定。交纳税款多的纳税人，纳税期限核定短些；反之，纳税期限核定长些。③根据纳税行为发生的次数，实行按次征收。如屠宰税、个人所得税中的劳务报酬所得、稿酬所得等都是发生纳税行为后按次交纳。④为保证财政收入，防止偷漏税，在纳税行为发生前预先缴纳税款。确定纳税期限包括两方面的含义：一是确定结算应纳税款的期限，这个结算期限，由税务机关根据应纳税款的多少，逐户核定，一般分为 1 日、3 日、5 日、10 日、15 日、1 个月等等；二是确定缴纳税款的期限，应纳税款到了结算期限，纳税需要有计算税款和办理纳税手续的时间。一般规定按 1 个月结算纳税的，税款应在期满 7 日内缴纳，其余的均在结算满 5 日内缴纳。

（六）税收减免

税收减免是指根据国家一定时期的政治、经济、社会政策要求，对生产经营活动中的某些特殊情况给予减轻或免除税收负担。对应征税款依法减少征收为减税；对应征税款全部免除纳税义务为免税。对纳税人应纳税额给予部分减少或全部免除是税收优惠的重要形式之一。

（七）税收的附加与加成

附加是地方税收附加的简称，是地方政府在正税之外附加征收的一部分税款。通常把按国家税法规定的税率征收的税款称为正税，把正税以外征收的附加称为副税。加成是加成征收的简称，对特定的纳税人实行加成征税，加一成等于加正税的10%，加二成等于加正税的20%，依此类推。加成与附加不同，加成只对特定的纳税人加征，附加对所有纳税人加征。加成一般是在收益课税中采用，以便有效地调节某些纳税人的收入，附加则不一定。

（八）其他要素

▶ 1. 课税标准

课税标准指的是税法规定的对课税对象的计量标准。课税对象的存在形态各异，有的以货币形态存在，如所得。有的以实物形态存在，如商品、房地产等，而实物形态的课税对象也可以用货币加以计量的。因此，首先，课税标准要确定课税对象是按实物单位计量还是按货币单位计量，这是课税标准解决的第一个层次的问题。其次，课税标准还要确定课税对象的具体实物或货币计量标准。如用实物单位计量，有数量、重量、容积、体积、面积等具体标准；如用货币单位计量，有实际价格、平均价格、组成价格、含税价格、不含税价格、原价、现价等具体标准。这是课税标准解决的第二个层次的问题。确定课税标准，是国家实施征税的重要步骤。

▶ 2. 起征点与免征额

起征点是指税法规定的开始征税时税基所达到的最低界限。税基未达到起征点的不征税；达到或超过起征点的，按全部税基计征税款。免征额是指税法规定的税基中免于计税的数额。免征额部分不征税，只对超过免征额的税基计征税款。免征额一般是正常的费用扣除。起征点和免征额是对纳税人的一种优惠，但二者优惠的侧重点不同。前者优惠的是个别纳税人，后者则惠及所有纳税人。

▶ 3. 违章处理

违章处理是指对纳税义务人违反法律、法规行为所采取的惩罚措施。在现在社会中纳税人不按规定办理税务登记；不按规定期限向税务机关报送会计决算报表和纳税申报表；不据实报告会计、财务和纳税情况或者对税务机关的纳税检查实行拒绝态度及偷税、欠税、抗税、骗税等行为都属于违反税法的，这些行为都要依法受到惩罚。主要措施包括：

（1）处以罚款，指税务机关对偷税、漏税情节严重的纳税人，按税款总额处以1～5倍的罚款。

（2）加收滞纳金，指税务机关对不按规定期限缴纳税款的纳税单位或者个人加收的罚款，是对纳税人滞纳行为的惩处。滞纳金自纳税期满的次日起计算，按日加收滞纳税款的万分之二。

（3）移送人民法院依法追究刑事责任。

【专题 6-3】

税率、税基与税收收入之间的关系——拉弗曲线

20 世纪 70 年代美国经济学家、供给学派主要代表人物阿瑟·B. 拉弗（Arther B. Laffer）用一条曲线说明了税率和税收的关系，后来税率—税收收入的关系就被称为"拉弗曲线"，如图 6-1 所示。

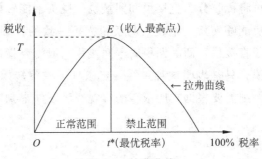

图 6-1 拉弗曲线

拉弗曲线基本要点是：税率水平有一定的限度，在一定限度内（小于 t^*，t^* 为最优税率，税率小于 t^* 的区域也称为税收正常区），随着税率从零逐渐地提高，税收收入也会由零逐渐增加到最高点（E 点）。这是因为，在税收正常区内，税率的提高虽然也会减少税基，但税基减少的幅度小于税率提高的幅度，所以不会导致税收的减少，税收收入还是会上升的。但是一旦税率的提高超过一定限度（大于 t^*，税率大于 t^* 的区域也称为税收禁止区），随着税率的进一步提高税收收入反而从最高点开始下降直到最后为零。这是因为税率超过最优税率点后，就会影响人们工作、储蓄和投资的积极性（见后面的税收替代效应和税收超额负担），从而导致税基减少的幅度大于税率提高的幅度。

二、税收的分类

现代国家的税制一般都是由多个税种组成的复合税制，各税种既相互区别又相互联系。按求同存异的原则，依一定的标准对税种进行归类，是税制研究和建设的必要前提。

（一）按课税对象的性质分类

按课税对象的性质可将税收分为商品课税、所得课税和财产课税三大类。这种分类最能反映现代税制结构，因而也是各个国家常用的主要税收分类方法。

商品课税是以商品为课税对象，以商品流转额为税基的各种税收。在我国，常被称为流转课税。广义的商品不仅指有形商品（货物），也包括无形商品（劳务）。所以，商品课税具体包括对货物和劳务征收的各种税，如增值税、消费税、关税等。

所得课税是以所得为课税对象，以要素所有者（或使用者）取得的要素收入为税基的各种税收。所得课税主要指企业所得税和个人所得税。由于社会保险税、资本利得税实际上也是一种对要素收入的课征，因而一般也划入所得课税类别。各国在对所得课税时，一般都是对各种要素收入进行必要的成本或费用扣除后的纯收入（净所得）进行课征。

财产课税是以动产和不动产形式存在的财产为课税对象，以财产的数量或价值为税基

的各种税收,如一般财产税、遗产税、赠与税等。

需要说明的是,由于各个国家的税制千差万别,税种设计方式各异,因而采用同样此种分类方法,结果也不完全相同。如我国税制按此分类方法,一般分为商品课税、所得课税、资源课税、行为课税和财产课税五大类。

(二) 按税收负担能否转嫁分类

按税负能否转嫁,可将税收分为直接税和间接税。税负不能转嫁,纳税人与负税人一致的税种为直接税;税负能够转嫁,纳税人与负税人不一致的税种为间接税。一般认为,所得课税和财产课税属于直接税,商品课税属于间接税。但需要指出的是,某种税之所以归宿于直接税或者间接税,只是表明这种税在一定条件下税负转嫁的可能性。在实践中,税收是否真正能够转嫁,则需要根据它所依存的客观经济条件来判断,但这与理论上的税收分类并不矛盾。

(三) 按课税标准分类

按照课税标准分类,可将税收划分为从量税和从价税。国家征税时,必须按照一定标准对课税对象的数量加以计量,即确定税基。确定税基有两种方法:一是以实物量为课税标准确定税基;二是以货币量,即以价格为课税标准确定税基。采用前一种方法的税种称为从量税,采用后一种方法的税种称为从价税。从量税的税额随课税对象实物量的变化而变化,不受价格影响,在商品经济不发达时期曾被普遍采用,在现代市场经济条件下,只宜在少数税种采用。我国目前的资源税、城镇土地使用税、耕地占用税、车船税等属于从量税。从价税的税额随课税对象的价格变化发生同向变化,收入弹性大,能适应价格引导资源配置的市场经济运行的要求,便于贯彻税收政策和增加税收收入,因而被多数税种所采用。

(四) 按税收与价格的关系分类

在从价税中,按照税收与计税价格的关系可将税收划分为价内税和价外税。税金如果是计税价格的组成部分,称为价内税;税金独立于计税价格之外的,称为价外税。价内税的负担较为隐蔽,能适应价税合一的税收征管需要;价外税的负担较为明显,能较好地满足价税分离的税收征管要求。比如我国目前的消费税属于价内税,而增值税属于价外税。

(五) 按税收管理权限划分

按税收管理权限划分,税种可划分为中央税、地方税与中央和地方共享税。

此外,以课税形式的不同,将税种分为力役税、实物税与货币税;以是否具有独立的计税依据进行分类,将税种分为正税与附加税;按照存续时间的长短,可以将税种划分为临时税与经常税;按照是否具有特殊目的,可以将税种划分为特别税与一般税等。

第三节 税收负担及其转嫁与归宿

不管是纳税一方,还是收税一方,都会关注税负轻重问题。纳税人自然希望税种越少，税率越低越好。而政府既不能让财政入不敷出，债台高筑；也不愿因税负过高，造成经济萎缩，税源枯竭。因此，确定一个合理的税收负担标准对于政府与纳税人来讲都是非常重要的。但是在考察税收负担时，需要注意到税收的转嫁与归宿问题。

一、税收负担

（一）税收负担的含义

税收负担是指整个社会或单个纳税人（自然人或法人）实际承受的税款，简称"税负"。从绝对额考察，它是指纳税人缴纳的税款额，即税收负担额；从相对额考察，是指纳税人缴纳的税额占计税依据价值的比重，即税收负担率。税收负担的税收从一般意义上来讲是指政府税收。但是在现行政府收入中除了税收以外还有一些其他非税收入，虽然在名称上税收收入与税收收入是不同的，但是在实际使用中，二者并没有实质性的区别。对政府而言，税收和非税收入都用于政府的公共支出上；对纳税人而言，税收和非税收入都构成了纳税人的负担。所以，这里有必要从小口径、中口径和大口径或者税收、财政和政府三个层面来分析税收负担问题。

在一定时期内政府以税的名义取得的收入，称为小口径税收负担的税收，也叫作税收收入；中口径的税收负担中的税收是指在一定时期内的财政收入，这里的"财政收入"指纳入财政预算内管理的收入，包括税收收入和少量其他收入（如国有资产收入、变卖公产收入等）。而大口径的税收负担中的税收是指一定时期内的政府收入。这里的"政府收入"，不仅包括"财政收入"，而且还包括各级政府及其部门向企业和个人收取的大量不纳入财政预算管理的预算外收入，以及没有纳入预算外管理的制度外收入等等，即包括各级政府及其部门以各种形式取得的收入的总和。

在这三个指标中，大口径的指标最为真实、全面地反映政府集中财力的程度和整个国民经济的负担水平。而中、小口径指标则更能说明在政府取得的收入中，财政真正能够有效管理和控制的水平。

（二）影响税收负担的因素

一个国家的税收负担水平受到多种因素的影响，概括起来这些因素主要包括社会经济发展水平、国家的宏观经济政策、国家职能范围、收入分配制度、税收征收管理能力等。

▶ 1. 社会经济发展水平

一个国家的社会经济发展总体水平，可以通过国民生产总值和人均国民生产总值这两个综合指标来反映。国家的国民生产总值越大，总体负担能力越高。特别是人均国民生产总值，最能反映国民的税收负担能力。一般而言，在人均国民收入比较高的国家，社会经济的税负承受力较强。世界银行的调查资料表明，人均国民生产总值较高的国家，税收负担率也较高，人均国民生产总值较低的国家，税收负担率也较低。实证分析也表明，目前发达国家的税收占 GDP 比重平均在 30% 以上，而发展中国家的这一数据平均在 20% 左右。由此可见，人均国民收入越高的国家，税收负担水平往往要比人均国民收入低的国家高，二者呈正相关的关系。

2. 国家的宏观经济政策

国家的宏观经济政策对经济稳定发展至关重要，对税收负担水平也会产生不可忽视的影响。任何国家为了发展经济，需要综合运用各种经济、法律及行政手段，来强化宏观调控体系。国家会根据不同的经济情况，采取不同的税收负担政策。比如在经济发展速度过快过热时，需要适当提高社会总体税负，以使国家集中较多的收入，减少企业和个人的收入存量，抑制需求的膨胀，使之与社会供给总量相适应。此外，还要根据经济情况的发展变化，在征收中实行某些必要的倾斜政策和区别对待办法，以利于优化经济结构和资源配置。

3. 国家职能范围

税收是国家实现职能的物质保证，国家职能范围的大小直接影响到对税收的需要量。国家职能范围越广，对税收的需要量就会越大，税收的负担就会越高；相反，国家职能范围越窄，就会对税收的需要量越小，那么税收的负担也会相应地较低。国家职能范围的大小主要受经济制度、社会历史、经济发展等方面的影响。

4. 收入分配制度

不同的国家在收入分配制度上往往存在着差异，不同的收入分配制度对税收负担产生了不同的影响。不同的收入分配制度会直接影响到个人收入的多少，从而对个人所得税的税收负担会产生一定的影响。如我国计划经济时期长期采用低工资政策，个人基本不缴纳所得税，生老病死等福利费均由单位解决；而在西方国家，一直采用高收入高税负。如果从税收负担率的角度考虑，很显然我国的这种收入分配制度所造成的税收负担率要低于西方国家。因此，不同的收入分配制度会产生对劳动激励的不同效应，从而对宏观税收负担产生影响。

5. 税收征收管理能力

由于税收是由国家无偿征收的，税收征纳矛盾比较突出。因此，一个国家的税收征收管理能力，有时也对税收负担的确定有较大的影响。一些国家的税收征收管理能力强，在制订税收负担政策时，可以根据社会经济发展的需要来确定，而不必考虑能否将税收征上来。在一些税收征管能力较差的国家，可选择的税种有限，勉强开征一些税种，也很难保证税收收入，想提高税收负担也较困难。

（三）衡量税收负担的指标

衡量税收负担的经济指标有两类：一类是反映国家税收总负担的指标，及宏观税负率；另一类是反映企业税收负担水平的指标，即微观税负率。

1. 国家税收总负担指标

（1）税收占国内生产总值的比率 =（税收总额÷同期国内生产总值）×100%

（2）税收占个人收入总额的比率 =（税收总额÷同期个人收入总额）×100%

2. 企业税收负担指标

（1）企业税收总负担率 =（纳税总额÷同期销售收入）×100%

（2）企业流转税负担率 =（各流转税合计÷同期销售收入）×100%

（3）企业所得税负担率 =（实纳所得税额÷同期利润总额）×100%

（4）企业净产值税收负担率 =［纳税总额÷净产值（或增加值）］×100%

3. 个人税收负担率

个人税收负担率指一定时期内个人实际交纳的各种税款占同期个人收入总量的比率，反映的是个人直接的税收负担。

（四）确定税收负担应遵循的原则

由于税收负担体现了国家的税收政策，直接关系到国家、企业和个人之间的利益分配关系。因此，对于税收负担高低的确定，绝不能随意为之，应遵循一定的原则。

1. 取之有度原则

虽然国家对财政资金的需要是无限度的，但国民经济的现有水平决定了税收的承受能力。因此，在确定税负总水平时，要兼顾国家需要和国民经济的承受能力，使二者相适应。以促进宏观经济与微观经济的协调发展，培植更加丰茂税源，保证税收收入的持续增长。

2. 公平税负原则

根据国家的经济政策和社会政策，对纳税人的税收收入进行适当调节，使纳税人的税收负担及税后收入趋于平衡。以鼓励它们在公平合理的税收条件下平等竞争，促进经济发展。平等纳税是公平税负的前提。即凡是有纳税能力，都要普遍纳税，为税收负担的公平打下基础。公平税负分为经济公平和社会公平两方面。经济公平是根据国家政策需要，对相同征税对象的不同纳税人，实行同一税负，达到平等税负，以调节因资源、价格等条件不同而造成的收入差别；对国家鼓励或限制的征税对象，实行不同税率，以达到鼓励或限制政策的目的。

3. 量能负担原则

社会总税负要依据国民经济的负担能力。纳税人个别税负也要依据各不同部门、行业纳税人的个别负担能力来确定。否则，总体税负合理，而个别税负结构及分布失平，导致纳税人之间的利益水平和自我发展能力相差悬殊，最终会破坏经济的协调性而使总税负难以顺利实现。

在这里，应当注意的是税收负担与税收负担能力是两个相互联系的不同概念。它们之间的区别在于，税收负担是指国家加在纳税人身上的一种纳税责任；税收负担能力，则是纳税人所具有的承受国家税收负担的潜在力量。两者之间的联系表现在：离开了国家所加在纳税人身上的税收负担，也就谈不上纳税人承受这种负担的税收负担能力问题；反过来，离开了税收负担能力，税收负担也就成为没有实际意义和不可衡量其轻重的物品。比如说，一个纳税人如果没有任何税收负担能力，那么国家要加在这个纳税人身上的税收负担就会落空。

（五）我国的税收负担

目前在我国正式统计年鉴上有大量的税外收费缺乏确切的数据，这里对我国税收负担的分析主要考察小口径的税收负担。从税收总量负担指标分析，税收负担呈先下降后上升的变化特点（见表6-2）。税收负担率由1985年的22.64%降至1996年的9.69%，然后又上升至2013年的22.70%，近些年来（截至2018年）基本稳定在18%左右。我国税收负担率总体经历了先下降后上升的变化是由多方面因素共同作用的结果。

表 6-2 中国税收负担(1985—2018 年)　　　　　　　　　　　单位：亿元

年　份	GDP	GDP 增长率	税 收 收 入	税收增长率	税收/GDP
1985	9 016.0	—	2 040.8	—	22.64%
1986	10 275.2	13.97%	2 090.7	2.45%	20.35%
1987	12 058.6	17.36%	2 140.4	2.38%	17.75%
1988	15 042.8	24.75%	2 390.5	11.68%	15.89%
1989	16 992.3	12.96%	2 727.4	14.09%	16.05%
1990	18 667.8	9.86%	2 821.9	3.46%	15.12%
1991	21 781.5	16.68%	2 990.2	5.96%	13.73%
1992	26 923.5	23.61%	3 296.9	10.26%	12.25%
1993	35 333.9	31.24%	4 255.3	29.07%	12.04%
1994	48 197.9	36.41%	5 124.8	20.43%	10.63%
1995	60 793.7	26.13%	5 994.9	16.98%	9.86%
1996	71 176.7	17.08%	6 894.5	15.00%	9.69%
1997	78 973.0	10.95%	8 509.8	23.43%	10.78%
1998	84 402.3	6.87%	9 368.5	10.09%	11.10%
1999	88 479.2	4.83%	10 673.6	13.93%	12.06%
2000	98 000.5	10.76%	13 075.0	22.50%	13.34%
2001	108 068.2	10.27%	15 416.1	17.91%	14.27%
2002	119 095.7	10.20%	17 159.1	11.31%	14.41%
2003	135 174.0	13.50%	20 222.2	17.85%	14.96%
2004	159 586.7	18.06%	25 468.1	25.94%	15.96%
2005	184 739.1	15.76%	29 496.6	15.82%	15.97%
2006	211 808.0	14.65%	35 577.3	20.61%	16.80%
2007	246 619.0	16.44%	47 002.5	32.11%	19.06%
2008	300 670.0	21.92%	54 219.6	15.35%	18.03%
2009	335 353.0	11.54%	63 104.0	16.39%	18.82%
2010	397 983.0	18.68%	73 202.0	16.00%	18.39%
2011	471 564.0	18.49%	89 720.3	22.57%	19.03%
2012	519 322.0	10.13%	117 210.0	30.64%	22.57%
2013	568 845.0	9.54%	129 143.0	10.18%	22.70%
2014	643 974.0	7.30%	119 175.3	8.60%	18.51%
2015	689 052.1	6.90%	124 922.2	5.80%	18.13%
2016	743 585.5	6.70%	130 360.7	4.50%	17.53%
2017	827 121.7	6.90%	144 369.0	7.40%	17.45%
2018	900 309.0	6.60%	156 401.0	8.33%	17.37%

注：1. GDP 增长率按可变价计算。2. 1985—1993 年税收收入总额中未扣除出口退税额，1994—2011 年税收收入总额中扣除了出口退税额。3. 1985—1993 年累计退税额共 1 388 亿元，相当于 2002 年全年出口退税额。资料来源：财政部网站；中华人民共和国统计局：《中国统计年鉴(2018)》，中国统计出版社 2018 年版；《2018 年国民经济和社会发展统计公报》。

我国经历了计划经济向市场经济的转型，在计划经济时代，政府管的多，需要的财政资金也多。随着市场经济的发展，政府开始从一些领域中退出，不再直接参与经济建设和对国有企业的直接经营管理，而是把对公共产品的提供和生产作为主要注意力。随着政府职能的转变，政府财政支出的范围也相应地缩小，从而取得的财政收入也相应减少。1984年实行利改税，通过减税让利，扩大企业自主权，从根本上改变了计划经济时期高集权低效率的财政体制。在这种政策导向下，税收增幅缓慢，明显低于同期GDP增长。

自20世纪90年代以来我国在税收政策上作了较大的改革、调整和完善。在1994年国家为了适应建立社会主义市场经济体制需要进行了工商税制改革，其规模之大、范围之广、内容之多、力度之强是前所未有的，使税负更趋于科学、合理。此次改革调动了中央与地方的积极性，使它们都对收入归自己支配的税种加强了征收管理，偷漏税等现象显著减少，因此，实际税基比分税制改革前有所扩大，国家财政收入显著增加就是很自然的事情了。从1996年开始，部分行政性收费纳入财政预算管理，加之费税改革的逐步加快，进而增加了财政税收收入的总量。特别是从1998年开始实施扩大内需和积极的财政政策、加大经济结构的调整力度、拉动经济增长，国民经济得以健康、稳定地发展，经济效益得到了良好的改观。这就为扩大税源、保证财政收入增长，奠定了坚实的基础。除此之外，还有统计口径方面的原因，按照我国目前的统计方法，GDP的增长率剔除了物价上涨等因素，是按照可比价格计算的；而税收收入是按当年价格计算的，在计算统计收入额和增长率时，更多地考虑了体制等因素。在统计工作中，即使财政收入与GDP及增长口径吻合，但两者在经济内容的统计上又是有差异的，有些经济内容可以计入财政收入中，但无法计入GDP的范围内，或者是因数据在统计口径上微不足道被忽略不计。因此税收增长幅度会高于同期GDP增长幅度。

【专题6-4】

税收负担率与经济发展的关系

当今，世界各国的税收负担率是有很大差异的。如果我们仍以国内生产总值税负率来衡量，世界各国税收负担率大体上可以划分为高税负国家（或地区）、中等税负国家（或地区）和低税负国家（或地区）三类。高税负国家或地区是指这一指标在30%以上，世界上大多数经济发达国家一般都属于此类；中等税负国家或地区是指这一指标在20%～30%之间，世界上大多数发展中国家均属于此类；低税负国家和地区是指这一指标在20%以下，主要包括避税地和中东等产油国。

由于一个国家的税收负担率水平不仅与经济发展水平有关，而且还会影响到宏观经济的运行。因此，确定一个合理的税收负担率水平，对于一个国家的生存与发展来说就显得非常重要。那么这个恰当的税负水平的界限究竟应该是多少？又该如何确定？这是多年来经济学家们一直都在探讨的问题。

世界银行的一份调查资料显示，国家的税收负担率与该国的人均GDP水平呈正相关关系：人均GDP在260美元以下的低收入国家，最佳的税收负担率应为13%左右；人均GDP在750美元左右的偏低收入国家，最佳的税收负担率应为20%左右；人均GDP在2000美元以上的中等收入国家，最佳的税收负担率应为23%左右；人均GDP在10 000美元以上的高收入国家，最佳的税收负担率应为30%左右。[①]

---

① Anka Kitunzi. Fiscal Decentralization in Developing Countries: An Overview[J]. The World Bank PREM Network, 2000.

二、税负的转嫁与归宿

对于上面税收负担问题的分析,我们必须必须清楚一点,不管用哪种指标来考察,如果没有考虑到税负的转嫁与归宿问题,全部的税收负担率绝不是实际负担率,而只是相对负担率。

(一) 税负转嫁与归宿的含义

税负转嫁是指在商品交换过程中,纳税人通过提高商品销售价格或压低商品购进价格等办法把税负转嫁给他人负担的一种经济现象,是纳税人维护自身经济利益的一种主动行为。税负转嫁的本质是各经济主体之间税负的再分配,也就是经济主体利益的再分配。税负转嫁的结果导致名义税负和实际税负发生分离,纳税人与负税人不一致,使纳税人不一定是最终的负税人。

税负归宿与税负转嫁是密切联系的一个税收范畴。所谓税负归宿,一般是指处于税负转嫁中的税负的最终落脚点。税负归宿可以从两个方面来理解:一是法定归宿,指税法所规定的负有税款缴纳责任的纳税者;二是经济归宿,指实际收入减少税收的负担者。由于税负转嫁的存在,法定归宿与经济归宿并不一致。税负转嫁可能是一次性,也可能是多次性的,转移的结果,使税收负担落在负税人身上,这便是税负的归宿。税负的转嫁与归宿是税收负担转移的过程及结果,包括了纳税人将税负转嫁给他人,使之负担税收义务的全部过程。可见,税负转嫁是税收归宿的前提,税收归宿是税负转嫁的结果。税负转嫁是一个动态的过程,税负归宿则是一个静态的概念。

(二) 税负转嫁的方式

根据税负转嫁中税收负担运动特点,可以把税负转嫁分为前转和后转两种基本形式及其他的转移方式。

▶ 1. 前转

前转是指纳税人通过提高销售价格将税负转嫁给购买者的方式,是税负转嫁的最基本的方式。比如,对生产者征税,生产者通过提高价格把税负转嫁给批发商,批发商通过进一步提高商品价格又把税负转嫁给零售商,最后零售商通过再提高商品价格把税负最后转移给消费者。在前转的过程中,如果纳税人加价额度大于税款,则不仅实现了税负转嫁,还可获得额外的利润,此为超额转移。如果加价额度小于税款,则纳税人还需负担部分税收,此为不完全转移。由于这种方式税负随着经济运行或经济活动的顺序而转移,故又称为"顺转"。

▶ 2. 后转

后转是指在纳税人难以进行前转时,通过压低进货价格将税负转嫁给商品销售者或生产者的方式。比如,零售商所纳之税,由于课税商品价格提高将导致需求大幅度减少,零售商无法通过抬高价格的形式将税负转嫁给消费者,只能通过压低进货价格的形式将税负转嫁给批发商。由于这种方式税负逆向经济运行或经济活动的顺序而转移,故又称为"逆转"。

▶ 3. 混合转

前转和后转是税负转嫁的两种基本形式。在现实经济生活中,二者往往是同时出现的，即一种商品的税负，纳税人可通过提高价格转移一部分，又通过压低进价转移一部分。也有的学者把这种形式称之为"混转"或"散转"。

▶ 4. 税收资本化

税收资本化又称资本还原，即税负转化为资本商品的价值或价格，是指在特定的商品交易中，购买者将购入商品在以后年度必须缴纳的税款，在购入商品的价格中预先一次性扣除，通过降低商品的成交价格从而由卖方承担的一种税负转嫁方式。税收资本化实际上是税负后转的一种特殊形式，特殊性在于：一是转移的对象主要是土地、房屋、股票等耐用资本消费品；二是在转移中把预期历次累计税款一次性转移。

另外，值得注意的是在税负转嫁理论中还有"消转"之说。所谓消转是指纳税人在无法前转和后转的情况下，依靠自身的努力，提高劳动生产率，扩大生产规模，降低生产成本，使新增利润抵补由于纳税而造成损失的情况，即自我消化税款。从税负转嫁的本意来分析，消转难以成为一种税负转嫁的重要形式。

【专题 6-5】

生活中的税负转嫁方式举例

假设消费者老丁每天要消费某品牌香烟一包，单价 20 元。现在政府对香烟征税，每包香烟征税 2 元，纳税人是香烟生产厂商。为了追求利润最大化，厂商希望这 2 元的税收完全由消费者承担，因此香烟的单价涨至 22 元。作为消费者的老丁，对香烟涨价可能有三种态度：①毫不在乎，每天照常消费一包香烟，于是老丁就承担了全部的税款。②完全拒绝，不再购买该品牌香烟，转而购买其他价格更低的香烟，这时厂商完全无法把税款转移出去，由厂商自己承担全部税款。③老丁不愿改变自己的消费习惯，但又不愿接受 22 元的价格，只能接受 21 元的价格，这时 2 元的税款由老丁和厂商分别承担一半。这个例子比较典型地说明了在流转税中纳税人如何转嫁税收负担与税收的归宿问题。

(三) 税负转嫁的制约因素

在存在税负转嫁条件下，税负最终能否转嫁及转嫁程度大小，还要受诸多因素的制约。

▶ 1. 商品或要素的供求弹性

一般来说，商品或要素需求弹性越大，表明需求者当价格变化时调整需求量的可能性越大，进而通过调整需求量制约价格的可能性也越大。反之，商品或要素需求弹性越小制约价格的可能性也越小。

商品或要素供求弹性与税负转嫁之间的关系可更直观地用图 6-2 来说明。图中的符号 S 代表税前供给曲线，S' 代表税后供给曲线，D 代表需求曲线，P 代表价格，Q 代表供给量或需求量。征税前，均衡价格与均衡数量分别为 P_1 和 Q_1，均衡点为 E_1。当政府对供给方征收定额税后，供给曲线由 S 向左上方移动到 S'，形成新的均衡价格 P_2 和均衡数量 Q_2，新均衡点为 E_2。税后的购买者支付价格由 P_1 上升到 P_2，税后的供给者所得价格由 P_1 下降到 P_3，$P_2 - P_3$ 为单位税额，且 $P_2 - P_3 = (P_2 - P_1) + (P_1 - P_3)$。这时税收由购买者和供给者共同负担，即购买者负担的单位税额为 $P_2 - P_1$，供给者负担的单位税额为 $P_1 - P_3$。

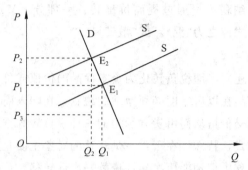

图 6-2 供求弹性与税负转嫁的关系

可进一步推断和概括出商品或要素供求弹性与税负转嫁之间的一般关系。

(1) 商品或要素需求弹性大小与税负向前转嫁的程度成反比，与税负向后转嫁的程度成正比。即商品或要素需求弹性越大，税负前转的量越小，后转的量越大；商品或要素需求弹性越小，税负前转的量越大，后转的量越小。特别地，当需求完全有弹性时，税负将全部由供给方负担；当需求完全无弹性时，税负将全部由需求方负担。

(2) 商品或要素供给弹性大小与税负向前转嫁的程度成正比，与税负向后转嫁的程度成反比。即商品或要素供给弹性越大，税负前转的量越大，后转的量越小；商品或要素供给弹性越小，税负前转的量越小，后转的量越大。特别地，当供给完全无弹性时，税负将全部由供给方负担；当供给完全有弹性时，税负将全部由需求方负担。

(3) 当商品或要素的需求弹性大于供给弹性时，则税负由需求方负担的比例小于由供给方负担的比例，如果供给方是纳税人，税负只能实现较少部分的转嫁；当商品或要素的需求弹性小于供给弹性时，则税负由需求方负担的比例大于由供给方负担的比例，如果供给方是纳税人，大部分税负的转嫁得以实现。

▶ 2. 课税范围

一般来说，课税范围越宽广，越有利于实现税负转嫁；反之，课税范围越狭窄，越不利于实现税负转嫁。这是因为商品或要素购买者是否接受提价(税负转嫁引起)的一个重要制约因素是能否找到不提价的同类替代品。如果商品或要素课税的范围很广，同类商品或要素都因课税而提价，购买者接受转嫁的可能性就越大；如果商品或要素课税范围很窄，同类商品或要素未因课税而价格保持不变，购买者转向购买未课税替代品的可能性增大，相应减小了税负转嫁的可能性。实际上，课税范围对税负转嫁的制约也是通过影响供求弹性的变化而间接产生的。

▶ 3. 反应期间

就需求方面来说，课税后的短期内，由于消费者(买方)难以变更消费习惯，寻找到代用品和改变支出预算，从而对课税品的需求弹性较低，只好承担大部分或全部税负；在课税后的长时间内，以上状况都有可能改变，从而使消费者只承担少部分税负或很难实现税负转嫁。就供给方面说，时间因素的影响更大。课税产品的转产，要求机器设备与生产程序的改变，短期难以做到，所以生产者(卖方)的税负，有时不能在短期内转嫁，但长期内情况会发生变化并导致税负转嫁。

▶ 4. 税种属性

在实践中,由于税种的属性不同,作为课税对象的商品或要素的供求弹性不同,在税负转嫁中表现出的特点不同。总体而言,以商品为课税对象,与商品价格有直接联系的增值税、消费税、关税等是比较容易转嫁的。对要素收入课征的所得税,则常常是不易转嫁的。

▶ 5. 市场结构

在不同的市场结构中,生产者或消费者对市场价格的控制能力是有差别的。由此决定了在不同的市场结构条件下,税负转嫁的情况是不同的,市场结构成为制约税负转嫁的重要因素。对垄断性商品课征的税容易转嫁,对竞争性商品课征的税较难转嫁。但是要注意,垄断厂商不一定承担主要税负,要视其边际成本曲线的性状而定。如果边际成本递减,税负主要由消费者承担;如果边际成本为常数,税负由双方各承担一半;如果边际成本递增,税负主要由垄断厂商承担。

第四节 税收效应与税收原则

政府课税除了为满足财政所需外,还有对经济施加某种影响。但影响的程度和效果如何,不一定会完全符合政府的最初意愿,纳税人对政府课税所作出的反应可能和政府的意愿保持一致,但更多的情况可能是与政府的意愿背道而驰,这就是税收的经济效应问题。

一、税收效应

(一) 税收效应的含义

税收效应是指纳税人因国家课税在经济选择或经济行为方面做出的反应,从另一个角度说,是指国家课税对消费者的选择以至生产者决策的影响。税收效应在理论上常分为正效应与负效应、收入效应与替代效应、中性效应与非中性效应、激励效应与阻碍效应等。在实际分析中,根据需要税收的效应还可进一步分为储蓄效应、投资效应、产出效应、社会效应、心理效应等等。

(二) 税收效应的理论分析

▶ 1. 正效应与负效应

某税的开征必定使纳税人或经济活动做出某些反应。如果这些反应与政府课征该税时所希望达到的目的一致,税收的这种效应就谓之正效应;如果课税实际产生的经济效果与政府课税目的相违背,税收的这种效应则谓之负效应。例如,我国曾开征的烧油特别税,课征的主要目的是为了通过对工业锅炉和窑炉烧用的原油和重油征税,以达到限制和压缩烧油,实现以煤代油。如果有充分的数据说明,通过一年或若干年的课税之后,政府课征该税所取得的收入越来越少,则说明工业锅炉和窑炉烧用应税油品的现象在逐渐减少,该税发挥的效应是正效应。税收负效应一个最明显的例子是 1747 年英国课征的窗户税,征税的目的是想取得财政收入，但结果是纳税人为了逃避该税纷纷将窗户堵塞。显然政府通过该税的课征不仅未能使财政收入逐渐增大，反而使纳税人将窗户封塞减少了舒适。

政府课征某税究竟是在产生正效应还是在产生负效应，可用课征该税取得收入的环比增长率来测定。用公式表示如下：

$$\text{收入环比增长率}=(\text{本期收入}-\text{上期收入})/\text{上期收入}\times 100\%$$

如果政府课征该税的主要目的是为了筹集财政收入，公式中收入环比增长率为正时，则该税产生的效应是正效应；如果比率为零或负，则说明该税没有产生正效应甚或产生了负效应。

如果政府课征该税的主要目的不是为了筹集财政收入，而是为了限制经济活动向原有方向发展或促进其向新的方向发展，那么公式中收入环比增长率为负时，则该税产生的效应为正效应，如果比率为零或正，则说明该税无效应或产生了负效应。在这里，政府的职责在于应经常对税收的正负效应进行分析，根据产生负效应的原因，及时修正税则，使课税产生的效果和政府的初衷保持一致。

▶ 2. 收入效应与替代效应

从税收对纳税人的影响来看，一般可产生收入效应或替代效应，或两者兼有。税收的收入效应，是指课税减少了纳税人可自由支配的所得和改变了纳税人的相对所得状况。税收的收入效应本身并不会造成经济的无效率，只表明资源从纳税人手中转移到政府手中。但因收入效应而引起纳税人对劳动、储蓄和投资等所作出的进一步反应则会改变经济的效率与状况。税收的替代效应是指当某种税影响相对价格或相对效益时，人们就选择某种消费或活动来代替另一种消费或活动。例如，累进税率的提高，使工作的边际效益减少，人们就会选择休息来代替部分工作时间；又如对某种商品课税可增加价格，从而引起个人消费选择无税或轻税的商品。税收的替代效应一般会妨碍人们对消费或活动的自由选择，进而导致经济的低效或无效。

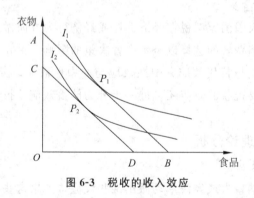

图 6-3　税收的收入效应

从图 6-3 中我们可以了解税收是如何产生收入效应的。在图中横轴和纵轴分别代表食品和衣物两种商品的数量。假定纳税人的收入是固定的，全部用于购买这两种商品，而且这两种商品的价格也是不变的，则将纳税人购买两种商品的数量组合连成一条直线，即图中 AB 线，此时纳税人对衣物和食品的需要都可以得到满足。纳税人的消费偏好可以由一组无差异曲线来表示。AB 线与无差异曲线相遇，与其中一条，即 I_1 相切，切点为 P_1。在这点上，纳税人以其限定的收入购买两种商品所得到的效用或满足程度最大，即用于衣

物的支出为 P_1 与轴线的垂直距离乘以衣物价格,用于食品的支出为 P_2 与轴线的水平距离乘以食品价格。如果征税,税款相当于 AC 乘以衣物价格或 BD 乘以食品价格,那么,该纳税人购买两种商品的组合线由 AB 移至 CD。CD 与另一条无差异曲线 I_2 相切,切点为 P_2。这说明在政府课税后对纳税人的影响,表现为因收入水平下降从而减少商品购买量或降低消费水平,却不改变购买两种商品的数量组合。

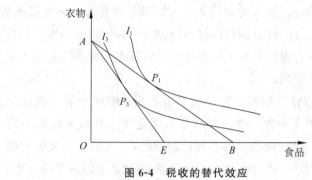

图 6-4 税收的替代效应

在图 6-4 中,假定政府不征税或征税前纳税人购买两种商品的组合线为 AB,最佳选择点仍为 P_1。在假定只对食品征税,税款为 BE 乘以食品价格,对衣物不征税。在这种情况下,该纳税人则会减少对食品的购买,于是两种商品的购买组合线从 AB 移至 AE,与其相切的无差异曲线则为 I_3,切点为 P_3。在这点上,纳税人以税后收入购买商品所得效用或满足程度最大。

由此可见,由于政府对食品征税而对衣物不征税,改变了纳税人购买商品的选择,最佳点由 P_1 移至 P_3,这意味着纳税人减少了食品的购买量,相对增加衣物的购买量,从而改变了购买两种商品的数量组合,也使消费者的满足程度下降。

▶ 3. 中性效应与非中性效应

中性效应是指政府课税不打乱市场经济运行,即不改变人们对商品的选择和在支出与储蓄之间的抉择,也不改变人们在努力工作还是休闲自在之间的抉择。能起中性效应的税我们称为中性税。在现代社会,完全意义上的中性税是根本不存在的。

与中性效应相反,非中性效应是指政府课税影响了经济运行机制,改变了个人对消费品、劳动、储蓄和投资等的抉择,进而影响到资源配置、收入分配和公共抉择等。几乎所有的税收都会产生非中性效应,现代社会的税收均属非中性税收。

▶ 4. 激励效应与阻碍效应

税收激励效应是指政府课税(包括增税或减税)使得人们更热衷于某项活动。阻碍效应是指政府课税使得人们更不愿从事某项活动。政府的课税是产生激励效应还是阻碍效应,取决于纳税人对某项活动的需求弹性。

二、税收的原则

税收原则也称课税原则或者税收政策原则。税收原则是各个国家在一定社会经济条件下,税收政策的制定,税收制度的设计、建立、执行及修改所必须遵循的基本指导思想。

税收原则不仅对政府设计和实施税收制度来说十分重要,而且还是判断既定税收制度是否合理的基本标准。

(一) 对税收原则认识的发展

人们对税收原则的认识是随着社会经济的发展而不断地深化的。现代税收原则是在古典税收原则的基础上建立并发展起来的。

亚当·斯密作为古典经济学派的创始人,被财税学界普遍认为是把税收原则系统化、明确化的第一人。他在所著的《国民财富的性质和原因的研究》一书中,综合了自由主义经济学说和财政学说,根据自由放任的市场经济对税收基本的要求,提出了平等、确实、便利和最少征收费用等四项原则。

19世纪下半叶,西方社会财富分配不公日益严重,阶级矛盾也逐步尖锐,针对这种情况,德国历史学派的代表人物,著名财政学家阿道夫·瓦格纳集前人的税收原则之大成,提出了著名的"四项九端"税收原则,即:财政收入(包括收入充分和收入弹性原则)、国民经济(包括慎选税源和慎选税种原则)、社会正义(包括普遍和平等原则)及税务行政原则(包括确实、便利和节省原则),是继斯密之后最为完备的税收原则。

1929年的西方经济大萧条表明经济的顺利运转不能仅靠市场机制的自发调节,还需要政府进行适当地干预,而税收就是实现国家干预政策目标的一个工具。因此,这一时期以后的许多学者在税收原则问题上除了继续强调公平与效率外,同时也提出了税收的稳定原则。

一般来说,现代市场经济条件下,税收应遵循效率原则、公平原则、稳定原则和财政原则。

(二) 效率原则

从资源配置角度考虑,税收应实现遵循效率原则。国家的征税行为不可避免地会给经济运行和纳税人带来一定的影响,这些影响包括纳税人缴纳的税款(即国家取得的税收收入)和非税款形式的负担。税收效率要求国家征税活动有利于资源有效地配置和经济机制的有效运行,尽可能地缩小非税款形式的负担。

非税款形式的负担包括税收扭曲资源有效配置带来的超额负担及征税过程中所耗费的征纳费用,所以税收效率也包括税收对资源配置效率的影响和税收课征行为自身的效率两个方面内容。前者是税收经济效率的主要内容,后者则构成税收的行政效率原则。

▶ 1. 税收的经济效率

税收经济效率的内涵可以分完全竞争市场和不完全竞争市场两类状况进行分析。在完全竞争市场条件下,市场机制可以有效配置资源,税收所引起的效率损失最小化就是税收经济效率的主要内容。在不完全竞争的市场条件下,存在外部经济影响等市场失效因素,此时市场配置资源难以达到有效状态,经济主体的行为也会发生扭曲,这就要求通过征税,校正外部效应的不利影响,使社会福利相对增加,也就是税收的"负超额负担"最大化。

税收的超额负担指的是政府征税导致纳税人的福利损失大于政府所取得的税收收入的部分,可以用消费者剩余的净损失来衡量。税收的经济效率原则在承认税收会引起效率损失的前提下要求超额负担最小化。对于税收所引起超额负担,如图6-5所示。

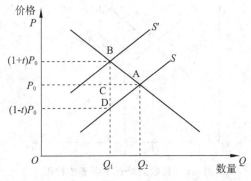

图 6-5　税收的超额负担

图 6-5 中横轴表示商品的数量，纵轴表示商品的价格。税前的需求曲线 D 和供给曲线 S 所决定的均衡点为 A，均衡价格和均衡数量分别为 P_0 和 Q_0，税前消费者剩余和生产者剩余分别为 P_0AP 和 P_0AS（生产者剩余是生产者出售商品实际取得的价格和由生产者边际成本所决定的生产者希望得到的价格之间的差额）。现征收税率为 t 的从价税，税后供给曲线由 S 向上平行移动至 S'，税后供求均衡点为 B，征税使消费者剩余由 P_0AP 减少为 $(1+t)P_0DP$，消费者剩余减少 $P_0(1+t)P_0BA$。其中 $P_0(1+t)P_0BC$ 为政府税收，CBA 为消费者剩余净损失。由于税后生产者实际得到的价格为 $(1-t)P_0$，征税使生产者剩余减少 $PAD(1-t)P_0$，其中 $P_0CD(1-t)P_0$ 为政府税收收入，CAD 为生产者剩余净损失。消费者剩余和生产者剩余的净损失总和为 ABD，即征税所带来的超额负担。税收超额负担导致效率损失的主要原因，是由于征税改变了商品的相对价格，从而干扰了由市场决定的纳税人消费、生产等方面的选择，进而使资源配置偏离了帕累托最优配置状态。

在不完全竞争市场现实经济生活中，外部效应是一种普遍存在的经济现象，而且对经济资源的配置有着重要的影响。外部效应可以分为外部经济和外部不经济。外部经济是指私人成本大于社会成本，私人收益小于社会收益的现象，如基础研究、教育等；外部不经济是指社会成本大于私人成本，社会收益小于私人收益的现象，如环境污染。不论是存在外部经济还是外部不经济现象，如果没有外部干预，仅仅依靠市场力量，是不可能使资源获得有效配置的。税收的经济效率原则要求税收能够减少或消除外部效应对资源配置的不利影响。

以外部不经济为例。如图 6-6 所示，横轴表示的是商品生产量，纵轴表示的是商品价格，MR 为市场需求曲线，PMC 为私人边际成本曲线，SMC 为社会边际成本曲线，Q_0 为市场均衡产量，并反映私人成本与收益之间的平衡关系。由于存在外部不经济，社会边际成本曲线 SMC 位于私人边际成本曲线的左上方。从社会角度来看，资源有效配置的产量应为 Q_1，小于 Q_0。可见，当出现外部不经济时，市场运行的结果会导致资源过度配置，相应的效率损失为三角形 ABC 的面积。如果对其征税，使私人边际成本提高到与社会边际成本相等，就有可能促使生产者调整生产量至 Q_1，从而优化资源配置、提高社会整体的福利水平。

▶ 2. 税收的行政效率

税收的行政效率是指以尽可能小的税收成本来取得单位税收收入，大体上可以用税务机关的征税费用和纳税人的奉行纳税费用两方面的指标来衡量。

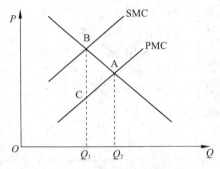

图 6-6 税收对外部不经济的校正

税务机关的征税费用是指税务部门在征税过程中所发生的各种费用,具体包括税务机关的日常行政事务所需的费用、购置固定资产支出及税务人员的工薪支出等。税务机关的征税费用占所征税额的比重即为征税效率。征税效率的高低与税务机关本身的工作效率是密切相关的。对于不同的税种来说,它们的征税效率是不同的。一般而言,所得税的征税费用要高于商品税的征税费用。

纳税人的奉行纳税费用(compliant cost,遵从成本或服从成本)是纳税人履行纳税义务过程中所发生的费用,包括纳税人完成纳税申报所花费的交通、纳税人雇用税务顾问、会计师以及公司为个人代扣代缴税款的费用等。相对于税务机关的征税费用,纳税人的奉行纳税费用较为隐蔽,计算起来也比较困难。从数量方面来看,纳税人的奉行纳税费用可能会大于征税费用,这是一项不容忽视的税收成本。

要提高税收的行政效率,一方面应采用先进的征管手段、改进工作方法,以节约征管方面的人力和物力。另一方面,也应简化税制和税收征管程序,使纳税人容易理解掌握,以减少奉行纳税费用。

(三) 公平原则

从收入分配的角度考虑,税收应遵循公平原则。在税收学说史中,税收公平标准主要有受益原则和支付能力原则两种不同的主张。

▶ 1. 受益原则

受益原则将纳税人从政府公共支出中所获得的利益大小作为税收负担分配的标准。受益原则的理论依据是政府之所以能向纳税人课税是因为纳税人从政府提供的公共物品中获得了利益,因此税收负担在纳税人之间的分配只能以他们的受益多少为依据。

受益原则在实践中有很大的局限性。多数情况下,政府支出所带来的实际利益由谁获得、获得多少在当前技术条件下还难以测度。此外,受益原则也无法解释转移支付即收入分配问题,如社会福利支出的受益人主要是贫困者和残疾人员,在他们纳税能力很小甚至是没有纳税能力的情况下,根据受益原则应该向他们多征税,这显然有悖于公平。这些不足之处限制了受益原则的应用。受益原则不具有普遍意义,但这并不排除在特定场合的运用。比如,对汽油消费和车船使用等征税,是受益税的一个典型例子。

▶ 2. 支付能力原则

支付能力原则要求按照纳税人的负担能力来分担税收,能力高者多纳税,能力低者少纳税，能力相同者负担相同的税收，能力不同者负担不同的税收。支付能力可以用收入、支出或是财富来衡量，因为这三个因素中的任何一个因素的增加都意味着支付能力的增加。一般认为，收入最能够反映纳税人的支付能力，因为收入的增加使支付能力的提高最为显著，而且收入的增加也使支出增加和财产增加。支出是测度纳税人支付能力的另一标准，消费支出越多，支付能力越强，反之就小。而财产是衡量纳税人支付能力的又一标准，财产的增加也意味着纳税人收入的增加或者隐含收入的增加。

具体以哪一个作为衡量支付能力的依据，直接涉及课税对象或税基的选择问题。收入不仅包含着财产收入，同时也制约着支出水平，因此它是衡量纳税人支付能力最好的依据。从公平角度来看，所得是最理想的税基，但是不管以哪一个作为测度支付能力的标准，都会遇到一些问题和困难。单以收入、支出或财产为税基都有其不完善之处。所以，现实中的税收制度应是受益税和支付能力税的立体结合。

▶ 3. 横向公平与纵向公平

公平原则的基本要求是相同纳税条件下的同类纳税人，应当缴纳相同的税；不同条件下的纳税人，应缴纳不同的税，这就是所谓的横向公平和纵向公平。

横向公平首先要求普遍课税、废除特权；其次要做到法人与自然人、本国居民与外国居民及国有企业与非国有企业在税收上予以同等待遇。相对来说，税收的横向公平比较容易做到，因为纳税人是否具有相同的纳税能力相对容易判断。

纵向公平与税收的收入调节职能相联系，受支付能力原则支配，在实践中主要是指支付能力不同的人应当缴纳不同的税收。在用收入衡量纳税人支付能力的情况下，纵向公平是指不同收入的纳税人应缴纳不同数额的税收。一般来说，收入高的负担能力强，应缴纳较多的税收，收入低的负担能力弱，应缴纳较少的税收。当然，仅仅知道这一点是不够的，还需要使之在具体的税收制度中实现。

在税收制度中实现纵向公平的要求是一个困难的问题。对此，西方经济学家曾经提出采用效用（或经济福利）牺牲理论。效用牺牲理论认为政府征税使纳税人的货币收入和满足程度减小，即纳税人牺牲了效用，因而效用牺牲程度可作为衡量纳税人负担能力的标准；如果征税使每一纳税人的效用牺牲程度相同或均等，那么税收便达到了纵向公平。由于人们对公平有着不同的理解，效用均等牺牲又形成了绝对、比例和边际均等牺牲三种不同的标准。

（四）稳定原则

税收的稳定原则是指税收应当积极调节和干预经济运行，以保证宏观经济的稳定。税收稳定原则的理论依据是税收有负乘数作用，是一种平抑经济周期的自动稳定器。比如我国的个人所得税：在对个人征收累进所得的前提下，经济繁荣时会自动增加税收，从而抑制经济的过度扩张；经济萧条时会自动减少税收，能阻止经济的进一步衰退。为了发挥税收的这种稳定作用，应当加强税收对宏观经济的干预。

（五）财政原则

税收是国家存在和正常运转的财力基础，取得财政收入从来都是税收的主要目的之一。税收的财政原则强调税收制度的建立必须有利于取得财政收入，以保证国家职能各方面支出的需要。从国家的财政需求出发，税收既要充裕又要富有弹性。

第五节 最优税制理论

公平原则与效率原则是税收制度建设中应遵循的两个最基本的标准，理想的税收制度应当能够兼顾公平原则与效率原则，但公平原则与效率原则之间往往存在一些冲突。最优税收理论所研究的就是如何构建兼顾公平原则与效率原则的税收制度。长期以来，许多经济学家对这一问题进行了深入的探讨，并主要对如下四个问题进行了研究：(1)寻找一组特定效率和公平基础上的最适商品税。(2)在假定收入体系是以所得课税而非商品课税的基础上如何确定最适累进(或累退)程度，以便既实现公平又兼顾效率。(3)如何实现商品课税与所得课税之间的合理搭配问题。(4)税收制度的征管效率问题。对这四个方面问题的研究构成了最优商品税、最优所得税、最优税制结构和最优征管理论。其中最优商品课税和最优所得课税的研究较为深入、系统。

一、最优商品课税

由于对商品课税会产生替代效应，因此对最优商品课税的研究主要立足于税收的效率问题。最优商品课税理论的一个重要内容就是拉姆齐法则。1927年，拉姆齐在其经典论文《对税收理论的贡献》中指出，如果商品课税是最优的，其税额的少量增加会导致全部商品的需求量下降相同的比例，这一判定标准被称为拉姆齐法则。逆弹性定理概括地反映了拉姆齐法则的内容，而且它将课税与需求弹性联系在一起，增强了可操作性，因此经常用这一特殊情形表述拉姆齐法则的基本内容。实际上，二者是有区别的。逆弹性定理是指为了实现最优商品课税，当各种商品的需求相互独立时，对各种商品课征的税率必须与该商品自身的价格弹性呈反比例。这表明，一种商品的需求弹性越大，对征税的潜在扭曲效应也就越大。因此，最优商品课税要求对弹性相对较小的商品课以相对高的税率，而对弹性相对较大的商品课税以相对低的税率。

【专题 6-6】

对逆弹性定理的解释

我们可用图 6-7 来解释一下逆弹性定理。假设商品 Q，在没有税收的情况下的价格和产量分别是 P_1 和 Q_1。图中有两条不同的弹性需求曲线 De 和无弹性需求曲线 Di。现假定按税率 t 课征从价税，征税后价格提高至 $P_1(1+t)$。在需求曲线有弹性时，需求将下降至 Q_3，税收收入是 $P_1(1+t)deP_1$，净福利损失(或者说超额负担)是 dae。在需求曲线无弹性的情况下，产量是 Q_2，税收收入是 $P_1(1+t)bcP_1$，净福利损失是 bac。比较这两种情况，很容易看出，需求曲线无弹性的情况下的每 1 元税收收入的净福利损失 $bac/P_1(1+t)bcP_1$ 比需求曲线有弹性情况下的净福利损失 $dae/P_1(1+t)bcP_1$ 要低。因此，应对需求弹性低的商品课以较高的税率。

当实现最优课税时，两种商品每 1 元税收收入的净福利损失应是相同的。对有弹性需

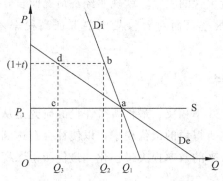

图 6-7 需求弹性小于供求弹性

求的商品来说,其线性需求曲线为

$$dae/P_1(1+t)bcP_1 = -\Delta Q_e t_e P_1 / 2 / t_e P_1 Q_e \qquad (6-1)$$

公式中 t_e 是对这种商品课征的税率,Q_e 是税后需求量,ΔQ_e 是因课税而导致的需求变化,值为负。$t_e P_1$ 是因课税而导致的价格变化。若将需求弹性定义为 η_e,那么有:

$$\eta_e \cong -\Delta Q_e P_1 / Q_e t_e P_1 \qquad (6-2)$$

把公式(6-2)代入公式(6-1),每单位的税收收入的净福利损失近似为 $\eta_e t_e/2$。同样,对于商品 i,每单位税收收入的净福利损失近似为 $\eta_i t_i/2$。在税制优化设置下,这两者应相等。所以有:

$$t_e/t_i = \eta_i/\eta_e \qquad (6-3)$$

这表明商品课税的税率应当与商品的需求弹性呈反比例关系。

逆弹性定理除了竞争性经济、劳动力是唯一的生产投入及规模收益不变等一般的假定外,还假定整个经济中只有一个人(或人们都是同质的)。只有在这样严格的假定下,逆弹性定理才有可能成立。实际上,社会上的消费者并不是一个人,而存在着无数个"异质"的消费者。在这种情况下,依据逆弹性定理建立的商品税制就不一定是最优的。逆弹性定理认为对无弹性或低弹性商品(如食品)采用高税率征税会使总体超额负担最小化,从而是一种最优税制。这一结论在单一消费者模型中或许还能够成立。但是,在有许多消费者或不完全一样的消费者(即异质消费者)的情况下,对低弹性商品按高税率课税往往会使贫困者的税收负担高于富有者的税收负担。可见,逆弹性定理不考虑公平原则。而且只有一个人的假定还使逆弹性定理法则不能适用于再分配目的,考虑到贫困者消费的主要是食品等价格弹性较小的商品,拉姆齐法则和逆弹性定理应用到现实就会起到相反的再分配作用。

拉姆齐法则和逆弹性定理虽然符合效率原则的要求,但严重违背公平原则。戴蒙德、米尔利斯、阿特金森和斯蒂格里茨等财政税经济学家对拉姆齐的分析进行了拓展,力图把公平和再分配目标纳入分析框架。追求再分配目标商品税需要在实际上要偏离最初的拉姆齐法则。要使商品税具有再分配功能,就需要开征扭曲性税收,因为商品税是一种对物税,在税负分配上难以做到因人而异,而且商品税的税基只是所得中的消费(支出)部分,只能通过对消费的再分配间接地作用于收入或财富再分配。使商品税具有再分配功能,应满足另一个条件,即政府课征的商品税需要使高收入者的消费支出中所包含的税收大大高于低收入者的消费支出中所包含的税收。就现实经济情况而言，采用差别税率制，同时对必需品免税或者是适用低税率，而对奢侈品则要课征高税率才能使商品税具有再分配功能。

二、最优所得课税

与最优商品课税立足于效率相反，最优所得课税的研究是从公平问题开始的。最优所得税理论的核心是如何确立所得税的最优税率，以使社会在达到满意收入分配目标的同时还能够实现对所得征税所带来的效率损失最小化。最优所得课税理论分最优比例所得税和最优非线性所得税两部分。

最优所得课税理论认为最优比例所得税的税率高低取决于社会成员对收入——闲暇的偏好状况、社会对收入再分配的态度及人们对社会福利的观点等因素。在这些因素一定的情况下，可以利用社会福利函数从理论上分析最优的比例所得税税率，即在社会平等观念一定的情况下，最优比例所得税的税率与纳税人的劳动——闲暇替代弹性成反比，而且在劳动——闲暇替代弹性一定的情况下，社会希望的平等程度越大，比例所得税的最优税率就越高。

最优所得课税理论的分析还表明，从社会公平与效率的总体角度来看，非线性所得税的最优边际税率结构应使高收入段的边际税率降为零、低收入段的初始税率接近于零、中等收入者的边际税率可以适当高些，即边际税率曲线应呈倒"U"字形。从这一结论可以判断：在同样的效率损失情况下，政府通过提高中等收入者的边际税率，从较为富裕者那里取得更多的收入，通过降低最高和最低收入者的边际税率，增加这一群体的福利（效用），从而既能实现帕累托改进，又能促进收入分配公平。这种理论分析是在完全竞争等假定前提下进行的，因而在现实中并不能完全按照这种边际税率结构来设计非线性所得税税率。

三、最优税制结构

税制结构是指税收制度中不同税系、不同税种之间及各自内部的构成方式。只有较好地协调公平与效率这对矛盾的税制结构才是最优的。从理论分析上看，商品课税相对易于实现效率目标，但对于如何实现公平的收入分配却难以有所作为；所得课税相对容易实现公平收入分配目标，却有损于经济效率。因此，实现公平原则与效率原则的协调与兼顾的税收制度一定是商品课税与所得课税并存的复合税制。

事实上，商品税与所得税是相互补充而不是相互替代的。李特尔、克利特、黑格和莫格等经济学家曾从不同角度分析了所得税与商品税的优劣。虽然没有得出完全一致的结论，但基本上都接受"所得税是一种良税，而差别商品税在资源配置效率方面也是所得税所不能取代的"的观点。由于所得税不能对闲暇课税，而且它与其他商品之间不具有弱可分离性，所以政府应利用商品税对闲暇商品课征高税，以抑制人们对闲暇的消费。由于经济活动存在着外部不经济性，所以政府也应通过征收差别商品税使各项经济活动的私人成本等于社会成本，使社会资源得到更合理的配置。如果税率过高，所得税也会产生额外负担、影响劳动力供给并抑制私人储蓄和投资活动。所以，最优税收理论认为，无论是商品税还是所得税都有存在的必然性。

在所得税和商品税并存的复合税制情况下,是以所得税还是以商品税作为主体税种的问题,这在很大程度上取决于经济发展水平、政府在特定时期的税收政策目标及社会政治等因素。一般而言,所得税在实现分配公平目标方面具有优势,商品税则比较适合于实现经济效率目标。如果政府的政策目标以分配公平为主,就应选择以所得税为主体税种的税制结构;如果政府的政策目标以经济效率为主,则应选择以商品税为主体税种的税制结构。在经济发展的初期阶段,社会主要任务是发展经济,政府一般出于效率原因以商品税为主体税种。而在经济比较发达的阶段,经济的发展不再是最重要的目标,此时,所得税就可能成为主要财源。一个国家的税收制度最终采用何种税制结构,要取决于政府和社会公众对公平与效率目标间的权衡。

【专题6-7】

我国的税制改革

从新中国成立到现在,我国税制的沿革概括可分为四个阶段:1950—1978年建立新中国税制,调整、修订及简化合并税制阶段;1979—1993年有计划商品经济时期的税制改革,以"利改税"为核心;1994—2012年,社会主义市场经济时期的税制改革;2013年至今,第十八次全国代表大会以来的税制改革,进一步对现有税制进行改革与优化阶段。

近年来,为应对国际金融危机,保持经济平稳较快地发展,国家陆续开展了数项重大的税制改革工作,如增值税改革、成品油税费改革、资源税改革等。这些税制改革对加快转变经济发展方式,优化税制结构,健全税制体系,完善税权配置原则,公平税负,规范分配关系有着重大且积极的影响。根据今后经济社会发展形势和任务,国家将继续深入推进税制改革工作,按照改革的大方向,我国税制改革的重点领域将主要体现在以下几个方面:

(1)分步实施增值税改革。第一步,率先在上海市交通运输业和6个现代服务业实行营改增试点。第二步,将广播影视服务业纳入试点范围,并将试点推广到全国。第三步,在全国范围开展营改增"3+7"试点。第四步,将建筑业、房产业、金融业、生活服务业一次性纳入试点范围,实现增值税对货物和服务的全覆盖。第五步,简并增值税税率结构,由四档变为三档,取消13%的增值税税值。第六步,降低增值税税率并统一小规模纳税人标准。

(2)持续推进消费税改革。首先调整成品油和卷烟消费税税率;其次调整电池、涂料类产品消费税税率;再次完善高档化妆品类消费税税目和税率;最后对豪华小汽车加征消费税。

(3)不断深化资源税改革。第一,煤炭资源税由从量计征改为从价计征,同时全面清理涉煤收费基金。第二,稀土、钨、钼资源税由从量计征改为从价计征。第三,全面实施资源税从价计征改革,同时清理相关收费基金。第四,在河北省率先实施水资源税改革试点,然后陆续在北京等9个省(自治区、直辖市)扩大水资源税改革试点,由征收水资源费改为征收水资源税。

(4)开展环境保护税费改革。2016年12月25日,十二届全国人大常委会第二十五次会议表决通过《中华人民共和国环境保护法》,自 2018 年 1 月 1 日起实施。2017 年 12 月,国务院审议通过环境保护法实施条例。

(5) 有序提升税收立法层级。2017 年 12 月 27 日,十二届全国人大常委会第三十一次会议表决通过了烟叶税法和船舶吨税法,自 2018 年 7 月 1 日起实施,同时废止《中华人民共和国烟叶税暂行条例》和《中华人民共和国船舶吨税法暂行条例》。

综观近年来我国税制改革轨迹,目前已经进入利益格局调整的深水区,到了破茧成现代税制的关键时刻。在今后的税制改革中,我们的目标是:按照科学发展观的要求,在流转税和所得税两个主体并重,其他税种辅助配合的税制结构基础上,建立一个能适应经济波动,并进行有效调节,体现国家产业政策、促进国民经济可持续发展和满足国家财政正常性需求的税收制度体系。

本章小结

税收收入是国家及各级政府凭借政治权力取得的一种财政收入,具有无偿性、强制性和固定性。税收要素指的是构成税收制度的基本因素,说明谁征税,向谁征,征多少及如何征的问题。税收要素一般包括纳税人、课税对象、课税标准、税基、税率等。其中,纳税人、课税对象、税率是三个基本要素。根据课税对象的不同可以将税收分为所得税、商品税和财产税;按税收负担能否转嫁可将税收分为直接税和间接税;按照课税标准分类,可将税收划分为从量税和从价税,在从价税中,按照税收与计税价格的关系可将税收划分为价内税和价外税。

税收会给纳税人带来负担,一般来说,税收负担最终取决于国家需要的财政资金数量与经济发展水平所决定的承受能力。衡量税收负担的经济指标有两类:一类是反映国家税收总负担的指标,即宏观税负率;另一类是反映企业税收负担水平的指标,即微观税负率。纳税人通过经济交易中的价格变动,可以将所纳税收转移给他人负担。税负转嫁的方式主要有前转和后转这两种形式。税负能否顺利转嫁还受到商品或要素的供求弹性、课税范围、反应期间、税种属性及市场结构等因素的制约。

税收效应是指纳税人因国家课税在其经济选择或经济行为方面做出的反应,从另一个角度说,是指国家课税对消费者的选择以至生产者决策的影响。税收效应在理论上常分为正效应与负效应、收入效应与替代效应、中性效应与非中性效应、激励效应与阻碍效应等。

最优税收理论可分为最有商品税理论、最优所得税理论与最优税制结构理论。综合起来说,这些理论的主要观点包括:对商品和劳务征税要实行差别征税制度,对必需品适用低税率,而对奢侈品适用高税率;对所得征税应采用低累进税率制度,并且实行倒 U 型的税率结构,即对低收入者和高收入者适用相对较低的税率,而对中等收入者适用较高的税率;商品课税与所得课税二者应相互协调和配合,不能偏废,具体的税制结构则取决于一国的经济发展阶段和政府的社会政治和经济政策目标。

第六章 税收基本原理

| 关键词 |

税收　税制要素　税收负担　税负转嫁　税负归宿　拉弗曲线　收入效应　替代效应　收益原则　支付能力原则　横向公平　纵向公平　拉姆齐法则　逆弹性定理

| 思考题 |

1. 阐述税收的含义及性质。
2. 说明税制要素的基本构成。
3. 何为税收负担？其衡量的指标包括哪些？确定税收负担应遵循哪些原则？
4. 谈一谈税负转嫁的方式与条件。
5. 从理论上分析税收会产生哪些效应。
6. 叙述税收的公平与效率两大原则的内容。
7. 阐述最优商品税与最优所得税理论的基本内容。

| 案例讨论 |

案例一：一套房子，经过立项、建设、配套、销售等诸多环节，要收取多少税费？有官员给出了答案：据初步统计，我国现阶段涉及房地产的税种有12项之多，涉及房地产的收费多达50项，二者共计62项。

你能否根据本地的房价与当地政府收取的有关税费，大致测算一下开发商把多少税费转嫁给了老百姓负担？

案例二：在任何一个市场上，供给和需求越富有弹性，该市场上税收对行为的扭曲就越大，而且，更有可能的情况是，减税将增加税收收入。但是，对一般结论是没有争论的：仅仅盯住税率并不能计算出税收变动会使政府收入增加或减少多少，它还取决于税收变动如何影响人们的行为。

如果政府使汽油的税收翻一番，你能肯定汽油税的收入将增加吗？你能肯定汽油税的无谓损失将增加吗？请解释之。

第七章 流 转 税

学习目标

通过本章的学习，要求学生了解流转税的含义、特点及分类，掌握目前我国流转税的主要税种，包括增值税、消费税、关税的基本构成要素。

开篇导言

对于纳税，人们通常会下意识地首先想到，我的税务负担究竟重不重？对于我们个人来讲，可能直接的感受是要交纳个人所得税，而更多的税种对于我们来说是"隐蔽"的，譬如增值税、消费税等这些可以转嫁的流转税。

目前，我国有18项税种(2016年5月1日起，全面推行"营改增"；2018年1月1日起施行环保税)，分别是：增值税、消费税、企业所得税、个人所得税、资源税、城市维护建设税、房产税、印花税、城镇土地使用税、土地增值税、车船税、船舶吨税、车辆购置税、关税、耕地占用税、契税、烟叶税、环境保护税。只有个人所得税、企业所得税、车船税、环境保护税、烟叶税和船舶吨税等这6项税种通过全国人大立法，其他多数税收事项都是依靠行政法规、规章及规范性文件来规定。其中商品税占我国税收总收入的70%左右，是我国税收收入的主体。

由于流转税是以商品或劳务的流转额为征税对象的税收，学界又称为货物和劳务税(简称货劳税)或商品税。流转税是商品生产和商品交换的产物，因此当商品生产和商品交换出现以后，流转税便随之产生。在我国，流转税的历史可以追溯到春秋时代，所谓的"关市之征"和"山泽之赋"就已是萌芽状态的流转税。随着商品生产和商品交换的出现，各种酒税、茶税、市税、交易税陆续出现。在新中国成立之前，尽管没有形成比较规范的流转税制，但对商品流转的课税却已经延续了3 000多年，并且是国家财政收入的主要来源。新中国成立以后，随着社会经济的发展，对流转税制进行了多次调整，使其构成内容进行更新。1994年，随着社会主义市场体制的确立，我国对以往的流转税制又进行了较大程度的改革，最终确立了以增值税为核心，包括消费税、关税等税种在内的流转税新体系。由于第六章已经对最优商品税的有关理论作了分析，因此本章就以目前我国的流转税类为基础，对有关税种的知识做一些简单的介绍。

第一节 流转税概述

所谓流转税，学界又称为货物和劳务税（简称货劳税）或商品税，国际上称之为"商品及劳务税"，是指对商品的流转额和非商品营业额课征的各税种的统称。商品流转额，是指在商品生产和经营过程中，由于销售或购进商品而发生的货币金额，即商品销售收入额或购进商品所支付的金额；非商品流转额，是指非商品经营的各种劳务而发生的货币金额，即提供劳务所取得的营业服务收入额或取得劳务所支付的货币金额。

一、流转税的特点

（一）税源普遍，但税负易于转嫁，课税隐蔽

流转税的征收与商品和劳务的交易行为紧密地联系在一起。只要发生商品和劳务的交易行为，有了商品和劳务的流转额，就有可能征收流转税，因此税源普遍。一般情况下，流转税的计税依据是纳税人销售商品、货物取得的销售收入额和提供劳务服务所取得的营业收入额，在计算税款时一般不得从中扣除任何成本、费用，因而税收收入不受纳税人经营状况的影响，比较稳定。但是，流转课税是间接税，税负能够转嫁，具有隐蔽性。流转课税在形式上虽由商品的生产者或销售者缴纳，实际上所纳税额往往加入商品售价之中，转嫁给消费者负担。消费者虽然负担了税款，却并不直接感受到税收负担的压力，体现课税阻力较小。

（二）税额与价格关系密切

现代世界各国的流转税绝大多数是采取从价计税的方法。销售商品或劳务的价格对税收收入影响较大，两者成正比关系。在税率一定的情况下，价格越高，征税就越多。流转税与价格的关系可以有两种形式：一种是价内税，即商品售价内包含流转税税款，如我国现行的消费税；另一种是价外税，即流转税税款在价格之外单独列明，未包含在商品售价内，如我国现行的增值税。流转税不论采取价内税还是价外税的形式，价格升降都是直接影响流转税的收入。

（三）税收负担具有累退性

税负的累退性是指税收负担没有随着收入的增加而相应提高。流转课税一般采用比例税率，其税负是按消费商品的数量比例负担。高收入者消费量不随比例增加，甚至可能更少，低收入者的消费支出占其全部收入的绝大多数，这就体现了税负的累退性。收入愈

少,税负相对愈重;收入愈多,税负相对愈轻。另外,课征范围一般较多地偏重于生活资料。例如大宗消费品、生活必需品等,影响涨价也往往首先体现在这些产品,对这些流转课税的税负更多地由低收入者负担,税负具有累退性。

(四) 征收管理简便

流转税按照商品劳务价格的一定比例计算应纳税额,或按商品劳务的数量确定应纳税额,由纳税人在销售商品、提供劳务取得收入的环节缴纳。流转税的纳税人及征税对象比较集中,主要是对公司、企业征税,分散零星的个人较少,因此范围相对集中,便于征收。进而计算简便,易于征管,征收成本较低。

二、流转税的分类

流转税按不同的角度,可以有不同的分类。

(一) 按课税对象分类

按照课税对象选择的不同,流转税可以分为周转税、销售税和增值税。周转税是以商品每一环节的交易额为计税依据课征的税收,商品的交易额包括该产品所承担的固定资产折旧、中间产品(原材料与零部件)的成本、一般管理成本、工资及利润等。由于产品通常要经过一系列的产生和销售过程,每一个销售过程都是周转税的课税环节,因此,周转税是一种多环节的商品流转税。周转税征收方便,但会引起重复征税,不利于产品间和企业间税负平衡,有损生产的专业化分工。目前,很少有国家开征周转税。

销售税是只对商品单一环节的流转总额为计税依据课征的税收。按课税环节可把销售税分为产制销售税、批发销售税和零售销售税三类。销售税与周转税的区别是课征环节单一,而不是多环节征收,能够相对克服周转税多环节重复征税问题。

增值税是对每一环节销售产品和劳务所取得的增值额为计税依据课征的税收。增值税也是一种多环节的商品流转税,它与周转税的区别是以商品的增值额为计税依据,在多环节的商品流转税情况下,可以避免重复征税,缺点是征收管理相对比较复杂。

(二) 按课税范围分类

按照课税范围选择的不同,流转税分为一般商品流转税和特定商品税。一般商品流转税是指对所有商品课征的商品流转税,即征税范围既包括资本品,也包括消费品。一般商品流转税有利于增加税收收入,但不利于区别对待。特定商品税是只选择少数商品和劳务为课税对象课征的商品税,也被称为特殊商品税或消费税。特定商品税有利于区别对待,发挥税收的特定调节作用。

(三) 按计税方式分类

按照计税方式选择的不同,流转税分为从量税和从价税。从量税是以课税对象的数量为计税依据来计算应纳税额,数量可以是课税对象的数目,也可以是重量、体积、面积,方法是直接用计税数量乘以单位税额。由于从量税以商品数量为依据征收,商品价格变化不影响税额变化,同种商品也不会因价格差异而导致税收负担不同。因此虽然易于征管,但是在商品价格不断上涨的情况下,税收的调节作用相对较差。

从价税是以课税对象的价格为计税依据来计算应纳税额。因此,商品价格的变化会影响商品税收负担。从价税按照计税价格是否包含所征纳的税收,又分为价外税和价内税。价内税是计税价格包含税金在内,价格由成本、利润和税金构成。价外税是计税价格不包含税金,价格由成本、利润组成。

【专题 7-1】

世界税制现状与趋势——税制稳中有变

根据《世界税制现状与趋势》课题组发布的《世界税制现状与趋势(2017)》研究表明,世界税制总体稳定但稳中有变,表现在以下几个方面。

(1) 税收总体水平不断上升。发达国家与发展中国家税收总体水平近年来都呈现不断上升的趋势。发达国家和发展中国家在进入 21 世纪以来,税收都实现了快速增长。发达国家税收规模远远大于发展中国家。2000 年,发达国家税收平均值是发展中国家的 65.9 倍,2015 年是 26.5 倍,这表明发达国家和发展中国家之间的税收规模依然有着巨大的差距。发展中国家税收的增幅远远高于发达国家。2000—2015 年,发展中国家税收的增幅为 278.3%。同一时期,发达国家增幅为 71.5%。发展中国家的增幅是发达国家的 3.9 倍。这表明发展中国家税收增长速度比发达国家更快,更有发展空间。

(2) 宏观税负波动幅度不大。发达国家与发展中国家宏观税负波动的幅度都不是很大,发达国家宏观税负波动幅度小于发展中国家宏观税负波幅,发展中国家的宏观税负持续上升。2000—2015 年,发达国家的宏观税负上下波动在两个百分点左右,而发展中国家的宏观税负波动幅度在 4 个百分点左右。国际金融危机对宏观税负产生负面影响。2008 年,发达国家的宏观税负下降了 0.75 个百分点,发展中国家的宏观税负下降了 0.8 个百分点。近年来宏观税负出现持续上升并超过国际金融危机前水平。2015 年,发达国家的宏观税负比国际金融危机之后的低点上升了 1.7 个百分点,发展中国家的宏观税负则上升了 1.2 个百分点。这表明,国际金融危机以后,各国都致力于刺激经济发展,税收出现了快速恢复性增长。相比较而言,发达国家的宏观税负比较稳定,发展中国家的宏观税负持续上升。发达国家 2015 年与 2000 年的宏观税负基本处在同一水平,在 34% 左右。而同一时期发展中国家的宏观税负从 2000 年的 14% 左右上升至 2015 年的 18% 左右,增幅将近 30%。这种情况表明,发展中国家的宏观税负处于一个追赶和攀升阶段,快速向发达国家的宏观税负水平靠拢。

(3) 税制结构相对比较稳定。发达国家和发展中国家税制结构都比较稳定,没有发生重大的变化。2000 年以来,无论发达国家还是发展中国家,个人所得税、公司所得税、社会保障税、财产税和货物劳务税等税种在税制结构中的地位都没有发生根本变化。呈现出以所得税和货物劳务税为主体的税制结构。在发达国家的税制结构中,包括个人所得税、公司所得税和社会保障税在内的所得税类税种收入的比重达到了 59.1%,货物劳务税收入的比重为 32.4%,两类税收的比重达到了 91.5%。在发展中国家的税制结构中,所得税类税种收入的比重达到了 41.6%,货物劳务税收入的比重为 52.1%,两类税收的比重达到了 93.7%。财产税在税制结构中的比重都比较低。发达国家财产税比重长期在 6% 以下,发展中国家的财产税比重长期在 3% 左右。相比较而言,发达国家的税制结构呈现出三足鼎立局面，发展中国家的税制结构则是一枝独秀格局。在发达国家的税制结构中，个人所得税比重约为1/4、社会保障税比重约为1/4、货物劳务税比重约为1/4，这三个税种共同构成了发达国家的主体税种。发展中国家的税制结构中，货物劳务税比重在1/2以上，远远超过其他税种，也成为发展中国家最重要的主体税种。这表明，发达国家税制结构比发展中国家的收入保障能力更强。发达国家各税种比重波动幅度较小，发展中国家各税种比重波动幅度较大。这体现了发达国家的税制结构更加成熟。

发达国家和发展中国家部分主要税种的走势不同。其中比较显著的是发达国家公司所得税比重不断降低，个人所得税、货物劳务税比重基本保持稳定，发展中国家公司所得税比重则不断上升，货物劳务税比重下降幅度较大。

第二节 增 值 税

增值税概念最初于1921年由法国的西蒙斯正式提出，并最早于1954年在法国实施。由于增值税能有效地消除重复征税的问题，因此其后得到迅速推广。到目前为止，实行增值税的国家或地区已有140多个，增值税已成为一个真正的国际性税种。我国自1979年下半年引进增值税，并在极少数地区进行试点，征税范围仅选择了以机器机械和农业机具这两个行业及自行车、缝纫机、电风扇这三种产品为试点征税，且计税方法很不规范。之后，我国增值税的征税范围不断扩大，计税方法不断更新改进。1984年建立了以生产环节征税的增值税制度，范围仅限于12项工业产品，采用直接计算法与间接计算法结合。在1994年工商税制改革中，人大授权国务院颁布《中华人民共和国增值税暂行条例》，我国增值税进一步规范化，全面采用间接计算法。2003年开始启动的新一轮税制改革，与国际接轨的增值税"转型"试点拉开，2009年全面完成了"转型"；2017年，国务院常务会议通过国务院关于废止《中华人民共和国营业税暂行条例》，以及修订实施《中华人民共和国增值税暂行条例》，标志着实施了60多年的营业税正式退出历史舞台，实现"营改增"，我国增值税正一步一步地不断走向完善。

【专题7-2】

增值税产生的历史

增值税概念在1917年由美国耶鲁大学的托马斯·S.亚当斯和一位法国商人兼学者威尔海姆·范·西蒙斯首先提出的。当时的名称是营业毛利税。亚当斯在《营业税》一文中指出，对营业毛利（销售额—进货额）课税比对利润课税的公司所得税好得多，营业毛利相当于工资薪金、租金、利息和利润之和，即相当于增值额。1921年，亚当斯又进一步提出企业在购买货物时已经付出的税收，可在应纳的销货税额中扣除的简便计算"营业毛利税"的办法，即扣税法。在同一年，一位法国商人兼学者威尔海姆·范·西蒙斯在《改进的周转税》一文中正式提出增值税的名称，并在文中详细阐述了这一税制的基本内容。但亚当斯教授和西蒙斯博士的建议既未引起学术界的共鸣也没有得到官方的支持，因而也未能付诸实施。

直到 1954 年由法国财政部官员莫里斯·劳莱提出以增值税替代原有的全值流转税，并在法国付诸实施成功以后，才开始形成了以增值税为课税对象的增值税税制。实行增值税以前的法国是按流转额全额征收营业税，这种营业税的一个突出特征是多环节阶梯式征收，即应税产品从生产到消费每经过一个流转环节就征收一次流转税，税收负担随着生产环节的增加呈阶梯式递增。这种税收制度存在税负不公平和重叠征税的弊端，与社会化大生产的发展要求不适应，促使企业向全能型方向发展，严重阻碍了战后法国经济建设的恢复与发展。

正是在这种情况下，法国开始对营业税进行了历经两个阶段的改革：首先在 1936 年实行一次征收的"生产税"，把原来在工业生产领域多环节课税制度，改为仅在生产成品的最后环节征一次税。这一改进基本上消除了重复征税，但又产生了新的矛盾，只对产成品征税使大量企业被排除在征税范围之外，失去了征税的普遍性，税收收入的均衡性也因此被破坏；同样属于生产和创造价值的企业，零部件企业不交纳任何税款而产成品企业却上缴全部税款，税负仍不公平；同时最终产品和中间产品的界限难以划分，给税收的征管造成了很大的困难。实践中"生产税"所暴露出的弊端，逐渐使人们意识到原税制的根本弊端不在于多环节课税，而在于多环节按全值课税。第二阶段，法国于 1948 年把原来的一次课征制改为分阶段征税和道道扣税，即不论产成品还是零部件均按流转额全额征税，同时允许扣除购进原材料在以前环节已交纳的税款，这样既消除了重复征税的积弊又保留了原税制在每个生产经营阶段都征税的优点，这时已基本具有了增值税的性质，可以说是增值税的雏形。1954 年法国对改革后的产品税进行了进一步的完善，对购入的固定资产也纳入了扣除范围，同时将征税范围由工业生产领域扩大到商品流通领域，逐渐形成了一套完善的增值税税制。增值税采取扣税法征集，仅对增加值部分征税，有利于经济联合和专业化协作，对资源配置的干预最小，而且又便于筹集税收收入，避免了一般营业税的多重征税，这比以往的任何税收改革更具有深远的重大意义。

法国于 1954 年试行成功的增值税改革掀起了全球新一轮税制改革的高潮，即大部分发达国家和许多发展中国家采用增值税。除美国仍坚持不搞增值税外，OECD 组织中大部分国家均已采用增值税。在多数采用增值税的国家中，增值税已成为了永久性税种。目前，增值税已经成为西方发达国家和许多发展中国家复合税制中的重要税种。从税制改革的发展趋势分析，增值税取代其他类型的全值流转税，这也是一种大趋势。

一、增值税的含义及特点

（一）增值税的含义

增值税是对商品或劳务在流转过程中实现的增值额为征税对象的一种税。作为征税对象的增值额，是指企业在生产商品的过程中新创造的价值额，相当于商品价值中扣除生产消耗的生产资料价值之后的余额，即 V＋M 部分。具体到一个生产经营单位，增值额是指这个单位的商品销售或劳务收入扣除外购商品额后的余额。如果从一个商品来看，该商品生产和流通各个环节的增值额之和，相当于该商品的最终销售额。

（二）增值税的特点

增值税的特点主要体现以下几个方面。

▶ **1. 只对商品价值或劳务中的增值部分征税**

与我国传统意义上的流转税相比，现行增值税只对商品销售额或劳务服务中由本环节创造的增值部分征税，因而避免了重复征税和由此而形成的税负不均问题。

▶ **2. 课征方式采取普遍课征**

凡是有经营行为并取得销售或劳务收入的单位，都应该纳税。一种商品从生产、批发到零售，只要存在增值额，均应该纳税。这样有利于各个环节的纳税人相互监督，减少增值税的流失。

▶ **3. 税负比较稳定与合理**

同一种商品或劳务，无论生产或经营环节有多少，该商品是由一个生产单位提供还是由多个单位生产提供，只要零售价格合理，增值税的税负总是相同的。换句话说，增值税的税收负担始终保持一致。因此，增值税不受企业结构、生产结构和流通环节变化的影响。

▶ **4. 计征方法采取价外计算**

传统税制的产品税、增值税和营业税均是价内税，即以含税价格为计税基础。现行增值税则是在原来产、增、营三税基础上转换而来的，实行价外税，即税与价格分开，以不含税价格为计税依据。在零售之前各环节销售商品时，在专用发票上分别填写税款和不含税的价格。考虑到我国居民的购买商品习惯和承受心理，在商品零售环节仍然采取价税合一的办法，但在纳税人缴纳增值税时，需要先核定应税销售额，再以应税销售额按适用税率进行计算应纳税额。

【专题 7-3】

增值额的计算

增值税的关键在于增值额的计算。那么，如何计算增值额呢？对此，以服装产品和某生产企业为例来说明。

假设某服装产品最终销售价格为 300 元，这 300 元是由三个生产经营环节共同创造的。那么，在三个环节中创造的增值额之和就是服装产品的全部销售额。该服装产品每一环节的增值额和销售额的数量及关系见表 7-1（为便于计算，假定第一环节没有物质消耗，都是该环节自己新创造的价值）。

表 7-1 货物在各环节的增值与价格关系表　　　　　　　　单位：元

环节 项目	生产商	批发商	零售商	合计
增值额	200	50	50	300
销售额	200	250	300	

该服装产品在上述三个环节的增值额之和为 300 元，最终销售价格也是 300 元。这种情况说明实行增值税时，在税率一致的情况下，对每一生产流通环节征收的增值税之和，实际上就是按货物最终销售额征收的增值税。

上述增值额的概念是理论意义上的增值额，实践运用上是指法定的增值额，即税收法律所认定的增值额。一般来说，各个国家在确定增值额时，对外购流动资产价款都允许从货物总价值中扣除。但固定资产价款各国处理办法则有所不同，有些国家允许扣除，有些国家不允许扣除。在允许扣除的国家，扣除情况也不一样。正是由于对外购固定资产扣除的处理办法不同，所以各国的法定增值额与理论增值额在量上是不同的。

假定某企业报告期货物销售额为100万元，从外单位购入的原材料等流动资产价款为20万元，购入机器设备等固定资产价款为60万元，当期计入成本的折旧费为6万元。根据上述条件计算该企业的理论增值额及在不同国别增值税制度下的法定增值额（见表7-2）。该企业报告期内的理论增值额是100－20－6＝74（万元）。

表7-2　不同国别的法定增值额　　　　　　　　　　　　　　单位：万元

国别 项目	允许扣除的外购流动资产的价款	允许扣除的外购固定资产的价款	法定增值额	法定同理论增值额的差额
A国	20	0	80	＋6
B国	20	6	74	0
C国	20	60	20	－54

从表7-2可以看出，实行增值税的国家由于对外购固定资产价款的扣除额不同，计算出的法定增值额也不同，在同一纳税期内，允许扣除的数额越多，法定增值额则越少。

二、增值税的类型

从税基来看，增值税可以按照对购进资本品的处理方式的不同，分为生产型、收入型和消费型增值税三类。一般来说，用于生产商品或劳务的外购资本品包括：①原材料及辅助材料；②燃料、动力；③包装物品；④低值易耗品；⑤外购劳务；⑥固定资产。各国增值税制度通常允许将第①至第⑤项列入扣除项目，从商品或劳务的销售额中予以扣除。但对第⑥项即外购固定资产价值的扣除，则因国情而异，有的允许抵扣，有的允许部分抵扣，有的则不允许抵扣，由此产生了三种类型的增值税。

（一）消费型增值税

消费型增值税以生产经营单位的销售额，减去购进的各类材料及费用支出，并一次性全部扣除生产用的厂房、机器、设备等固定资产后的余额为法定增值额。对全社会来说，这种法定增值额只限于消费资料，故称为"消费型"增值税。

（二）收入型增值税

收入型增值税以生产经营单位的销售额，减去所购进的各类材料和费用支出及固定资产折旧后的余额为法定增值额。这种法定增值额相当于生产经营单位内部成员收入总和，相当于国民收入，故称为"收入型"增值税。

（三）生产型增值税

生产型增值税以生产经营单位的销售额，减去购进的各类材料及费用支出后的余额为法定增值额，对固定资产不允许减除。按这种方法计算的增值额相当于企业员工工资、利息、利润、地租等各因素之和,而这种增加的价值额与国民生产总值所包括的内容相一致,故称为"生产型"增值税。

以上三种类型的增值税,区别之处主要在于确定法定增值额时,对固定资产的处理方法不同。其中,消费型的增值税可以减除全部固定资产;收入型的增值税只能减除固定资产折旧的部分;生产型的增值税对固定资产部分不作任何扣除。在税率相同的条件下,实行生产型增值税的国家财政收入最多,收入型次之,消费型最少。目前,实行增值税的国家,绝大多数实行的是消费型增值税。

【专题7-4】

我国增值税的转型改革

我国在2004年以前采用的是生产型增值税。当时主要考虑到生产型增值税既有利于限制固定资产投资规模的膨胀,同时也可以扩大税基,更好地保证财政收入。但是,生产型增值税对资本品不予抵扣的做法,不仅严重地妨碍了企业的技术进步与设备的更新换代,同时对提升我国出口产品的竞争力也极其不利。因此,从2004年7月1日起,我国开始在东北老工业基地进行了增值税由生产型改为消费型的试点。该项改革措施的实施,对于拉动该地区的投资、设备更新、技术改造、产业结构调整和产品更新换代都起到了极大的促进作用。继试点改革之后,2007年中部六省成为第二批改革试点的地区。

2009年1月1日起,在全国所有地区、所有行业推行增值税转型改革。这次改革的主要内容有:在维持现行增值税税率不变的前提下,允许全国范围内(不分地区和行业)的所有增值税一般纳税人抵扣其新购进设备所含的进项税额,未抵扣完的进项税额结转下期继续抵扣。但是,与企业技术更新无关且容易混为个人消费的自用消费品(如小汽车、游艇等)所含的进项税额,不得予以抵扣。作为转型改革的配套措施,将相应取消进口设备增值税免费政策和外商投资企业采购国产设备增值税退税政策。降低小规模纳税人的征收率,将增值税小规模纳税人的征收率由6%和4%统一降至3%,将矿产品增值税税率由13%恢复到17%。

三、增值税的基本构成要素

(一)征税范围

根据2017年11月19日公布实施、新修订的《中华人民共和国增值税暂行条例》,增值税的征税范围包括在我国境内销售货物,或者提供加工、修理修配劳务,销售服务、无形资产、不动产及进口货物。

(二)纳税人和扣缴义务人

在中华人民共和国境内销售货物或者加工、修理修配劳务(以下简称劳务),销售服务、无形资产、不动产及进口货物的单位和个人,为增值税的纳税人。纳税人按照经营规模大小和会计核算健全与否等标准分为一般纳税人和小规模纳税人。

中华人民共和国境外的单位或者个人在境内提供应税劳务,在境内未设有经营机构的,以其境内代理人为扣缴义务人;在境内没有代理人的,以购买方为扣缴义务人。

(三) 税率

近年来，为完善税制，优惠民生，增值税的税率(除零税率外)经历了一个2档到4档，4档到3档的历程，且税率不断下调。2019年3月起，制造业等行业现行16%的税率降至13%；将交通运输业、建筑业等行业现行10%的税率降至9%；保持境内单位和个人跨境销售国务院规定范围内的服务、无形资产，税率为6%；对大部分出口产品实行零税率；对小规模纳税人设置3%的征收率。

(四) 应纳税额的计算

(1) 纳税人(一般纳税人)销售货物、劳务、服务、无形资产、不动产(以下统称应税销售行为)，应纳税额为当期销项税额抵扣当期进项税额后的余额。计算公式为

$$应纳税额 = 当期销项税额 - 当期进项税额$$

$$当期销项税额 = 当期销售额 \times 税率$$

纳税人发生应税销售行为，按照销售额和增值税税率计算收取的增值税额，为销项税额。销项税额计算公式为

$$销项税额 = 销售额 \times 税率$$

销售额为纳税人发生应税销售行为收取的全部价款和价外费用，但是不包括收取的销项税额。由此可见，我国现行增值税实行价外税，即税金不包括在销售价格之内，是在销售价格之外，税金和价格是分开的。计税时以不含税价格作为计税依据，在零售以前各环节销售商品时，增值税专用发票上要求分别填写税金和不含税金的价格。销售额以人民币计算。纳税人以人民币以外的货币结算销售额的，应当折合成人民币计算。

准予从销项税额中抵扣的进项税额为：从销售方取得的增值税专用发票上注明的增值税税额；从海关取得的完税凭证上注明的增值税税额。当期销项税额小于当期进项税额不足抵扣时，其不足部分可以结转下期继续抵扣。

(2) 对小规模纳税人实行简易征收办法，不抵扣进项税额。计算公式为

$$应纳税额 = 销售额 \times 征收率$$

(3) 进口货物应纳增值税额的计算。纳税人进口货物，应按照组成计税价格和规定的税率计算应纳增值税税额，不得抵扣任何税额。计算公式为

$$应纳税额 = 组成计税价格 \times 增值税税率$$

其中，组成计税价格 = 关税完税价格 + 关税 + 消费税

或者，组成计税价格 = (关税完税价格 + 关税 + 从量征收的消费税)/(1 - 消费税税率)

【专题 7-5】

我国的营业税及"营改增"的历程

营业税是以从事工商营利事业和服务业所取得的营业收入为课税对象而征收的一种税。营业税起源甚早，如我国周代对"商贾虞衡"的课税；汉代对商人征收的"算缗钱"；明代的门摊、课铁；清代的铺间房税、牙当等，皆属营业税性质，唯未名营业税。中世纪欧洲国家政府对营业商户每年征收一定金额始准营业，称为许可金。后因许可金不论营业商户营业规模大小均无区别，负担不均，1791年法国始改许可金为营业税，以税其营业额大小征收。其后，各国相继效仿，并在一个时期内成为西方国家财政收入的主要来源之一。

1994年我国税制改革形成的流转税制度中，一方面对商品的生产销售征收增值税；另一方面对相关劳务服务征收营业税，从而实现了对商品和服务的全覆盖。营业税是对在中国境内提供应税劳务、转让无形资产或销售不动产的单位和个人，就其所取得的营业额征收的一种税。营业税属于流转税制中的一个主要税种。我国营业税的征税范围可以概括为在中国境内提供应税劳务和销售不动产两种经营行为。具体列举了9个税目，包括交通运输业、建筑业、邮电通信业、文化体育业、金融保险业、娱乐业、服务业、转让无形资产、销售不动产。营业税实行行业差别比例税率，税率共设3档：3%、5%、5%~20%。具体来说，建筑业、邮电通信业、文化体育业税率为3%；服务业、金融保险业、转让无形资产、销售不动产税率为5%；娱乐业多属高消费的范围，因此规定了5%~20%的幅度税率，各省、自治区、直辖市人民政府可根据当地的实际情况在税法规定的幅度内决定具体税率。

　　由于营业税与增值税并存导致抵扣链条不完善，营业税相关行业税负较重，为了减轻重复课税并加快第三产业的发展，2011年11月17日，财政部、国家税务总局正式公布营业税改征增值税试点方案。从2012年1月1日起，在上海交通运输业和部分现代服务业开展营业税改征增值税试点。从2012年8月1号起，将交通运输业和部分现代服务业"营改增"试点范围，由上海市分批扩大至北京、天津、江苏、浙江、安徽、福建、湖北、广东和厦门、深圳10个省市。2013年8月1日起试点在全国范围内推广，部分现代服务业适当扩围纳入广播影视作品的制作、播映、发行等，将铁路运输和邮政业纳入"营改增"范围。2014年6月1日起，电信业纳入营业税改征增值税试点。2015年5月，营改增的最后三个行业建安房地产、金融保险、生活服务业的营改增方案将推出。其中，建安房地产的增值税税率暂定为11%，金融保险、生活服务业为6%。这意味着进入2015年下半年后，中国或将全面告别营业税。财政部部长楼继伟在全国财政工作会议上表示，2016年5月1日起，将建筑业、房地产业、金融业和生活服务业纳入试点范围。2017年10月30日，国务院常务会议通过国务院关于废止《中华人民共和国营业税暂行条例》和修改《中华人民共和国增值税暂行条例》的决定（草案），标志着实施60多年的营业税正式退出历史舞台。

第三节　消费税

　　消费税是一种古老的税种，其雏形最早产生于古罗马帝国时期。当时，由于农业、手工业的发展，城市的兴起与商业的繁荣，相继开征了诸如盐税、酒税等产品税，这就是消费税的原形。消费税作为流转税的主体税种，不仅可以保证国家财政收入的稳定增长，而且还可以调节产业结构和消费结构，限制某些奢侈品、高能耗品的生产，正确引导消费。消费税发展至今，已成为世界各国普遍征收的税种，目前已被120多个国家或地区所征收，而且还有上升的趋势。我国早在1951年就在全国范围内征收特种消费行为税，后于1953年改称文化娱乐税。1989年我国还开征过特别消费税，主要针对电视机、小轿车、吉普车和面包车等征税。现行课征的消费税则是1994年税制改革中新设立的一种税，其法律依据是1994年开始实施的《中华人民共和国消费暂行条例》《中华人民共和国消费暂行条例实施细则》等。经国务院批准，财政部、国家税务总局联合下发通知，规定自2006年4月1日起，对我国现行消费税税目、税率及相关政策进行调整：新增了高尔夫球及球具、高档手表、游艇、木制一次性筷子、实木地板等税目，增列成品油税目，取消护肤护发品税目，还调整了白酒、小汽车、摩托车、汽车轮胎等税目的税负水平。国务院于2008年11月10日发布《中华人民共和国消费税暂行条例》(2008年修订)，自2009年1月1日起施行，对消费税进行了较大的调整。大致来讲，我国的现行消费税属于特别消费税或者选择性消费税的范畴。

一、消费税的含义及特点

(一) 消费税的含义

消费税是对在我国境内从事生产、委托加工和进口应税消费品的单位和个人，对销售额或销售数量为征税对象，在特定环节征收的一种税。

(二) 消费税的特点

和一般商品劳务税相比，消费税有以下特点。

▶ 1. 消费税的课税对象具有一定的选择性

消费税的课税对象具有一定的选择性，调节范围主要包括特殊消费品、奢侈品、高能耗产品、不可再生的稀缺资源消费品。一些税基宽广、消费普遍、征收消费税不会影响人民生活水平，具有一定财政意义的普通消费品。

▶ 2. 消费税在生产环节实行单环节征收

我国消费税的纳税环节确定在生产环节(金银首饰除外)，具有较大的隐蔽性，易于被消费者所接受，可减少消费税对社会的影响。同时，为了避免重复征税，在应税消费品脱离生产环节进入流通领域后，就不再征收，具有征收环节单一性的特点。

▶ 3. 消费税采用产品差别税率，实行价内征收

消费税按照产品不同来设置税目，分别制定高低不同的税率或税额，以具体规定消费税调节的范围。消费税实行价内征收，即消费税是产品价格的组成部分，税与价格互相补充，共同发挥调节经济的杠杆作用。

▶ 4. 消费税没有减免

消费税选择征收的消费品一般为需求弹性较大的非生活必需品，是由具备相应消费能力的消费者负担的一种税，不需要通过减免税来满足不合理的消费需求。除出口的应税消费品外，其余应税消费品一律不得减税免税。

二、消费税的基本构成要素

(一) 征税范围

征税范围的选择主要是考虑将高档、奢侈消费品、社会公德要求节制消费的某些消费品和一些特殊的资源性消费品纳入到消费税的调节范围中。我国目前列举了15个税目为消费税的征税范围，税目包括：烟、酒、高档化妆品、贵重首饰及珠宝玉石、鞭炮焰火、成品油、摩托车、小汽车、高尔夫球及球具、高档手表、游艇、木制一次性筷子、实木地

板、电池、涂料。其中，电池和涂料是2016年新开征的税目。

（二）纳税人

消费税的纳税人是指在我国境内生产、委托加工和进口应税消费品的单位和个人。

（三）税率

消费税的15个税目分别采用从价定率、从量定额和复合计税三种形式。比例税率分18档，从1%到40%；固定税额分3档；复合计税2档，合计共有23档。

（四）纳税环节

消费税的纳税环节有生产销售的应税消费品为销售环节；自产自用的应税消费品为移送使用环节；委托加工的应税消费品为受托方交付消费品环节；进口应税消费品为保送进口环节；其他特殊规定。

（五）应纳税额的计算

▶ 1. 从价计征

从价计征是以应税消费品的销售价格为计税依据，按规定的适用税率计算应纳税额。消费税属于价内税，实行从价定率办法征税的计税依据是纳税人销售应税消费品向购买方收取的全部价款和价外费用(价外费用和增值税的相同)，但不包括应向购货方收取的增值税税款。计税公式为

$$应纳税额＝销售额\times税率$$

如果纳税人应税消费品的销售额中未扣除增值税税款或者因不得开具增值税专用发票而发生价款和增值税税款合并收取的，在计算消费税时，应当换算为不含增值税税款的销售额。换算公式为

$$应税消费品的销售额＝含增值税的销售额\div(1+增值税税率或征收率)$$

在使用换算公式时，应根据纳税人的具体情况分别使用增值税税率或征收率。如果消费税的纳税人是增值税小规模纳税人的，应适用小规模纳税人的相应征收率。

▶ 2. 从量计征

从量计征是以应税消费品的销售数量为计税依据，按规定的单位税额即定额税率计算应纳税额。计税公式为

$$应纳税额＝销售数量\times单位税额$$

销售数量是指应税消费品的数量。含义包括销售应税消费品的，为应税消费品的销售量；自产自用应税消费品的，为应税消费品的移送使用量；委托加工应税消费品的，为纳税人收回的应税销售量；进口的应税消费品，为海关核定的应税消费品进口征税量。

▶ 3. 从价定率和从量定额混合计算

现行消费税的征税范围中，只有卷烟、白酒采用混合计算方法。基本计算公式为

$$应纳税额＝应税销售数量\times定额税额＋应税销售额\times比例税率$$

▶ 4. 其他计税方法

（1）自产自用应纳消费品应纳税额的计算公式为

$$组成计税价格＝(成本＋利润)\div(1-消费税税率)$$

$$应纳税额=组成计税价格\times税率$$

(2) 委托加工的应税消费品应纳税额的计算公式为

$$组成计税价格=(材料成本+加工费)\div(1-消费税税率)$$

$$应纳税额=组成计税价格\times税率$$

(3) 进口商品应纳消费税的计算公式为

$$组成计税价格=(关税完税价格+关税+从量征收的消费税)\div(1-消费税税率)$$

$$应纳税额=组成计税价格\times税率$$

第四节 关 税

关税起源与早期关卡密切相关，早期关卡属于"国家"之间的防御体系，政治与军事功能色彩比较浓厚。随着社会经济的发展，关卡开始延伸出财政功能。目前关税不仅是一个国家财政收入的重要来源，而且还是国家维护主权，调整与其他国家之间经贸往来的重要手段。

一、关税的含义及分类

(一) 关税的含义

关税是由海关对进出国境或关境的货物或物品所征收的一种税。严格来讲，国境与关境是有区别的。国境是一个国家主权的领土范围，而关境是指一个国家关税法令完全实施的境域。一般而言，国境和关境是一致的，但两者也有不同的情况。例如有些国家在国境内设有自由贸易港、自由区或出口加工区时，关境则小于国境；当几个国家组成关税同盟、成员国之间互相取消关税、对外实行共同的关税税则时，则关境大于国境。在我国，香港回归后，仍保持贸易自由港的地位，属于我国主权管辖下的一个独立关境，则国境大于关境。

(二) 关税的分类

▶ 1. 按征收方法划分

按征收方法进行划分，可以分为：①从价关税，是依照进出口货物的价格作为标准征收关税。②从量关税，是依照进出口货物数量的计量单位(如"吨""箱""百个"等)征收定量关税。③混合关税，是依各种需要对进出口货物进行从价、从量的混合征税。④选择性关税，是对于同一种货物在关税税则中规定从价、从量两种税率，在征税时选择其中征税税额较多的一种，以免由于物价波动而影响到财政收入。⑤滑准关税，是关税税率随着进口商品价格呈反方向变化的关税。

▶ 2. 按征税商品流向划分

按征税商品流向进行划分，可以分为：①进口税，是进口国家的海关在外国商品输入时，对外国商品所征收的关税。②出口税，是出口国家的海关在本国商品输出时，对本国商品所征收的关税。③过境税，又称通过税，是一国对于通过其关境的外国商品征收的关税（现在基本上不开征或用有关费用取代）。

▶ 3. 按差别待遇特定划分

按差别待遇（税率由高到低）进行划分，可以分为：①普通关税，适用于与该国没有签订贸易协定的国家或地区所进口的商品。②最惠国税，它适用于与该国签订有最惠国待遇原则的国家或地区所进口的商品。③普惠税，是指发达国家对于发展中国家提供的单方出口商品的税收优惠待遇。④特惠税，是指某个国家或经济集团对某些国家的所有进口商品给予特别优惠的低关税或免税待遇（例如，互惠的特惠税典型——英联邦特惠税，非互惠的特惠税典型——洛美协定）。

▶ 4. 按特定情况划分

按特定情况进行划分（与以上的分类不同的是这些关税一般是临时性的），可统称为进口附加税。具体又可分为：①差价税，也称滑动关税，即当某种本国生产的产品国内价格高于同类进口商品的价格时，为了保护国内生产和国内市场，按照国内价格与进口商品价格间的差额征收的关税。②反倾销税，凡是一国产品向另一国出口时，如果该产品出口价格低于正常贸易中用于国内消费的类似产品可比价格（正常可比价格为出口国国内市场批发价格）而被视为"倾销"时，进口国按照正常可比价格与进口商品的价格差额征收的关税。③反补贴税，又称抵消税或补偿税，是指对直接或间接的接受任何奖金或补贴的国外商品进口所征收的一种进口附加税。④报复性关税，是指为报复他国对本国出口货物的关税歧视，而对相关国家的进口货物征收的一种进口附加税。

二、关税的作用

（一）经济调节作用

由于关税税率的高低和关税的征免影响进出口货物的成本，进而影响到商品的市场价格和销售数量，所以，国家往往通过关税调节经济、调节市场，从而达到调节国民经济、保护与扶持民族工业、促进经济健康发展的目的。

（二）贯彻平等互利和对等原则

由于关税对同一种进口商品可分别规定普通税率和最低税率，因此，对订有贸易互惠条约国家或地区的货物，往往适用最低税率；对购自与本国没有互惠条约国家的货物，往往适用普通税率。通过对两种税率的运用，可以在国与国之间贯彻平等互利和对等原则，有利于促进对外贸易的发展。

（三）增强出口商品竞争能力

对大部分出口商品免征或只对少数出口商品征税，既可以扩大出口商品的规模，又可以提高本国商品在国际市场上的竞争能力，因此目前很多国家基本上对出口商品不征关税。

三、关税的基本构成要素

《进出口关税条例》和《进出口税则》是我国关税制度的两个最基本法规。根据这两个关税法规规定，关税由以下几个基本要素构成。

(一) 征税对象

凡是国家允许的，属于《进出口税则》规定应征税的进出口货物和物品，都是关税的征税对象。货物是指贸易性商品，物品包括入境旅客随身携带的行李和物品、个人邮递物品、各种运输工具上的服务人员携带进口的自用物品、馈赠物品及其他方式进入国境的个人物品等。

(二) 纳税人

进口货物的收货人、出口货物的发货人、进出境物品的所有人，是关税的纳税义务人。货物的纳税人包括外贸进出口公司；工贸或农贸结合的进出口公司；其他经批准经营进出口商品的企业。物品的纳税人包括入境旅客随身携带的行李和物品的持有人；个人邮件的收件人；各种运输工具上的服务人员携带自用物品的持有人；馈赠物品及其他方式进入国境的个人物品的所有人。

(三) 税率

根据《进出口关税条例》规定，关税的税率分为进口税率、出口税率和暂定税率。

进口关税设置最惠国税率、协定税率、特惠税率、普通税率、关税配额税率等税率。原产于共同适用最惠国待遇条款的世界贸易组织成员的进口货物、原产于与中华人民共和国签订含有相互给予最惠国待遇条款的双边贸易协定的国家或者地区的进口货物，及原产于中华人民共和国境内的进口货物，适用最惠国税率；原产于与中华人民共和国签订含有关税优惠条款的区域性贸易协定的国家或者地区的进口货物，适用协定税率；原产于与中华人民共和国签订含有特殊关税优惠条款的贸易协定的国家或者地区的进口货物，适用特惠税率；原产于上述以外国家或者地区的进口货物，及原产地不明的进口货物，适用普通税率。

出口关税设置出口税率，对出口货物在一定期限内可以实行暂定税率。适用最惠国税率的进口货物有暂定税率的，应当适用暂定税率；适用协定税率、特惠税率的进口货物有暂定税率的，应当从低适用税率；适用普通税率的进口货物，不适用暂定税率。适用出口税率的出口货物有暂定税率的，应当适用暂定税率。

【专题 7-6】

《中华人民共和国海关进出口税则》的变化

1949 年中华人民共和国成立不久，政务院制定颁布了"暂行海关法"，对关税制度做了专门规定，自 1951 年 5 月 1 日起实施。接着又公布了《中华人民共和国海关进出口税则》及其实施条例，自 1951 年 5 月 16 日起实施。这个税则及其实施条例是中华人民共和国第一部独立和专业的海关税法，它统一了全国的关税制度。

为了适应新历史时期国家经济体制全面改革形势的需要，贯彻对外开放政策，促进对外经济贸易和国民经济的发展，1985 年 3 月国务院颁发了《中华人民共和国进出口关税条例》及新的《中华人民共和国海关进出口税则》。新税则采用国际上通行的《海关合作理事会商品分类目录》，并根据中国的对外商品贸易情况加列了一些子目。条例的颁发及新税则的实施，加强了关税制度法制化和系统化建设。1987 年 7 月，第六届全国人民代表大会常务委员会第十九次会议通过了《中华人民共和国海关法》，即时施行，并废止"暂行海关法"。据此，1987年9月，国务院重新修订发布了《中华人民共和国海关进出口关税条例》，进一步系统地规定了关税的基本制度。同时，明确规定《中华人民共和国海关进出口税则》是它的组成部分，构成了中国新的关税制度体系。

此后，《海关法》在2000年7月、2013年6月和12月、2016年11月、2017年11月分别进行了修订；《关税条例》也进行了多次修订，目前是第四次修订版本。

四、关税的计算

▶ 1. 关税的完税价格

进口货物的完税价格是以海关审定的成交价格为基础的到岸价格（CIF）作为完税价格。到岸价格包括货价，加上货物运抵中国关境内输入地点起卸前的包装费、运费、保险费和其他劳务费等费用。

出口货物完税价格是以海关审定的货物售价与境外的离岸价格（FOB），扣除出口关税后，作为完税价格。

▶ 2. 税款的计算

进出口货物的到岸价格与离岸价格是以外币计算的，应由海关按照签发税款缴纳证之日国家外汇牌价的中间价，折成人民币。

1）从价税的计算方法

$$关税税额 = 完税价格 \times 进出口关税税率$$

2）从量税的商品计算方法

$$应纳税额 = 应税进口货物数量 \times 关税单位税额$$

3）复合税的计算方法

$$应纳税额 = 应税进口货物数量 \times 关税单位税额 + 应税进口货物数量 \times 单位完税价格 \times 适用税率$$

4）滑准税的计算方法

由于滑准税的税率是随着进口商品价格的变动而反方向变动，即价格越高，税率越低，税率为比例税率。因此，实行滑准税率，进口商品应纳关税税额的计算方法，与从价税的计算方法相同。

本章小结

流转税是对商品的流转额和非商品营业额（提供个人和企业消费的商品和劳务）课征的各税种的统称。流转税的特点包括：①税源普遍，但税负易于转嫁，课税隐蔽；②税额与价格关系密切；③税收负担具有累退性；④征收管理简便。流转税按不同的角度，可以有不同的分类。如果按照征税对象来划分，我国的商品税主要包括增值税、消费税、关税等。

增值税是目前我国税制的主体税种之一,是以增值额为课税对象的一种税。一般有生产型、收入型和消费型三种,我国目前实行消费型的增值税。消费税是以消费品的消费额为课税对象的一种税的统称,是在增值税普遍征收基础上的一种特殊调节税。关税是主权国家根据需要对过往国境的商品和货物征收的一种税。税种的基本构成要素包括纳税人、税率、计税依据、应纳税额的计算等。

关键词

流转税 增值税 销项税额 进项税额 消费税 关税

思考题

1. 何谓流转税,它有哪些特点?
2. 增值税的类型有三种,请以具体的数据来说明这三种增值税的主要区别。
3. 根据您所学的会计知识与我国有关的税法,分别通过有关的案例来说明增值税、消费税与关税应纳税额的计算方法,并对每一个案例计算过程加以评析。

案例讨论

案例一:增值税自1954年在法国最先开征以来,仅短短半个多世纪就横扫全球,成为普及世界的一个重要税种。特别是经济全球化的今天,开征增值税并不断完善增值税制度几乎已成为当今世界各国间接税政策的必然选择。

根据您的所学,你觉得增值税的魅力到底在哪?

案例二:A公司属于增值税一般纳税人,2月份从厂家购进电视机10台,获取增值税专用发票一张,货款为53 000元,税额为9 010元;且2月份售出电视机6台,其中4台开具了增值税发票,其货款为24 000元,税额为4 080元;另外1台以6 300元售出,给对方开具普通发票;剩余1台以6 200元售出,未开具任何发票。另A公司的2月份所发生的经营费用为8 214.18元,管理费用为2 384.88元,财务费用为104元。

如果你是A公司的会计,怎么处理这一账务,2月份需要缴纳的税款是多少?

第八章
所 得 税

学习目标

通过本章的学习，要求学生了解所得税的含义、特点及分类，掌握我国所得课税的主要税种，包括企业所得税、个人所得税的基本构成要素。

开篇导言

所得课税最早产生于18世纪末的英国。1799年，英国首相威廉·皮特（William Pitt）为了筹措对法战争的军费需要，创设了一种具有所得性质的新税——三级税（又称三部征收捐）。三级税是对仆役和马车的主人、拥有贵重物品、拥有房屋土地三种所得的公司和自然人征收，这是现代历史上最早的综合所得税。但是由于当时经济发展水平较低，该税随着英法战争的结束而停征。18世纪后期，随着英国工业革命的进展，英国的工业生产迅速发展，财富大量集聚，国民收入猛增，客观上为所得税提供了良好的经济条件。1842年，当时的英国财政大臣罗伯特·皮尔（Robert Peel）向国会提出开征永久性所得税的建议，并获得通过，所得税成为了英国政府的一个经常性税种。所得税在英国产生后，世界上很多国家为了筹集财政资金的目的，纷纷开征了所得税，并通过多次改革，最终确立了所得税的地位。在所得税体系上，各国大都建立了包括企业所得税、个人所得税、资本利得税和社会保障税在内的完整的所得税体系。自20世纪80年代开始，美、英等发达国家在经济全球化的推动下，掀起了所得税减税浪潮，并形成了"宽税基、低税率、少档次、简税制"的改革方向。同时由于生产要素的国际流动规模越来越大，也引出了所得税国际间的避税、逃税和重复征税的问题，因此各国在所得税征管的国际协调活动也在不断地加强和深入。

我国首次提倡对所得额课税是清朝末年，但由于清政府濒于崩溃，未进行开征。1936年国民党政府公布了《所得税暂行条例》，并于同年开始征收所得税。新中国成立后，废除了旧的所得税制度，把所得税并入工商业税，之后是"利税合一""利改税"和"利税分流"。1994年税制改革，统一了内资企业所得税，对外资企业征收外商投资企业及国外企业所得税，对个人所得征收个人所得税。本章以目前我国的所得税类为基础，对相关税种的内容做一些简单的介绍。

第一节 所得税概述

所得税是世界各国普遍开征的税种，也是许多国家的主体税种，经济发达国家的财政收入主要来自于所得税。所得税主要包括企业所得税（也称公司所得税）、个人所得税和社会保险税（也称工薪税）。

一、所得税的概念及特点

（一）所得税的概念

所得税是国家对法人和自然人在一定期间获取的所得额课征的税收。所得额包括利润所得和其他所得两大类。利润所得是指从事生产经营活动的企业和个体经营者获取的经营收入扣除为取得这些收入所支付的各种费用及流转税税款后的余额。其他所得是指工资、劳务报酬、股息、利息、租金、转让特许权等所得。

（二）所得税的特点

一般来说，相对于商品税来说，所得税有以下几个特点。

▶ 1. 税负比较公平

所得税的课税对象是纳税人的纯收入或净所得，而不是经营收入，一般实行所得多的多征、所得少的少征的累进征税办法，符合税收的量能负担原则。同时，所得税一般还规定了起征点或免征额，照顾到了低收入阶层。因此，所得税税负比较公平。

▶ 2. 符合税收的效率原则

由于所得税一般不存在税负转嫁问题，因此所得税的高低变化对生产不会产生直接的影响，而只会对不同企业、不同个人的收入水平产生调节作用。另外，所得税也一般不存在着重复征税的问题，对商品的相对价格没有影响，不会影响市场资源的优化配置。另外，所得税只是对纯所得进行征税，不存在伤及税本的问题。总之，虽然所得税对纳税人的积累和扩大再生产有些影响，但对整个社会经济的发展影响不大。因此，所得税符合税收的效率原则。

▶ 3. 符合税收的财政原则

由于所得税来源于国家的生产力资源利用所产生的剩余产品，因此随着资源利用效率的提高，剩余产品会不断增长，所得税也会相应地增加。同时，国家还可以根据实际需要，对所得税的税率、减免条件等进行灵活调整，以适应政府支出的增减变化。

▶ 4. 符合税收稳定经济的原则

由于所得税弹性比较大,因此,政府可以根据社会总供求关系随机调整税负水平,抑制经济波动。由于所得税一般实行累进税率,当社会总需求大于总供给时,随着企业和个人收入的增长,其适用所得税税率会自动提高,进而抑制投资与消费双膨胀,反之亦然。

▶ 5. 有利于维护国家的经济权益

现代社会跨国经营和国际经济交往频繁,必然存在跨国所得。因此,对跨国所得征税是任何主权国家应有的权益,利用所得税参与纳税人跨国所得的分配,有利于维护本国的权益。

▶ 6. 所得税计算比较复杂,征税成本较高

所得税计税依据即纯收入要经过一系列复杂的计算过程,比流转税复杂得多。所得税累进税率的计算也要比流转税的比例或固定税率计算复杂。因此,所得税的征税成本比流转税要高一些。

二、企业所得税的类型

在企业所得税实践中,各国企业所得税制度有很大的差别。目前,世界各国实行的企业所得税税制模式主要有古典税制、税收抵免或折算税制和双税率制。

(一) 古典税制

古典税制以会计实体理论和近代企业法为基础,在对待纳税人实行企业与股东完全分开的原则,即企业和股东既然是不同的法律主体,就应该分别纳税。企业获利后,补偿为取得收入的费用和税法允许的扣除项目以后,按应纳税所得额缴税,股东按收到的股利额缴税,留存收益不再征纳任何其他税。这样做不仅有利于鼓励企业保留利润,而且也可以促进企业扩大再投资。古典税制的方法虽然简单、清楚,但没有考虑重叠征税问题。美国是执行古典税制的主要国家,还有荷兰、卢森堡、丹麦、意大利、西班牙、瑞典等国和除英国以外的大部分英联邦国家也在执行古典税制。目前,我国的企业所得税采用的也是这种税制。

(二) 税收抵免制或折算税制

古典税制对于企业和股东在经济上的区别对待,引起税收理论界和财务会计界的长期争议。为了使留存利润与分配利润得到公平对待,许多国家放弃了古典税制,转向实行税收抵免制。即企业一级利润的纳税与古典税制相同,只是对分配给股东的股息视为税后所得,股东对其股息的个人所得税可以得到一定程度的抵免,目的是为了减少对可分配的和未分配的利润的税收歧视。税收抵免制尽管不会彻底消除重复征税,但可使其得以缓解,并使个人所得税变得复杂。实行税收抵免制的国家,主要以英国、法国、意大利、比利时等欧盟国家为主。

(三) 双税率税制

双税率税制即一个企业实行两个所得税税率。一个税率适用于未分配利润;另一个税率适用于分配利润。在实际操作中,对于未分配利润按较高税率征收,而对于分配利润则

按较低税率征收。股息获得者,照常缴纳个人所得税。这种税制不仅可以减轻重复征税的问题,而且对于企业支付股利来说也是一种鼓励,尤其是在两种税率有较大差别的情况下,就更具有促进分配的作用,只是会使得企业所得税本身变得更复杂了一些。目前,德国、日本、挪威等国是实行双税率税制的主要国家。

三、个人所得税的类型

目前,世界各国个人所得税税制模式一般分为分类所得税制、综合所得税制和分类综合所得税制(混合所得税制)三种类型。

(一)分类所得税制

分类所得税制是指将纳税人的各种所得分为若干类别。比如,可以将所得分为工资薪金所得、营业利润所得、股息利息所得、租金所得等类,并对不同分类的所得采用不同的税率,在税负上实行差别待遇,以体现横向公平原则。这一课税模式虽然可以控制税源,又能减少征收费用,但由于其征税范围有限,而且没有考虑到纳税人家庭负担状况等问题,因此难以体现纵向公平原则。

(二)综合所得税制

综合所得税制是指将纳税人在一定期间内各种不同来源的所得综合起来,减去法定减免和扣除项目的数额,其余额按累进税率来计算纳税额。所得可包括薪金所得、附加福利、净经营所得、利息所得、红利所得、公共养老金、失业和疾病方面的社会转移支付等。这种课税模式虽然能够体现纳税人的实际负担水平,符合支付能力原则或量能课税原则,并能够较好地发挥所得税作为调节社会经济波动的"自动稳定器"作用,但也存在着课征手续繁杂、征收费用较大等问题。

(三)分类综合所得税制(混合所得税制)

分类综合所得税制是指将分类和综合两种所得税的优点兼收并蓄,实行分项课征和综合计税相结合。以日本实行的个人所得税为例,日本的税法将个人收入项目共分十类,其中不动产所得、经营利润、工薪收入、临时所得和其他收入等五类收入适用综合计征法;退休金和林业收入这两类适用分类计征法;利息、股息和资本利得等三类收入适用综合或分类选择计征法。这一课税模式,优点是既坚持了按纳税能力课税的原则,又体现了对不同性质的收入实行区别对待的原则,同时还可以有效防范偷、漏税情况的发生。也存在着课征手续更繁杂、征收费用更大等问题的缺点。

【专题 8-1】

中国所得税制改革四十年回顾[①]

中国所得税制改革四十年经历以下几个阶段。

(1) 创设阶段(1978—1993 年)。1978 年 12 月党的十一届三中全会召开以后,我国开始实行改革开放政策。为规范地引进国外资金、技术和人才。1980 年 9 月,我国通过了

---

① 国家税务总局所得税司课题组. 中国所得税制改革四十年:回顾与展望[J]. 税务研究,2018(10).

《中外合资经营企业所得税法》和《个人所得税法》；1981年12月，又通过了《外国企业所得税法》。通过对涉外企业和个人引入现代所得税制度，拉开了我国改革开放后税制改革的序幕。作为企业改革和城市改革的一项重大措施，1983年国务院决定在全国试行国营企业"利改税"。1984年9月，国务院发布《国营企业所得税条例（草案）》和《国营企业调节税征收办法》；1985年4月，发布《集体企业所得税暂行条例》；1988年6月，发布《私营企业所得税暂行条例》。1983年至1984年国营企业的两步"利改税"和集体企业、私营企业所得税制度的出台，重新确立了国家与企业的分配关系，使我国的企业所得税制建设进入了健康发展的新阶段。同时，随着改革开放的推进，个人之间的收入差距明显加大，需要通过税收手段加以适当调节。1986年1月，国务院发布《城乡个体工商业户所得税暂行条例》；1986年9月，发布《个人收入调节税暂行条例》；1988年6月，发布《关于征收私营企业投资者个人收入调节税的规定》。1991年4月，我国将《中外合资经营企业所得税法》与《外国企业所得税法》合并，制定了《外商投资企业和外国企业所得税法》，实现了外资企业所得税的统一，有利于进一步扩大改革开放。

（2）发展阶段（1994—2002年）。1992年10月，党的十四大明确提出了"建立社会主义市场经济体制"的目标模式。1993年11月，党的十四届三中全会通过了《中共中央关于建立社会主义市场经济体制若干问题的决定》。为建立适应社会主义市场经济体制的财税体制，我国按照"统一税法、公平税负、简化税制、合理分权"的原则，全面改革了包括企业所得税和个人所得税在内的税收制度，初步建立起适应我国社会主义市场经济体制要求的较为统一的所得税制度体系。1993年12月，国务院将《国营企业所得税条例（草案）》《国营企业调节税征收办法》《集体企业所得税暂行条例》和《私营企业所得税暂行条例》进行整合，制定了《企业所得税暂行条例》。内资企业所得税的统一，有利于进一步扩大改革开放，有利于把国有企业进一步推向市场。1993年10月，我国对《个人所得税法》进行了第一次修订，同时废止了《城乡个体工商业户所得税暂行条例》和《个人收入调节税暂行条例》。这次改革将原来按照纳税人类别分别设立的个人所得税、个人收入调节税和城乡个体工商业户所得税合并为统一的个人所得税，为科学规范的个人所得税制度的建立奠定了基础。

（3）完善阶段（2003—2011年）。2003年10月，党的十六届三中全会通过了《中共中央关于完善社会主义市场经济体制若干问题的决定》，标志着中国经济体制改革进入了一个新阶段。与此相适应，按照"简税制、宽税基、低税率、严征管"的原则，完成了内外资企业所得税制的合并，逐步上调个人所得税工资薪金所得减除费用标准，体现了鲜明的制度创新特点。为吸引外资、发展经济，我国对外资企业实施了有别于内资企业的企业所得税制度。随着社会主义市场经济体制的建立和进一步完善，继续采取内外两套企业所得税制，将使内资企业处于不平等竞争地位。2007年3月，我国通过了《企业所得税法》，实现了内外资企业所得税制的统一，提升了我国企业所得税制的国际化、法治化水平，意义重大，影响深远。1993年第一次修订《个人所得税法》以后，根据经济发展和完善税制的需要，我国又先后于1999年、2005年、2007年、2008年和2011年五次修订，其中，后四次修订，大幅提高了工资薪金所得减除费用标准，引入了年所得12万元以上等高收入者自行申报制度。特别是2011年的第六次修订，涉及提高工资薪金所得减除费用标准、优化工资薪金所得税率结构、调整生产经营所得税率级距及延长纳税期限等多方面改革，是1980年《个人所得税法》实施以来修改内容较多、涉及范围较广的一次重要修正。

(4) 所得税现代化建设阶段（2012年至今）。2012年11月，党的十八大胜利召开，开启了中国特色社会主义走入新时代的征程。立足于全面深化改革的宏观格局和推进国家治理体系和治理能力现代化的宏伟目标，新一轮税制改革旨在通过坚持"稳定税负"的总量原则和"逐步提高直接税比重"的结构策略，建立现代税收制度。具有标志性所得税制改革的事件主要有：①为实施更加积极的财政政策，不断扩大结构性减税范围，陆续推出一系列定向减税和精准调控的所得税政策，旨在促进大众创业、万众创新、小微企业发展和供给侧结构性改革。②2017年2月，我国通过《企业所得税法》修正案，对《企业所得税法》第九条公益捐赠扣除条款进行修订，利用税收杠杆鼓励公益捐赠，促进社会公益事业发展。③2018年8月，我国对《个人所得税法》进行了第七次修订，引入了综合和分类相结合全新的个人所得税制，大幅提高了综合所得减除费用标准，增加了专项附加扣除项目，进一步优化了部分税率级距。

第二节 企业所得税

企业所得税是以企业取得的生产经营所得和其他所得为征税对象所征收的一种税，是规范和处理国家与企业分配关系的重要形式。税收制度设计得合理与否，不仅影响企业负担和国家财政收入，还关系到企业的竞争条件和企业经营机制的转换，关系到能否以法制形式规范国家和企业之间的分配关系。

一、企业所得税的含义

企业所得税是对在我国境内的企业，来源于中国境内、境外的生产经营所得和其他所得征收的一种税。我国现行的企业所得税是由内资企业所得税和外资企业所得税合并而来的。

二、企业所得税的特点

目前，我国企业所得税的特点主要包括以下几个方面：

(1) 征税范围广。从范围上看，来源于中国境内和境外的所得；从内容上看来源于生产经营所得额和其他所得。因此，企业所得税具有征收上的广泛性。

(2) 税负比较公平。企业所得税对企业，不分所有制，不分地区、行业和层次，实行统一的比例税率。因此企业所得税能够较好体现公平税负和税收中性的一个良性税种。

(3) 税基约束力强。企业所得税的税基是应纳税所得额，即以纳税人每一纳税年度的收入总额减去准予扣除项目金额后的余额。为了保护税基，企业所得税法明确了收入总额、扣除项目金额的确定及资产的税务处理等内容，使应税所得额的计算相对独立于企业的会计核算，体现了税法的强制性与统一性。

（4）征收管理比较复杂。企业所得税的计税依据为应纳税所得额，是经过复杂计算而得来的，与企业账面的会计利润在计算目的、计算依据等方面都有着不同。因此，比起商品课税来，所得课税的计税比较复杂，与其他税种相比，企业所得税对税收制度的缜密性要求较高，从而也导致在征收管理上也比较烦琐。

三、企业所得税的基本构成要素

（一）纳税人

根据《中华人民共和国企业所得税法》，企业所得税的纳税人是指企业和其他取得收入的组织(除个人独资企业、合伙企业)。按照国际通行做法，企业所得税法将纳税人划分为"居民企业"和"非居民企业"，并分别规定其纳税义务，即居民企业对境内外全部所得纳税；非居民企业对来源于中国境内所得部分纳税。居民企业是指依法在中国境内成立，或者依照外国(地区)法律成立但实际管理机构在中国境内的企业。非居民企业是指依照外国(地区)法律成立且实际管理机构不在中国境内，但在中国境内设立机构、场所的，或者在中国境内未设立机构、场所，但有来源于中国境内所得的企业。

（二）税率

企业所得税实行25%的统一比例税率。同时，为了照顾某些盈利较少的企业，对符合条件的小型微利企业，减按20%的税率征收企业所得税。对于在中国境内未设立机构、场所的，或者虽设立机构、场所但取得的所得与所设立机构、场所没有实际联系的非居民企业，适用低税率20%，但实际征收时适用10%的税率。此外，对国家需要重点扶持的高新技术企业，减按15%的税率征收企业所得税。

有近160个实行企业所得税的国家(地区)的平均税率为28.6%，我国周边有18个国家(地区)的平均税率为26.7%。从世界各国比较而言，我国企业所得税的税率还是偏低的。现行税率的确定，有利于提高企业竞争力、吸引外资和扩大对外开放。

（三）计税依据

企业所得税的计税依据是应纳税所得额。应纳税所得额是纳税人每一纳税年度的收入总额减去准予扣除项目金额之后的余额。收入总额包括企业以货币形式和非货币形式从各种来源取得的收入。准予扣除项目包括企业实际发生的与取得收入有关的、合理的支出，包括成本、费用、税金、损失和其他支出。

（四）应纳税额的计算

应纳税额的计算公式为

$$应纳税额 = 应纳税所得额 \times 适用税率 - 减免税额 - 抵免税额$$

公式中，减免税额和抵免税额，是指依照企业所得税法和国务院的税收优惠规定减征、免征和抵免的应纳税额。

根据计算公式可以看出，应纳税额的多少，取决于应纳税所得额和适用税率两个因素。在实际计算过程中应纳税所得额的计算一般有两种方法。

计算公式一(直接法):应纳税所得额＝收入总额－不征税收入－免税收入－各项扣除－以前年度亏损。

计算公式二(间接法):应纳税所得额＝会计利润＋纳税调整增加额－纳税调整减少额。

其中,纳税调整额包括两个方面的内容:(1)企业的财务会计处理和税收规定不一致的应当予以调整的金额。(2)企业按照税法规定准予扣除的税收金额。

【专题8-2】

企业所得税计算案例

假定某企业为居民企业,2017年经营业务如下:

(1) 取得销售收入2 500万元。

(2) 销售成本1 100万元。

(3) 发生销售费用670万元(其中广告费450万元);管理费用480万元(其中业务招待费15万元);财务费用60万元。

(4) 销售税金160万元(含增值税120万元)。

(5) 营业外收入70万元,营业外支出50万元(含通过公益性社会团体向贫困山区捐款30万元,支付税收滞纳金6万元)。

(6) 计入成本、费用中的实发工资总额150万元、拨缴职工工会经费3万元、支出职工福利费和职工教育经费29万元。

要求:计算该企业本年度实际应纳的企业所得税。

会计利润总额＝2 500＋70－1 100－670－480－60－(160－120)－50＝170(万元)

说明:企业所得税法规定,企业实际发生的与取得收入有关的、合理的支出,包括成本、费用、税金、损失和其他支出,准予在计算应纳税所得额时扣除。税金是指企业发生的除企业所得税和允许抵扣的增值税以外的各项税金及其附加。税收滞纳金不得扣除。

广告费和业务宣传费调增所得额＝450－2 500×15％＝450－375＝75(万元)

业务招待费调增所得额＝15－15×60％＝15－9＝6(万元)

$$2\ 500×5‰＝12.5(万元)>15×60％＝9(万元)$$

捐赠支出应调增所得额＝30－170×12％＝9.6(万元)

"三费"应调增所得额＝3＋29－150×18.5％＝4.25(万元)

说明:根据企业所得税实施条例,企业发生符合条件的广告费和业务宣传费支出,除国务院财政、税务主管部门另有规定外,不超过当年销售(营业)收入15％的部分,准予扣除;超过部分,准予在以后纳税年度结转扣除。企业发生的与生产经营活动有关的业务招待费支出,按照发生额的60％扣除,但最高不得超过当年销售(营业)收入的5‰。企业发生的职工福利费支出,不超过工资薪金总额14％的部分,准予扣除。企业拨缴的工会经费,不超过工资薪金总额2％的部分,准予扣除。除国务院财政、税务主管部门另有规定外,企业发生的职工教育经费支出,不超过工资薪金总额2.5％的部分,准予扣除;超过部分,准予在以后纳税年度结转扣除。根据财税〔2018〕15号通知,企业通过公益性社会组织或者县级(含县级)以上人民政府及组成部门和直属机构,用于慈善活动、公益事业的捐赠支出,在年度利润总额12%以内的部分,准予在计算应纳税所得额时扣除;超过年度利润总额12%的部分,准予结转以后三年内在计算应纳税所得额时扣除,财税〔2018〕15号通知自2017年1月1日起执行。2016年9月1日至2016年12月31日发生的公益性捐赠支出未在2016年税前扣除的部分,可按此通知执行。

应纳税所得额=170+75+6+9.6+6+4.25=270.85(万元)

2017年应缴企业所得税=270.85×25%=67.71(万元)

第三节 个人所得税

《全国人民代表大会常务委员会关于修改〈中华人民共和国个人所得税法〉的决定》已由中华人民共和国第十三届全国人民代表大会常务委员会第五次会议于2018年8月31日通过,自2019年1月1日起施行,本节内容以最新修订的个人所得税法为准。

个人所得税是以个人(自然人)取得的应税所得为征税对象所征收的一种税。它自1799年诞生于英国以来,目前已成为世界各国普遍开征的一个税种,而且随着生产力水平的提高和个人所得税制度的不断完善,个人所得税收入在税收收入中的比重也迅速增加,在许多国家如美国、加拿大、英国、丹麦、瑞典、芬兰、瑞士、澳大利亚、新西兰等,个人所得税已占政府全部税收收入的30%~50%,成为财政收入的主要来源。在我国,个人所得税制度也经历了一个从无到有、不断发展与改革的过程。

一、个人所得税的含义

个人所得税是对个人(自然人)取得的各项应税所得为征税对象所征收的一种税。具体来讲,是对我国居民来源于境内、境外的应税所得和非居民来源于境内的应税所得征收的一种税。

二、个人所得税的特点

目前我国现行个人所得税的特点主要有:①在税制模式上采取综合与分类相结合所得税制。②累进税率与比例税率并用。③在纳税义务的确定上引入了"居民"和"非居民"的概念,符合国际惯例。

三、个人所得税的基本构成要素

(一)纳税人

个人所得税以所得人为纳税人。具体包括两类:①指在中国境内有住所,或者无住所且一个纳税年度内在中国境内居住累计满183天的个人,为居民个人。居民个人从中国境内和境外取得的所得,依照税法规定缴纳个人所得税。②指在中国境内无住所又不居住,或者无住所且一个纳税年度内在中国境内居住累计不满183天的个人,为非居民个人。非居民个人从中国境内取得的所得,依照税法规定缴纳个人所得税。即居民纳税人应对中国政府承担无限纳税义务;非居民纳税人对中国政府承担有限纳税义务。纳税年度,自公历1月1日起至12月31日止。

(二) 征税对象

个人所得税的征税对象是指属于征税范围的各项个人所得,具体包括9个项目:①工资、薪金所得;②劳务报酬所得;③稿酬所得;④特许权使用费所得;⑤经营所得;⑥利息、股息、红利所得;⑦财产租赁所得;⑧财产转让所得;⑨偶然所得。居民个人取得第①项至第④项所得(以下称综合所得),按纳税年度合并计算个人所得税;非居民个人取得第①项至第④项所得,按月或者按次分项计算个人所得税。纳税人取得第⑤项至第⑨项所得,依照税法规定分别计算个人所得税。

(三) 税率和应纳税所得额计算

▶ 1. 税率

综合所得,适用3%~45%的超额累进税率(税率表见表8-1);经营所得,适用5%~35%的超额累进税率(税率表见表8-2);利息、股息、红利所得,财产租赁所得,财产转让所得和偶然所得,适用比例税率,税率为20%。

▶ 2. 应纳税所得额计算

(1) 居民个人的综合所得,以每一纳税年度的收入额减除费用60 000元及专项扣除、专项附加扣除和依法确定的其他扣除后的余额,为应纳税所得额。专项扣除,包括居民个人按照国家规定的范围和标准缴纳的基本养老保险、基本医疗保险、失业保险等社会保险费和住房公积金等;专项附加扣除,包括子女教育、继续教育、大病医疗、住房贷款利息或者住房租金、赡养老人等支出,具体范围、标准和实施步骤由国务院确定,并报全国人民代表大会常务委员会备案。

(2) 非居民个人的工资、薪金所得,以每月收入额减除费用5 000元后的余额为应纳税所得额;劳务报酬所得、稿酬所得、特许权使用费所得,以每次收入额为应纳税所得额。

(3) 经营所得,以每一纳税年度的收入总额减除成本、费用及损失后的余额,为应纳税所得额。

(4) 财产租赁所得,每次收入不超过4 000元的,减除费用800元;4 000以上的,减除20%的费用,余额为应纳税所得额。

(5) 财产转让所得,以转让财产的收入额减除财产原值和合理费用后的余额,为应纳税所得额。

(6) 利息、股息、红利所得和偶然所得,以每次收入额为应纳税所得额。

(7) 劳务报酬所得、稿酬所得、特许权使用费所得以收入减除20%的费用后的余额为收入额。稿酬所得的收入额减按70%计算。

个人将所得对教育、扶贫、济困等公益慈善事业进行捐赠,捐赠额未超过纳税人申报的应纳税所得额30%的部分,可以从应纳税所得额中扣除;国务院规定对公益慈善事业捐赠实行全额税前扣除的,从其规定。

表8-1　个人所得税综合所得税率表

级数	全年应纳税所得额	税率(%)	速算扣除数
1	不超过36 000元的部分	3	0
2	超过36 000~144 000元的部分	10	2 520
3	超过144 000~300 000元的部分	20	16 920
4	超过300 000~420 000元的部分	25	31 920
5	超过420 000~660 000元的部分	30	52 920
6	超过660 000~960 000元的部分	35	85 920
7	超过960 000元的部分	45	181 920

表8-2　个人所得税经营所得税率表

级次	全年应纳税所得额	税率(%)	速算扣除数
1	不超过30 000元的部分	5	0
2	超过30 000~90 000元的部分	10	1 500
3	超过90 000~300 000元的部分	20	10 500
4	超过300 000~500 000元的部分	30	40 500
5	超过500 000元的部分	35	65 500

【专题8-3】

新个税法将如何影响你的钱包[①]

个人所得税在多数国家都是重要税种,在筹集财政收入、调节收入分配方面发挥了重大作用,目前在我国是仅次于增值税、企业所得税的第三大税种。

2018年8月31日,十三届全国人大常委会第五次会议表决通过关于修改个人所得税法的决定,个税从分类税制转向综合与分类相结合的税制,提高了基本减除费用标准,增加规定专项附加扣除,个税改革迈出了历史性一步。这是个人所得税法自1980年通过以来的第七次修改,更是一次全面的"大修"。一系列新规定的背后有什么政策考量?对纳税人有何影响?

(1)"综合制"符合公平原则。专家普遍认为,此次修法最重要的意义在于,推动个人所得税从分类税制向综合与分类相结合的税制转变,明确居民个人取得工资、薪金所得,劳务报酬所得,稿酬所得和特许权使用费所得为综合所得,按纳税年度合并计算个人所得税。我国原个税法实行的是分类税制,是将个人各种性质的所得分类并分别征税。综合税制则是纳税人全年全部所得,在减除法定费用后征税,能够有效反映纳税人的综合税负能力。

[①] 曾金华. 新个税法将如何影响你的钱包[N]. 经济日报,2018-09-04.

(2) 减税不仅体现在"起征点"。在此前的个税改革中,"起征点"一直是焦点问题。自 2006 年 1 月 1 日起,三次提高了减除费用标准,由 800 元提高到 3 500 元。这次个税改革将"起征点"标准确定在什么水平,从修法一开始就备受关注。有专家指出,这次个税改革的主导思想之一,就是要给中低收入者减税,但与以往几次改革不同的是,这次减税并不是单纯地提高费用扣除标准。新个税法的减税措施体现在三个方面:①将费用扣除标准从每月 3 500 元提高到 5 000 元,提高了近 43%,让一部分低收入者受益;②加进了专项附加扣除,包括子女教育、大病医疗等支出,从而使费用扣除标准从过去的"一刀切"变成个性化的费用扣除,让税前扣除标准更加贴近纳税人的实际情况;③调整了累进税率表,拓宽了 3% 和 10% 两档低税率对应的所得级距。确切地说,这次"三管齐下"的减税措施是这次个税改革的亮点之一。

(3) 新税制比较复杂,对征管税务机关与纳税人也提出了更高的与更新的要求。修改后的税法设立了六个专项附加扣除项目,根据税法授权,国务院将对扣除的范围、标准和实施步骤作出具体规定,这对于税务机关征收提出了更高要求。同时,对如纳税人收集与保存真实性、合法性的扣除凭证也提出了新要求。

本章小结

所得税是世界各国普遍开征的税种,也是许多国家的主体税种,经济发达国家的财政收入主要来自于所得税。所得税主要包括企业所得税(也称公司所得税)、个人所得税和社会保险税(也称工薪税)。一般来说,相对于流转税来说,所得税有以下几个特点:税负比较公平;符合税收的效率原则;符合税收的财政原则;符合税收稳定经济的原则;有利于维护国家的经济权益;所得税计算比较复杂,征税成本较高。

目前,企业所得税税制模式有三种:古典税制、税收抵免或折算税制和双税率制税制。个人所得税税制模式有三类:分类所得税制、综合所得税制和分类综合所得税制(混合所得税制)。

企业所得税是对在我国境内的企业,就其来源于中国境内、境外的生产经营所得和其他所得征收的一种税。特点主要包括征税范围广;税负比较公平;税基约束力强。企业所得税的基本构成要素包括纳税人;税率;计税依据;应纳税额的计算。

个人所得税是对个人(自然人)取得的各项应税所得为征税对象所征收的一种税。具体来讲,是对我国居民来源于境内、境外的应税所得和非居民来源于境内的应税所得征收的一种税。特点主要包括在税制模式上采取综合分类所得税制;累进税率与比例税率并用;在纳税义务的确定上引入了"居民"和"非居民"的概念,符合国际惯例。个人所得税的基本构成要素包括纳税人,征税对象;税率和应纳税所得额计算。

关键词

所得税　个人所得税　企业所得税　古典税制　税收抵免税制　双税率制　分类所得税制　综合所得税制　分类综合所得税制

思考题

1. 何谓所得税，具有哪些特点？
2. 简要说明企业所得税中的古典税制、税收抵免或折算税制和双税率制这三种模式的区别。
3. 简要说明个人所得税中分类所得税制、综合所得税制和分类综合所得税制这三种模式的区别。

案例讨论

某企业本年度有关情况如下：产品销售收入1 000万元，国债利息收入30万元，产品销售成本及税金500万元，管理费用100万元，其中业务招待费超标准6万元，销售费用120万元，其中广告费超标准6万元，财务费用80万元，营业外收入150万元，营业外支出130万元，其中税收滞纳金10万元，工商部门罚款20万元，赞助支出50万元。

计算：(1) 该企业年度利润。
(2) 该企业年度应纳税所得额。
(3) 该企业年度应纳所得税税额。

第九章 财产税及其他税收

学习目标

通过本章的学习,要求学生了解财产税的含义、分类及特征,掌握目前我国财产税体系主要税种的基本构成要素,了解我国其他税种的内容。

开篇导言

财产税作为最古老的税种,在人类社会早期几乎占据了国家税收收入的全部。据《通典·食货·赋税》记载,禹"定九州,量远近,制五服,任土作贡,分田定赋,什一而税",以土地出产向部落酋长(禹、舜)进行定量贡纳,开创了后世土地税的先河。在古希腊、古罗马时期,即已开征了一般财产税。进入现代社会,财产税在整个税收收入中的比重有所下降,但各国税收实践证明,财产税仍然是现代税收体系的重要组成部分,作为地方税的主要税种和地方政府取得财政收入的重要手段,在组织财政收入、公平社会财富分配及优化资源的配置等方面,仍具有其他税种无法取代的作用。

据统计,全世界有130多个国家课征各种形式的财产税。各国财产税主要有房屋税、土地税、土地增值税、固定资产税、流动资产税、遗产税和赠与税等。在20世纪末的10年里,为适应经济全球化的挑战,英国、印度尼西亚、肯尼亚、日本、荷兰等国先后进行了财产税制的改革,在一些经济转型国家中,财产税制改革还被视为是推进国家政治经济制度变革的重要步骤。

经过数十年的税制建设,我国的财产税体系已初步建立起来,主要税种包括房产税、城镇土地使用税、车船税、土地增值税、契税等税种。开征遗产税和赠与税等新财产税种也正在积极地探讨过程当中。

第一节 财产税

严格来讲,财产税就像商品税、所得税一样,它不是一个税种的名称,而是对"财产"征税的税种归类,即一个税系。无论哪一种类型的税制结构设计,对财产的保有、转让及收益的课税都构成税制体系的重要组成部分。特别是在现代税制体系中,对财产的课税是税制体系的三大支柱之一。

一、财产税的含义及分类

(一)财产税的含义

财产税是以财产为征税对象,并由对财产进行占有、使用或收益的主体缴纳的一类税种。

(二)财产税的分类

依据不同的标准,财产税可以进行多种类型的划分。

▶ 1. 按课税范围的宽窄

财产税分为一般财产税和特定财产税。一般财产税也称综合财产税,是对纳税人拥有或支配的所有财产按其价值综合课征;特定财产税又称个别财产税,是对纳税人的某些财产,如土地、房屋等有选择地分别课征。

▶ 2. 按课税时财产的状态

财产税分为静态财产税和动态财产税。静态财产税是对某个时期内或某一时点上纳税人所拥有的财产课征的税,它不问财产的来源和未来的变化,因而也称财产占用税;动态财产税是在财产所有权或使用权发生无偿转移时,按其价值额一次性课征的税。动态财产税又称财产转移税,代表税种有遗产税、继承税、赠与税等。在一般情况下,目前很多国家包括我国都采用这种划分方式。

▶ 3. 按课税依据不同

财产税分为财产总值税和财产净值税。财产总值税是按纳税人财产的价值总额计征,不做任何费用扣除。财产净值税是以纳税人财产的价值总额扣除负债后的净额为课税依据计征。

▶ 4. 按课税权限行使的持续性

财产税分为经常财产税和临时财产税。前者常年课征,是历年财政收入的重要组成部分;后者一般在国家处于非常时期,如战争时期,为筹集财政收入临时开征,一旦财政状况好转,就会立刻停征。

二、财产税的特点

同其他税类相比,财产税主要具有如下特点。

(1)财产税主要是对社会财富的存量征收(即这些财产通常没有参与再生产的循环),大部分是对财产本身的数量和价值征税。财产类税收的纳税人不一定是财产的所有人(如遗产税),而所得类税收的纳税人则多是所得的拥有者。

(2) 财产税多属于直接税。财产税中的大多数税种都具有直接税的性质,即对使用、消费过程中的财产征收,基本上不与其他行为发生经济关系,因而税负很难转嫁。另外,财产税多数是经常税。对财产课税的主要税种在长期的发展过程中,一直被作为经常性财政收入,是地方财政收入的主要来源。

【专题 9-1】

财产税会降低财富积累吗?①

相对于所得税等主要税种,人们对财产税的了解还不够多。虽然早在 18 世纪,一大批古典政治经济学家便提出了很多关于财产税的理论,但是现代经济学视野下的财产税研究依然匮乏,原因在于:一是直到 20 世纪之后,大多数发达国家才开始广泛征收财产税,并且时断时续(如遗产税)。二是研究财产税的条件不佳。财产状况相对于收入更具有隐蔽性,更加隐私。不了解相关信息意味着基本事实都不清楚,征税便无从谈起。对财产课税还要求动态追踪财产价值变化(如房产)、财产转移(如至海外)和权属变更(如赠予或继承)状况,这都进一步导致了征管难度加大。

难度大不应作为放弃财产税研究的理由。2008 年的国际金融危机不仅震荡了世界经济,而且冲击了人们的"神经"。在一个资讯空前发达的网络社会,巨富们的收入及财产状况第一次直观地呈现在社会公众面前。呼唤财富平等再次成为多数人最直接的表达。与打破社会运行秩序相比,开征财产税显然是成本较低的一种选择。

事实上,学术界正在为此不断努力,诸多关于财产税的研究开始面世。2013 年至今的几年时间里,西方学者推出了一系列关于财产税研究成果,他们的主要贡献是回答了如何设置最优财产税,并分析了财产税对收入分配及平等的影响机制。

那么接下来,我们想问的是,现实中的财产税长什么样子?财产税有助于改善收入分配吗?2018 年 3 月,普林斯顿大学的亨里克·克雷文教授的四人团队发表了工作论文,揭示了丹麦财产税对财富积累的影响。归纳起来,这份研究的贡献大致分为三个方面:

(1) 将一个国家所有财产税数据作为研究对象来探讨税收政策效应。克雷文教授的研究完整地获得了丹麦的全部数据,包括每个家庭的纳税情况及财富状况。难能可贵的是,丹麦财产税税制是随时间不断变化的,这为评估政策影响提供了可能。整个 20 世纪 80 年代,经济合作与发展组织(OECD)国家普遍开征财产税。丹麦作为其中一员,其财产税最高边际税率长期维持在 2.2% 的水平。到了 1989 年,丹麦政府才将税率下调至 1%,并对已婚家庭的纳税门槛进行了调整。而在 1997 年,丹麦财产税彻底暂停征收。三次变化能够看到每个家庭不同的纳税情况及财富变化状况,结合他们的收入水平,就能对财产税的政策影响进行分析。

(2) 构建了财产税与资本积累之间的研究框架。文章研究发现,即使在社会福利状况上佳的丹麦,有产阶层会预防性储蓄——他们保有财产,也愿意为财富缴税。这些机制是以往研究中没有看到过的。

---

① 何代欣. 财产税会降低财富积累吗? [N]. 中国税务报,2018-08-01.

(3) 首次分析了富裕家庭在积累及分配财富上的行为特征。数据显示，丹麦富裕阶层的前10%拥有社会总财富的一半，前1%最富阶层拥有社会总财富的20%。基于这个事实，研究发现财产税对前1%人群的影响比前10%的影响大，大约前者是后者的3倍。此外，1%富裕人群的年龄在50~90岁，没有发现因为年龄渐长而减低储蓄、消耗财富的情况。研究还发现，富裕家庭的财富分配大都有一定规划。他们的很多行为也与常人不一样。可能正是因为这个原因，或者财富积累过程中本身存在的加速效应，财产税对丹麦收入分配并没有起到预期作用。这或许也是该国取消财产税的一个原因。

三、我国现行的财产税

我国现行的财产课税的税种主要包括房产税、城镇土地使用税、车船税、土地增值税、契税、耕地占用税。其中，契税属于财产转移税，其他则属于个别财产税。

（一）房产税

▶ 1. 含义

房产税是以房屋为征税对象，以房屋的计税余值或租金收入为计税依据，向房屋产权所有人征收的一种财产税。

▶ 2. 纳税人

按我国现行税制规定，房产税的纳税人是房屋的产权所有人，包括产权所有人、经营管理单位（房屋产权属于国家所有）、承典人（产权出典）、房产代管人或者使用人。自2009年1月1日起，我国明确外商投资企业、外国企业和组织及外籍个人依照《中华人民共和国房产税暂行条例》缴纳房产税。

▶ 3. 征税对象

房产税的征税对象是指在中国境内的城市、县城、建制镇和工矿区的房产。为了减轻农村居民的负担和促进农业经济的发展，房产税的征税范围不包括农村。

▶ 4. 计税依据

房产税的计税依据有从价计征和从租计征两种。从价计征是指按照房产原值一次减除10%~30%后的余值计算缴纳。在确定计税余值时，房产原值的具体减除比例，由省、自治区、直辖市人民政府在税法规定的减除幅度内自行确定。从租计征是指以房产租金收入计算缴纳。房产的租金收入，是房屋产权所有人出租房产使用权所得的报酬，包括货币收入和实物收入。对以劳务或其他形式作为报酬抵付房租收入的，应当根据当地同类房产的租金水平，确定一个标准租金额，从租计征。

▶ 5. 税率

我国现行房产税采用的是比例税率，主要有两种税率：一是实行从价计征的，税率为1.2%；二是实行从租计征的，税率为12%。向个人出租用于居住的住房，减按4%的税率征收房产税。

▶ 6. 应纳税额的计算

（1）从价计征的计算。从价计征的计算是指按照房产的原值减除一定比例后的余额来

计算征收房产税。计算公式为

$$应纳税额＝应税房产原值×(1-扣除比例)×适用税率$$

（2）从租计征的计算。从租计征的计算是指按房产出租的租金收入来计算征收房产税。计算公式为

$$应纳税额＝租金收入×适用税率$$

（二）城镇土地使用税

▶ 1. 含义

城镇土地使用税是国家从城市、县城、建制镇和工矿区范围内，对使用土地的单位和个人，以其实际占用的土地面积为计税依据，按照规定的税额计算征收的一种财产税。

▶ 2. 纳税人

在城市、县城、建制镇、工矿区范围内使用土地的单位和个人，为城镇土地使用税的纳税义务人。

▶ 3. 征税范围

在城市、县城、建制镇、工矿区范围内的土地，不论是属于国家所有的土地，还是集体所有的土地，都属于城镇土地使用税的征税范围。建立在城市、县城、建制镇和工矿区以外的工矿企业则不需缴纳城镇土地使用税。

▶ 4. 计税依据

城镇土地使用税的计税依据是纳税人实际占用的土地面积。土地面积以平方米为计量标准。

▶ 5. 税率

城镇土地使用税采用定额税率，即采用有幅度的差别税额。按大、中、小城市和县城、建制镇、工矿区分别规定每平方米城镇土地使用税年应纳税额。城镇土地使用税每平方米年税额标准具体规定：大城市（50万人口以上）1.5～30元；中等城市（20万～50万人口）1.2～24元；小城市（20万人口以下）0.9～18元；县城、建制镇、工矿区0.6～12元。

▶ 6. 应纳税额的计算

$$城镇土地使用税年应纳税额＝实际占用应税土地面积（平方米）×适用税额$$

如果土地使用权由多人共有，由共有各方按照各自实际使用的土地面积占总面积的比例，分别计算缴纳土地使用税。另外，经省、自治区、直辖市人民政府批准，经济落后地区的土地使用税适用税额可以适当降低，但降低额不得超过规定的最低税额的30%。经济发达地区土地使用税的使用税额标准可以适当提高，但须报经财政部批准。

（三）车船税

2011年2月25日，第十一届全国人民代表大会常务委员会第十九次会议通过了《中华人民共和国车船税法》（以下简称《车船税法》）。同日，国家主席胡锦涛签署第43号主席令予以公布，自2012年1月1日起施行。2006年12月29日国务院公布的《中华人民共和国车船税暂行条例》同时废止。

▶ 1. 含义

车船税是以车船为征税对象，向拥有并使用车船的单位和个人征收的一种税。

2. 纳税人

在中华人民共和国境内属于《车船税法》所附《车船税税目税额表》规定的车辆、船舶(以下简称车船)的所有人或者管理人,为车船税的纳税人,应当依照《车船税》缴纳车船税。

3. 征税范围

从车船税财产税性质和公平税负的角度出发,不论车船是否应向管理部门登记,都应纳入征税范围。《车船税法》不再按车船是否登记来确定是否具有纳税义务,将征税范围统一为税法规定的车船。国务院财政部门、税务主管部门可以根据实际情况,在规定的税目范围和税额幅度内,划分子税目,并明确车辆的子税目税额幅度和船舶的具体适用税额。车辆的具体适用税额由省、自治区、直辖市人民政府在规定的子税目税额幅度内确定。

4. 税率

根据规定,对应税车辆实行有幅度的定额税率,即对各类车辆分别规定一个最低到最高限度的年税额,同时授权省、自治区、直辖市人民政府在规定的税额幅度内,根据当地的实际情况自行确定本地区的适用税额。车船使用税目税额见表9-1所示。

表9-1 车船税税目税额表

税 目		计税单位	年基准税额	备 注
乘用车[按发动机汽缸容量(排气量)分档]	1.0升(含)以下的	每辆	60~360元	核定载客人数9人(含)以下
	1.0升以上至1.6升(含)的		300~540元	
	1.6升以上至2.0升(含)的		360~660元	
	2.0升以上至2.5升(含)的		660~1 200元	
	2.5升以上至3.0升(含)的		1 200~2 400元	
	3.0升以上至4.0升(含)的		2 400~3 600元	
	4.0升以上的		3 600~5 400元	
商用车	客车	每辆	480~1 440元	核定载客人数9人以上,包括电车
	货车	整备质量每吨	16~120元	包括半挂牵引车、三轮汽车和低速载货汽车等
挂车		整备质量每吨	按照货车税额的50%计算	
其他车辆	专用作业车	整备质量每吨	16~120元	不包括拖拉机
	轮式专用机械车		16~120元	
摩托车		每辆	36~180元	
船舶	机动船舶	净吨位每吨	3~6元	拖船、非机动驳船分别按照机动船舶税额的50%计算
	游艇	艇身长度每米	600~2 000元	

▶ 5. 计税依据

车船税作为财产税，计税依据理论上应当是评估价值，但由于乘用车数量庞大且分散于千家万户，难以进行价值评估。考虑到乘用车的排气量与其价值总体上存在着正相关关系，《车船税法》将排气量作为乘用车计税依据。

【专题 9-2】

节能、新能源车船享受车船税优惠政策

为促进节约能源，鼓励使用新能源，根据《中华人民共和国车船税法》及其实施条例有关规定，经国务院批准，财税〔2018〕74号(2018年7月10日)通知，将对节约能源、使用新能源(以下简称节能、新能源)车船的车船税优惠政策。

（一）对节能汽车，减半征收车船税

1. 减半征收车船税的节能乘用车应同时符合的标准

(1) 获得许可在中国境内销售的排量为1.6升以下(含1.6升)的燃用汽油、柴油的乘用车(含非插电式混合动力、双燃料和两用燃料乘用车)。

(2) 综合工况燃料消耗量应符合标准(具体标准略)。

2. 减半征收车船税的节能商用车应同时符合的标准

(1) 获得许可在中国境内销售的燃用天然气、汽油、柴油的轻型和重型商用车(含非插电式混合动力、双燃料和两用燃料轻型和重型商用车)。

(2) 燃用汽油、柴油的轻型和重型商用车综合工况燃料消耗量应符合标准(具体标准略)。

（二）对新能源车船，免征车船税

(1) 免征车船税的新能源汽车是指纯电动商用车、插电式(含增程式)混合动力汽车、燃料电池商用车。纯电动乘用车和燃料电池乘用车不属于车船税征税范围，不征车船税。

(2) 免征车船税的新能源汽车应同时符合以下标准：①获得许可在中国境内销售的纯电动商用车、插电式(含增程式)混合动力汽车、燃料电池商用车；②符合新能源汽车产品技术标准(具体标准略)；③通过新能源汽车专项检测，符合新能源汽车标准(具体标准略)；④新能源汽车生产企业或进口新能源汽车经销商在产品质量保证、产品一致性、售后服务、安全监测、动力电池回收利用等方面符合相关要求(具体标准略)。

(3) 免征车船税的新能源船舶应符合的标准有船舶的主推进动力装置为纯天然气发动机。发动机采用微量柴油引燃方式且引燃油热值占全部燃料总热值的比例不超过5%的，视同纯天然气发动机。

（四）土地增值税

▶ 1. 含义

土地增值税是对转让国有土地使用权、地上建筑物及其附着物并取得收入的单位和个人，就其转让房地产所取得的增值额征收的一种财产税。

▶ 2. 纳税人

土地增值税的纳税人为转让国有土地使用权、地上建筑及其附着物(以下简称转让房地产)并取得收入的单位和个人。单位包括各类企业单位、事业单位、国家机关和社会团

体及其他组织。个人包括个体经营者。此外,还包括外商投资企业、外国企业、外国驻华机构及海外华侨、港澳台同胞和外国公民。

▶ 3. 征税范围

征税范围的一般规定有土地增值税只对转让国有土地使用权的行为征税,转让非国有土地和出让国有土地的行为均不征税;土地增值税既对转让国有土地使用权的行为征税,也对转让地上建筑物及其他附着物产权的行为征税;土地增值税只对有偿转让的房地产征税,对以继承、赠与等方式无偿转让的房地产,不予征税。

▶ 4. 计税依据

应税收入的确定包括货币收入,即纳税人转让房地产取得的现金、银行存款和国库券、金融债券、企业债券、股票等有价证券;实物收入,即纳税人转让房地产取得的各种实物形态的收入;其他收入,即纳税人转让房地产取得的无形资产收入或具有财产价值的权利。

扣除项目及其金额:取得土地使用权所支付的金额;房地产开发成本;房地产开发费用;与转让房地产有关的税金;财政部确定的其他扣除项目;旧房及建筑物的扣除金额;计税依据的特殊规定。

▶ 5. 税率

土地增值税实行四级超率累进税率,见表 9-2。

表 9-2 土地增值税四级超率累进税率表

级 数	增值额与扣除项目金额的比率	税率(%)	速算扣除系数(%)
1	不超过 50% 的部分	30	0
2	超过 50%~100% 的部分	40	5
3	超过 100%~200% 的部分	50	15
4	超过 200% 的部分	60	35

▶ 6. 应纳税额的计算

土地增值税按照纳税人转让房地产所取得的增值额和规定的税率计算征收,计算公式为

$$应纳税额 = \sum(每级距的增值额 \times 适用税率)$$

(五) 契税

▶ 1. 含义

契税是以所有权发生转移变动的不动产为征税对象,向产权承受人征收的一种财产税。

▶ 2. 纳税人

契税的纳税义务人是指在中华人民共和国境内转移土地、房屋权属,承受的单位和个人。土地、房屋权属是指土地使用权和房屋所有权。单位是指企业单位、事业单位、国家机关、军事单位和社会团体及其他组织。个人是指个体经营者及其他个人,包括中国公民和外籍人员。

▶ 3. 征税对象

契税的征税对象是境内转移土地、房屋权属。具体包括:国有土地使用权出让;土地使用权的转让;房屋买卖;房屋赠与;房屋交换。

▶ 4. 税率

契税实行3%~5%的幅度税率,各省、自治区、直辖市人民政府可以在3%~5%的幅度规定范围内,按照本地区的实际情况决定。

▶ 5. 计税依据

契税的计税依据为不动产的价格。按土地、房屋交易的不同情况,分为以下几种情况:(1)国有土地使用权出让、土地使用权出售、房屋买卖,以成交价格为计税依据。(2)土地使用权赠与、房屋赠与,由征收机关参照土地使用权出售、房屋买卖的市场价格核定。(3)土地使用权交换、房屋交换,为所交换的土地使用权、房屋的价格差额。(4)以划拨方式取得土地使用权,经批准转让房地产时,由房地产转让者补交契税,计税依据为补交的土地使用权出让费用或者土地收益。

▶ 6. 应纳税额的计算

应纳税额的计算采用比例税率,计算公式为

$$应纳税额 = 计税依据 \times 税率$$

【专题9-3】

契税的计算

例一:企业缴纳契税

某外商投资企业2017年接受某国有甲企业以房产投资入股,房产市场价值为100万元;另外以自有房产与另一企业交换一处房产,支付差价款300万元;同年政府有关部门批准向该企业出让土地一块,该企业缴纳土地出让金150万元(该地规定契税税率为2%)。计算应缴纳的契税。

外商投资企业应纳契税 = 100 × 2% = 2(万元)

甲企业交换房产和补交土地出让金应纳契税 = 300 × 2% + 150 × 2% = 9(万元)

例二:居民个人缴纳契税

居民甲有两套住房,将一套出售给居民乙,成交价格为20万元;将另一套两室住房与居民丙交换成两处一室住房,并支付给丙换房差价款6万元。计算甲、乙、丙相关行为应缴纳的契税(假定税率为4%)。

则甲乙丙三人

甲应缴纳契税 = 6 × 4% = 0.24(万元)

乙应缴纳契税 = 20 × 4% = 0.8(万元)

丙不缴纳契税

(六)耕地占用税

▶ 1. 含义

耕地占用税,是指国家对占用耕地建房或者从事其他非农业建设的单位和个人,依其占用耕地面积征收的一种税。

▶ 2. 纳税人

占用耕地建房或者从事其他非农业建设的单位和个人,都是耕地占用税的纳税义务人。

▶ 3. 征收范围

耕地占用税以纳税人实际占用的耕地面积计税,按照规定税额一次性征收。包括国家所有和集体所有的耕地。

▶ 4. 税率

耕地占用税实行定额税率。以县(市、区)为单位,耕地占用税的税额规定如下:(1)人均耕地不超过1亩的地区,每平方米为10~50元。(2)人均耕地超过1亩但不超过2亩的地区,每平方米为8~40元。(3)人均耕地超过2亩但不超过3亩的地区,每平方米为6~30元。(4)人均耕地超过3亩的地区,每平方米为5~25元。税率的规定在每个范围最高税率是最低税率的5倍。经济特区、经济技术开发区和经济发达、人均占有耕地较少的地区,税额可以适当提高,但最多不得超过规定税额标准的50%。

▶ 5. 税额的计算

应纳税额＝实际占用耕地面积(平方米)×适用定额税率

第二节 其他税收

在我国,印花税、资源税、城市维护建设税、车辆购置税等税种属于一种特定的行为目的税类,划入流转税类、所得税类或者财产税类都略显牵强,在此作为其他税收一并介绍。

一、印花税

(一) 含义

印花税是对经济活动和经济交往中书立、使用、领受的凭证征收的一种税。印花税是一个古老的国际性的税种,使用范围很广。

(二) 纳税人

印花税的纳税人为在中国境内书立、使用、领受应税凭证的单位和个人,包括立合同人、立据人、立账簿人、领受人和使用人。

(三) 征税范围

印花税的征税范围包括五类性质的凭证,即:合同和具有合同性质的凭证、产权转移书据、营业账簿、权利和许可证照及经财政部确定征税的其他凭证。

(四) 税目

目前,印花税共有13个税目。它们是购销合同、加工承揽合同、建设工程勘察设计合同、建筑安装工程承包合同、财产租赁合同、货物运输合同、仓储保管合同、借款合同、财产保险合同、技术合同、产权转移书据、营业账簿和权利、许可证照。

(五) 税率

印花税的税率有比例税率和定额税率两种形式。适用比例税率的以应纳税凭证所记载的金额、费用、收入额为计税依据计算应纳税额；适用定额税率的以应税凭证的件数为计税依据计算。比例税率分为5个档次，分为0.05‰、0.3‰、0.5‰、1‰、2‰；定额税率为按件贴花，税额为5元。

（六）应纳税额的计算

按比例税率计算

$$应纳税额＝计税金额×适用税率$$

按定额税率计算

$$应纳税额＝凭证数量×单位税额$$

【专题9-4】

印花税的计算

某企业于2014年成立，领取了营业执照、税务登记证、房产证、土地使用证、商标注册证各一件，资金账簿记载实收资本1 350万元，新启用其他营业账簿8本，当年发生经济业务如下：(1)4月初将一门面租给某商户，签订财产租赁合同，租期1年，合同记载年租金12万元，本年内租金收入9万元。出租闲置的办公用品，签订租赁合同，月租金500元，但未指定具体租赁期限。(2)8月份与某公司签订货物运输保管合同，记载运费9万元、装卸费1万元、仓储保管费8万元、货物保价100万元。(3)10月份以一栋价值50万元的房产作抵押，取得银行抵押贷款40万元，并签订抵押贷款合同，年底由于资金周转困难，按合同约定将房产产权转移给银行，并依法签订产权转移书据。(4)12月份与甲公司签订转让技术合同，转让收入按甲公司2015—2016年实现利润的30%支付。根据上述资料计算应缴纳的印花税。

则该企业

2014年使用的证照与账簿该企业应缴纳印花税

$$4×5＋1 350×0.5‰×10 000＋8×5＝6 810(元)$$

2014年签订租赁合同该企业应缴纳印花税

$$12×1‰×10 000＋5＝125(元)$$

2014年房产抵押贷款业务该企业应缴纳印花税

$$40×0.05‰×10 000＋50×0.5‰×10 000＝270(元)$$

2014年该企业共计应缴纳印花税

$$9×0.5‰×10 000＋8×1‰×10 000＋5＋6 810＋125＋270＝7 335(元)$$

二、资源税

《国务院关于修改〈中华人民共和国资源税暂行条例〉的决定》已经2011年9月21日国务院第173次常务会议通过，自2011年11月1日起施行。

（一）含义

资源税实质上是为了保护和促进国有自然资源的合理开发与利用，适当调节资源级差收入而征收的一种税收。

(二) 纳税人

在我国领域及管辖海域开采按《中华人民共和国资源税暂行条例》规定的矿产品或者生产盐(以下称开采或者生产应税产品)的单位和个人,为资源税的纳税人。

(三) 征税范围

我国资源税的征税范围主要包括石油、煤炭、天然气、金属类矿产、非金属类矿产及盐等。

(四) 征税依据

资源税的征税依据为应税产品的销售额或者销售数量。

(五) 税率

目前,我国对于资源税的课征除了石油与天然气之外,大部分施行的定额税率,规定比较繁杂。

(六) 应纳税额的计算

资源税的应纳税额,按照应税产品的课税数量和规定的单位税额计算。应纳税额的计算公式为

$$应纳税额 = 销售额或者销售数量 \times 单位税额$$

三、环境保护税

《中华人民共和国环境保护税法》已由第十二届全国人民代表大会常务委员会第二十五次会议于 2016 年 12 月 25 日通过,自 2018 年 1 月 1 日起施行。

(一) 含义

环境保护税是由英国经济学家庇古最先提出的,他的观点已经被西方发达国家普遍接受。欧美各国的环保政策逐渐减少直接干预手段的运用,越来越多地采用生态税、绿色环保税等多种特指税种来维护生态环境,针对污水、废气、噪声和废弃物等突出的"显性污染"进行强制征税。我国为了保护和改善环境,减少污染物排放,推进生态文明建设,颁布实施了环境保护税法。

(二) 纳税义务人

我国领域和我国管辖的其他海域,直接向环境排放应税污染物的企业事业单位和其他生产经营者为环境保护税的纳税人,应当依照税法规定缴纳环境保护税。

(三) 计税依据

应税污染物的计税依据,按照下列方法确定:(1)应税大气污染物按照污染物排放量折合的污染当量数确定。(2)应税水污染物按照污染物排放量折合的污染当量数确定。(3)应税固体废物按照固体废物的排放量确定。(4)应税噪声按照超过国家规定标准的分贝数确定。

四、城市维护建设税

(一) 含义

城市维护建设税(简称城建税),是国家对缴纳增值税、消费税的单位和个人就其实际

缴纳的"二税"税额(2016年5月起全面实行营业税改增值税,营业税全面取消,所以原来"三税"变成"二税")为计税依据而征收的一种税。它属于特定目的税,是国家为加强城市的维护建设,扩大和稳定城市建设资金的来源采取的一项税收措施。

（二）纳税义务人

城市维护建设税的纳税人是负有缴纳增值税、消费税义务的单位和个人,包括国有企业、集体企业、私营企业、股份制企业、其他企业和行政单位、事业单位、军事单位、社会团体、其他单位及个体工商户和个人。

（三）计税依据

城市维护建设税的计税依据是纳税人实际缴纳的增值税、消费税。城市维护建设税以"二税"税额为计税依据,"二税"应纳税额不包括加收的滞纳金和罚款。因为滞纳金和罚款是税务机关对纳税人采取的一种经济制裁,不是"二税"的征税,因此,不应包括在计税依据之中。

（四）税率

城市维护建设税采用地区差别比例税率。按照纳税人所在地的不同,税率分别规定：在市区的税率为7%；在县城、镇的税率为5%；非市区县城、镇的税率为1%三个档次。

（五）应纳税额的计算

应纳税额的计算公式为

$$应纳税额=(纳税人实际缴纳的增值税+消费税)\times 适用税率$$

五、车辆购置税

（一）含义

车辆购置税是对有取得并自用应税车辆行为的单位和个人征收的一种税,兼有财产税和行为税的性质。

（二）纳税义务人

在我国境内购买、进口、自产、受赠、获奖和以其他方式取得并自用应税车辆的单位和个人,为车辆购置税的纳税人。

（三）征税范围

车辆购置税的征收范围包括汽车、摩托车、电车、挂车、农用运输车。

（四）税率

车辆购置税实行从价定率的办法计算应纳税额,税率为10%。

（五）应纳税额的计算

应纳税额的计算公式为

$$应纳税额=计税价格\times 税率$$

【专题9-5】

世界主要税种的发展趋势

根据《世界税制现状与趋势》课题组发布的《世界税制现状与趋势(2017)》研究报告,世界各国和地区主要税种的发展趋势有以下几个方面。

(1) 个人所得税。近年来，个人所得税改革发展趋势主要呈现的特点有：①收入调节功能越来越强。各国在改革中都非常重视个人所得税的收入分配调节功能。为了减轻纳税人税收负担，近年来各国纷纷调高了费用扣除标准、调低了最高边际税率。同时，为了弥补由此带来的税收减少的损失，不少国家在调高起始边际税率。②不断强化对高收入者的税收管理，避免高收入者利用优惠政策减轻税负。③对个人居民纳税人的判定标准更严格，以防止税源流失，确保本国的税收利益。④越来越多的国家利用信息技术实行个人免申报制度。

(2) 公司所得税。在经济全球化的背景下，为了提高税制竞争力，公司所得税成为各国税制改革的重点：①公司所得税法定税率呈下降趋势。经济合作与发展组织国家平均法定税率由 2000 年的 32.2% 锐减至 2017 年的 22.3%，并一直呈下调趋势。2017 年，美国、克罗地亚、匈牙利、意大利、斯洛伐克和英国等欧盟成员国也降低了公司所得税的最高边际税率。②公司所得税法定税率逐渐接近。大多数国家的公司所得税税率介于 15%～25% 之间，并不断向这一区间靠拢。③不断加大对科技创新企业、中小企业及特定领域如支持就业与节能环保的税收优惠力度。④积极落实税基侵蚀与利润转移(BEPS)行动计划。各个国家推进 BEPS 行动的举措主要集中在应对混合错配安排、利息扣除限制、转让定价和信息披露等领域。

(3) 社会保障税。社会保障税已经不再局限于原来最基本的养老保险、医疗保险及失业保险等社会保障最基本税目，开始向全面、多功能的方向发展。从英国、巴西和荷兰等国家的改革成效来看，税务部门征收社会保障税的效率最高、综合成本(征收成本和缴纳成本)最低。由税务部门统一征收社会保障税，成为越来越多国家的选择。签订社会保障的国际协定也已成为国际间协调社会保障管理的重要方式，被越来越多国家所接受和运用。

(4) 增值税。增值税已经成为世界税制改革的潮流。印度和海湾合作委员会 6 个成员国先后于 2017 年 7 月和 2018 年 1 月征收增值税。目前，在已经开征增值税的国家中，大多数国家保持了增值税标准税率不变。此外，随着经济全球化和数字经济的进一步发展，不少国家致力于完善应对数字经济的增值税制度，纷纷出台了针对数字经济的税收改革措施。各国在增值税实践中，通过提高增值税起征点促进中小企业发展，对绿色环保等行业实行低税率或免税促进行业发展。

(5) 房地产税。从世界各国的发展趋势看，房地产税主要属于地方税，税率普遍不高，这反映了各国对房地产税负水平的一个审慎的态度。世界上征收房地产税的国家，其税收优惠政策的形式多样。但是，一般对于个人或个人的主要居所给予一定的税收优惠。

(6) 资源和环境税。不少国家将资源和环境税作为促进绿色环保的重要工具。资源和环境税已基本覆盖资源开采、产品消费和排污等整个环节，从简单地征收污染税转向全面、系统地调整税制，以体现税收的整体环保"绿化"要求。多数国家的资源和环境税收入都是专款用于环保。

本章小结

财产税是以财产为征税对象，并由对财产进行占有、使用或收益的主体缴纳的一类税。依据不同的标准，财产税可以进行多种类型的划分。目前我国税收体系中，房产税、城镇土地使用税、车船税、土地增值税、契税、耕地占用税等被归为财产税类。每一种财产税基本上都由纳税人、征税范围、计税依据、税率、应纳税额的计算等要素构成。

除流转税、所得税和财产税之外，印花税、资源税、环境保护税、城市维护建设税、车辆购置税被称为其他税收，也有人把这些税种统称为行为税。这些税种大多不是税制中的主体税种，但也在税收调节经济中发挥着重要作用。

关键词

财产税　房产税　城镇土地使用税　车船使用税　土地增值税　契税　印花税　土地增值税

思考题

1. 何谓财产税？其特点是什么？目前我国的财产税有哪些具体的税种？
2. 通过几个案例来分析一下关于房产税、土地增值税、城镇土地使用税、车船使用税等应纳税额的计算。
3. 你觉得我国开征环境保护税的意义是什么？
4. 根据你的所学，能否设计我国社会保障税基本构成要素的具体内容。

案例讨论

案例一： 起源于美国(1916年)的遗产税和赠与税是世界上普遍征收而且历史悠久的税种。但从它出现之日起，对遗产税存废的争论也一直没有停止过。支持实行遗产税者认为，遗产税本身是一项经济民主的制度，是国家通过对于富者遗产的征收，在代际接替之间实现平等，并用这些税款来对社会弱势群体进行补助，实现社会整体效益，同时遗产税能给国家带来每年几百亿美元的税收，有助于减少联邦的预算赤字。反对方则认为，遗产税等于双重课税，挣钱时课税，传给后代时再次课税，对富者不公平，而且有损于富者将财富传给下一代，阻碍了积蓄和投资，影响了经济效率。对于我国该不该开征遗产税与赠与税的问题近些年来也成了舆论关注的焦点。

对此问题，你是如何看的？你觉得我国目前应不应该开征这一税种，为什么？

案例二： 有人说，我国现在所有的汽车税收(增值税、消费税、购置税)都是国税，税是中央收了，事情要地方来办，所以，地方不得不在公路收费上打算盘，这就是为什么中国收费公路最多的原因。

对此议论，你是如何看待的？

第十章 国际税收

学习目标

通过本章的学习,要求学生了解国际税收的含义及产生与发展,认识税收管辖权的分类,掌握国际重复征税产生的原因及减除方法,熟悉国际避税的常用手段和国际税收协定的相关内容。

开篇导言

各国现行税收制度一般是在市场经济建立以后才逐步完善起来的,但是随着各国经济活动国际化的发展,税收活动也出现了国际化的趋势,产生了国际税收问题。特别是19世纪末到20世纪初,主要发达国家的资本输出规模不断扩大,国外投资经营所得成为资本输出国的一项重要收入来源,由此不可避免地产生了有关当事国政府对同一笔跨国收入各自行使税收管辖权的问题,产生国际双重征税的现象。而国与国之间税收关系协调不力就会阻碍劳动、资本、技术等生产要素的国际流动和有效配置,不利于世界经济的总体发展,也会损害各国自身的利益。所以,理顺国际税收关系、搞好国际税收协调对每个国家来说都是一项十分重要的工作。

在我国,随着改革开放的不断深入,尤其是2001年加入WTO以来,我国对外经济的开放程度越来越大,在接受外来投资和对外投资方面,无论是绝对额还是相对额都有较大幅度的增长。在此背景下,有关的国际税收问题就表现得较为突出,比如跨国公司内部转让定价、内外资企业相关税收的合并与税收优惠政策的统一、国家税收竞争与我国税收政策的选择、我国与相关国家国际税收的合作问题等等,引起了社会的普遍关注。

第一节 国际税收的产生与发展

随着国际经济交往的不断发展,资本的国际性流动、劳务的提供及科学技术和交流等,都会引起各种投资所得和营业所得的实现越来越多地超越国家的范围,使国际税收成为国际经济交往中一个不可忽视的因素。

一、国际税收的概念

国际税收是指两个或两个以上国家与从事跨国经济活动的纳税人之间形成的征纳关系,及由此引发的国家间关于税收利益的分配关系。具体来说,包括如下三层含义:(1)国际税收同税收一样,必须凭借政治权力来进行分配。(2)国际税收以国际间的经济贸易交往为存在的前提。(3)国际税收是关于国家之间的税收利益分配关系。

二、国际税收关系的产生和发展

国际税收既是一个经济范畴,又是一个历史范畴。它不是自家税收产生以来就有的,是伴随着国家之间经济贸易活动的发展和扩大而产生和发展的。国际税收比税收的历史要短得多,它是国际经济交往发展到一定历史阶段的产物。

原始的关税是国际税收起源的典型形态,在货物进出国境时承担了国家之间税收分配的功能。随着国际经济贸易活动的发展,资金、技术和劳务在国际上的流动,致使纳税人的所得、收入来源没有固定的地域。当一个纳税人的收入来源于多个国家时,由于不同的国家采取不同的税收管辖权,往往导致多个国家对同一笔跨国所得行使征税权。在这种情况下,一个国家对征税权的运用,必然会影响其他相关国家的经济利益,形成了国家与国家之间的税收分配关系。特别是19世纪末至20世纪初,随着国际经贸关系的迅速发展,税收的国际化问题日益突出,国际税收问题逐渐被各国政府所重视。第二次世界大战后,世界经济格局发生了重大变化,资本的国际流动多样化,发达国家海外投资的扩大,跨国经营迅速发展,收入国际化趋势越来越明显。加上各国的所得税制度日益完善,税收的国际化问题不仅被各国政府所重视,而且许多国家单方面采取措施处理有关国际税收问题。为了公正合理地解决跨国税收分配,世界各国通过相互联系与合作,逐步形成了一系列处理单边或多边税收关系的准则和惯例,包括双边税收协定的签订、多边税收协定的签订、《联合国范本》和《经济合作与发展组织范本》的制定等,至此,就形成了国际税收关系的基本框架。

截至2018年12月12日,我国已对外正式签署107个避免双重征税协定。其中100个协定已生效,和香港、澳门两个特别行政区签署了税收安排,与台湾签署了税收协议。而且随着对外交往的进一步扩大,此类协定的签订将会继续发展。

【专题10-1】

国际税收和国家税收之间的关系

税收必须以政治权力为后盾,体现一定的征纳关系。国际税收和国家税收都是税收,要凭借政治权力进行分配,反映一定的分配关系。二者之间既有联系又有区别,区分两者之间的关系有利于我们更好地把握国际税收的概念。

国际税收与国家税收的联系:一方面,国际税收是以国家税收为基础的,国际税收不可能脱离国家税收而独立存在。没有各国的税收制度,各国政府的税收管辖权及税收利益就不会发生直接冲突,也就不会产生国际税收问题。另一方面,由于经济国际化和各国所得税制度的发展,各国政府不可避免地要面对国际税收问题,为了更好地处理与其他国家之间的税收分配关系,要求各国政府在制定本国制度时应遵循国际税收准则、规范或惯例。

国际税收与国家税收的区别:

(1) 二者反映的关系不同。国家税收反映的是一国与其纳税人之间的税收分配关系,而国际税收反映的则是不同国家之间的财权分配关系。

(2) 二者的课税对象不同。国家税收的课税对象主要是国内所得商品流转额和财产收入,国际税收的课税对象则主要是跨国性收入和国际商品流转额。

(3) 二者的利益协调方式不同。国家税收中各方的利益协调以国家强制性规定为协调、管理依据,而国际税收中国家间的税收征收分配或协调关系则往往通过双边协定方式加以解决,原则是平等互惠。

第二节 税收管辖权

税收管辖权是国际税收中的一个重要理论和实际问题,国际税收分配关系中诸多矛盾和问题,都是由各国税收管辖的差异所引起的。研究国际税收,尤其是解决国际双重征税问题,首先应了解税收管辖权。

一、税收管辖权的概念及原则

(一) 税收管辖权的含义

税收管辖权是指主权国家根据其法律所拥有和行使的征税权力,即主权国家有权按照各自政治、经济和社会制度,选择最适合本国权益的原则确定和行使税收管辖权,规定纳税人、课税对象及应征税额,外国无权干涉。

(二) 税收管辖权的确立原则

税收是国家凭借政治权力征收的,这一本质特征决定了一个国家行使课税权力不能超越其政治权力所能达到的范围。一般来说,一个主权国家的政治权力所能达到的范围,主要包括地域和人员两方面。因此,一国确立税收管辖权范围所遵循的原则分为属地原则和属人原则。

▶ 1. 属地原则

属地原则是指一个主权国家以地域的概念作为其行使征税权力的指导原则。按属地原则，一国政府行使征税权力时，必须受这个国家的领土疆界内的全部空间范围(包括领陆、领空、领海)的制约。一国政府只能对在上述空间范围内发生的所得和应税行为行使征税权力，而不论纳税人是否是该国的公民或居民。

▶ 2. 属人原则

属人原则是指一个主权国家以人员的概念作为其行使征税权力的指导原则。按属人原则，一国政府在行使征税权力时，必须受人的概念范围制约，即只能对该国的居民或公民(包括自然人和法人)获取的所得行使征税权力，而不论这些居民或公民的经济活动是否发生在该国领土疆域以内。

二、税收管辖权的类型

在一国的税收管辖权中，对税收管辖权起决定作用的，是属地原则和属人原则，它们在税收上分别表现为地域管辖权和居民管辖权，这是国际税收中两种基本的税收管辖权。所以从理论上说，税收管辖权只有地域和居民管辖权两种类型。但在具体的国际税收关系中，则存在第三种类型：地域管辖权和居民管辖权相混合的税收管辖权。

(一) 地域管辖权

一个主权国家按照属地原则(又称领土原则)所确立起来的税收管辖权，称为地域管辖权。在实行地域管辖权的国家，以收益、所得来源地或财产存在地为征税依据。也就是说，它要求纳税人就来源于本国领土范围内的全部收益、所得和财产缴税。

地域管辖权实际上可以分解为两种情况：(1)对本国居民而言，只须就其本国范围内的收益、财产和所得纳税。即使在国外有收益、所得和财产，也没有纳税义务。(2)对于本国非居民(外国居民)，其在该国领土范围内的收益、所得和财产需要承担纳税义务。

在实行地域管辖权的条件下，由于主权国有权对非居民征税，所以必然引起国家与国家之间税收关系的重复课税，需要对此加以协调。值得一提的是，在同样实行地域税收管辖权的国家中，对收入来源的确定是一个棘手的问题，由于各国有不同的规定，不同国家对收入来源地会有不同的看法，在具体处理中很难把握。如对外国公司的国际贸易所得的归属，时常引起争议。

(二) 居民管辖权

居民管辖权，是一个主权国家按照属人原则所确立的税收管辖权。该原则规定，在实行居民管辖权的国家，只对居住在本国的居民，或者属于本国居民的一切收益、所得和财产征税，不必考虑是否在本国居住。换言之，一个国家征税的范围可以跨越国境，只要是属于本国居民取得的所得，不论是境内还是境外所得，国家均享有征税的权力。

实行居民管辖权的理论基础是国家对居民提供了社会公共服务和法律保护，那么居民就应该对国家履行纳税义务，这是一种权利与义务相对等的关系。因此，对居民的境外收入而言，收入来源国不能独占税收管辖权，税收权益应该在收入来源国和居住国之间进行分配。那么，如何判断个人是否是居民呢？在国际税收上的判定标准是看自然人在该国是否有住所或居所，前者是指永久性居住地，后者是指一般居住地。

(三) 双重管辖权

双重管辖权，是一国政府同时运用地域管辖权和居民管辖权，即对本国居民，运用居民管辖权，对境内、境外的收益、所得和财产征税。对本国非居民（外国居民），则运用地域管辖权，对在该国境内取得的收益、所得和财产征税。

采取双重管辖权的理由是，有一部分国家认为在只运用单一管辖权的情况下，不足以保证本国的税收权益。如只运用地域管辖权，则本国居民境外的税收就会损失；只运用居民管辖权，则本国非居民的税收就损失。因此必须综合运用两种管辖权，以保证本国的经济利益。

在两个以上国家都运用双重管辖权的情况下，国家与国家之间的重复课税不可避免。以A、B两国为例，设在A国内有B国居民从事贸易活动，在B国内有A国居民从事贸易活动。那么，A国和B国都会对在A国领土内的B国居民征税；同理，也会对在B国领土内的A国居民征税。因此，A国和B国需要协调这种交叉征税的关系，以消除纳税人的不合理负担。

【专题10-2】

各国对税收管辖权的选择及我国的情况

在国际税收的实践中，综合世界各国的情况看，选择一种税收管辖权的国家比较少，大多数国家选择双重管辖权。这是因为，税收管辖权的选择不仅关系到税收收入，而且还关系到国家的主权，各国在不违背国际法的前提下，都会尽量选择对本国有利的税收管辖权，以最大限度地维护本国的权益。

从目前所掌握的资料看，选择单一的地域管辖权的国家和地区不多，主要有法国、巴西、玻利维亚、委内瑞拉、马拉维、沙特阿拉伯、塞舌尔、加纳、新加坡、马耳他、埃塞俄比亚和我国香港特别行政区等。除上述选择地域管辖权的国家和地区以外，单独选择居民管辖权的国家和地区暂未发现，其他国家大多选择双重税收管辖权。

选择双重管辖权的国家，在实际的管理中对两种管辖权各有侧重：对经济发达国家而言，发达国家通常有资本输出和技术输出，居民从事跨国经济活动的较多，所以这些国家更侧重于维护居民管辖权，从而扩大对本国居民在国外的收益、所得和财产征税的范围。对广大发展中国家而言，由于资金贫乏，技术落后，只能从发达国家引进资金和技术，与此相适应，经常会发生他国的居民在本国领土内的收益、所得和财产，因此，发展中国家更加侧重于地域管辖权，扩大对别国居民在本国领土范围内的收益、所得和财产的征税范围。需要指出的是，无论一个国家或地区实施何种税收管辖权，在一定的条件下，都会存在国家与国家之间税收管辖权的冲突，由此加重跨国纳税人的税收负担，违背税收公平的原则，对世界经济发展带来不良影响。

我国是选择双重管辖权的国家。以个人所得税为例，《中华人民共和国个人所得税法》第一条规定：在中国境内有住所，或者无住所而一个纳税年度内在中国境内居住累计满183天的个人，为居民个人。居民个人从中国境内和境外取得的所得，依照所得税法规定缴纳个人所得税。在中国境内无住所又不居住，或者无住所而一个纳税年度内在中国境内居住累计不满183天的个人，为非居民个人。非居民个人从中国境内取得的所得，依照所得税法规定缴纳个人所得税。

第三节 国际重复征税的产生和消除

一、国际重复征税的产生

国际重复征税是指两个或两个以上国家的不同课税权主体，在同一时期内对同一或不同跨国纳税人的同一征税对象或税源所进行的重复征税。

国际重复课税之所以会产生，是基于以下几个原因：(1)跨国纳税人、跨国所得、各国对所得税的开征是产生国际重复征税的重要前提。(2)产生国际重复征税的根本原因是各国税收管辖权的交叉。(3)在各国都实行单一的税收管辖权时，由于各国对居民或收入来源地的认定标准不同，也会出现居民管辖权与居民管辖权的交叉，或地域管辖权与地域管辖权的交叉，从而产生国际重复征税。

二、消除国际重复征税的方法

国际重复征税作为一种特殊的经济现象，必然会对国际经济合作与交往产生消极影响，因此世界各国和各种国家联盟都把国际重复征税作为一个极其重要的国际问题来解决。经过多年努力，确立并贯彻了一系列减除国际重复征税的方法。

（一）抵免法

抵免法是指居住国政府，允许本国居民在本国税法规定的限度内，用已缴非居住国政府的所得税和一般财产税税额，抵免应缴本国政府税额的一部分。此方法的指导思想是承认收入来源地管辖权的优先地位，但不放弃居民管辖权。

抵免法分为两种类型：

(1) 全额抵免。即本国居民在境外缴纳的税款，可以按照本国税法规定计算出的应缴税款，予以全部免除。

(2) 普通抵免。本国居民在汇总境内、境外所得计算缴纳所得税或一般财产税时，允许扣除其来源于境外的所得或一般财产收益按照本国税法规定计算的应纳税额，即通常所说的抵免限额，超过抵免限额的部分不予扣除。

全额抵免和普通抵免的区别在于普通抵免要受抵免限额的限制。当国外税率高于本国税率时，只能按照国内税法计算的抵免额，来抵免在国外已缴纳的税款，而全额抵免则不受此限制。

另外，还有一种方法是税收抵免的延伸或扩展被称为税收饶让法。税收饶让是指一国政府对本国纳税人在国外得到减免的那一部分所得税，视同在国外已缴税款，同样给予抵免待遇，不再按本国规定的税率补征。

【专题 10-3】

我国对抵免法的运用

从我国的情况看，在税收实务中分两种情况处理：(1)对外商投资企业通常采取抵扣法。

根据税法的规定，对于外商投资企业的总机构设在中国境内，来源于中国境内、境外的所得，都应在中国境内缴纳所得税，但对来源于中国境外的所得，已经在境外缴纳的所得税税款，准许在汇总纳税时，从应纳税所得中扣除，扣除额不得超过境外所得，依照我国税法计算的应纳税额。其中，"已在中国境外缴纳的所得税税款"，是指外商投资企业就来源于中国境外的所得在境外实际缴纳的所得税税款，不包括纳税后又得到的补偿（如取得贷款利息，由于纳税而减少的利息收入，由借款人按贷款协议所定的利率予以补足等），或者由他人代为承担的税款。(2)对外国企业采用费用扣除法。根据税法规定，对外国企业在中国境内设立的机构、场所取得发生在中国境外的与该机构、场所有实际联系的股息、利息、租金、特许权使用权费和其他所得已在境外缴纳的所得税税款，可以作为费用扣除。

（二）免税法

免税法是居住国政府对本国居民来源于非居住国政府的跨国收益、所得或一般财产价值，在一定的条件下，放弃行使居民管辖权，免予征税。免税法以承认非居住国地域管辖权的唯一性为前提。

免税方法包括两种具体形式：

(1) 全额免税法。是指居住国政府对本国居民纳税义务人征税时，允许从应纳税额中扣除其来源于国外并已向来源国纳税的那部分所得。这种方法在国际税收实际中极少被采用。

(2) 累进免税法。是指采取累进税制的国家，虽然从居民纳税人的应税所得中扣除来源于国外并已经纳税了的部分所得，但对其他所得同样确定适用税率时仍将这部分免税所得考虑在内，即对纳税人其他所得的征税，仍适用依据全部所得确定的税率。

（三）扣除法

扣除法是居住国政府在行使居民管辖权时，允许本国居民用已缴非居住国政府的所得税或一般财产税税额，作为向本国政府汇总申报应税收益、所得或财产价值的一个扣除项目。就扣除后的余额，计算征收所得税或一般财产税。

在运用扣除法时，居住国政府给予免税的，并不是纳税人在非居住国已缴的税额，而是从应税所得中减去一部分计税所得额。在国际税收实践中，扣除法极少被运用。

（四）减免法

减免法又称低税法，即一国政府对本国居民的国外所得在标准税率的基础上减免一定比例，按较低的税率征税，对其国内所得则按正常的标准税率征税。一国对本国居民来源于外国的所得征税的税率越低，越有利于缓解国际重复征税。但由于减免法只是居住国对已缴纳国外税款的国外所得按较低的税率征税，而不是完全对其免税，所以它与扣除法相同，也只能减轻而不能免除国际重复征税。目前减免法只是在个别国家的国内法中有所体现。

【专题 10-4】

国际重复课税各种消除方法的比较

假设 A 国公司 M，在某纳税年度内，取得总所得 250 万元，其中总公司来自居住国 A 国的所得是 150 万元，分公司来自非居住国 B 国的所得是 100 万元。A 国的企业所得税税率是 40%，B 国的企业所得税税率是 30%，B 国分公司享受 20% 的优惠税率。现分别计算 A 国政府在采用免税法、扣除法、抵免法、税收饶让下，该公司应向 A 国政府缴纳的税款。国际重复课税各种消除方法的比较，如表 10-1 所示。

表 10-1　国际重复课税各种消除方法的比较　　　　　　　　　　　单位：万元

税款数 方法	M公司在B国已纳税款	M公司在A国应纳税款	M公司承担的总税负
用免税法计算	100×20%=20	150×40%=60	20+60=80
用扣除法计算	100×20%=20	(150+100−20)×40%=92	20+92=112
用抵免法计算	100×20%=20	(150+100)×40%−20=80	20+80=100
按税收饶让规定计算	100×20%=20 视同已纳税款： 100×30%=30	(150+100)×40%−30=70	20+70=90

简要分析：①在免税法下，居住国政府完全放弃居民（公民）管辖权，彻底免除了纳税人的国际重复征税。

②在扣税法下，居住国政府没有放弃居民（公民）管辖权，但只是部分免除了纳税人的国际重复征税。

③在抵免法下，居住国政府既没有放弃居民（公民）管辖权，又彻底免除了纳税人的国际重复征税。

④在税收饶让法下，在抵免法的基础上，纳税人确实享受到了非居住国政府的税收优惠。

第四节　国际避税与反避税

伴随着跨国投资者经营的日益国际化，国际避税方法也在我国纳税人的税务活动中日益凸显。因此，认真研究国际避税问题，制定并相应地完善国际反避税的办法，是各国维护税制严肃性的一项重要内容。

一、国际避税的含义

国际避税是避税活动在国际范围内的延伸和扩展，是指纳税人利用两个或两个以上国家的税法和国家间的税收协定的差别、漏洞、特例和缺陷，规避或减轻全球总纳税义务的行为。由于国际避税的合法性已被越来越多的国家政府所否定，因此很多国家制定了有关反国际避税的条例或规定。

二、国际避税的主要方式

在现代国际社会中，由于各国的税法和税收制度很难在内容和标准上达成完全一致，从而使跨国纳税人在跨国避税方面有机可乘。目前，跨国纳税人所采用的国际避税的主要方式有自然人的国际避税和法人的国际避税两种方式。

(一) 自然人的国际避税方式

▶ 1. 避免成为税收居民

避免成为税收居民主要是采取改变居民身份和避免成为居民的做法，逃避居民的无限纳税义务。利用这种方式来避税，主要有以下两条途径。

(1) 避免在原居住国有永久性住所，或者把住所从高税国迁往低税国。在判断个人居民身份采用住所标准的国家，纳税人若避免有固定住所，采取流动性居留或频繁迁移住所，都可以避免成为原居住国的居民，从而逃避原居住国的较高税负。如果纳税人迁往同时实行居民管辖权和收入来源管辖权的国家，可以采取流动性居留或压缩居住时间等方法，回避该国政府对其行使居民管辖权。这些为了避税放弃居民身份，经常在国家之间流动的纳税人，在国际税收领域里称为"税收难民"。

(2) 利用有关国家之间确定居民居住时间的不同规定，选择居住期，或缩短在一国的居住时间，回避在居住国的纳税义务。例如，甲国和乙国在税法上都规定，在该国居住满365天，就成为税收上的居民。一个纳税人在甲国居住不到一年，又到乙国居住也不到一年，那么，此纳税人不是这两个国家的居民，合法地避免了居民纳税义务。

▶ 2. 转移财产的所在地点

跨国纳税人可以不改变自己的所在国的居民身份，但用各种方式将财产转移到低税国或无税国，以逃避原居住国的所得税和遗产税。如一国的某纳税人为躲避所在国的高税率的遗产权，利用信托形式把财产转移到不征收遗产税的国家和地区。跨国纳税人可以利用某些国家不征或少征所得税、遗产税，及对信托组织的税收优惠待遇，在该国成立信托组织，然后将在别国的财产挂在该信托组织的名下，这样就可以合法地逃避掉这笔财产或所得原应承担的税额。如果该纳税人去世，其信托财产还可能享受免纳遗产税的益处。

▶ 3. 利用某些制度的漏洞

跨国纳税人可以利用有关国家税法与其他制度的漏洞避免所得税。例如，有些国家的税法允许在应税所得中扣除个人退休金、养老金、福利费和保险赔偿款等，纳税人可以把一些不易划清名目的所得归到扣除项目，减少税基以减轻税负。更有甚者，跨国公司可将本应作为工资或薪金支付给纳税人的报酬以费用的形式支付，应分配的股息也以费用或佣金等形式支付，这样，纳税人进一步避免了应纳的个人所得税。另外，纳税人还可以利用多数国家实行的数字编号的银行保密账户，把薪金、投资所得、商业利润等所得隐匿起来。同时，纳税人也可以利用不记名债券和票据来隐瞒其股息和利息收入，由于这些证券在转卖时不用过户，所以会给转移资产的资本收入逃避纳税提供了便利。

(二) 法人的国际避税形式

▶ 1. 避免成为税收上的居民

在实行居民管辖权的国家，判定法人居民的标准主要有三类：(1)注册登记地标准。(2)总机构标准。(3)管理机构所在地标准。第一个标准虽比后两个标准易于掌握，但公司企业可以采取变更注册登记地点的办法，回避成为该国的法人居民。管理机构所在地标准的确定，主要以董事开会地点或经营决策中心地点转移至低税国或无税国，尽量避免在高税国召开董事会议，从而合法地避免成为该国法人居民。法人居民地点的选择，对纳税义务的多少至关重要。跨国公司是哪个国家的法人居民，就要把各国范围的所得汇总到哪个国家纳税。高税率国的居民公司承担较高的纳税义务；如果该公司把总部或管理机构、注册地改设在香港、巴拿马等仅实行来源地管辖权的国家或地区内，其所得税率很低，并且对来源于境外的所得不征税，就可以大大降低整个跨国公司的总税负。总之，跨国公司可以采用各种手段，避免成为高税国的居民公司，甚至可以避免成为任何一个居住国的居民公司，从而达到避税目的。

▶ 2. 通过转让定价的手段避税

通过转让定价的手段避税是跨国公司在国际避税活动中采用最广也最引人注目的一种方式。转让价格也被称为转移价格、划拨价格。它是跨国公司根据全球的经营战略目标，在关联公司之间销售商品、提供劳务和专门技术、资金借贷等活动所确定的企业集团内部价格。转让价格不决定市场供求，只服从于跨国公司整体利益的需要。关联公司利用转让定价的方法很多，主要是通过调整影响关联公司产品成本的各种费用和因素来转移关联公司的利润。例如，通过零部件的销售价格和进出口价格以影响产品成本；通过关联公司的固定资产的购置价格与使用期限来影响产品成本费用；通过提供贷款的利息费用、特许权使用费、咨询等劳务费用及租金等影响关联公司的产品成本和利润；通过关联公司之间收取较高或较低的运输费用、保险费、佣金、回扣等转移利润。

总之，跨国公司可以通过各种方法，控制转让定价，转移关联公司的利润。转让定价隐蔽了跨国公司经营的真实情况，掩盖了价格、成本、利润间的正常关系。目前，跨国公司的内部转让定价在跨国公司的经营战略活动中具有举足轻重的地位。据有关资料记载，跨国公司的内部转让贸易约占世界贸易额的 1/3。通过转让定价，跨国公司可以避免激烈的市场竞争，从而获得高利。

▶ 3. 选择有利的企业组织形式

当一个国家的法人居民公司对外投资时，可以选择不同的组织形式，或是在东道国建立子公司，或是建立分公司和其他分支机构。由于公司与分公司在东道国的法律地位不同，因此各有不同的经营特点。子公司在所在国具有独立的法人地位，也是独立的纳税实体，在东道国可以享受较多的税收减免优惠待遇。母公司对子公司的经营与业务活动不负直接的法律责任。但是，建立子公司手续比较复杂，并且需要具备一定的条件，正常经营以后还要接受当地政府的管理监督等。子公司在分配股息时，要缴纳预提所得税。分公司在所在国不具有独立的法人地位，因而在东道国无须履行复杂的法律注册手续，当地政府对它的业务活动的管理相对松一些，它的有关财务资料也不要求全部公开。

从跨国公司母国的税收规定上看，对在国外设立子公司还是分公司的财务处理是不同的。由于子公司是一个独立的纳税实体，它的亏损不记入母国公司的账上；分公司与母国总公司是一个法人实体，它的经营亏损可以冲销总公司的盈利。跨国公司到一国投资办厂，由于各种主观与客观的因素，在生产初期亏损往往较大，这样跨国公司可以设立一个分公司，使开业的亏损能在汇总纳税时冲抵总公司利润，以减少母公司的税收负担；但当生产过了起步阶段，进入盈利阶段，则建立子公司更为有利，因为子公司与母公司各自纳税，可以避免汇总纳税所承担的母公司所在国的高税率负担。

当然，跨国公司在东道国选择什么样的投资组织形式，还要受到一些非财政性条件的限制，如《中华人民共和国公司法》《中华人民共和国民法通则》等法律规定的限制。又如，有些国家出于反避税的考虑，在税法中规定，当外国分支机构转为外国子公司时，该分支机构过去的亏损要从总公司的账上注销，重新计算总公司的所得，然后补缴税款。这些类似规定在一定程度上减少了利用该种方式进行避税的可能性。

▶ 4. 利用电子商务避税

国际互联网的发展，使电子商务成为国际交易的重要渠道。据《中国电子商务发展报告 2017》显示，仅中国 2017 年电子商务交易额达 29.16 万亿元人民币，同比增长 11.7%；跨境电子商务进出口商品总额达 902.4 亿元人民币，同比增长 80.6%，日益成为中国商品开辟海外市场的新通道。但由于电子商务所具有的交易无国籍无地域性、人员隐蔽性、电子货币化、场所虚拟化、信息载体数字化和无形化、交易商品来源模糊性等特征，无疑给跨国纳税人的国际避税提供了更安全隐蔽的环境，从而导致跨国纳税人利用电子商务的隐蔽性，避免成为常设机构和居民纳税人，逃避所得税；利用电子商务的高度快速流动性，虚拟避税地营业，逃避所得税、增值税和消费税；利用电子商务对税基的侵蚀性，隐蔽进出口货物交易和劳务数量，逃避关税等，使电子商务成为跨国纳税人的一种新避税形式。

【专题 10-5】

国际避税操作案例

案例一：

某跨国纳税人，总公司在甲国，甲国所得税税率为 25%，在乙国有常设机构，乙国所得税税率为 40%，该公司某年从甲国获得的收入 2 000 万美元，来自乙国的收入为 1 000 万美元，总公司承担了 200 万美元的销货贷款利息，原应按 20% 的比例分配给分公司，现抬高到 80% 的比例分配。经计算，原应负担的税收为：$(2\,000-200\times 80\%)\times 25\%+(1\,000-200\times 20\%)\times 40\%=844$（万美元）；提高费用分配标准后的实际税收为：$(2\,000-200\times 20\%)\times 25\%+(1\,000-200\times 80\%)\times 40\%=826$（万美元）。该跨国纳税人用增加常设机构的成本费用办法，成功地躲避了 18 万美元税收。

案例二：

某跨国纳税人 A 生活在甲国，属于甲国的居民。某纳税年度 A 在乙国工作，在该纳税年度内 A 在甲国和乙国取得的所得分别为 30 万美元和 20 万美元，甲、乙两国均行使居民税收管辖权，并以抵免法消除国际重复课税，甲国、乙国的所得税平均税率分别为 40% 和 30%。那么 A 在纳税年度内的应纳所得税为：在乙国的应纳税额 6 万美元（$20\times 30\%$）和在甲国的应纳税额 14 万美元（$50\times 40\%-20\times 30\%$），应纳税总额为 20 万美元；若 A 移居到乙国，应纳所得税是：在甲国的应纳税额 12 万美元（$30\times 40\%$）加上在乙国的应纳税额 6 万美元（$50\times 30\%-30\times 30\%$），纳税总额 18 万美元。由此可见，A 为了规避高税国甲国的税负，将居所移到乙国，可以有效减轻税负 2 万美元，达到了避税的目的。

三、国际反避税的措施

国际避税的存在，对国际经济交往和有关国家的财权利益及纳税人的心理都产生了不可忽视的影响。如何有效地防止国际避税行为的发生，无疑成为国际税收活动中的一个重要问题。目前，为了防止跨国纳税人的国际避税行为，各国政府付出了很大的努力，采取了种种防范措施。归纳起来，主要包括以下几个方面。

（一）防止逃避居民税收管辖权

防止通过住所或居所的避免和国际迁移逃避居民税收管辖权的措施比较简单，是对本国居民放弃本国住所或居所的自由作出限制性规定。为了防止自然人利用移居国外的形式逃避税收负担，有的国家规定，必须属于"真正的"和"全部的"移居才予以承认，方可脱离与本国的税收征纳关系，对"部分的"和"虚假的"移居则不予承认。为了防止法人通过变更居民身份的形式避税，有的国家也作出了相应的限制。例如，荷兰政府规定，准许本国企业在战时或其它类似祸害发生时迁移离荷属领地，不作避税处理，但对于其他理由的迁移，一般认为是以避税为目的，不予承认，仍连续负有纳税义务。

（二）运用正常交易价格原则调整转让定价

转让定价是跨国纳税人最常见的避税手段，为了对抗这一避税方法，多数国家在税法上赋予税务机关根据"正常交易原则"对转让定价和成本费用以人为分配进行重新调整的权力，使跨国关联企业在各国经济实体的利润额尽可能符合各自的实际经营情况，各国都能征到理应征到的一份税额，从而也排除跨国公司通过转让定价和成本费用的人为分配减轻总税负的可能性。调整转让定价的方法主要有以下三种。

（1）可比非受控价格法。根据相同交易条件下非关联企业之间进行同类交易时所使用的非受控价格来调整关联企业之间不合理的转让定价。

（2）再销售价格法。是以关联企业之间交易的买方（再销售方）将购进的货物再销售给非关联企业时的销售价格（再销售价格）扣除合理销售利润及其他费用（如关税）后的余额为依据，借以确定或调整关联企业之间的交易价格。

（3）成本加成法。即以关联企业发生的合理成本加上合理利润后的金额（组成市场价格）为依据，借以确定关联企业间合理的转让价格。

（三）防止利用避税地避税的措施

针对国际避税地的特殊税收优惠办法，一些国家从维护自身的税收权益出发，分别在本国的税法中做出相应的规定，以防止国际避税发生。其中美国的防范措施最复杂，也最典型。如美国《国内收入法典》规定，只要在国外某一公司的"综合选举权"股份总额中，有50%以上股份属于美国股东，这些股东每人所持有的综合选举权股份又在10%以上时，那么这个公司就被视为美国纳税人控制的外国公司，即外国基地公司。而且这个股权标准只要外国一家公司在一个纳税年度中的任何一天发生过，该公司当年就被视为外国基地公司。在上述条件下，凡按股息比例应归到各美国股东名下的所得，即使当年外国基地公司未分配，也均应计入美国各股东本人当年所得额中合并计税，这部分所得称为外国基地公司所得，共应缴外国税款可以获得抵免，以后这部分所得实际作为股息分配给美国股东时，则不再征税。外国基地公司所得应认定多少归为美国股东，有更具体的规定。这样规定的目的是为了避免美国公司向国际避税地转移利润，长期积累所得进行避税。

（四）加强征收管理

如何有效地防止或限制国际避税，实际上需要从税收立法到征收管理全过程的协调。为了有效地反避税，许多国家从纳税申报制度、会计审计制度、所得核定制度等方面加强了征收管理，制定了比较严密的税收管理制度。

第五节 国际税收协定

经济、贸易的国际化及跨国公司的出现，会使国家之间的税收利益发生矛盾和冲突。因此，如何更好地协调国家之间的税收利益，成为各国政府需要面对和解决的问题，而国际税收协定就是在国际经济环境下产生和发展的。

一、国际税收协定的概念

国际税收协定是指两个或两个以上主权国家，为了协调相互间处理跨国纳税人征税事务方面的税收关系，本着对等原则，经由政府的谈判后所签订的一种书面协议。

国际税收协定按照参加国家的数量多少，分为双边和多边两类；按照涉及内容范围的大小，分为一般与特定两种形式。由两个国家参加签订的协定，称为双边国际税收协定。由两个以上国家参加签订的协定，称为多边国际税收协定。协定内容如果一般地适用于缔约国之间各种国际税收问题的，称为一般国际税收协定。协定内容如果仅仅适用于某项业务的特定税收问题的，则称为特定国际税收协定。在国际税收协定的整个有效期间内，缔约国有关各方，都必须对协定中的所有条款承担义务。任何一方的原有单方面规定，如有与协定内容相抵触的，必须按照协定的条款执行。

二、国际税收协定范本

国际税收协定产生初期，签订税收协定国家比较少。进入20世纪以后，世界经济一体化的进程不断加快，越来越多的国家加入到签订国际税收协定的行列。因此，迫切需要制定出国与国之间签订税收协定时可供参照和遵循的国际标准。在这种国际环境下产生了国际税收协定范本。

国际税收协定范本的主要作用在于为各国签订税收协定提供一个规范性样本，为解决协定谈判过程中遇到的技术性难题提供有效的帮助。税收协定范本具有两个特征：一是规范化，可供签订国际税收协定时参照；二是内容弹性化，能适应各国的实际情况，可由谈判国家协商调整。目前较为重要的是1977年经济合作与发展组织（简称经合组织）正式通过的《关于对所得和财产避免双重征税协定范本》和1979年联合国通过的《关于发达国家与发展中国家间避免双重征税协定范本》。经合组织和联合国这两个国际性税收协定范本是世界各国处理相互税收关系的实践总结，它们的产生标志着国际税收关系的调整进入了成熟的阶段。这两个范本主要包括以下几方面基本内容。

（一）征税权的划分

两个范本在指导思想上都承认优先考虑收入来源管辖权原则，即从源课税原则，由纳税人的居住国采取免税或抵免的方法来避免国际双重征税。但两个范本也存在重要区别：联合国范本比较强调收入来源地征税原则，分别反映发达国家和发展中国家的利益；经合组织范本较多地要求限制收入来源地原则。

（二）常设机构的约定

两个范本都对常设机构的含义作了约定。常设机构是指企业进行全部或部分营业活动的固定场所。包括三个要点：

(1) 有营业场所，即企业设施，如房屋、场地或机器设备等。

(2) 这个场所必须是固定的，即建立了一个确定的地点，并有一定的永久性。

(3) 企业通过该场所进行营业活动，通常由公司工作人员在固定场所所在国依靠企业（工作人员）进行经济活动。明确常设机构含义的目的，是为了确定缔约国一方对另一方企业利润的征税权。常设机构范围确定的宽窄，直接关系居住国与收入来源国之间税收分配的多寡。经合组织范本倾向把常设机构的范围划得窄些，以利于发达国家征税；联合国范本倾向于把常设机构的范围划得宽些，以利于发展中国家。

（三）预提税的税率限定

对股息、利息、特许权使用费等投资所得征收预提税的通常做法，是限定收入来源国的税率，使缔约国双方都能征到税，排除任何一方的税收独占权。税率的限定幅度，两个范本有明显的区别。经合组织范本要求税率限定很低，这样收入来源国征收的预提税就较少，居住国给予抵免后，还可以征收到较多的税收。联合国范本没有沿用这一规定，预提税限定税率要由缔约国双方谈判确定。

（四）税收无差别待遇

经合组织范本和联合国范本都主张平等互利的原则。缔约国一方应保障另一方国民享受到与本国国民相同的税收待遇。具体内容有几个方面：(1)国际无差别。即不能因为纳税人的国籍不同，在相同或类似情况下，给予的税收待遇不同。(2)常设机构无差别。设在本国的对方国的常设机构，税收负担不应重于本国类似企业。(3)支付扣除无差别。在计算企业利润时，企业支付的利息、特许权使用费或其他支付款项，如果承认可以作为费用扣除，不能因支付对象是本国居民或对方国居民，在处理上有差别对待。(4)资本无差别。缔约国一方企业的资本，无论全部或部分、直接或间接为缔约国另一方居民所拥有或控制，该企业的税收负担或有关条件，不应与缔约国一方的同类企业不同或更重。

（五）避免国际偷税、逃税

避免国际偷税、逃税是国际税收协定的主要内容之一。两个范本对这方面所采取的措施主要有：

(1) 情报交换，分日常情报和专门情报交换。日常的情报交换，是缔约国定期交换有关跨国纳税人的收入和经济往来资料。通过这种情报交换，缔约国各方可以了解跨国纳税人在收入和经济往来方面的变化，以正确地核定应税所得。专门的情报交换，是由缔约国的一方，提出需要调查核实的内容，由另一方帮助核实。

(2) 转让定价。为了防止和限制国际合法避税，缔约国各方需要密切配合，并在协定中确定各方都同意的转让定价方法，以避免纳税人以价格的方式转移利润、逃避纳税。

三、国际税收协定的适用范围

国际税收协定所要协调的范围也是协定适用的范围，主要包括协定适用于哪些纳税人（包括自然人、法人）和协定适用于哪些税种两个方面。

（一）适用的纳税人

协定适用的纳税人是在缔约国负有居民纳税义务的人。但要确定一个人是否是缔约国一方的居民，只能依据该国法律，不能依据缔约国另一方或其他国家的法律来确定。但是，签订避免双重征税协定是要双方国家共同执行的，作为协定的适用人——居民，身份的确定，就不能不涉及缔约双方的国家权益和在双方国家享受协定待遇的问题。因此，要解决好协定适用纳税人的范围，就需要在尊重主权和不干涉内政的原则下，做出能为缔约国双方所能接受的协调规定。

（二）适用的税种

避免双重征税协定适用的税种，是明确协定适用范围的另一个重要方面，需要由缔约国双方结合各自国家的税制情况加以商定。总的原则是把那些基于同一征税客体，由于国家间税收管辖权重叠，而存在重复征税的税种列入协定的税种范围。国际上的通常做法是只限于所得税等直接税的税种。因为只有这种税，才会存在同一征税客体重复征税和同一负税主体的双重纳税问题。一般不把间接税列入避免双重征税协定的适用税种，因为以流转额或销售额为征税对象的销售税、周转税、增值税等，不论是起点征税或是终点征税及多环节征税，征税客体不是同一的，纳税人也并不一定是税收的真正负担者，无法确定和消除双重征税问题。

【专题10-6】

中国对外签订的税收协定

为了执行党的改革开放政策，适应吸引外资，引进技术，发展经济的需要，1981年1月我国与日本首开避免双重征税和防止偷漏税协定（以下简称税收协定）的谈判。截至2018年12月，我国已对外正式签署107个避免双重征税协定。其中100个协定已生效，和香港、澳门两个特别行政区签署了税收安排，与台湾地区签署了税收协议。为促进我国企业对外投资创造了良好的国际税收法律框架。

我国对外谈签税收协定工作可分为以下三个阶段：

第一阶段是20世纪80年代初至90年代中期，谈签对象主要是日本、美国和欧洲等发达国家，目的为吸引外资、引进技术。同时尽可能地维护来源地征税权，保护国家税收权益。

第二阶段从20世纪90年代初至20世纪末，谈签对象主要是发展中国家。这一时期我国在继续扩大吸引外资的同时，逐步开展和扩大对外投资，在中亚、非洲和拉美等一些国家开展工程承包，对外输出劳务等。协定开始发挥为我"走出去"企业和个人服务的作用。在谈签过程中，我们开始站在居民国的立场，以维护我国纳税人权益为目的。

第三阶段是从 21 世纪初开始，在这个阶段，我们对 20 世纪 80 年代签署的税收协定进行修订并有选择地谈签新协定。由于近年来我国和缔约对方国家的经济发生了较大变化，各国税制也有所调整，有的协定已不能满足现实需求。因此，相继同英国、捷克、新加坡、比利时、巴拿马等很多国家开展了对税收协定修订的谈判及签署工作。

综上所述，可以说我国已在全球范围内建立了税收协定网络，税收协定在加强与有关国家税务当局的合作、促进我国经济发展方面发挥了越来越大的作用。我国在对外签订税收协定的过程中，主要采取收入来源国税收管辖权优先原则，平等互利、友好协商原则，税收饶让、抵免等原则，文本基本上采用的是《联合国范本》的条文结构。

本章小结

随着各国经济活动国际化的发展，税收活动也出现了国际化的趋势，产生了国际税收问题。

税收是国家凭借政治权力征收的，这一本质特征决定了一个国家行使课税权力不能超越政治权力所能达到的范围。一般来说，一个主权国家的政治权力所能达到的范围，主要包括地域和人员两方面。因此，一国确立税收管辖权范围所遵循的原则便分为属地原则和属人原则。

由于各国税收管辖权的交叉，必然会产生国际重复征税问题。为了减轻纳税人的负担，各国采取了各种防止重复征税的方法，这主要包括抵免法、免税法、扣除法、减免法等。

在现代国际社会中，由于各国的税法和税收制度很难在内容和标准上达到完全一致，从而使跨国纳税人在国际避税方面有机可乘。因此，为了防止跨国纳税人的国际避税行为，各国政府都付出了很大的努力，采取了种种防范措施。

为了减轻或防止国家之间在税收利益发生矛盾和冲突，各国之间一般都会签订国际税收协定，范本主要有两个，即经合组织版本和联合国版本。主要内容包括征税权的划分、常设机构的约定、预提税的税率限定、税收无差别待遇、避免国际偷税逃税等内容。适用的范围主要包括两个方面：一是协定适用于哪些纳税人（包括自然人和法人）；二是协定适用于哪些税种。

关键词

国际税收　税收管辖权　属人原则　属地原则　重复征税　国际避税　税收饶让　国际税收协定

思考题

1. 何谓税收管辖权？确立原则是什么？包括哪些类型？
2. 国际重复课税是如何产生的？消除方法有哪些？并举例说明这些方法的区别。
3. 谈一下国际避税的主要方式，并举例说明。
4. 阐述国际税收协定的主要内容及适用范围。

案例讨论

案例一：随着经济发展，近年来跨境避税新手段层出不穷。这些手段往往隐蔽性强，比如跨境财产转让，交易双方通常不签订合同，没有扣缴义务人，交易完成后，价款即转入转让方资金账号，导致交易涉及税费悄然流失。

对此，您认为我国政府应采取哪些措施来遏制国际税收流失？

案例二：某中外合资经营企业有三个分支机构，2018年度的盈利情况如下：

（1）境内总机构所得400万元，分支机构所得100万元，适用税率为25%。

（2）境外甲国分支机构营业所得150万元，税率为40%；利息所得50万元，适用税率为20%。

（3）境外乙国分支机构营业所得250万元，税率为20%；特许权使用费所得30万元，适用税率为15%；财产租赁所得20万元，税率为15%。

请计算该中外合资经营企业于2018年度可享受的税收抵免额及应纳中国所得税税额。

第十一章
税收筹划与税收征管

> **学习目标**
>
> 通过本章的学习,要求学生了解税收筹划的含义、原理及基本方法;掌握税收征管的内容、模式及效率。

开篇导言

对于人们来说,纳税是一种负担,要减轻负担,路径无非两条:一是不遵从税法,采取偷税、欠税、骗税等违法的方式来逃避自己的责任;二是遵从税法,采取避税、节税等合法方式来减轻自己的责任。前者的选择是有风险的,有可能要受到法律的制裁;后者是没有风险的,很可能会增加自己的收益。因此,作为理性的纳税人自然应该选择后者,这就是税收筹划。

随着我国改革开放的进行,税收筹划本属于西方国家纳税人理财的概念也越来越多地被人们所熟识。不仅有日益增多的学者与有关人员来研究这一问题,而且很多企业,特别是具有国际背景的大企业已经配备专门的人员或聘请相关的中介机构来专研这件事情。在国外,税收筹划甚至已经发展成一个相对成熟的行业。据统计,在美国、日本、西欧等一些发达国家,有85%以上的企业都是通过税收筹划师(注册税务师)来处理涉税事务,平均每户企业就有一至两名税收顾问。在他们的帮助下,这些企业不仅有效地控制了企业的纳税风险,降低整体税负,而且也相应地获得了巨额的节税效益,提高了股东收益。

守法是税收筹划的一个基本前提。从法律意义上来讲,纳税人的税收筹划与政府税务部门的税收征管是一个矛盾统一体。统一是双方都要严格按照有关法律办事;矛盾是双方的立场不一样。对于税收筹划来说,它是站在纳税人的角度上,要尽可能减轻税收的负担;对于税收征管来说,它是站在政府的立场上,要尽可能增加税收。因此,如何在守法的前提下,合理的处理好二者之间的关系,不仅是一个复杂的理论问题,而且也是一个充满挑战的实践问题。

第一节 税收筹划概述

近年来，税收筹划活动在我国悄然兴起。税收筹划作为一种涉税经济行为，在不同时期具有不同的特点，且对税收征管产生不同的影响。认真研究税收筹划的特点及影响力，不仅有助于政府制定相关的政策来规范行为，使其健康发展，而且有助于税务机关根据税收征管环境的变化，及时采取措施，防范税收筹划过程中出现的避逃税，确保税收管理的良性循环。

一、税收筹划的含义

自20世纪30年代"税收筹划"概念出现以来，对于它的确切含义在理论界一直存在着争议。一般认为，税收筹划有广义和狭义之分。广义的税收筹划，是指纳税人在不违背税法的前提下，运用一定的技巧和手段，对自己的生产经营活动进行科学、合理和周密的安排，以达到少缴税款目的的一种财务管理活动。定义强调：税收筹划的前提是不违背税法，税收筹划的目的是少缴税款。它包括采用合法手段进行的节税筹划、采用非违法手段进行的避税筹划、采用经济手段、特别是价格手段进行的税负转嫁筹划。狭义的税收筹划，是指纳税人在税法允许的范围内以适应政府税收政策导向为前提，采用税法所赋予的税收优惠或选择机会，对自身经营、投资和分配等财务活动进行科学、合理的事先规划与安排，以达到节税目的的一种财务管理活动。这个定义强调，税收筹划的目的是为了节税，但节税是在税收法律允许的范围内，以适应政府税收政策导向为前提的。

总之，不管广义还是狭义的税收筹划，都包含了这样的基本含义：纳税人在不违反法律、政策规定的前提下，通过对经营、投资、理财活动的安排和筹划，尽可能减轻税收的负担，来获取更多的经济利益。

二、税收筹划的特征

根据税收筹划的含义，可以概括出税收筹划的几个基本特征。

（一）合法性

合法性是指税收筹划必须在法律允许的范围内进行。纳税人具有依法纳税的责任和义务，纳税人为规避和减轻税负而置法律于不顾的偷税漏税行为必须受到法律制裁。但当纳税人有多种合法纳税方案可进行选择时，纳税人可选择低税负方案。这也正是税收政策调节引导经济，调节纳税人经营行为的重要作用之一。

（二）前瞻性

前瞻性，即在纳税前纳税人就应对自己所承担的税负进行的规划、设计和安排。比如，企业在交易行为发生之后，才有缴纳增值税和其它税的义务；在收益实现或分配之后，才计缴所得税。因此，企业的纳税行为相对于经营行为而言，具有滞后性，这不仅在时间上对企业纳税前事先作出筹划提出了要求，而且也在空间上为企业纳税前事先作出筹划提供了机会。

（三）目的性

任何行为都具有一定的目的性。纳税人进行税收筹划的目的是要取得"节税利益"，使税后收益最大化。这里的"节税"既可以表现为纳税人少纳税，也可表现为纳税人延迟纳税。少纳税可以使纳税人直接受益；延迟纳税相当于纳税人取得了一笔无息贷款，从而起到利用资金的时间价值的作用。

（四）整体性

税收筹划是纳税人理财活动的一个重要内容，它与纳税人其他财务活动是密切相关、相互影响、相互制约的。因此不能把税负轻重做为选择纳税方案的唯一标准，而应着眼于纳税人财务管理的总目标——资产价值的最大化。税收总额的减少并非意味着资产总收益的增加，当税负降低反而引起资产价值的减少时，盲目追求减少税负是毫无意义的。同时税收筹划也要考虑整体税负的下降，不能只注意一个或几个税种，应综合权衡进行考虑。另外，税收筹划也要考虑纳税人整个纳税期间，不只是注重当年税收的减少，这样才能获得长远的利益。

三、税收筹划的客观要求

税收筹划是一种高风险高回报的智力活动过程。进行合理、合法，行之有效的税收筹划，不仅对于筹划者来说要有一定的要求，而且对于纳税人来说也必须具备一定的条件。

（一）对税收筹划者的要求

对税收筹划者的要求包括：具有较高的守法意识和良好的道德情操；具有严密的逻辑思维能力，较强的前瞻性；有精通的财务、会计知识及丰富的财务会计实践经验；精通税法、经济合同法、公司法、金融法等相关财经政策法规，并能运用自如；对应税经济行为有清晰的认识，并能预测其发展趋势；具备良好的沟通能力。

（二）纳税人应具备的条件

纳税人应具备的条件有：纳税人的经济行为必须合法；反映纳税人纳税行为的资料必须真实、合法、完整；纳税人对自身所从事的经济活动及发展趋势有较为准确的预测，对预期的收入、成本、费用及经济成果能较为准确的把握，并能预测对相关经济活动的影响。

【专题 11-1】
税收筹划、避税与偷税的界限

在税收筹划实践中，有的纳税人往往因为筹划不当构成避税，被税务机关按规定调整应纳税金额，未能达到节税目的；有的纳税人则因筹划失误形成偷税，不仅没有达到节税目的，反而受到行政处罚，甚至被刑事制裁。因此，要有效开展筹划，首先需要正确区分税收筹划与避税、偷税的界限。

（1）偷税。我国税收征管法解释："纳税人采取伪造、变造、隐匿、擅自销毁账簿、记账凭证,在账簿上多列支出,或者不列、少列收入,或者进行虚假的纳税申报的手段,不缴或少缴应纳税款的,是偷税。"我国刑法对偷税罪也有类似的解释,并规定"偷税数额占应纳税额10%以上不满30%并且偷税数额在1万元以上不满10万元的,或者因偷税被税务机关给予两次行政处罚又偷税的,处三年以下有期徒刑或者拘役,并处偷税数额1倍以上5倍以下的罚金;偷税数额占应纳税额的30%以上并且偷税数额在10万元以上的,处三年以上七年以下有期徒刑,并处偷税数额1倍以上5倍以下的罚金。"从法律解释可以看到,偷税是一种违法行为,采用这种行为来获取经济利益,结果必然会受到法律的追究。

(2)避税。对于避税的解释国际上尚无统一定论。按国际财政文献局的说法,避税是指个人或企业以合法手段,通过精心安排,利用税法漏洞或其他不足来减少纳税义务的行为。我国学者认为:避税是指纳税人针对税法不完善及各种难以在短期内消除的税收缺陷,回避纳税义务的活动。上述说法的共同点是:避税行为尽管不违法,但往往与税收立法者的意图相违背。由于通常意义上的避税行为有悖税法精神,也可以说是对税法的歪曲或滥用,故世界上多数国家对这种行为采取不接受或拒绝的态度,一般针对较突出的避税行为,通过单独制定法规或在有关税法中制定特别的条款来加以制裁,我国也采取这种立场与做法。如在内外资企业所得税法和税收征管法中都有关联方交易的纳税规定,另外国家税务总局还专门制定了《关联企业间业务往来税务管理规程》等单项法规。

(3)税收筹划。税收筹划就目的和结果而言,常被称为节税,特征是用合法的策略减少纳税义务。税收筹划是对税收政策的积极利用,符合税法精神。税收筹划的案例在实践中也随处可见,如甲级卷烟原消费税税率为45%,后调高至50%,有家企业便迅速调整生产结构,减少甲级烟生产量而增加丙级烟生产量,结果减轻了总体税负,增加了经济效益,这就是一个成功的税收筹划案例。又如,国家为了鼓励高新技术企业发展,制定了不少税收优惠政策,有的老企业根据这项政策引导,淘汰落后产业创办高新技术企业,享受到了税收优惠政策带来的好处,这无疑也是税收筹划的范畴。

总之,从国家的财政角度看,虽然偷税、避税、税收筹划都会减少国家的税收收入,但各种减少的性质具有根本的区别。从理论上说,偷税是一种公然违法行为且具有事后性;避税和税收筹划都具有事前有目的的谋划、安排特征,但两者的合法程度存在差别;避税虽然不违法但与税法的立法宗旨相悖,避税获得的利益不是税收立法者所期望的利益;税收筹划则完全合法,是完全符合政府的政策导向、顺应立法意图的。

第二节 税收筹划的原理与方法

由于税收筹划可以从不同的角度分为多种类型,比如从纳税主体的角度分为个人税收筹划与单位税收筹划;从区域范围分为国内税收筹划与国际税收筹划等等。因此,为了简单起见,本节以国内企业的税收筹划为代表,对税收筹划的基本原理与方法做一些介绍。

一、税收筹划的原理

税收筹划最重要的原理是节税原理。节税原理又可细分为绝对节税原理、相对节税原理、风险节税原理三个主要部分。

（一）绝对节税原理

绝对节税是指直接使纳税绝对总额减少，即在多个可选择的纳税方案中，选择缴纳税款额最少的方案。这种节税可以是直接减少纳税人的纳税总额，也可以是直接减少在一定时期内的纳税总额。一般情况下企业可采用减少税基、适用较低税率的方式来减少纳税总额。

（二）相对节税原理

相对节税是指一定时期内的纳税总额并没有减少，但考虑货币的时间价值因素，推迟税款的缴纳，实际上相当于获得了一笔贷款，从而使纳税总额相对减少，或者说是使纳税款的价值减少。例如，企业以充分利用税收制度中规定的纳税期限，或者是采用加速折旧的方式减少纳税款价值。

（三）风险节税原理

风险节税是指在一定条件下，把风险降低到最低水平而获得的超过一般节税所减少的税额。也就是说，在进行税收筹划时，既要考虑货币的时间价值，又要考虑风险因素，从而客观地选择税收成本最低的方案，达到少缴或不缴税款的目的。

二、税收筹划的方法

由于税收筹划的动机各异，因此在实践运用中的方法非常多，也十分复杂。如果单从节税的角度，概括可以归纳为四种：①减少计税依据。②降低适用税率。③增加应抵扣税额。④推迟税款缴纳时间。至于节税的其他具体方法，基本上都是从这四种方法中演变分化出来的。

（一）减少计税依据

计税依据，或者称为税基，是指计算纳税人应纳税额的依据。减少计税依据最常用最普遍的方法是扣除法。扣除法是指在确定税额时，将按照税法规定能从计税依据中扣除的项目予以扣除，以减少实际应缴纳税额的方法。在税收筹划中，扣除法扣除的内容包括税项扣除、税收饶让、盈亏相抵等。其中，减少计税依据节税时使用的主要是税项扣除。

【专题 11-2】

某企业减少增值税计税依据的筹划

假如某服装经销公司在 2018 年为庆祝建厂 10 周年，决定在春节期间开展一次促销活动，现有两种方案可供选择。

假设商品毛利率为 30%，方案中的价格均为含税价格，请计算两种不同促销方案下公司的税后利润。

方案一:打8折,即按现价折扣20%销售,原100元商品以80元售出。

应纳增值税:$[80/(1+17\%)\times17\%]-[70/(1+17\%)\times17\%]=1.45$(元)

企业利润额:$[80/(1+17\%)]-[70/(1+17\%)]=8.55$(元)

应缴企业所得税:$8.55\times25\%=2.14$(元)

税后净利润为:$8.55-2.14=6.41$(元)

方案二:赠送购价价值20%的礼品,即购100元商品,可获得20元礼品。

销售100元时应纳增值税:

$[100/(1+17\%)\times17\%]-[70/(1+17\%)\times17\%]-[14/(1+17\%)\times17\%]=2.32$(元)

企业利润额为

$100/(1+17\%)-70/(1+17\%)-14/(1+17\%)=85.47-59.83-11.97=13.67$(元)

企业应缴企业所得税为

$$[100/(1+17\%)-70/(1+17\%)-14/(1+17\%)]\times25\%=$$
$$[85.47-59.83-11.97]\times25\%=3.42(元)$$

税后净利润为

$$13.67-3.42=10.25(元)$$

由此可见,如果仅仅为了分析简便,只考虑增值税缴税情况,那么方案一是最优方案;但如果综合考虑所有涉税税种,所选方案未必是最优方案。从多方面来看,本例题中方案二税后净利润最高,所以方案二是最优方案。

(二)降低适用税率

降低适用税率是指在存在不同税率的情况下,通过各种筹划方法,适用相对较低的税率,以减少应纳税额的方法。

【专题11-3】

适用不同税率的筹划

某工程设计人员,利用业余时间为某项工程设计图纸,同时担任该项工程的顾问,设计图纸花费时间1个月,获取报酬30 000元。

如果该设计人员要求建筑单位在担任工程顾问期间,将该报酬分10个月支付,每月支付3 000元,试分析该工程设计人员的税负变化情况。

方案一:

一次性支付30 000元。

劳务报酬收入按次征税,对劳务报酬一次收入特高的,实行加成征收。对应纳税所得额超过20 000~50 000元的部分,依照税法规定计算应纳税额后再按照应纳税额加征五成;超过50 000元的部分,加征十成。

①应纳税所得额:$30\,000\times(1-20\%)=24\,000$(元)

②应纳税额:$24\,000\times30\%-2\,000=5\,200$(元)

方案二:

分月支付,每月所得为3 000元,未达到加成征收的规定,因此无须加征。

①每次应纳税所得额:$3\,000-800=2\,200$(元)

②每次应纳税额：2 200×20%＝440(元)
③应纳税额：440×10＝4 400(元)

由此可见，方案二比方案一少交 800 元个人所得税。分月支付后，应纳税所得额达不到加征规定，税率仍保持 20% 的低税率，整个税收负担可以降低。

（三）增加抵扣税额

增加抵扣税额在税率和计税依据既定的情况下，增加抵扣税额则意味着纳税人实际缴纳税款的减少，增加抵扣税额也是节税的最基本方法。增加抵扣税额采用的方法主要包括税额扣除、退税额、免税额、减税额等。税额扣除是指税法规定纳税人在计算缴纳税款时对于以前环节缴纳的税款准予扣除。税额扣除可以避免重复征税，减轻纳税人的税收负担，并对纳税人的某些经济行为加以鼓励和照顾。对于税额扣除，应当遵循扣除法的基本原则——完全充分，即凡是税法规定的准予扣除的项目全部地、充分地都予以扣除。比如增值税条例规定，对于一般纳税人购进货物的进项税额准予从销项税额扣除。因此凡是购进货物能开具增值税专用发票的一律要求开具专用发票以用以抵扣。在同样价格条件下以取得专用发票作为前提条件，购进水电气、支付修理修配费用等等都要求对方开具增值税专用发票。

【专题 11-4】

销售额和折扣额在发票上的抵扣额方式

商业折扣是一种折扣销售方式，是指企业在销售货物或提供应税劳务的行为发生后，为鼓励对方多购买而给予购买方价格上的优惠形式。采取商业折扣方式，如果销售额和折扣额在同一张发票上的注明，那么可以以销售额扣除折扣额后的余额作为计税金额；如果销售额和折扣额不在同一张发票上体现，那么企业在财务上如何处理，均不得将折扣额从销售额中扣除。

（四）推迟税款缴纳

推迟税款缴纳只是一种相对节税的方法，归根结底，并不能达到减轻纳税人税负的目的。但是，可以对纳税人在某一时期的税收负担起到"缓冲"和"减压"的作用。推迟收入的确认有两种基本方法：(1)通过对生产经营活动的合理安排推迟收入的确认，包括合理地安排交货时间、结算时间、销售方式等来推迟营业收入实现的时间。(2)通过合理的财务安排来推迟收入的确认。主要是在会计核算上按照收款法、销售法、生产法等不同方法的选择来确认营业收入实现的时间，以此来起到推迟税款缴纳的目的。收款法是指以收到商品价款时确认营业收入；销售法是指货物发出时确认营业收入实现；生产法是指产品生产完成做为营业收入实现。一般情况下，生产完成到产品发出再到收到货款中间都有一定的时间间隔。显然，与销售法和生产法相比，收款法不仅更符合谨慎性原则，而且推迟了营业收入的确认。

【专题 11-5】

货币时间价值带来的税收利益

例如，某轧钢厂为增值税一般纳税人。2016 年 1 月初计划购进一批生铁，有两个方案可供选择。

方案一：从另一钢铁厂（增值税一般纳税人）购入，这种生铁不含税价 30 万元，销货方开出增值税专用发票，轧钢厂需支付钢铁厂价税合计 31.2 万元。增值税进项税额为 5.1 万元，流动资金流出量为 35.1 万元。

方案二：某从物资经销处（小规模纳税人）购入，不含税价 30 万元，销售方从税务机关按 4% 征收率代开增值税专用发票，轧钢厂支付价税合计 31.2 万元。增值税进项税 1.2 万元，流动资金流出量为 31.2 万元，比方案一少了 3.9 万元。

假设上述购进材料全部在当月加工成成品并销售出去，不含税售价 40 万元，销项税额 6.8 万元。这时，如果采用方案一，应交增值税额 1.7 万元（6.8－5.1），即下月初申报缴税时流动资金流出量为 1.7 万元；如果采用方案二，应交增值税为 5.6 万元（6.8－1.2），即下月初流动资金流出量为 5.6 万元，比方案一多了 3.9 万元。从表面来看，两种方案资金流出量是相等的，都是 36.8 万元。但有一个重要问题往往被纳税人忽视，就是资金的流出时间有差别。方案二在采购环节资金流出量比方案一节约 3.9 万元，这部分资金一直到下月初申报纳税时才流出。也就是说，方案二比方案一有 3.9 万元现金延迟一段时间流出。

第三节 税收的征管

从逻辑上来讲，从税收产生的那一天起，纳税人与征税人之间就会出现矛盾。如果这一矛盾处理不好，不仅会引发政府与民众之间的严重对立，甚至还有可能导致社会的激烈冲突。因此，在现代社会条件下，如何在税收领域协调好征纳双方之间的关系，化对立为合作，消冲突为双赢，形成一个互信、平等、融洽、和谐的新型税收征纳关系，不仅仅是税收征管部门所应该着力解决的问题，而且也是全社会各界值得关心的问题。

一、税收征管的基本内涵

税收征管是税务机关根据有关税法的规定，对税收工作实施管理、征收、检查等活动的总称，又称"税收稽征管理"。税收征管的最终目的：一是要提高税收遵从度，即减少税收流失和降低逃税率；二是要提高征管效率，即降低征税成本率和纳税成本率。

税收征管可以概括为以下几层含义。

（1）税收征管的主体是各级税务机关。各级税务机关代表国家行使征税权力，进行税款征收活动。

（2）税收征管的对象是纳税单位和个人及征纳双方的征纳活动过程。

（3）税收征管的目的是保证税收职能的实现。

（4）税收征管的依据是税收法律、法规，包括各税种的税法、条例及其实施细则，税收征管法及其实施细则等。

二、税收征管的意义

对于任何国家来说，只要有税收，就会有税收征管。税收征管，对于完成政府的税收收入计划，保证财政收入和实现对经济运行的调控及监督，促进社会经济的健康发展，具有非常重要的意义和作用。

（一）税收征管可以使税收法规得到贯彻实施

税收法规不能够自发作用，只有通过税务机关的日常税收征管活动，才能使之贯彻到每一个纳税人。

（二）税收征管可以实现税收的财政职能

税收法规规定的纳税义务，并不能自觉实现，需要经过税务机关的税收管理工作，才能使分散、零星的税款征缴入库，从而完成税收任务，保证财政收入，满足国家建设与发展的需要。

（三）税收征管可以实现税收调控经济的职能

税收政策法规除了财政意义外，还体现了一定的调控经济的意图。如在宏观上体现了国家产业产品政策，促进产业、产品结构优化等，只有通过税收征管的具体活动，才能将调控经济意图真正贯彻落实到各个企业、单位或纳税人。

（四）税收征管可以实现税收的监督职能

税收具有促进企业建立健全账簿凭证，按财务会计制度进行正确的业务处理和成本核算，加强企业经济核算，以挖掘企业内部潜力，提高经济效益的职能，特别是对于违反税收法规的偷税、抗税现象依法进行纠正和处罚等等，这些都是属于监督的范围。但税收的监督职能作用，只有通过大量的事前管理、事中控制、事后检查监督的征收管理活动才能真正得以发挥。

（五）税收征管可以增强公民的纳税意识

从总体来说，任何公民的纳税意识都不是由始以来所具备的，都是经过后天培养出来的。而日常的税收征管是培养公民纳税意识的重要途径之一。

三、税收征管的基本内容

（一）税务登记

税务登记是从事生产经营的纳税单位和个人必须履行的一项法定义务。由经国家工商行政管理部门批准，从事生产经营的纳税人自领取执照之日起 30 日内，持有关证件向税务机关申报办理税务登记。税务机关审批后发给税务登记证。

（二）纳税申报

纳税申报是纳税人、扣缴义务人为了正确履行纳税义务，向税务机关提出书面申报的一种法定手续，也是税务机关审核征税的一项法定手续。纳税义务人在发生纳税义务和代扣代缴、代收代缴义务后做好在申报期限内，依照税收法律、行政法规的规定，到指定的税务机关办理纳税申报。除了直接申报外，经税务机关批准，也可以采取邮寄、数据建模或者其他方式办理申报。纳税人享受减税、免税待遇的，在减免税期间也应当按照规定办理纳税申报。

（三）税款征收

税款征收是税务部门依照国家税收法律、行政法规的规定，将纳税人依法应纳的税款通过不同方式征集收缴入库的执法过程和工作。税务机关要依法向纳税人征收税款，不得随意开征、停征、多征或少征、提前征收、延缓征收和摊派税款。纳税人、扣缴义务人必须按照法律、法规规定的期限，缴纳税款，对于不按期缴纳税款的，税务机关有权按日加收滞纳金。

（四）税务检查

税务检查是指税务机关依据国家税法和财务制度规定，对纳税人是否正确履行纳税义务及扣缴义务人是否正确履行代扣代缴、代收代缴税款义务所进行的审查和监督。税务机关执行税务检查时不能超过法律规定的职权范围，同时，须向被检查人出示检查证件，并有责任为被检查人保守秘密，不得把生产经营情况泄露给无关的第三者。

四、税收征管模式

一般来说，要想提高税收征管水平，降低税收征管成本，制衡税收征管权力，就需要尽可能优化税收征管模式。只有实现税收征管模式的科学化、规范化，才能进一步推动税收征管水平的提高。

（一）税收征管模式的内涵

税收征管模式，又称税收征管方式，是指税收征管工作规范化的管理格局。它指的是税务部门与纳税人发生征纳关系的形式及由此产生的税务征管机构设置和职责分工的具体组织形式，通常表现为征收、管理、稽查的组合形式。

（二）税收征管模式的特征

从历史与国际实践来看，一个国家在一定时期选择何种的税收征管模式取决于该国的经济发达程度、税制模式及政府征管能力，并没有放之四海皆准的"万能"模式。总体来讲，科学的税收征管模式应具备以下三个基本特征。

▶ 1. 高效性

科学的税收征管模式有助于税收的征管活动达到高效率，这种高效率具体体现在两个方面：(1)征纳成本的普遍下降。由于征纳成本具有相互转化性，因此，单纯使征管成本或纳税成本下降都不能说明征管模式的高效率。(2)税收漏损的有效控制。税收漏损是指因各种原因造成了税款未能收缴入库，集中表现为税收流失。

▶ 2. 法治性

科学的税收征管模式有助于依法治税的正常开展。依法治税程度具体可表现在两个方面：

(1)征管权力制衡的程度。权力制衡有利于税权的正确行使，能有效地防止以税谋私的产生。

(2) 纳税意识的高低程度。

3. 和谐性

科学的征管模式有助于协调征纳关系，因为营造良好的税收征管环境、协调征纳关系与税收征管模式有着直接的联系。和谐性是指征纳双方对当前的税收征管环境比较满意，并能够在比较宽松的环境下行使其权利和履行其义务。

（三）我国现行税收征管模式的确立

为了建立适应社会主义市场经济体制的税收征管模式，国家税务总局于1997年研究确定了新的税收征管制度的目标模式，即在全国范围内推行"以申报纳税和优化服务为基础，以计算机网络为依托，集中征收、重点稽查"的征管模式。新征管模式的特点在于：

(1) 由过去的分散型、粗放型管理向集约型、规范型的管理转变。
(2) 由传统的手工操作方式向现代化的科学征管方式转变。
(3) 由上门收税向纳税人自行申报纳税转变。
(4) 由专管员管户的"保姆式"、包办式管理向专业化管理转变。

这四种转变的核心是管理机制的转变。

"以申报纳税和优化服务为基础"，体现了申报纳税和优化服务在税收征管工作中的基础地位。纳税人依法自行申报纳税是法定义务，税务机关依法为纳税人提供优质服务是行政执法的组成部分，二者共同构成了税款征收的基本环节。公正执法是对纳税人最根本的服务。

"以计算机网络为依托"，是要充分利用现代信息技术，大力推进税收管理信息化建设，不断强化管理手段。要防止片面强调信息化手段的作用，认为有了信息化手段就自然而然地加强了管理，或者认为信息化手段不足就不能实施管理，从而不注重发挥税务人员的管理作用。

"集中征收"，是指地域上相对集中地受理审核申报纳税资料和征收税款。税款的集中征收是与机构、人员、办税场所的相对集中联系在一起的。实行集中征收，必须坚持从实际出发，根据税源分布情况和纳税人数量及社会信息化程度，实事求是地确定集中程度并相应收缩基层征管机构，避免影响税源管理和为纳税人服务。要防止把信息数据的集中处理简单等同于税款的集中征收，片面地根据信息集中程度收缩机构。

"重点稽查"，强调的是充分发挥税务稽查的打击作用，突出重点，严厉查处各种涉税违法案件，增强威慑力。稽查是税收征管工作的重要组成部分，在税收工作中处于重要地位。要加强税务稽查与税源管理的配合，注重防范与查处相结合，防止片面强调查处而忽视经常性管理。

新的税收征管模式的实施，初步形成了征收、管理、稽查三个系列分工协作，相互制约的征管机制。与此同时，基本形成了纳税人自主申报纳税体系，初步实现了计算机管理，征管手段发生了根本性的变化，征管模式有了很大的进步。但仍然存在一些问题和不足，主要表现在：预防风险的体制还没有形成；征收、管理、稽查三者良性互动的运行机制还不够完善；为纳税人服务的意识与措施还不够到位；信息化支撑作用有待进一步加强；征管工作在具体操作中缺乏统一的规范；税收征管成本较高；税务机构设置和人员配备不尽合理；税务稽查力度还有待提升等问题。为此，我国应在总结以往经验的基础上，根据自己的国情特点与社会发展的变化，吸收国外税收征管模式的优点，不断优化现有的税收征管模式，待时机成熟时，进一步推出更为先进的税收征管模式。

【专题 11-6】

美国税收征管模式的借鉴

他山之石，可以攻玉。了解、学习国外先进的税收征管模式，可以给予我们很多启迪和借鉴。在此，看一下美国的税收征管模式。

（1）纳税申报。在美国，纳税人普遍采用邮寄申报或电子申报方式。一些州，如夏威夷州税务局还开通语音反应系统，纳税人可通过语音电话进行纳税申报，该语音反应系统还能回答纳税人咨询业务问题，为纳税人提供优质、便捷的咨询服务。由于美国税法种类和条文繁多，纳税人一般都委托注册会计师和税务律师代为办理涉税事项。

（2）税款征收。美国实行纳税人自核自缴的征收方式，申报纳税人数超过总人口90%以上，是全球申报纳税比例最高的国家。

（3）数据处理。美国税务部门计算机硬件配置并不先进，但软件设计、运用比较到位。纳税人的申报信息通过扫描识别或手工识别输入计算机后，计算机能够借助与银行及其他部门联网的数据库系统对数据进行比对分析，进而判定是否准确申报。检测识别到错误申报信息后自动生成给纳税人重新申报的信件，大大提高了工作质量和效率。由于在美国除小额交易外，其他交易都要通过银行账户转账，否则就是违法，且税收法律规定银行有义务向税务部门报告超过1万元以上的款项往来，所以税务部门可通过集中处理系统，准确获取纳税人的各项应税收入情况，从而对纳税人进行有效的监督。

（4）税务稽查。美国税务稽查的地位非常突出，是典型、真正意义上的"以申报纳税和优化服务为基础，以计算机网络为依托，集中征收，重点稽查"的税收征管模式。稽查面约为5%，稽查对象主要有以下几种：(1)人机结合选案，即计算机系统根据众多参数进行分类筛选出10%的纳税人，然后人工挑选其中的10%正式发通知进行稽查，而不实行纳税评估约谈举证。(2)国内收入署每年挑选特定行业、特定目标进行稽查。(3)对以前年度稽查有问题的，检查其下一年度是否存在同类问题。(4)犯罪活动。(5)税收法规修改后的相关涉税业务。(6)举报案件。(7)大公司等等。

五、税收征管效率

不管采用何种税收征管模式，目的都是想以较低的成本获取尽可能高的效益。自20世纪80年代以来，税收征管的效率问题日益受到各国税收专家的关注。随着新公共管理运动的发起，发达国家税务部门分别从组织机构、人员激励、绩效考评、信息化建设、纳税服务体系等多个方面进行综合改革，使税收征管效率显著提高。

（一）税收征管效率的含义

一般来说，税收征管效率的含义有广义和狭义之分。从狭义上来看，是指税收的行政效率，即税收成本与税收收入的比率，它从量的方面来衡量税收征管效率，这里的税收成本不仅包括征税成本、纳税成本还包括机会成本。从广义上看，不仅要包括税收行政效率,而且还包括税收制度的执行效率,即税收流失比率,它是从质的方面来衡量税收征管效率。

(二)衡量税收征管效率的指标分析

衡量税收征管效率优劣的指标分数量指标和质量指标两种。

▶ 1. 数量指标

(1)税收成本收入率。税收成本收入率,是指本期(一般为1年)税收成本与本期税收收入的比率。基本公式为

$$税收成本收入率=税收成本÷税收收入×100\%$$

由于税收征管过程涉及征纳双方即征税人与纳税人,因此税收成本划分为征税成本和纳税成本,所以公式可分解为以下两项评价指标

$$征税成本收入率=(本期征税成本÷本期税收收入)×100\%$$
$$纳税成本收入率=(本期纳税成本÷本期税收收入)×100\%$$

征税成本收入率,是征管机构在征收税收时发生的征管费用与税收收入之比,用它可以来衡量征管机构的效率;纳税成本收入率,是纳税人在缴纳税款过程中发生的纳税支出与税收收入之比,用它可以来衡量纳税人遵从税法的效率。两者都可以进一步细分,如按税种划分为增值税征税(纳税)成本收入率、所得税征税(纳税)成本收入率等;按成本项目分析,征税成本收入率可以分为税务人员工资支出成本收入率、税务部门办公设备支出收入率等;纳税成本收入率可以分为税务登记成本收入率、纳税申报成本收入率、调整应税收入的成本收入率、购买发票支出成本收入率等。

在其他因素不变的情况下,如果征税(纳税)成本收入率越高,说明税收征管效率就越低;反之,如果征税(纳税)成本收入率越低,说明税收征管效率就越高。由此可知,要提高税收征管效率,可以从税收成本与税收收入两个方面来考虑。但税收收入规模并非越大越好,它只是经济资源的转移,要受到一定时期内经济发展水平的制约,因而税收征管效率的高低主要取决于税收成本。

运用上述指标,一方面可以测算每种税种征税(纳税)成本占该税种全部收入的比率,从而分析比较哪个税种的征管效率最高;另一方面也可以测算不同项目支出成本占税收收入的比率,以此帮助了解相应支出成本对征管效率的影响程度,便于合理分配资源,实现资源最优配置;再一方面还可以通过计算不同国家征税(纳税)成本占税收收入的比率,从而比较不同国家税收征管效率情况,并通过借鉴国外对成本控制的经验来对本国成本进行优化,以达到提高征管效率的目的。

(2)人均征税额。人均征税额是指本期(通常为1年)税收收入的总量与本期税务人员数量的比率。公式为

$$人均征税额=本期税收收入÷本期税务人员数量$$

从公式可以看出,人均征税额越大,说明税收征管效率越高;反之,人均征税额越小,说明税收征管效率越低。因此,提高征管效率可从增加税收收入与减少税务人员数量两方面考虑。

2. 质量指标

评价税收征管效率的优劣，单靠数量指标是不科学的，需要配以质量指标来说明。只有通过对数量指标和质量指标的综合测算与分析，才能科学合理地评价税收征管效率水平。例如，A 国的某种税征收成本率只有 0.7%，漏税率是 30%；B 国的同种税征收成本率是 1.5%，漏税率却只有 10%。如果仅从税收征管效率数量指标分析，就会得出 A 国的税收征管效率高于 B 国的税收征管效率。事实上这种结论是很不科学的。因为，税收征管是税收制度的实施机制，理想的税收征管不仅要保证税收征管效率在量的方面要高，更应保证税收征管效率在质的方面也要高。

税收征管在质的方面效率，通常取决于税收流失比率这一评价指标。税收流失是指各类税收行为主体，以违反现行税法或违背现行税法的立法精神的手段，导致实际征收入库的税收收入少于按照税法规定标准计算的应征税收额的各种现象和行为。一般分为三类：①制度性税收流失，是由于税制设计不完善，越权减税、免税的存在造成的流失。②管理性税收流失，是由于管理上存在漏洞造成的税收流失。③遵从性税收流失，是指不遵从国家制定的税收法律造成的税收流失。

税收流失比率可以用税收流失额与应征税额的比值来表示，公式为

$$税收流失比率 = 税收流失额 \div 应征税额 \times 100\%$$

根据现实中的经济情况（政府可控制和不可控制的经济），将税收流失划分为"地上经济"税收流失和"地下经济"税收流失。"地上经济"一般指合法经济中应征收而未征收的税款，如企业欠税；"地下经济"指违法经济中应征收而未征收的税款，如账外经营。由此，公式还可分解为以下两项评价指标。

(1) 地上经济税收流失比率。

$$地上经济税收流失比率 = 地上经济税收流失额 \div 应征税额 \times 100\%$$

(2) 地下经济税收流失比率。

$$地下经济税收流失比率 = 地下经济税收流失额 \div 应征税额 \times 100\%$$

在其他因素不变的情况下，税收流失率与税收征管效率成反向关系，即税收流失比率越大，税收征管效率越低；税收流失比率越小，税收征管效率越高。通过对税收征管效率质量指标的测算，便于相关部门对税收制度执行和遵从情况进行横向与纵向的比较，从而有助于优化税务部门的工作和完善现有的税收制度，以达到提高税收征管效率的目的。[①]

【专题 11-7】

我国税收征管效率及比较

在税收征管效率量的指标上，我国有的学者用"征收成本收入率"对我国及其他国家的数据进行了测算。有关资料显示，我国的远远高于世界发达国家的水平，存在着极大的不合理性。目前发达国家的指标一般在 1%～2% 之间，我国却能达到 5%，如表 11-1 所示。

---

① 章丽妹. 税收征管效率研究[D]. 西南财经大学, 2007(6): 10-13.

表 11-1　2015 年我国与部分发达国家征收成本率的差异

国　别	征收成本收入率(%)	国　别	征收成本收入率(%)
美国	0.60	意大利	1.52
日本	0.80	加拿大	1.60
新加坡	0.95	德国	1.71
英国	1.07	法国	1.90
瑞典	1.50	中国	5.00

资料来源：作者根据有关文献收集。

在税收征管效率质的指标上，我国有的学者从税收流失的总规模测算分析，在 2001—2013 年这 13 年间，我国的 GDP 增长了 4 倍，同期税收收入增长约 5 倍。税收收入额占 GNP 的比重由 2001 年的 13.95% 上升到了 2013 年的 19.37%，同期税收流失率从最高 13.37% 下降到 2013 年的 9.00%，税收流失治理取得阶段性成果。但是，由于经济社会仍处于改革转轨阶段，目前税收流失的绝对规模仍然较大，主要原因是规模比较庞大的约占当年国内生产总值 1/5 的地下经济规模所引发的。另外，公开经济中税收流失，特别是跨境税源的流失亦十分严重。

本章小结

　　税收筹划，是指纳税人在不违反法律、政策规定的前提下，通过对经营、投资、理财活动的安排和筹划，尽可能减轻税收的负担，以获取更多的经济利益。特点是合法性、前瞻性、目的性、整体性。税收筹划作为一种高风险高回报的智力活动过程，不仅对于筹划者来说要有一定的要求，而且对于纳税人来说也需要具备一定的条件。

　　税收筹划最重要的原理是节税原理。节税原理又可细分为绝对节税原理、相对节税原理、风险节税原理三个主要部分。如果单从节税的角度，税收筹划地方法大致可以归纳为四种：一是减少计税依据；二是降低适用税率；三是增加应抵扣税额；四是推迟税款缴纳时间。

　　税收征管是税务机关根据有关税法规定，对税收工作实施管理、征收、检查等活动的总称，又称"税收稽征管理"。税收征管的最终目的，一是要提高税收遵从度，即减少税收流失和降低逃税率；二是要提高征管效率，即降低征税成本率和纳税成本率。税收征管对于完成政府的税收收入计划，保证财政收入和实现对经济运行的调控及监督，促进社会经济的健康发展，具有非常重要的意义和作用。税收征管的基本内容可包括税务登记、纳税申报、税款征收、税务检查等。

　　一般来说，要想提高税收征管水平，不仅要优化税收征管模式，同时要提高征管效率。要衡量税收征管效率的高低，指标分数量指标和质量指标。

关键词

税收筹划　偷税　避税　税收征管　税收征管模式　税收征管效率　税收成本收入率　税收流失比率

思考题

1. 何谓税收筹划？特征有哪些？
2. 税收筹划的基本原理是什么？基本方法包括哪些？
3. 谈一谈加强税收征管的意义。
4. 根据我国目前的税收征管模式并结合西方发达国家的特点，谈一谈我国税收征管模式进一步优化的措施。
5. 对于一个国家或地区税收征管效率的高低，可以采用哪些基本指标来衡量？

案例讨论

案例一： 某市房地产开发企业兼营房屋出租、建筑材料销售、房屋装修业务，属于增值税一般纳税人。该企业在2018年将位于市区的一栋房屋出租，承租人为某商贸公司，租金为每年400万元，租期为6年，租金中包含简单的家具、空调，并包含电话费、水电费。该房地产企业当时购置的家具、空调价格为18万元（不含税），预计使用年限为6年。预计每年所支付的电话费8万元，水费6万元（不含税），电费8万元（不含税）。

如果这个企业请你给做一下税收筹划，在不违法的情况下，您应该如何来做才能最大限度地减少该企业的税收负担？

案例二： 于女士2016年以65万元购买了一套商品房，装修花费6万元；2017年6月份以100万元卖给了王先生。如果按照实际的交易价格办理登记，则于女士需要交纳5.5万元的增值税、1万元的个人所得税（按售房收入×1%计算）；王先生也需要交纳1.5万元的契税。交易双方为了避税，将合同价做到72万元，则于女士只需要交纳3.96万元的营业税，由于没有售房收入的差额所得，于女士就不需要交纳个税，同时，王先生的契税只需要交纳1.08万元。这样，通过做低合同价，可以为交易双方节省的税费总共为2.96万元。

作为税务稽查机关应采取怎样的措施来遏制这种行为？于女士与王先生的偷逃税行为如果被查出，他们应承担怎样的责任？

第十二章
国有资产收入、经营管理与政府收费

> **学习目标**
>
> 通过本章的学习,要求学生熟悉国有资产含义与分类,掌握国有资产收入及其分配,同时对国有资产的经营和管理与政府收费有一个大致的了解。

开篇导言

历史上,我国封建王朝在收取土地赋税、征发徭役、征收工商税及其他苛捐杂税的同时,往往还通过拥有大量官产(如官田、山泽虞衡①)、官营(如官作坊、盐铁专卖、酒专卖、茶专卖、均输、平准、官市等)来获取财富,并在财政收入中占有一定的比重。

国有资产是一个国家生存与发展物质基础的重要组成部分。在任何社会形态下,一个国家都会有国有资产,只不过是不同的国家和同一国家在不同历史时期的国有资产的范围、数量、表现形式和运用方式等方面不同罢了。作为一个社会主义国家,在改革开放以前,我国通过各种途径累积了大量的国有资产,这些国有资产在国民经济的发展中发挥了主导作用。随着改革开放的进行,为了市场经济体制的建设与发展,我国的国有资产管理体制也进行了相应的改革,国有资产的经营方式发生了很大的变化,其数量、分布与结构也出现了很大的调整。在这一过程中,国有资产的经营质量与效益不断提高,但同时也出现了一些问题,如国有资产的流失、"国进民退"、行业垄断等。因此,如何经营与管理好国有资产,发挥在国民经济中的主导作用,为国家财政做出更大的贡献,为中国民众带来更多的福利,这不仅是一个重大的理论问题,也是全国百姓非常关注的实际问题。

---

① 山泽虞衡,是指除了可耕种田地之外的山林、湖海、江河、草地、园池等其他国有自然资源。来自于这类资源的租税、贡献收入,往往也是国家财政的一个补充。虞衡为古代掌山林川泽之官。

第一节 国有资产的含义与分类

一般来说,资产是为特定的行为主体所控制,能够带来某种经济收益的经济资源。在具体理解资产概念的内涵方面,又有广义和狭义的区分。狭义资产概念中强调的经济收益是指在货币形态上的可计量的部分;广义资产则强调,凡是能够增进人们的效用价值,就应该被认定为经济收益。如洁净的"环境"、政府维持的"秩序"、国防提供的"安全"等,由于很难精确估计带来的收益,因而通常不被纳入狭义资产的分析范围,但在广义资产分析中,人们都毫无疑问地将其作为重要的资产进行考察分析。

一、国有资产的含义

国有资产即全民所有的财产,是指国家以各种形式投资(投入)及其收益、接受赠与所形成的,或者凭借国家权力取得的,或者依据法律认定的各种类型的财产和财产权利。国有资产和一般资产有许多不同点,如国有资产权益代表了社会公共利益,国有资产存在的主要领域是关系国计民生的重要行业和领域,执行政府经济社会政策,国有资产是社会主义制度的重要经济基石等。

与资产概念的划分相适应,国有资产概念也有广义和狭义之分。广义的国有资产,与"国有财产"或"国家财产"同义,泛指依法归国家所有的一切财产,既包括国家依据法律取得的,或通过各种投资方式在境内外形成的经营性和非经营性的资产;也包括属于国家所有的土地、森林、矿藏、河流、海洋等自然资源;还包括国家所有的版权、商标权、专利权等无形资产。狭义的国有资产是指法律上界定所有权为国家所有,并能为国家直接提供经济收益的各种经济资源的总和。狭义的国有资产专门指经营性国有资产,通常包括国家投资形成的国有企业资产、国有控股企业的国家控股资产、国有持股企业的国家持有的股份资产和从行政事业单位中转化过来的经营性资产。由于狭义的国有资产具有资本属性,因而人们又把狭义的国有资产价值称为国有资本。

二、国有资产的分类

一般从以下几个方面来对国有资产进行分类。

(一)按经济性质可分为经营性国有资产、非经营性国有资产和资源性国有资产

(1)经营性国有资产是指国家作为投资者,为了达到一定的经济目的投入到社会再生产领域,从事生产经营活动的各类资产。主要是企业资产,经营性资产具有运动性和增值性两个特征。

(2)非经营性资产是指不参与商品生产和商品流通的那部分资产,主要包括行政、事业单位的资产。

(3)人类拥有的自然资源一般包括土地资源、矿产资源、森林资源、水资源、水产资源、草原资源、野生动植物资源。自然资源绝大部分属国家所有,是国有资产的重要组成部分。资源性国有资产具有三个特征：一是有限性，不是取之不尽、用之不竭的资源；二是依存性，资源不是孤立存在的，是相互联系、相互制约、相互依存的；三是自然资源范围的无限性，自然资源的范围是随着科学技术的发展和生产力水平的提高而不断扩大的。

（二）按存在形态可分为国有有形资产和国有无形资产

有形资产是指具有实物形态的资产，包括不动产资产和具有完整形态的动产资产。无形资产指不具有实物形态，但能带来经济效益的资产，包括各种使用权、专利权、非专利技术、商标权、著作权、商誉等。

（三）按价值周转方式可分为固定资产和流动资产

固定资产是指在生产和使用过程中长期发挥作用而不改变原有实物形态的劳动资料和其他物质资料。流动资产是指在生产经营过程中参加循环周转、不断改变其形态的那部分物质，以及债权和货币资金等。

（四）按移动后是否会损害价值可分为动产和不动产

动产是指能自由移动而不损害价值的资产。不动产是指不能移动或移动后会损害价值的资产，包括土地及其附着物，如建筑物及土地上的生长物等。不动产也具有商品交换的基本特性，但不动产又具有稀缺性、耐用性、难以隐匿性及对经济生活影响较大等特点。

（五）按存在的地域分为境内资产和境外资产

境内资产是指存在于本国境内的所有资产。境外资产是指存在于本国境外的资产，如国家在境外建立的大使馆、领事馆所拥有的资产，国有企业在境外投资形成的资产等。

【专题 12-1】

我国目前国有资产的总体情况

根据《国务院关于2017年度国有资产管理情况的综合报告》，第一次明确了我国国有资产的总体情况：截至2017年，全国国有企业资产总额183.5万亿元，负债总额118.5万亿元，国有资本及权益总额50.3万亿元；全国国有企业境外总资产16.7万亿元；国有金融企业资产总额241.0万亿元，负债总额217.3万亿元，形成国有资产16.2万亿元，全国金融企业所投境外机构资产规模18.1万亿元；全国行政事业单位资产总额30.0万亿元，负债总额9.5万亿元，净资产20.5万亿元。其中，行政单位资产总额8.9万亿元，事业单位资产总额21.1万亿元；文物普查全国不可移动文物76.6万处，国有产权可移动文物1.1亿件（套）；全国国有土地面积5.05亿公顷，内水和领海面积38万平方公里，天然气剩余技术可采储量5.5万亿立方米。

第二节 国有资产的管理与经营

国有资产是国家资产的重要组成部分。它不仅是政府履行职能和事业发展的物质基础，也担负着增加政府的财政收入，促进经济发展、社会进步的重任。对于我国来说，由于国有资产在整个国民经济中占有较大的比重,因此对于它经营与管理更具有特殊的意义,不仅关乎国有资产使用的规范性、安全性和有效性问题,而且对我国公共财政的改革与建设也具有很大的促进作用。

一、国有资产的管理

国有资产管理是指国家按照国民经济管理的总体要求,以资产所有者的身份,对国有资产的占有、使用、收益和处置所进行的计划、组织、经营、协调、监督、控制等一系列活动的总称。

(一)国有资产管理的目标

国有资产管理的总目标,是要维护国有产权合法权益,保卫资产安全,实现资产价值的保值增值,提高资产利用效率,为政府宏观经济政策目标服务,充分发挥国有资产对国民经济运行和社会发展的调控功能。国有资产管理目标的实现手段,主要包括法律手段、经济手段和行政手段。

(二)国有资产管理的主要内容

国有资产管理覆盖国有资产运营的各个环节、各个方面,包括国有资产的投资、经营、收益分配及资产评估、登记、界定等。主要体现在以下几个方面。

▶ 1. 国有资产的投资管理

国有资产的投资管理,是指国家根据国民经济发展战略目标,合理确定国有资产投资规模、结构,提高投资效益,兴建独资、合资、股份制等各类国有企业,调控国民经济运行,实现国家宏观经济政策目标的管理活动。国有资产投资管理涉及经济领域许多重大关系的调整,如投资管理体制建立;财政、改革与发展委员会、政策性银行、各主管部门之间关系的协调;投资决策、投资收益、投资风险的结合等许多问题。

▶ 2. 国有资产的经营管理

国有资产的经营管理,是指为实现国有资产的保值、增值,提高国有资产运行的经济效益、社会效益及生态效益而选择恰当的经营方式,考核评价经营者的业绩,取得最佳资产收益的管理活动。

▶ 3. 国有资产的收益分配管理

国有资产的收益分配管理,是指国家作为资产所有者,依法取得资产收益并对收益进行分配、处置的管理活动。国家依法在取得国有资产收益并对其支配、处置时,也要重视企业长远发展及其自我积累、自我更新、自我发展能力的提高。

▶ 4. 国有资产的产权处置管理

国有资产的产权处置管理,是指国家根据国民经济运行的客观需要及国有经济的战略布局,对国有资产存量及时调整,对部分国有资产依法进行收购兼并、拍卖、出售,优化资产结构,盘活资产存量,提高资产运行效益,防范国有资产流失的管理活动。在市场经济发展中,产权处置是一种正常的、经常性的经营行为,也是国家调控国民经济运行,实现国家宏观经济政策意图,维护国家权益的重要手段。

除以上主要环节外，还有国有资产的清产核资、产权界定、产权登记、股权管理、资本金预算、国有资产统计与评价、资产评估、国有资产保值增值指标考核、建立国有资产分析报告制度等。

【专题 12-2】

西方国家国有资产管理模式

综合当今世界各国国有资产管理的具体方式，可以划分为具有代表性的"三层次"模式、"两层次"模式和分类管理模式等三种模式。

1."三层次"模式

"三层次"模式是指国家对经营性国有资产实施国有资产行政管理机构、国有资产产权经营机构、国有企业三大层次的管理。意大利、英国、比利时、新加坡和奥地利等国即属该种模式，但在每一层次的具体设计上又各有特点。

(1) 国有资产行政管理机构。意大利把国有资产所有权管理职能从一般社会经济职能中分离出来，组建专门的机构——国家参与部门集中行使，是一种集中专职模式；英国实行的是集中非专职模式，政府对国有企业局的产权管理是授权给工业部门具体执行的，但工业部还要负责对非国有企业的管理；在奥地利，国家不设专职的国有资产管理机构，其国有企业主要分属于各行业主管部门具体行使管理职能，是一种分散非专职模式。

(2) 国有资产产权经营机构。主要包括控股公司模式、企业集团模式和综合产权经营机构模式。意大利是实行控股公司模式的典型代表，参与制中的三大控股公司作为国家参股制企业与政府之间的中介，由它们代表国家管理持有的股份和存量资产变动；企业集团模式是以大型企业集团的母公司作为政府与国有企业之间的中介，由母公司代表国家管理集团内子公司的产权，如印度煤炭有限公司、韩国浦项钢铁公司、奥地利工业管理公司集团等都属于这一模式的代表；综合产权经营模式是建立一个以国有资产产权为专门运作对象的机构作为政府与公司之间的层次，由该机构超出某一领域、某一部门运作全部或绝大部分国有资产的产权，直接向国有资产行政管理机构负责，典型代表有英国的国有企业局、比利时的国家投资公司等。

(3) 国有企业。虽然各国对国有企业的定义和称谓不尽相同，但都是利用出资人投资形成的资产进行直接的生产和经营活动，国家或国有控股机构的投资份额在总投资中占控制地位的企业。

2."两层次"模式

"两层次"模式是指国有资产行政管理机构按一定的方式直接管理国有企业，其间不再设中间层次。

(1) 法国模式。国家对国有企业的领导和监督主要集中在人事任免，企业经营方向和财产管理等方面。国民议会则设有"国有部门最高委员会"，专门负责对国有企业进行监督调查。法国政府的一大创举是国家为保障企业的自主经营，对国有企业管理采用"合同制"的方式，即国家与国有企业在"自愿、平等、协商"的基础上按照一定的程序签订契约性制度，使双方形成具有法律效力的合同关系。

(2) 美国模式。美国将企业国有资产和行政服务性国有资产分开管理，并受不同的法律监管。第二次世界大战后，美国政府创办的企业主要集中于基础设施部门和高技术产业部门，对国有企业的管理主要体现在人事任免和财务控制上。独特之处在于国有企业的国有民营制度，具体分为国有企业私人经营和国有资产私人使用两种模式，前者是严格意义上的租赁制，租赁标的是这个国有企业；后者是指政府将零散的设备、厂房提供给承包商使用，作为它接受政府合同条件的一部分。

3. 分类管理模式

分类管理模式是指政府将本国的国有资产按功能分成不同类别，采用不同的管理方式，并施以不同的绩效考核办法。①

二、我国国有资产管理体制的改革历程

自1949年新中国成立到1979年党的十一届三中全会召开的三十年间，与我国的计划经济体制相适应，国有资产管理体制也实行高度集中统一的计划体制，特点是政资不分、政企不分、缺乏有效的激励机制。改革开放以来我国国有资产管理体制的改革，从激励机制改革入手，经历了以下几个阶段。

(1) 放权让利阶段(1979—1984)。这阶段改革的目的是试图在计划经济体制的基本框架内，通过政府向企业放权让利来增强企业活力。

(2) 承包经营责任制阶段(1984—1992)。该阶段的改革以国有企业的所有权和经营权适当分离为思路，以"政企分开"为特征的多种经营方式为特点，大面积的推广承包经营责任制，用承包合同的形式规范国家与企业的责、权、利关系。

(3) 转换企业经营机制阶段(1988—1993)。这一阶段改革的重点是落实企业生产经营自主权，进一步明确企业享有的权利，包括资产处置权。

(4) 建立现代企业制度阶段(1993—2003)。改革的中心是要在国有企业中建立现代企业制度，即"产权明晰、权责明确、政企分开、管理科学"，通过产权的重新界定来建立法人财产制度。

(5) 管理模式改革阶段(2003年至今)。2003年4月6日，国务院国有资产监督管理委员会成立，意味着新中国成立以来一直实行的国有资产"国家统一所有，地方分级管理"的模式将被"国家所有，分级行使产权"的模式取代，提出了"管人、管事、管资产"的监管模式的实施细则。本阶段改革的重点是防止国有资产流失、加强企业内部管理、企业产权转让、调整与重组、试行国有资本经营预算等问题，国有资产管理体制改革路线，如图12-1所示。

总之，纵观我国国有资产管理体制的改革的历程，基本上是围绕产权改革的主线进行的。初期只是在原有的框架内通过放权让利、上交承包利润制度等来调动企业的经营积极性，这可以视为剩余索取权(即资本收益权)层面的改革，然后逐渐过渡到控制权(即法人财产权)层面的改革，从政府完全控制的计划经济，到政企分开，再到政资分开，最终完成公司治理框架下股东、董事会、代理人的责、权、利的统一。当通过控制权和剩余索取权的分解达到对各产权主体有效控制、有效激励的时候，公司治理得以良性运作，国企改

---

① 张惠敏. 外国国有资产管理体制经验及借鉴[J]. 国有资产管理, 2008(10).

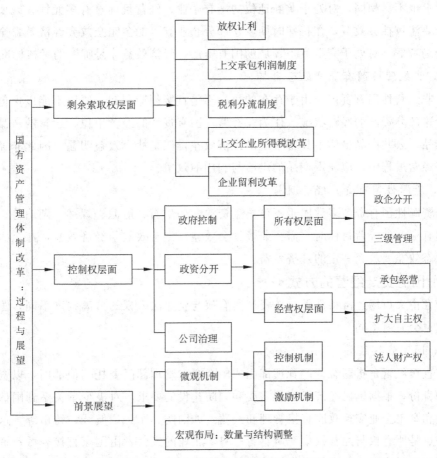

图 12-1 国有资产管理体制改革路线图

革和国有资产管理体制改革才能视为成功。①

二、国有资产的经营

国有资产经营,是指国有资产的所有者和代理人为了保证国有资产的优化配置、合理利用,提高运行的经济效益、社会效益及生态效益,充分发挥在国民经济中的主导地位进行的一系列筹划、决策活动。

(一) 国有资产经营的目标

在不同的经济体制下,国有资产经营过程中有着不同的目标。我国国有资产目前的主要目标是保证国有资产的保值增值并适度兼顾非营利性社会活动,进而促进国民经济的平稳发展。

▶1. 国有资产保值增值目标

国有资产作为资产的一种特殊形式,要求其具备增值性,即通过生产经营过程,使原来的资产价值增加,简单来说,是以原有资产作为基础,通过经营使其产生利润,利润的多少就是资产盈利能力的大小。然而在现实生活中面对国有资产所存在的领域不同,对增

---

① 马海涛,王爱君. 中国国有资产管理体制改革 30 年经验回顾与展望[J]. 广西财经学院报,2009(4):1-6.

值性的要求也不尽相同，对处于垄断地位的国有企业，经营目标具有多元性，既要注重经济效益又要注重社会效益，在特殊时期，这部分企业有可能会完全放弃经济效益全部从国家战略全局考虑。对处于完全竞争领域的国有资产，经济效益才是唯一的考核标准。

2. 非经营性国有资产经营目标

对于非经营性国有资产，由于存在的目的不是直接创造利润，所以不能以保值增值指标来衡量这部分资产的经营状况。作为非经营性国有资产的经营单位，运营的产品可归类为公共产品。公共产品虽然不具备常规的经济效益，但是社会效益明显，因此非经营性国有资产在经营过程中，应注重产品的供给与利用的效率。

3. 资源性国有资产经营目标

由于资源性国有资产多数属于不可再生资源，如矿石、能源、森林、湖泊等。在确定资源性国有资产的经营目标时，需要兼顾社会效益、生态效益与经济效益，甚至为了社会效益和生态效益要放弃一定的经济效益。

（二）国有资产经营的方式

在社会主义市场经济条件下，按资产所有权与企业法人权的分离程度不同，国有资产经营方式也会有所不同。

1. 国家直接经营

国家直接经营是指国有资产管理部门或国有资产管理部门委托其他部门，以资产所有者代表的身份，根据国民经济发展的需要和国防建设的要求，对极少量关系到国计民生的民用企业和军工企业实行政府直接管理和经营，如国防、军工、航天、铸币等。这种经营方式的特点是所有权与经营权集于所有者一身，企业的经营者由国家直接委派；资产经营收益的管理由国家统一负责，产供销计划由国家统一安排，经营成果的好坏与经营者没有直接的责任。改革前的国有企业大部分都采用这种经营方式。改革开放以来，随着国有企业的股份制改革与现代企业制度的建立，这种经营方式越来越少。但是，一些涉及国家安全、国防、尖端科技、某些特殊行业及特殊产品的企业，仍然需要保持这种经营方式。

2. 国家委托经营

国家委托经营是指国家在保留国有资产所有权的情况下，将国有资产委托给受托人，让他作为国有资产所有者的代表，负责国有资产经营的一种方式。国有资产的委托经营如果按层次可分为直接委托和间接委托。直接委托经营是指国有资产管理部门将国有资产直接委托给受托经营单位经营，如国有资产管理部门将国有资产直接委托给铁道、民航、矿产、土地等行业主管部门来经营。间接委托经营是指国家先将国有资产委托给国有资产经营公司或主管部门，再由它们将国有资产委托给下属单位来经营。这种经营方式的特点是所有权与经营权适当分离，资产所有者通过一定程序委托经营者管理国有资产并授予一部分或全部资产处置权和收益权；所有者只对经营过程进行监督，但并不干预企业的日常具体经营活动。

3. 承包经营

承包经营是指在所有权不变的情况下，按照所有权与经营权分离的原则，以承包合同的形式，确定国家与企业经营者的责、权、利关系，使企业自主经营、自负盈亏的国有资产经营方式。经营方式的特点是包上缴国家利润、包完成技术改造任务，保证国有资产的保值与增值；实行工资总额与企业经济效益挂钩。

▶ 4. 租赁经营

租赁经营是指在所有权不变的条件下，实行所有权与经营权的分离，国家授权单位为出租方，将企业的国有资产有期限地交给承租方经营，承租方除按规定依法纳税外，还需要向出租方交付租金，并依照合同规定对企业实行自主经营的方式。租赁经营方式一般适用于小型国有企业。这种经营方式的特点是所有权与经营权彻底分离，摆脱了政府对企业经营的行政干预。

▶ 5. 股份制经营

股份制经营是指以入股方式把分散的、属于不同所有者的生产要素（资金）集中起来，统一使用，自负盈亏，按股分红的一种经营方式。该经营方式的特点是以全民所有制为基础、保证公有制成分占主导地位；体现了"两权"分离、"政企"分开的原则；在保证国家的利益前提下，坚持了责、权、利的结合。

【专题 12-3】

我国国有经济战略布局与重点

根据国有经济的特点和完善与发展社会主义市场经济制度的要求，我国需要坚持公有制的主体地位，发挥国有经济的主导作用，加快调整国有经济布局和结构，推动国有资本更多地投向关系国家安全和国民经济命脉的重要行业和关键领域，增强国有经济的控制力。其他行业和领域的国有企业，通过资产重组和结构调整，在市场公平竞争中优胜劣汰，发展具有国际竞争力的大公司、大企业。具体而言，在国有经济的战略调整中，我国国有经济和国有资产集中的重点区域有以下几个方面。

（1）国家安全行业。国家安全行业，只涉及国防安全、国家经济安全的行业，包括军事装备制造，航天航空，邮政通信，金融保险等领域。这些领域的生产经营活动，有些关系到国防建设和国家领土完整，维护国家主权，由国家创办国有企业，提供有关产品和服务，是十分必要的。有些关系到整个宏观经济健康运行，国家通过国有金融保险等部门，有效调控国民经济规模及结构，保持宏观经济正常秩序，防范和化解经济危机，为经济和社会发展创造良好的条件。

（2）自然垄断行业。自然垄断行业，主要指供电、供水、供气、公共交通、道路、桥梁等公用事业，这些行业所提供的产品有一定的公共性或准公共性，并且具有自然垄断的特点，需要政府干预管制，避免形成垄断价格，减少有效供给，损害消费者。适合由政府设立国有企业直接经营，并进行公共定价和管制，以维护公共利益。

（3）提供重要公共物品和服务的行业。提供重要公共物品和服务的行业主要指科技、教育、文化、卫生、社会保障、环境保护等公共服务，这些服务有的纯属公共物品，如基础科学研究、义务教育、公共卫生等，不能通过市场机制由企业或个人来提供，只能由政府供给，需要政府提供相应的设施和条件，形成国有资产的占有。有的服务属准公共产品，政府可以根据经济和社会发展的需要，选择若干重点进行扶持，如高新技术开发、重点高等教育学科等，以实现政府在一定时期的社会政策目标。

(4) 重点的资源行业。重要的资源行业，包括石油、天然气、有色金属、黑色金属等行业。这些重要资源为工农业生产和服务业提供基础原材料，其发展规模和水平，对一定时期整个国民经济和社会发展具有决定性影响，是关系国计民生的重要领域。

(5) 支柱产业和高新技术产业中的骨干企业。支柱产业，在产值利税、就业等方面，在各产业部门中占据主导地位，政府通常通过掌握支柱产业中的骨干企业，引导整个国民经济的发展方向，指导社会资源的合理配置，有效调节社会总供给与总需求，实现宏观经济的稳定与增长，达到预期的政策目标。高新技术产业的发展则为国家在未来全球市场竞争中的地位奠定基础，展示了未来知识经济的发展方向。国有经济需要在高新技术领域，占据有利地位，掌握一部分骨干企业为政府的路线方针政策服务。

第三节 国有资产收入与分配

一、国有资产收入的内涵

国有资产收入，是指国家凭借所拥有的资产取得的财政收入。也即经营和使用国有资产的企业、事业单位和个人把收入的一部分交给资产所有者——国家。国家在这里是以资产所有者代表的身份取得收入，而不是以社会管理者代表的身份取得收入，也不是凭借政治权力取得收入。国有资产收入是我国财政收入的重要组成部分。

国有资产收入与国有企业经营收益、国有资产经营收益的内涵有所不同。国有企业经营收益是指国有企业在一定时期利用国有资产从事生产经营活动所创造新的并且已经实现的、可在各利益主体（国有所有者、企业、经营者和生产者）之间进行分配的价值。在社会主义市场经济条件下，国有企业是独立自主经营、自负盈亏的商品生产和经营者，国有企业经营收益的一部分必须留在企业，作为企业自我积累和自我发展的资金。因此，国有企业经营收益不能全部上交国家财政。国有企业经营收益中的一部分（上交部分）和国有企业中的国有资产转让收入共同构成了国有资产经营收益。国有资产经营收益也不全部构成国有资产收入。从严格的意义上讲，国有资产经营收益是指国有资产管理部门以国有资产所有者代表的身份，以上交利润、租金、股息、红利等形式所取得的收益和经营性国有资产转让收入。它是国有资产收入的主要组成部分。

国有资产收入不仅包括国有资产经营收益（国有资本投资收益和产权转让收入），也包括非经营性国有资产的有偿使用、转让的收入，还包括资源性资产、无形资产及其他国有资产的经营、有偿使用和转让的收入。

国有资产的收入，一方面反映国有资产营运效益的好坏，反映国有资产保值和增值的情况，因为任何一项国有资产管理指标的好坏都会从收益上面得到体现。另一方面关系到为国有资产的恢复、改造、更新提供资金的多少。特别是国有资产收入的再投资多少，关系到国有资产扩大再生产提供资金和物质条件的多少的问题，同时也关乎当年财政收入的多少和今后年度财政收入能否稳定增长的问题。此外，随着我国事业单位管理体制的改革和文化产业的发展，将相当部分的非经营性国有资产转变为经营性国有资产或国有资产转让收入。因此，不仅要努力改善经营性国有资产管理、盘活各类国有资产、增加经营性国有资产收益，而且还要加强非经营性和资源性国有资产的管理。

二、国有资产收入的形式

随着国有资产经营方式的多样化和管理要求的不同，国有资产收入存在多种形式，目前主要有以下几类。

（一）从国有资本投资取得的收入

国有资本投资取得收入是经营性国有资产取得收入的主要形式，具体包括上交利润和分得股利、股息。

▶ 1. 上交利润

上交利润是我国国有资产经营收益的一般形式。主要适用于国家独资、直接经营和实行承包经营的国有企业。根据不同时期的国有企业经营具体形式的不同，可以具体分为上交利润递增包干、上交利润基数包干、超收分成、上交利润定额包干等等。随着国有资本经营预算制度的试行，上交利润主要部分是由国有独资企业按规定上交国家和各级政府的利润构成。

▶ 2. 分得股利、股息

股利是指按所占的股份分配给股东的利润。对于实行公司制经营企业的那部分国有资产权利，股利是国家作为股东，凭借股权参与股份企业资产经营收益分配取得的收入。在有些情况下，股利分为股息和红利两部分。股息是股份资产的利息；红利是股东从股份公司得到的超过股息部分的利润。在设立优先股的股份公司里，通常，普通股可以分股息，又可以分红利，优先股则不分红利。

（二）从国有资产产权转让、清算取得的收入

▶ 1. 国有资产产权转让收入

国家通过国有资产产权转让、出售、拍卖和国有股减持等方式，将取得的资产产权转让收入的一部分作为财政收入。例如，政府预算收入科目中的"产权转让收入"是指国家出售小型国有企业或转让部分国有资产、产权所获得的收入。又如其中的"国有股减持收入"是指通过在新发或增发、配售时的国有股存量发行方式取得的收入，或按规定的比例内转让减持部分上市公司的国有股取得的收入。

▶ 2. 国有资产使用权转让收入

国家通过国有资产使用权转让取得的国有资产使用权转让收入，也是国有资产收入的组成部分。包括国有土地的使用权出让收益，矿藏资源的探矿权、开采权转让收益，山林、草地、河流开发权使用收益，森林采伐权收益，以及其他使用权转让收益，都构成国有资产收入。

▶ 3. 国有资产其他产权出售、转让收入

国有资产其他产权出售、转让收入主要指国有非经营性资产出售、转让收入，如随着国家事业单位的机构改革和文化产业发展，科、教、文、卫等非经营性单位的改制过程中

出售、转让国有非经营性资产取得的收入。

▶ 4. 国有产权清算取得收入

国有产权清算取得收入包括国有独资企业清算取得的企业清算收入和国有控股、参股企业清算分享的公司清算收入。①

三、国有资产收入的分配

在这里，国有资产收入分配主要是针对经营性国有资产而言的。由于经营性国有资产主要分布在国有独资、国有控股和参股的企业（统称为国有企业），因此对于国有资产收入分配而言，其核心是如何正确处理国有企业的收益分配问题。

（一）国有企业利润的分解

国有企业利润在不同的所有者或占用者之间的分配模式概括如下。

首先，企业实现利润必须按规定的税率，向国家财政缴纳各种税收。

其次，企业所有者按企业章程获得投资收益。收益分配方式取决于企业的组织形式及相应的所有者身份，如优先股股东获得股息，普通股股东获得红利。

第三，留存收益，包括企业按规定提取的法定盈余公积金、任意公积金和未分配利润。

（二）国家与国有企业之间的利润分配

在参与国有企业利润分配的过程中，国家体现出双重的身份：

（1）国家作为社会管理者参与企业的利润分配。国家作为社会管理者，要维持整个国家机器的正常运转，需要利用政治权力从企业创造的利润中取得必要的收入。

（2）国家作为出资人参与国有企业的利润分配，取得国有产权收益。这一层次的分配关系是由国家与企业的财产关系派生的，分配依据是财产权力。因此，国家与国有企业之间具有双重的分配关系，如图 12-2 所示。国家与国有企业之间利润分配模式的设置，与政治权力、财产权力两种权力的行使方式及其与之相适应的政治、经济体制密切联系。因此，国家与国有企业之间的利润分配关系较一般企业复杂，分配模式的设置也较困难。

【专题 12-4】
国家与国有企业之间利润分配关系的演变

新中国成立以来，国家与国有企业之间的利润分配关系大体经历了以下形式。

（1）统收统支制度（新中国成立初期）。即企业利润全部上交财政，企业所需资金由国家拨给。

（2）企业奖励基金制度（1952—1977 年）。当企业完成产值、利润、和上缴利润等经济指标后，可以从利润中提取一定比例的企业奖励基金，用于职工福利和奖励。

（3）企业基金制度（1978 年）。该制度规定国有工业企业在全面完成国家下达的产量、品种、质量、利润和供货合同等计划指标后，可以按工资总额的 5% 提取企业基金。企业基金主要用于举办职工集体福利设施，举办农副业，弥补职工福利基金之不足，以及发给

---

① 邓子基. 财政学[M]. 北京：高等教育出版社，2008：138-140.

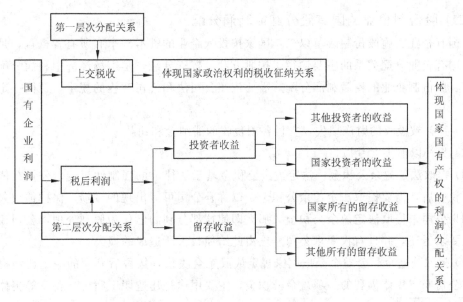

图 12-2　国家与企业的双重分配关系

职工社会主义劳动竞赛奖金等开支。

(4) 利润留成制度(1979—1983年)。制度包括多种利润留成办法，如全额利润留成、基数利润留成和增长利润留成、利润上缴包干等。企业留用的利润按国家规定的比例建立生产发展基金、职工福利基金和职工奖励基金。

(5) 利改税制度(1984年)。指的是将国有企业向国家上缴利润的形式，改为交纳所得税、调节税等税收形式，从而把国家与国有企业之间的利润分配关系用法律形式固定下来。企业纳税后剩余的利润，全部归企业支配使用。

(6) 承包制度(1985—1988年)。按照"包死基数、确保上交、超收多留、欠收自补"的原则，确定国家与企业的利润分配关系，用承包上缴利润的方式取代"利改税"向国有企业征收所得税的办法。

(7) 税利分流制度(1989—2007年)。是指国家在参与国有企业利润分配过程中，开征一道所得税(这道所得税对所有经济成分企业而言都是一样的)，尔后再以适当的形式参与企业税后利润的分配。并且，通过降低税率，取消调节税和逐步解决税前还贷问题等办法，降低税收在企业纯收入分配中的比重，重新引入部分税后利润上交机制，形成税收和利润的分渠分流，达到规范化的税收分配与非规范化的利润分配之间的统一。

(8) 试行国有资本经营预算下的国家与国有企业之间利润分配制度(2008年至今)。2007年10月，国务院发布了《关于试行国有资本经营预算的意见》，决定从2008年开始试行国有资本经营预算，在此前提下，国有独资企业按规定上交国家的利润和国有控股、参股企业国有股权(股份)获得的股利、股息都归到国有资本经营预算的收入管理中。该制度的实施，结束了自1994年以来长达13年之久的国家暂停对国有企业收缴应得利润的局面。[1]

---

[1]　邓子基. 财政学[M]. 北京：高等教育出版社，2008：147-149.

（二）股份制企业的国有股分红或利润分配

自国有企业实施股份制改革以来，国家按投入企业的资本额享有所有者权益，是规范国家与国有企业分配关系的主要途径。按股分利、按资分红，是市场经济中利润分配的通行做法。股份制企业的税后利润分配，需要依照公司法和公司章程的规定，遵循一定的程序进行：

(1) 弥补被没收的财产损失，支付各项税收的滞纳金和罚款。

(2) 弥补以前年度亏损。

(3) 提取法定盈余公积金。法定盈余公积金基于法律上的强制性规定，公司在依法缴纳各项税收后，需要提取法定盈余公积金，以弥补公司可能出现的亏损，保护债权人的利益。如果公司未提取法定盈余公积金，那么即使这部分利润已作为股利处理，公司债权人也有权要求退还，并且有权要求公司赔偿由此给债权人所造成的损失。

(4) 提取公益金。公益金是按国家规定或股东会决议，按税后利润的一定比例提取的用于本公司职工集体福利的一项盈余公积金，主要用途是建造职工宿舍、食堂等集体福利设施。

在完成以上各个步骤的分配之后，股东可以根据剩余利润的数额，享有股利的分配。股利分配方案由公司董事会负责制定，公司是否发放股利、发放多少股利、何时发放、以何种形式发放等，均应由公司董事会依照法律和公司章程作为依据，制定具体方法，并经股东大会通过。股利分配程序如下：①支付优先股股利。②提取任意盈余公积金。任意盈余公积金按照公司章程或股东会决议提取和使用。③支付普通股股利。股份制企业按照"股权平等，同股同利"的原则分配股息和红利。国家作为国有独资公司的唯一出资人，可以独享企业经营成果。国家作为国有股的代表者，可以取得上交利润或按所占股份分得股利、股息。国家分得的股利、股息收入由国家支配，可以用作国家股本增值，也可以上交国库。国有资本经营预算实施后，取得的上交利润和所占股份分得的股利、股息成为国有资本经营预算收入之一，用于国有资本经营预算的支出。

近几年来，国有企业总体上资产运营状况良好，资本收益能力增强，据财政部公布的数据显示，2017年全国国有企业利润总额达28 985.9亿元，主要效益指标创历史新高。目前，国家参与国有企业的投资收益分配逐步成为国有资产收入的主要形式。

四、国有资本经营预算

国有资本经营预算，是国家以所有者身份依法取得国有资本收益，并对所得收益进行分配而发生的各项收支预算，是政府预算的重要组成部分。国有资本经营预算与公共预算都属于政府预算的范畴。它们之间的区别是：

(1) 公共预算收入主要来源于税收收入；国有资本经营预算的收入来源是国家依法取得的国有资本收益。

(2) 国有资本经营预算在编制上相对独立于公共预算，国有资本经营预算按照当年取得的国有资本收益确定支出规模，量入为出，不列赤字。

(3) 与公共预算相比，国有资本经营预算的收支规模还很小。早在1995年，在国务院发布的《预算法实施条例》中就指出了我国各级政府预算按复式预算编制,其中包括国有资本经营预算。2007年10月,国务院发布了《关于试行国有资本经营预算的意见》,决定从2008年开始试行国有资本经营预算,并实施国有资本经营预算下的国家与国有企业之间利润分配制度。

《关于试行国有资本经营预算的意见》确定了国有资本经营预算收入支出的范围。国有资本经营预算的收入是指各级人民政府及其部门、机构履行出资人职责的企业(即一级企业,下同)上交的国有资本收益,主要包括国有独资企业按规定上交国家的利润;国有控股、参股企业国有股权(股份)获得的股利、股息;企业国有产权(含国有股份)转让收入;国有独资企业清算收入(扣除清算费用),及国有控股、参股企业国有股权(股份)分享的公司清算收入(扣除清算费用);其他收入。

国有资本经营预算的支出主要包括资本性支出、费用性支出和其他支出。资本性支出是根据产业发展规划、国有经济布局和结构调整、国有企业发展要求及国家战略、安全等需要,安排的资本性支出。费用性支出是用于弥补国有企业改革成本等方面的费用性支出。国有资本经营预算资金支出,由企业在经批准的预算范围内提出申请,报经财政部门审核后,按照财政国库管理制度的有关规定,直接拨付使用单位。使用单位应当按照规定用途使用、管理预算资金,并依法接受监督。

国有资本经营预算单独编制,各级财政部门是国有资本经营预算的主管部门,各级国有资产监管机构及其他有国有企业监管职能的部门和单位,是国有资本经营预算单位。

【专题12-5】

西方国家如何收取国企红利?

严格来说,西方各国国有企业红利制度的设计和制定是建立在完善的法人治理机制基础上的。国外发达资本主义国家在上百年的国有企业管理经验基础上基本建立了比较完善的法人治理机制。国有企业内部有完善的董事会制度,政府一般不干预企业的日常经营,企业以真正的企业法人身份出现,有完善的自主权,完全按照市场方式经营。在分红制度的制定上,政府并不是完全的领导者,是作为国有企业的股东与企业的董事会协商,根据企业的盈利能力、财务状况和未来的投资机会等因素合理制定企业的分红比例。比如,法国国有企业税后利润的50%要上缴国家;瑞典、丹麦、韩国等国的国有企业,利润上缴比例达到了1/3甚至2/3(目前我国只上缴5%或10%)。

同时,在分红制度实行的制度保障上,西方国有企业有严格的监督控制体制。在这些国家中,国会或议会对企业的监督主要通过审核企业年度报告、法律执行情况和提起诉讼等方式来行使监控权。英国法律规定国有企业要向议会提交年度报告和账目,议会通过经常听取企业的财务报告,监督和审核国有企业经营状况。美国国会有权传唤国有企业的行政官员到国会作证和陈述法律执行情况及政策落实程度。法国国会通过调查和诉讼方式对国有企业进行监督,并且法律对诉讼提起条件、程序、诉讼和解等都有较为详细的规定,议会监控提高了监控权威性。发达国家对国有企业的监督主体集中、清晰,委托代理链较短,具有对企业领导的法定诉讼权。这种保障体系的运行能避免国有企业的利益被少数集团所操纵,保证了国有企业分红制度的顺利实行,避免了国有企业的发展成果被少数人所享有。

第四节 政府收费

政府收费是税收之外的重要财政收入，又称非税收入。非税收入有广义、中义和狭义之分。广义的非税收入是指税收之外的所有财政收入形式，包括国有资产收益、政府债务收入、政府收费收入和政府基金收入。中义的非税收入是指税收和政府债务收入之外的财政收入。财政部印发的财税〔2016〕33号《政府非税收入管理办法》明确的非税收入包括12类：行政事业性收费收入、政府性基金收入、罚没收入、国有资源（资产）有偿使用收入、国有资本收益、彩票公益金收入、特许经营收入、中央银行收入、以政府名义接受的捐赠收入、主管部门集中收入、政府收入的利息收入和其他非税收入。狭义的非税收入仅指政府收费收入和政府基金收入。

一、政府收费的含义

在现代财政理论中，政府收费是指政府向居民提供特定服务或实施特定管理所收取的费用，以及政府对所提供的公共产品和服务而直接向使用者或受益者收取的使用费。但通常政府收费的范围不止于此，从广义上讲，凡是以政府部门为主体的收费，都可以被称为政府收费。

在市场经济的条件下，政府收费可以规范社会秩序、保障公众利益的需要。政府作为社会管理者，需要运用行政职权，行政许可职能的行使一般采取许可证、执照证书、签证登记等形式，其间往往伴有收费行为，而被管理者获证后便意味着获取了行为权力和相应的经济利益。同时政府通过使用费的形式提供公共产品并调节供求关系，提高公共服务供给的质量。还可以通过惩罚性收费消除"负外部效应"，使生产"负外部效应"者负担真实的活动成本，从而从利益机制上约束产生"负外部效应"。因此，收费是一种普遍性的现象。一些市场经济比较发达的国家，也存在收费收入。

二、政府收费的原则

鉴于政府收费具有行政强制和单方垄断等特点，政府收费应遵循以下原则。

（1）支付能力原则。政府在制定收费标准时，需要坚持将社会承受能力置于首位，而不应该采取简单的"以支定收"的办法，切实防止将收费扩大化。

（2）补偿原则。鉴于政府管理活动的目的在于维护社会秩序、保障公众利益，具有很高的正外部效应。因此，政府收费不应以赢利为目的，应该确定较低的收费标准，即不能超过社会管理所耗费的直接成本水平。

（3）受益原则。针对一些行政许可、签证等收费项目，如果被管理者在获得政府的认可和保护后，能获取一定的经济利益，政府就可以参考这一经济利益的多寡，制定相应的收费标准。

（4）对等原则。对于一些诸如护照签证、海关报单等涉外活动中的收费，因关系到国家的主权尊严和政府意志，应主要参照国际惯例对等地向外国公民、法人收取，收费标准的制定并不与政府的管理费用支出的大小挂钩。

（5）管理原则。一方面要强调政府收费项目、标准等要素的相对稳定性，切实防止政府权利的滥用；另一方面是要强调收费的程序的规范、透明与高效。

三、政府收费的内容

按照我国现行预算管理体制，政府收费包括行政事业性收费、专项收费和罚没收入三方面内容。由于我国通常将政府建立的公共机构区分为行政机构和事业单位两种，与此相适应，行政事业性收费收入也可划分为行政性收费收入和事业性收费收入。

行政性收费收入，是指政府各类行政机构在实施社会经济管理时借助于行政服务和行政手段所取得的收入。行政性收费收入的主要内容有：规费收入，指政府行政管理机关在为居民或单位提供某些特殊行政服务时所收取的手续费和工本费，征收目的主要在于对某些行为进行管理和统计；罚没收入，是指工商、税务、海关、公安、司法等国家管理部门，按规定依法处理违法行为时所获得的罚款收入、没收品收入，以及追回的赃款收入，目的主要是为了对违法行为进行惩处，以维持社会秩序；特别课征，是指政府为了某项特定的任务或工程的需要临时课征的收入，一般是通过行政机构用行政手段来征收并且不固定；特许金，是指政府对某种行为给予特许时收取的费用，如矿山开采权、某些特种行业经营权等，一般由各特定的行业管理部门来征收。

事业性收费收入，是指各级政府所属的事业单位在为社会和居民提供服务时所收取的收入。事业主要是指文化、教育、科学、卫生及公共交通、通信、环境保护等公共事业。事业服务的收费大致可归纳为两种：（1）象征性收费。对于以追求公平和某些强制行为为目标的公共服务，一般采用免费或象征性收费的原则，如义务教育、强制防疫、文化宣传、广播电视等，在提供服务时一般不收费，或只收取很少的费用（如报名费、挂号费、低价门票等）。（2）成本性收费。以提供事业服务所耗费的成本作为收费标准的，如公共交通、公共供电、供水等。

行政性收费与事业性收费的差异表现为：行政性收费是执收主体在行政管理活动中而进行的收费，带有强制性和管理性的特点，事业性收费是执收主体在服务过程进行的收费，带有自愿、补偿和服务的性质。

四、政府收费的作用

政府收费行为的存在，在一定程度上弥补了政府预算经费的不足，为各级政府及部门行使行政管理职能、满足公共产品的需要、实施地方和部门的社会经济发展目标提供了资金保障；同时，也会在某种程度上改善执收部门人员的福利待遇，调动其工作的积极性；另外，对维护政府权威也具有一定的积极作用。

但是，政府收费行为的存在，也会产生相当多的负面效应，如果缺乏必要的监督机制，政府有关部门为了自身利益往往使政府供给过分地扩大；同时，由于政府活动缺乏相应的降低成本的激励机制，极易导致成本高估。另外，寻租、道德风险等不良社会风气的存在，也易于导致大量社会资源用于非正常领域，造成社会资源的严重浪费。

自改革开放以来，伴随着经济管理体制和经济增长方式两方面的重大转变，社会分配格局发生了重大变化，其中一个突出的表现是政府收费规模越来越大。政府乱收费现象的存在，不仅直接加重了付费人的负担，给社会经济的运行造成了极大危害，而且还挑战了公共财政所应体现的法治、公平与公正。为遏制不断膨胀的部门利益，减少收费的利益驱动，需要多管齐下地进行综合治理。但从长远来看，建立起合理的社会收入分配制度是社会发展的必然，因此只有在制度层面上进行变革，才会使乱收费现象得以根本治理。2019年开始，我国包括政府收费的非税收入将统一由税务部门征收，根据"成熟一批，划转一批"的原则，逐步由财政部门向税务部门划转，研究推进适时完善缴费比率和推进非税收入法治化进程。通过改革，构建起职责清晰、流程顺畅、征管规范、协作有力、便民高效的非税收入征缴体制机制，进一步激发市场主体活力。

本章小结

国有资产是指国家以各种形式投资（投入）及收益、接受赠与所形成的，或者凭借国家权力取得的，或者依据法律认定的各种类型的财产和财产权利，有广义和狭义之分。国有资产按不同的标准可分为不同的形式。

国有资产收入不仅包括国有资产经营收益（国有资本投资收益和产权转让收入），也包括非经营性国有资产的有偿使用、转让的收入，还包括资源性资产、无形资产及其他国有资产的经营、有偿使用和转让的收入。我国主要有国有资产的经营性收入（包括利润、租金、股息和红利收入等）和国有产权转让收入（包括所有权转让收入和使用权转让收入）两类形式。国有资产收益分配是国有资产所有权派生的权力，是按照"谁出资、谁受益"的原则，由国家对国有资产收益进行的分配。

国有资产经营，是指国有资产的所有者和代理人为了保证国有资产的优化配置、合理利用，提高运行的经济效益、社会效益及生态效益，充分发挥在国民经济中的主导地位而进行的一系列筹划、决策活动。在社会主义市场经济条件下，按资产所有权与企业法人权的分离程度不同，经营方式也会有所不同。主要包括国家直接经营、国家委托经营、承包经营、租赁经营、股份制经营等。

国有资产管理是指国家按照国民经济管理的总体要求，以资产所有者的身份，对国有资产的占有、使用、收益和处置所进行的计划、组织、经营、协调、监督、控制等一系列活动的总称。具体来说，国有资产管理是指按照产权明晰、权责明确、政企分开、管理科学的原则，合理界定国有资产管理的主体、客体、目标及手段，对投资、经营、收入分配及产权处置等方面进行管理。

在市场经济的条件下，政府收费可以规范社会秩序、保障公众利益的需要。从广义上来讲，凡是以政府部门为主体的收费，都可以被称为政府收费。但政府收费必须遵循一定的原则且限定在必要的领域。

第十二章 国有资产收入、经营管理与政府收费

关键词

国有资产　国有资产收入　国有资产收益　国有资产经营　国有资产管理　国有资本经营预算　政府收费

思考题

1. 阐述国有资产的含义及分类。
2. 国有资产的收入包括哪些？如何进行分配的？
3. 国有资产的经营形式有哪几种？各自的特点如何？
4. 通过对我国国有资产管理体制改革过程的了解，谈一下你对我国国有资产管理体制如何进一步深化改革的理解。
5. 政府收费主要表现在哪些领域？作用何在？

案例讨论

案例一：业内人士谈道，不少事业单位，具有很高价值的无形资产，相关的规定也要求，在改制时需要对包括无形资产在内的所有资产进行评估，但对于评估价值的确定，并没有严格明确的规定，这就容易造成改制过程中无形资产无法评估入账的情况出现。现实中，不少事业单位在改制时，对商标、专利、品牌、营销网络等无形资产根本不进行评估，这成了一种无可奈何的漏洞。

对此你是如何看待的？如何才能堵住国有资产流失的漏洞？

第十三章
政府公债

> **学习目标**
>
> 通过本章的学习，要求学生了解公债的含义及分类，熟悉公债的发行、流通、偿还及管理等基本知识，掌握公债的经济效应及政策效应。

开篇导言

政府公债(Government debt)分为中央政府债务和地方政府债务。中央政府债务即国债，是中央政府为筹集财政资金而举借的一种债务。除中央政府举债之外，不少国家有财政收入的地方政府及地方公共机构也举借债务，即地方政府债务。目前我国地方政府尚不能举债，因此，这里所说的政府公债主要是国债。

政府举借债务，由来已久。中国东周末期，周赧王曾高筑债台以躲避商人索债。在中世纪的欧洲，王室借贷的事情也屡见不鲜。但那时候的借贷，还只是君主的私人信用，与近代的公债是有区别的。近代的公债，是信用制度发达的产物，是以国家的信用为依据的。随着资本主义经济的发展，社会上大量的闲置资金通过信用制度和金融市场进行融通调剂，这时候才有大量募集公债的可能性。与此同时，政府公共支出迅速膨胀，执政者为避免过多增加税收引起纳税者不满，往往采取举债办法以为挹注，又有了大量募集公债的必要性，由此使国家信用不断发展。

随着公债的大量出现，对公债的理论研究逐渐纳入了人们的视线。古典学派公债理论以斯密、李嘉图、萨伊等为代表，认为公债对国民经济宏观发展的影响主要是负面的。但是，随着自由资本主义向垄断资本主义过渡，在西方财政经济理论中也形成了一些主张和肯定发行公债的学说，其中的代表人物是凯恩斯。而在20世纪70年代以来，随着新自由主义经济理论主流地位的确立，出现了对凯恩斯主义公债理论进行的反思和挑战。近些年，随着全球经济危机的频发，特别是2007年美国次贷危机的爆发，导致包括美国在内的许多国家债务规模急剧膨胀,不仅使得许多国家出现了主权债务危机,而且还引发了人们对于政府债务风险的担忧。因此,如何防范与化解政府的债务风险,成为目前学术界关注与讨论的热点问题。

第一节 公债的含义及分类

公债作为一个财政范畴出现,在历史时序上比税收要晚些。产生条件有两方面:一是经济方面,商品货币经济要发展到一定水平,社会存在比较充裕的闲置资金和信用制度比较健全;二是财政方面,国家财力不充裕,存在财政困难,有资金和经济调控上的需要。

一、公债的含义

公债是国家各级政府的债务或负债,是国家或政府采用信用方式以债务人的身份取得的一种债务收入。目前,税收与公债都是政府取得财政收入的形式,但二者的区别在于以下两个方面。

(1) 财政作用不同。政府通过信用方式筹集资金虽然可以暂时解决一定时期的财政困难,表现为该时期的财政收入,但需要用以后年度的收入来偿还,实际上是税收的预支,马克思称为"税收的预征";税收则不同,税收是国民收入的一部分,是当年财政的实际收入,不存在"寅吃卯粮"的问题,税收反映的是国家的真实财力。

(2) 形式特征不同。从无偿性来看,公债的认购与国家是一种债权债务关系,国家有偿取得财政收入,国家作为债务人,到期要还本,还要付息。这种有借有还的原则,与税收的无偿性显然不同;从强制性来看,公债作为一种信用关系,发行公债者与认购公债者双方,在法律上处于平等地位,只能坚持自愿认购的原则,不能强制推销。税收则是国家凭借政治权力的强制征收,国家与纳税人双方在法律上分别处于执法者与守法者的不同地位,不管纳税人是否自愿,都必须依法纳税,否则要受到法律的制裁;从固定性来看,认购公债既然是出于自愿,债权人与债务人双方本着协商办事的原则,当然不可能具有像税收那样固定性的特征。

二、公债的分类

政府公债的种类根据不同的标准,公债有以下分类。

(一) 内债和外债

按照公债的发行地域不同,公债分为内债和外债。内债是政府在本国境内发行的公债,认购主体通常是本国公民和经济实体,内债的债权人是本国公民和法人;外债是政府在本国境外发行的公债,外债的债权人是外国政府、国际金融组织、外国银行、外国企业和个人。

(二）国家公债和地方公债

按照债务主体分类，公债分为国家公债和地方公债。国家公债，又称国债，是中央政府发行的公债，由中央政府决定发行，所筹资金由中央政府支配使用，借款期满后由中央政府还本付息；地方公债是地方政府发行的公债，发行所筹资金由地方政府支配使用，借款期满后由地方政府还本付息。

（三）可转让公债和不可转让公债

按照流通性的强弱，公债划分为可转让公债和不可转让公债。可转让公债也称可上市公债或出售公债，是能够在证券市场上自由买卖和转让的公债。可转让公债所具有的流动性是投资者可以在需要时随时兑现公债，从而可以降低投资的机会成本，提高投资效率。不可转让公债也称非上市公债或不可出售公债。这种公债流动性差，国家往往需要在利率、偿还方式等方面给予更优惠的条件，必要时还要给予保值贴补。

（四）短期公债、中期公债和长期公债

按照偿还期限，公债划分为短期公债、中期公债和长期公债。短期公债通常指1年期以内的政府债务，时间一般以周为单位，内容包括政府向中央银行的直接短期贷款、透支和国库券等。中期公债一般指1年以上10年以下的政府借债，一般可根据期限长短的不同将用于不同的财政收支项目，是弥补年度预算赤字的主要手段。长期公债的期限通常在10年以上，有的可长达二三十年，一般多用于特定的公共支出项目融资。

（五）强制公债和自愿公债

按照发行性质的差异，公债划分为强制公债和自愿公债。强制公债是国家凭借政权的力量，以强制购买的方式发行的公债，认购主体无论愿意与否，均必须购买。自愿公债是指国家按照信用原则，以经济利益吸引购买者自愿认购而发行的公债。这是一种完全意义上的国家信用行为，易于被公民接受，因此现代各国的公债一般都是自愿公债。

（六）凭证式公债和记账式公债

以发行的凭证为标准，公债可以分为凭证式公债和记账式公债。凭证式公债是国家采取填制"公债券收款凭证"的方式发行的公债。凭证式公债具有类似储蓄，又优于储蓄的特点，通常被称为"储蓄式公债"，是以储蓄为目的的个人投资者理想的投资方式，具有安全性好，保管、兑现方便的特点。记账式公债是利用账户通过电脑系统完成公债发行、兑付的全过程，称为"无纸化公债"，可以记名、挂失，具有安全性好、发行成本低、发行时间短、发行效率高、交易手续简便的优点，已成为世界各国发行公债的主要形式。

（七）固定利率公债和浮动利率公债

按照公债存续期内利率是否变动，公债可分为固定利率公债和浮动利率公债。固定利率公债是指利率在发行时就确定下来，不管今后物价和银行利率如何变动，公债的利息支付都要按照既定利率来还本付息的公债。浮动利率公债是指利率随物价或银行利率变动而变动的公债。这种公债通常在物价波动幅度较大、通货膨胀势头较猛的情况下采用，可以在通货膨胀情况下促进公债的销售。

【专题 13-1】
我国国债的主要形式

国债的种类繁多，如果按国债的券面形式，目前我国主要有凭证式国债、记账式国债、储蓄国债(电子式)三大品种。凭证式国债是指国家采取不印刷实物券，采用填制"中华人民共和国凭证式国债收款凭证"的方式向投资者发行的国债；记账式国债又称无纸化国债，是指将投资者持有的国债登记于证券账户中，投资者仅取得收据或对账单以证实所有权的一种国债；储蓄国债(电子式)是国家财政部面向境内中国公民的储蓄类资金发行的，以电子方式记录债权的一种不可流通的国债。国债的流动性除了记账式国债之外，凭证式国债、储蓄国债(电子式)是以牺牲收益性为代价来换取流动性的，因为二者提前兑付，要以低于国债票面利率的利率来计算收益，而记账式国债可通过证券交易所二级流通市场进行买卖。至于以上三大国债品种在收益性、市场风险、流动性等方面的差异，如表 13-1 所示。

表 13-1 记账式、凭证式、储蓄(电子式)国债"三性"的比较

特性＼种类	记账式国债	凭证式国债	储蓄(电子式)国债
收益性	(1)票面利率略高于相同期限的凭证式国债和储蓄(电子式)国债；(2)通过低买高卖获取额外收益	一般会略高于同期定期储蓄存款利率。如遇提前兑付，根据持有期限按不同期次国债的不同规定以低于国债票面利率的利率来计算收益	一般会略高于扣除利息税后的同期定期储蓄存款利率。如遇提前兑付，条件同凭证式国债
市场风险	价格(本金和利息)随市场利率的变动而变动	价格(本金和利息)不随市场利率的变动而变动	价格(本金和利息)不随市场利率的变动而变动
流动性	可以通过证券交易所交易系统进行买卖	只限于在原购买网点办理提前兑付变现，但须支付2‰手续费	只限于在原购买网点办理提前兑付变现，但须支付1‰手续费

另外，凭证式国债、记账式国债、储蓄国债(电子式)在发行、兑付的有无记名、发行对象、购买方式、能否流通转让、付息方式、提前支取、兑付方式等方面也大不相同。详细的情况如表 13-2 所示。

表 13-2 记账式、凭证式、储蓄(电子式)国债发行、兑付等方面的比较

项目＼种类	记账式国债	凭证式国债	储蓄(电子式)国债
有无记名	可记名	可记名	可记名
发行对象	主要是机构投资者，个人投资者也可以购买	主要是个人投资者，部分机构投资者也可以购买	仅限境内个人投资者，机构投资者不允许购买或持有

续表

项目 \ 种类	记账式国债	凭证式国债	储蓄（电子式）国债
购买方式	开立证券账户或国债专用账户，在发行期内通过证券交易所交易系统直接认购；或到记账式国债承销商处直接购买	用现金直接去承办机构网点购买	在承办银行开立个人国债托管账户，在发行期内购买
流通转让	可以通过证券交易所交易系统进行上市流通转让	不可以流通转让	不可以流通转让
付息方式	分期付息的记账式附息国债每半年或一年付息一次	到期一次性还本付息	可按年付息，可利随本清
提前支取	可上市转让	可持有效证件到原办理网点提前兑取	可持有效证件到原办理网点提前兑取
兑付方式	通过各证券商的清算备付金账户及时划入各投资者的资金账户	到期后投资者前往承销机构原办理网点办理兑付事宜	到期后承办银行自动将投资者应收本息转入与个人国债托管账户对应的资金账户

第二节 公债的运行与管理

公债的运行过程开始于发行，交易于市场，结束于还本付息。同时，在这一过程中，需要政府对其有效管理，即确定合适的规模与结构。

一、公债的发行

公债的发行是指公债售出或被认购的过程，它是公债运行的起点和基础环节，主要内容是确定公债的发行方式和发行条件。

（一）公债的发行条件

公债的发行条件是指对公债发行本身诸多方面所做的规定，比如公债发行额、期限、发行价格、利率等。其中，发行价格和发行利率是最主要的发行条件。由于公债的发行条件不同，这不仅会直接影响到政府的偿债负担和认购者收益的大小，而且也会关系到公债能否顺利发行。

▶ 1. 公债发行额

公债发行额指发行多少数量的公债。主要受政府资金需求、市场承受能力、政府信誉及债券种类等因素的影响。如果公债发行额定得过高，会造成销售困难，损害政府信誉，并对二级市场的转让价格产生不良影响。因此，政府在确定公债发行额时，要进行科学地预测。

2. 公债期限

从公债发行日起、到还本付息日止的这段时间，称为公债期限。公债期限的确定，受制于政府使用资金的周转期、市场利率的发展趋势、流通市场的发达程度及投资人的投资意向等因素。

3. 公债的发行价格

公债的发行价格亦即政府债券在市场上的出售价格或购买价格，它不一定是公债的票面值。公债发行价格的高低主要受公债利率与市场利率的对比、政府信用的好坏等因素的影响。相对于债券的票面金额而言，公债的发行价格主要有平价、溢价及折价三种。

（1）平价发行是政府债券按票面值出售。认购者按票面值支付购买金额，政府按票面值取得收入，到期亦按票面值还本。唯有在政府信用良好的条件下，人们才会乐于按票面值认购，公债发行任务的完成才有足够的保障。

（2）折价发行是政府债券以低于票面值的价格出售，即认购者按低于票面值的价格支付购买金额，政府按这一折价取得收入，到期仍按票面值还本。采用折价发行一般会使得公债销售比较顺利，所用时间比较短。

（3）溢价发行是政府债券以超过票面值的价格出售，即认购者按高于票面值的价格支付购买金额，政府按这一价格取得收入，到期则按票面值还本。政府债券溢价发行，只有在公债利率高于同期市场利率时才能办到。

4. 公债发行利率

公债发行到期时不仅要还本，而且还要支付一定的利息，付息多少则取决于公债的利率。公债利率的确定既要考虑发行的需要，也要兼顾偿还的可能，通常主要是参照金融市场利率、政府信用状态和社会资金供给量及公债的期限结构与发行时机等因素来确定。

此外，公债的发行条件还包括公债的票面金额和编号、公债的名称与发行目的、公债的发行对象、发行与交款时间等。

（二）公债的发行方式

公债的发行方式是指政府销售公债的具体方法和形式。公债的发行方式一般包括连续经销法、承购包销法、向个人直接发行和公募招标法。

1. 连续经销法

连续经销法，又称随买法，通常用来向小额投资者或储蓄者发行不可上市的债券，有时也销售可上市的中期和长期公债。如果公债发行量大且市场利率不稳定，则要采用连续经销法，以保证发行数量，同时又使利率具有灵活性。连续经销法可分为两种：（1）通过政府债券经纪人将新发行债券直接在二级市场上销售，由经纪人首先包销，这样投资者买新债与买二手债券形式上没有区别。（2）通过银行和邮局的分支机构在柜台上向投资者代理销售。为保证公债的销售，应该使新发行公债的票面利率和相同剩余期限正在市场中交易的二手债券的收益率一致起来。如果证券市场比较发达则用第一种方法，这样公债经纪人可以根据市场利率变化随时调整公债发行价格。通过银行系统的柜台销售政府债券灵活性不够，因为银行系统或邮政系统分布在全国，而公债的价格在全国市场上同时变化是不易做到的。为解决因市场变化而调整债券价格的问题,应同时发行一种或需要几种债券,同时债券期限需要标准,以吸引投资。

▶ 2. 承购包销法

承购包销法是指政府和承购包销团签订承购包销合同来销售公债的方式。承销人承受公债后,向社会分销公债,分销不出去的由承销人自己购买。自20世纪90年代中后期,承购包销成为我国国债发行的主要方式。世界上很多国家均采用这种方式发行公债。承购包销法首先要组成承购包销团,其次要确定公债发行条件和承销份额等。承购包销法分两种:一种是固定份额方法,此方法有利于及早安排资金;另一种是变动份额方法,该方法有利于根据承销者状况调整。

▶ 3. 向个人直接发售法

直接发行方式是债券发行人不委托专门的证券发行机构,而是亲自向投资者推销债券。共包含三种情况:

(1) 各级财政部门或代理机构销售公债,单位和个人自行认购。

(2) 也就是20世纪80年代的摊派方式,属带有强制性的认购。

(3) "私募定向方式",财政部直接对特定投资者发行公债。例如,对银行、保险公司、养老保险基金等,定向发行特种国债、专项国债等。

直接发行不适宜于公募债券,一般是在私募性质的公债中采用。直接发行的特点有:

(1) 直接与发行对象见面,由财政部或央行与认购者沟通。

(2) 有特定的发行对象机构投资者,公债不在市场流通。

(3) 发行条件直接商定,谈判确定发行条件。

(4) 发行者自己承担发行风险。

直接发行的优点可以降低发行费用,便于了解投资者的投资要求和投资意向。缺点是给发行单位带来了相当大的工作量。若自己发债,自己推销,自己宣传,人们容易产生不信任感。

▶ 4. 公募招标法

公募招标法分为价格招标和利率招标。公募招标的公债认购价格或收益率等,都不是由政府自己说了算,而是在拍卖场上投标竞价确定。招标有竞争性招标和非竞争性招标两种具体方式。在竞争招标条件下,投标者把认购价格和数量提交给招标人,招标人据此开标,决定中标的依据。投标者认购价格高,招标者受益就大,所以出价高者胜出。而非竞争性招标沿用竞争性招标的方式开标,参加投标的投资者都能买到公债,中标价格为竞争性招标部分价格的加权平均数。

【专题13-2】

"荷兰式"招标与"美国式"招标

通过竞争性的招标拍卖方式发行公债,在中标价格确定上有代表性的招标规则:"荷兰式"招标和"美国式"招标两种。"荷兰式"招标,是指中标价格为单一价格,单一价格通常是投标人报出的最低价,所有投资者按照这个价格分得各自的公债发行份额。"美国式"招标,中标价格为投标方各自报出的价格。

举例来说,当面值为100元、总额为200亿元的贴现国债招标发行时,若有A、B、C三个投标人,他们的出价和申报额如表14-3所示。那么,A、B、C三者的中标额分别为90亿元、60亿元和50亿元,在"荷兰式"招标规则下中标价均为75元,在"美国式"招标规则下,中标价分别是自己的投标价,即等于85元、80元和75元。

表13-3 "荷兰式"招标与"美国式"招标中标额和中标价的比较

投标人	A	B	C
投标价(元)	85	80	75
投标额(亿元)	90	60	100
中标额(亿元)	90	60	50
"荷兰式"招标中标价(元)	75	75	75
"美国式"招标中标价(元)	85	80	75

根据表13-3,"荷兰式"招标的特点是单一价格,而"美国式"招标的特点是多种价格。在我国,国债的发行方式几经变迁。20世纪80年代,采用行政分配的方式,摊派发行国债。到了90年代,便改为承购包销,主要用于不可流通的凭证式国债。从1996年开始,我国将竞争机制引入国债发行,而且从2003年起财政部对国债发行招标规则进行了重大调整,即在原来单一"荷兰式"招标基础上增加"美国式"招标,招标的标的确定为三种,依次是利率、利差和价格。另外,我国经常采用符合中国国情的混合式利率招标,即全场加权平均中标利率为票面利率,低于或等于票面利率的标位,按面值承销;高于票面利率20个以内(含20个)(有时是15个)的标位,按各自中标利率与票面利率折算的价格承销;高于票面利率20个以上(不含20个)的标位,全部落标。时至今日,我国国债发行已演变为直接发行、代销发行、承购包销发行、招标拍卖发行四种方式并存。

二、公债的交易

公债不仅是一种财政收入形式,而且公债券是一种有价证券。政府通过证券市场发行和偿还公债,意味着公债进入了交易过程,证券市场中进行的公债交易即为公债交易市场。

(一)公债交易市场的类型

公债交易市场可以按照不同的角度,划分为不同的类型。

▶ 1. 发行市场和流通市场

如果按市场交易的层次和阶段,公债交易市场可以划分为发行市场和流通市场。发行市场又称公债一级市场,是指以发行债权的方式筹集资金的场所。在发行市场上,政府具体决定公债的发行时间、发行金额和发行条件,并引导投资者认购及办理认购手续,缴纳款项等。公债的发行市场由政府财政部门、投资者和中介构成。中介主要有投资银行、承销公司和信托公司等证券承销机构。公债流通市场又称公债二级市场,是公债交易的第二阶段,一般是公债承销机构与投资者之间的交易,也包括公债投资者与政府之间的交易及公债投资者相互之间的交易。目前我国的国债流通市场发展迅速,建立了银行间市场、证券交易所市场、试点商业银行记账式国债柜台交易市场三个相互补充的市场。

公债的发行市场和流通市场是整个公债交易市场的两个重要组成部分，两者相辅相成。首先，公债发行市场是流通市场的前提和基础。任何种类的公债，都需要在发行市场上发行，否则政府就无法实现预定的筹资计划，投资者也就无处认购公债；发行市场上公债的发行要素如发行条件、发行方式、发行时间、发行价格、发行利率等，对流通市场上公债的价格及流动性都会发挥重大影响。其次，公债流通市场是公债顺利发行的重要保证。如果一种公债的流动性好，变现能力强，收益率高，投资者认购的热情就高，公债的发行就相对比较容易；反之，公债的发行就相对比较困难。

▶ 2. 场内交易市场和场外交易市场

如果按市场交易的组织形式，公债交易市场可分为场内交易市场和场外交易市场。

场内交易市场即在指定的交易营业厅从事的公债交易，如上海证券交易所。场内交易市场的特点包括：

（1）有集中、固定的交易场所和交易时间。
（2）有较严密的组织和管理规则。
（3）采用公开竞价的交易方式，时间优先，价格优先。
（4）有完善的交易设施和较高的操作效率。

不在交易所营业厅从事的交易市场即为场外交易市场，如银行间市场、柜台交易市场等。交易的对象多为未在交易所挂牌上市的公债，但也包括一部分上市公债。场外交易市场具有以下特点：

（1）可以为个人投资者投资于公债提供更方便的交易条件。
（2）场外交易的覆盖面和价格形成机制不受限制，方便于中央银行进行公开市场操作。
（3）有利于商业银行低成本、大规模的买卖公债。
（4）有利于促进各市场之间的价格、收益率趋于一致。

（二）公债交易的参与者

公债交易的参与者是指参与公债交易活动的各市场主体，包括资金供应者、资金需求者、中介和管理者四个方面。公债市场的资金供应者包括个人、企业、商业银行及各种基金等。公债的资金需求者主要是政府。

（三）公债交易的方式

在公债市场上，公债的交易一般会采用现货、期货、回购、期权等四种方式。

▶ 1. 现货交易

现货交易即以政府发行的原始公债券为交易对象、买卖双方成交后在2~3个营业日内进行券款交割的方式。现货交易是我国在1992年底以前公债流通交易的唯一方式。

▶ 2. 期货交易

期货交易即由期货交易所根据期货交易法规，依公债券品种设计出对应的标准期货合约，买卖双方以公债期货合约为交易对象，成交后一般并不实行券款交割，而主要是在合约到期前通过反向操作以对冲平仓。人们从事期货交易的目的有两方面：一是套期保值，以规避利率风险；二是根据对市场利率走势的预期，投机以获取利润。

▶ 3. 回购交易

回购交易，即以现券交易为基础，在买卖双方初次成交一定时间后，原来的卖方再按双方事先约定的价格将自己所卖出的公债，从原来的买方购买回来。这种交易实际上是以公债券买卖为媒介的一种资金拆借。我国于 1993 年 12 月在上海证券交易所开办了公债回购交易。目前我国在交易所进行的交易中，回购交易所占的额度远远大于现货交易的额度。

▶ 4. 期权交易

期权交易，即公债券交易双方为限制损失或保障利益而订立合同，同意在约定的时间内，既可以按约定的价格买进或卖出合同中指定的公债，也可以放弃买进或卖出这种公债。可见，期权交易实际上是一种选择权交易。也就是说，在签订期权交易合同后，期权的买方可以在买进或不买进之间进行选择；即使买方对期权交易中的公债价格变化趋势判断失误，届时若放弃买进合同指定的公债，最大的损失也只是预先缴纳的期权费，因此，期权交易的风险要比期货交易要小。目前，我国尚不允许进行公债期权交易。

（四）公债交易的价格

目前，在市场上公债交易的公开叫价方式主要有全价交易和净价交易两种。

▶ 1. 全价交易

全价交易是指公债交易价格中把应计利息包含在公债报价中的债券交易。其中，应计利息附息式公债是指本付息起息日至交割日所含利息金额。

▶ 2. 净价交易

净价交易是指在公债买卖时，以不含有自然增长应计利息的价格报价并成交的交易方式，即将公债的报价与应计利息分解，价格只反应本金市值的变化，利息按票面利率以天计算，债券持有人享有持有期的利息收入。关系等式为

$$净价 = 全价 - 应计利息$$

目前，净价交易方式在国际债券市场上已被广泛应用。在净价交易方式下公债价格的波动体现了市场利率相对公债票面利率的变化情况，通过公债价格的变化，投资者可以及时准确把握市场利率的波动情况，并以此为依据判断投资方向、衡量投资价值。公债净价交易的成交价格随着市场利率的变化而变动。一般来说，当市场利率低于票面利率时，成交价格高于公债面值；当市场利率等于票面利率时，成交价格等于公债面值；当市场利率高于票面利率时，成交价格低于公债面值。

我国从 2001 年 7 月起，全国银行间债券市场已经首先试行国债净价交易，交易所债券市场也已于 2002 年 3 月 25 日开始实行。

三、公债的偿还与兑取

（一）偿债资金的筹措方式

一般而言，政府可以在如下偿债资金筹措方式中选择一种或多种。

▶ 1. 建立偿债基金

建立偿债基金，即从每年财政收入中拨出一笔专款，由特定的机构管理，只能用于偿

付公债，不用作其他用途。而且在未还清之前，每年的预算拨款不能减少，以期逐年减少债务，故又称"减债基金"。这种方式虽然在一些西方国家曾做过尝试，但偿债基金经常被挪用，最后大都以失败而告终。

▶ 2. 财政预算列支

财政预算列支是将每年的公债偿还数作为财政支出的一个项目（如"债务还本支出"）列入当年支出预算，由正常的财政收入（主要是税收）保证公债的偿还。这种方式只有在财政收入比较充裕、有盈余的情况下才可以做到。

▶ 3. 举借新债

举债新债就是通过发行新债为到期债务筹措偿还资金。目前，这种方式已成为世界上许多国家偿还公债的基本手段。

（二）公债的还本方式

公债的还本方式主要有以下五种。

▶ 1. 分期逐步偿还法

分期逐步偿还法是对同一种债券规定几个还本期，每期偿还一定比例，当债券到期时，本金全部偿清。该种方法可以满足投资者不同的需要，一般多为地方公债采用。如美国对地方政府所发行的公债规定要用这种方法偿还，以促使其通盘考虑公债计划，以免出现赤字。

▶ 2. 抽签轮次偿还法

抽签轮次偿还法是在公债偿还期内，通过定期按债券号码抽签对号以确定偿还一定比例的债券，直至全部债券均中签偿清为止。此种方法不论公债认购的迟早，仅以中签与否为标准，中签的债权人可以先收回本金，一般以债权号码为抽签的依据。

▶ 3. 到期一次偿还法

到期一次偿还法，即在债券到期日按票面额一次全部偿清债务。我国于1985年以后发行的公债一般均采取这种还本方式。

▶ 4. 市场购销偿还法

市场购销偿还法是在债券期限内，政府定期或不定期地从证券市场上赎回一定比例债券，当债券期满时，它已全部或大部分被政府所持有。该种偿还方式只适用于可转让债券。

▶ 5. 以新替旧偿还法

以新替旧偿还法是通过发行新债券来兑换到期的旧债券，简称"发新债还旧债"，实际是债务的延期。具体做法是继续延续使用原来的债权凭证（或收款单），按新公布的转换债利率，采取推迟偿还、分段计息的做法。这种偿还方式，严格来说，政府并没有按期偿还公债，不利于维护政府的债信，因此不宜经常采用。

（三）公债利息的支付方式

政府在付息资金来源上，如果也采用举借新债的方法筹集资金，那么公债规模必然会越来越大，产生"滚雪球"效应。因此，政府在付息资金来源上几乎没有太多选择余地，世界各国的通行做法是把公债利息的支付列入财政支出。至于利息的支付方式主要有以下三种。

（1）预扣利息。适用于短期通过折价发行预先将应付债息从公债认购价格中扣除。

(2) 按期分次支付利息。往往适用于中、长期公债并附有息票。在支付公债利息时要将息剪掉，即"剪息票"。

(3) 到期一次支付利息。即将债券应付利息同偿还本金结合起来，该债券到期时一次支付。该种方式多适用于期限较短或超过一定期限后可随时兑现的债券。

四、公债的管理

政府以公债的形式取得财政收入，使得一部分社会资源由公众手中转移到政府手中，从而使非政府部门用于消费和投资的资源较少，这必然会在一定程度上影响宏观经济的运行；同时，由于政府是非营利机构，因而在对公债偿还时，需要依赖税收或发行新债的收入偿债，这又会在一定程度上对政府的财政收支状况产生影响。因此，无论是对内债还是外债，政府都需要确定适度的规模和结构。

（一）公债规模

通常衡量一国公债的规模既可用绝对量指标，也可用相对量指标。公债绝对量指标有公债余额，公债发明额，公债还本付息额。公债余额，又称公债总额或公债累积额，是指当年新债额与历史累积额之和。公债发行额是指公债在某一年的发行额。公债还本付息额，是指政府在某一年度的公债偿还额。由于各个国家的经济发展水平不同，财政收支结构不同，用绝对量指标不能准确反映一国的公债负担水平与公债风险。国际上衡量公债规模的相对量指标主要包括公债负担率、公债依存度、偿债率和借债率。

▶ 1. 公债负担率

1) 公债负担

公债负担直接表现为政府在偿还债务时所形成的财政负担。首先是债务人负担，但是公债负担也有可能是债权人的负担，也称认购人负担。例如，当认购人的认购数量过大影响到认购人自身的消费与投资时，便形成认购人负担；当政府不能履行到期还本付息的义务时，造成债权人的经济损失，这直接成为债权人的经济负担。公债是政府的负担，由于政府的收入主要来源于税收，因此又构成纳税人的负担。现代国家公债的本金均是通过发新还旧的形式解决，但是公债的利息支出资金来源一般是税收收入。政府公债规模过大，特别是市场利率又较高时，政府为了支付利息要征收更多的税收，因此直接形成纳税人的经济负担。公债发新还旧的还本方式还会造成这一代人的公债负担转化为下一代，甚至下几代人的公债负担，即是公债的代际负担。

由于公债计量的货币价值会随着经济的发展而发生变化，虽然有时是通货紧缩，但是更多的时候属于通货膨胀，这样公债负担就可分为货币负担和实际负担。货币负担也称名义负担，表现为今后纳税人要缴纳的一定数量的货币资金。公债的实际负担则是未来为偿还债务的纳税人蒙受消费损失、工作时间损失或社会福利的损失等。

从事物的另一个角度来看，公债的实际负担是一个很大的变数。当公债资金用于资本性支出，收益高于公债成本时，公债不但不是政府的负担，且还是政府利用财务杠杆发展经济的好方法。这时也不会产生偿还风险，同时债权人是出于自愿购买，因此一般也不形成债权人负担。虽然公债的利息支出来源于税收，但是如果用公债资金增加的公共品或准公共品产生的国民经济效益较高，有利于提高纳税人的收益水平，则不构成纳税人负担。如果一国经济永续发展，且没有政权更替的风险，政府通过发新债偿还旧债本金的方式就可以一直持续下去，实质是国债的本金永远无须偿还，任何一代人都不承担公债本金的负担。另外，如果公债本金形成的资产能够创造的价值大于公债本金，且这项资产随同公债一同传给下代，则不会产生公债的代际负担。

2）公债负担率

公债负担率是指一定时期的公债累积额占同期国内生产总值的比重，即公债余额与GDP的比值。公式是

$$公债负担率 = (当年公债余额 \div 当年GDP) \times 100\%$$

根据世界各国的经验，发达国家的公债余额最多不能超过当年GDP的45%。发达国家财政收入占GDP的比重约为45%，即公债余额以当前财政收入总额为最高警戒线。1991年《马斯特里赫条约》规定，欧盟成员国的公债负担率最高限为GDP的60%。20世纪90年代以来，西方各国政府债务负担率呈现迅速上升的态势，美国、英国和法国等国的公债负担率上升很快，特别是美国次贷危机出现以后更是如此。

▶ **2. 公债依存度**

公债依存度是用来说明财政支出中有多少是依靠公债来实现支出的，通常是指一个国家当年的公债发行收入与财政支出的比例关系。由于口径不同，有不同的计算公式

$$公债依存度 = 当年国债发行额 \div 中央财政支出(本级支出) \times 100\%$$

$$公债依存度 = 当年国债发行额 \div 全部财政支出 \times 100\%$$

如果一国规定公债只能由中央政府发行，则第一个公式比较准确；如果一国允许地方政府发债，则第一个公式更能反映一国政府的公债依存度。如果只是考察中央政府的公债依存度，则使用第二个公式；如果只是考察地方政府的公债依存度，则第一个公式的中央财政支出改为地方总支出比较科学。国际上有一个公认的公债依存度安全线，即一国财政的公债依存度为15%~20%，中央财政的债务依存度为25%~30%。

▶ **3. 公债偿债率**

公债偿债率是指当年到期还本付息的公债总额占当年财政收入的比例，这个指标反映了政府财政的还本付息能力。公式是

$$公债偿债率 = (当年还本付息额 \div 当年财政收入) \times 100\%$$

公债收入的有偿性决定了公债规模必然受到财政收入状况的制约。一国政府偿债能力与该国的经济发展水平与财政收入规模有关，即经济发展水平越高，财政收入则越多，政府的偿债能力也越强。但是，偿债能力不等于一国的经济发展水平与财政收入规模。财政收入规模也不等于偿债能力，因为政府的很多支出是规定性支出，需要用于满足社会公共需求。从国际经济来看，公债的偿债率处于7%~15%的范围内是安全的。

▶ **4. 公债借债率**

公债借债率是指一个国家当年公债发行额与当年GDP的比值。计算公式是

$$借债率 = (当年公债发行额 \div 当年GDP) \times 100\%$$

该指标说明一个国家当年对公债的利用程度或一国经济总量对国债新增的承担能力。西方国家的经验数字是 3%~10%，最高应不超过 10%。

【专题 13-3】

我国的公债规模情况

1988 年开始推行积极财政政策之后，我国的国债发行数量进入了一个快速增长的阶段，2017 年底国债累计余额达到 134 770.15 亿元。根据财政部最新公布的数据显示：截至 2018 年 11 月末，全国地方政府债务余额 182 903 亿元。我国公债规模增长较快，年末累计余额的增长速度平均达到 23.46%，负担率也呈现稳步上升的发展趋势，虽然尚未达到发达国家国际警戒线 60% 的水平，但是未来潜在风险是不容忽视的问题。

公债依存度反映财政支出中有多少是依赖债务收入安排的。就公债的依存度而言，1997—2017 年的整体趋势是下降的，但存在局部波动，从 1998 年的 35.27%，降到 2008 年的 13.6%。之后又出现波动性增长，2017 年达到 19.74%，接近国际公认 20% 的安全线。国家财政已经处在过分依赖债务收入的脆弱状况中，国债扩容所要求的债务偿还空间很小。

公债偿债率反映政府使用财政收入偿还所举债务的能力，国债还本付息额也反映了中央政府财政压力。从表 13-4 可以看出，国债偿债率波动较大，2017 年时达到 14.72%，接近国际公认 15% 的安全线。过高的偿债率将影响国家政府合理履行其他公共财政职能的能力，易使中央财政陷入债务偿还危机中。

从 1997 年至 2017 年，我国国债借债率发展趋势较为平稳，一直维持在 3%~4% 左右。在我国，公债管理尚处于初级阶段，国债发行量和国债余额虽已处于较高水平，但在实际运行中，存在公众认购能力强而政府偿债能力弱的悖论。

表 13-4 我国国债的绝对规模和相对规模　　　　　　　　　　单位：亿元

年份	发行额	还本付息额	年末余额	财政支出	财政收入	GDP	国债负担率(%)	国债依存度(%)	国债偿债率(%)	国债借债率(%)
1997	2 411.79	1 264.29	5 508.93	9 233.56	8 651.14	79 715.00	6.91	26.12	14.61	3.03
1998	3 808.77	2 060.84	7 765.70	10 798.18	9 875.95	85 195.50	9.12	35.27	20.87	4.47
1999	3 715.03	1 910.53	10 546.00	13 187.67	11 444.08	90 564.40	11.64	28.17	16.69	4.10
2000	4 657.00	1 525.00	13 674.00	15 886.50	13 395.23	100 280.10	13.64	29.31	11.38	4.64
2001	4 884.00	2 286.00	15 618.00	18 902.58	16 386.04	110 863.10	14.09	25.84	13.95	4.41
2002	5 934.30	2 216.20	19 336.10	22 053.15	18 903.64	121 717.40	15.89	26.91	11.72	4.88
2003	6 280.10	2 755.80	22 603.60	24 649.95	21 715.25	137 422.00	16.45	25.48	12.69	4.57
2004	6 923.90	3 749.90	25 777.40	28 486.89	26 396.47	161 840.20	15.93	24.31	14.21	4.28
2005	7 042.00	3 923.37	28 774.00	33 930.29	31 649.29	187 318.90	15.36	20.75	12.40	3.76
2006	8 883.30	6 208.60	31 448.70	40 422.73	38 760.20	219 438.50	14.33	21.98	16.02	4.05
2007	7 637.00	—	52 074.65	49 781.35	51 321.78	270 232.30	19.27	15.34	—	2.83

续表

年份	发行额	还本付息额	年末余额	财政支出	财政收入	GDP	国债负担率(%)	国债依存度(%)	国债偿债率(%)	国债借债率(%)
2008	8 558.20	7 361.31	53 271.54	62 592.66	61 330.35	319 515.50	16.67	13.67	12.00	2.68
2009	16 280.66	9 323.92	60 237.68	76 299.93	68 518.30	349 081.40	17.26	21.34	13.61	4.66
2010	17 849.94	10 517.72	67 548.11	89 874.16	83 101.51	413 030.30	16.35	19.86	12.66	4.32
2011	15 609.80	11 076.19	72 044.51	109 247.79	103 874.43	489 300.60	14.72	14.29	10.66	3.19
2012	14 527.33	9 008.71	77 565.70	125 952.97	117 253.52	540 367.40	14.35	11.53	7.68	2.69
2013	16 949.32	7 761.37	86 746.91	140 212.10	129 209.64	595 244.40	14.57	12.09	6.01	2.85
2014	17 876.57	8 957.65	95 655.45	151 785.56	140 370.03	643 974.00	14.85	11.78	6.38	2.78
2015	21 285.06	10 347.57	106 599.59	175 877.77	152 269.23	689 052.10	15.47	12.10	6.80	3.09
2016	30 869.32	17 415.62	120 066.75	187 755.21	159 604.97	743 585.50	16.15	16.44	10.91	4.15
2017	40 096.00	25 401.36	134 770.15	203 085.49	172 592.77	827 121.70	16.29	19.74	14.72	4.85

数据来源：根据2018年前中国统计年鉴、财政部官方网站数据测算得出。

五、公债结构

所谓公债结构是指不同种类或不同性质的公债的相互搭配及各类公债收入来源的有机结合。主要包括以下内容。

（一）公债的期限结构

公债的期限结构是指不同期限的公债在公债总额中的构成比例。按债期长短，公债可分为短期公债、中期公债和长期公债。不同期限的公债由于债权转让和政府支配公债的时间不同，在发行、使用、偿还等方面的特点也有区别，从而对财政的负担及国民经济的影响也不一样。短期公债较易发行，同时也是弥补当年财政赤字的最好手段，但在使用上受到很大限制；中、长期公债特别是长期公债，对政府筹措建设资金来说更为有利，但发行较为不易。合理的公债期限结构，应该是短期、中期、长期公债并存的结构，避免某一期限的债务过于集中，这样既有利于满足不同投资者的投资需求，又有利于满足政府不同的筹资需要，同时还错开了还债时间，分散了还债压力。

（二）公债的持有者结构

公债的持有者结构，也称公债的资金来源结构，是指在公债总额中不同性质的承购主体持有公债的构成比例。公债的承购主体可以是居民个人、企事业单位和各金融机构等。不同承购主体持有公债的比例不同，对公债的发行成本及公债的经济调节功能会产生不同的影响。如果个人持有的比重大，则公债的资金来源就比较分散、筹资成本也比较大，此时公债对国民收入的再分配更多地表现为消费基金向积累基金的转化，因而对激活期消费需求、扩大投资规模、推动经济发展速度的意义比较突出。如果从事生产经营活动的企事业单位持有公债的比重大，则由于承购主体比较集中，承购数额相对较大，发行成本也就比较低。但在这种情况下，公债引起的国民收入再分配主要表现为积累基金内部结构的调整，在公债为弥补财政赤字，被用于非生产性支出时，还会引起积累基金向非生产性支出的转化。在公债的持有者结构中，金融机构拥有公债的状况会对货币流通量产生影响。在不同的经济条件下，应按照国家宏观调控的要求，选择适当的公债持有者结构。

(三) 公债的利率结构

公债的利率结构，是指不同利率水平的公债在公债总额中的构成比例。公债的利率水平对公债的发行和偿还有着双向制约作用。在现实生活中，决定公债利率结构最为重要的因素是公债的期限结构，合理的期限结构是合理利率结构的基础。利率水平越高，给公债投资者带来的收益越大，也就越有利于公债的发行，但利率水平同时也是决定付息数额的重要因素，利率水平越高，政府的还债负担越重，政府承受的债务规模就可能越大。短期、中期和长期公债分别适用不同的利率，应根据社会经济发展中资金的供求情况、证券市场上的平均利率水平、公债的使用方向等因素同时兼顾发行的需要和偿还的可能来确定合理的利率水平和利率结构。

第三节 公债的经济效应与政策效应

公债作为政府凭借信用方式取得收入的一种基本方式，一方面会对市场经济主体的行为产生影响，另一方面对资源的占用又会对总供给和总需求产生影响。

一、公债的经济效应

(一) 公债的投资扩张和挤出效应

公债具有筹集建设资金的功能，为政府投资支出的扩张提供支撑。实际上，公债筹资除少数情况外，一般都用于增加财政投资支出。通过公债筹资，使政府在资源配置上具有更强的能力，尤其对完善基础设施、调整经济结构、促进重点领域和重要产业的发展，能产生明显的效果。公债不仅能将社会闲散资金集中起来很好地运用，同时还会产生"引致效应"，即为民间部门投资提供更多的机会并引导资金流向。如运用公债资金建设的公共项目，将会改善相关区域的投资环境，增加投资机会，降低投资风险。

公债筹资的另一方面是会产生挤出效应。公债的挤出效应是指公债的发行导致民间部门可借贷资金的减少，引起资本投资的减弱。形成机制为：当政府通过举债扩大支出规模时，将使部分原可支撑民间部门投资的资金发生转移，在货币供给量不变的情况下，一方面增加了货币需求，另一方面减少了市场即期资金供给量，市场利率水平相应抬高，从而产生对民间部门投资的"挤出"。公债挤出效应的大小，在不同的经济条件下存在很大的差异。首先，挤出效应的大小取决于政府举债时的市场投资意愿、投资机会、资金供求状况、利率变动趋势等因素。当市场投资需求不旺、闲置资金较多、利率趋于下滑时，政府债务融资对利率的影响较小，挤出效应也较小；相反，政府债务融资对利率的影响较大，挤出效应也较大。其次，公债的挤出效应在很大程度上受到中央银行货币政策的影响。对公债挤出效应的分析通常以货币供给量不变为前提，现实生活中货币供给量会随中央银行货币政策的调整而发生相应变化。因此，当公债发行规模扩大时，只要经济尚未达到充分就业状态，挤出效应会因同期中央银行货币政策的松动而有所减弱。实际上，在存在挤出效应的情况下，公债发行的利弊还取决于对机会成本的评估，当公债投资效益高于市场平均效益时，即使存在对民间投资的挤出，公债发行仍是有利的，相反则是不利的。

（二）公债的财政效应

在现代经济中，从总体上看，财政支出具有稳定和持续增长的特征，经济的发展则具有一定的波动性。因此，在年度中要使正常的财政支出与收入完全匹配几乎是不可能的，这时，公债作为财政收入的补充形式，就具有保证特定时期财政支出需要的重要作用。

另外，公债要用未来的财政收入来偿还，因而以借债方式满足当前支出需要实际上是对未来收入的提前支用，或者说支取未来的税收。由于这一性质，公债筹资还会引起收入再分配效应，即公债不仅会改变当代人之间的收入分配关系，而且还会产生代际之间的分配关系。

（三）公债的货币信用效应

公债是政府以税收为偿还保证而举借的债，因而具有较高的信用水平。公债的债权人在失去原有的货币资金使用权后，可以用公债做担保或抵押取得银行贷款或向其他主体拆借资金。这样，公债就成为一种极为重要的信用工具，被广泛应用于信贷活动中，结果必然是加速资金周转，导致货币投放和信用规模的扩张。另一方面，由于公债较高的信誉和一般高于普通存款的实际利率，会对投资者产生较强的吸引力，从而使部分已在银行体系中运转的资金流向公债，这将导致银行的资金来源相应减少，对金融系统原有的信贷平衡产生了冲击，要求银行相应调整信贷规模和结构。

二、公债的政策效应

公债具有刺激经济、拉动需求以调控宏观经济平稳运行的效应。当经济处在低谷时，经济增长速度下降，社会失业率上升，政府会采取扩张性的财政政策对经济进行调节，其中重要的手段是通过增加公债发行，扩大财政支出，以提高社会总需求水平和资源利用效率，使经济尽快走出困境。实施扩张性财政政策一般与增加公债发行量相联系，它实质上是以预算收支赤字和增加政府债务负担为代价，谋求经济的稳定和持续增长。在这种情况下增发公债，有利于政府长期目标的实现，因为在经济低谷时若固守财政平衡的观念，实际上是放弃了财政应有的职能，不仅使财政平衡的水平下降，而且不利于未来正常收入的增长，最终财政收支也难以保持平衡。当然，一般情况，公债发行规模过大，也可能导致需求过度膨胀，引起物价上涨。从货币政策的运用看，公债还是中央银行实现一定货币政策目标的操作对象。当商业银行把公债当作流动性较强的金融资产时，中央银行在金融市场上通过公开市场业务，买进或卖出公债，可以十分有效地调节商业银行的资金，进而影响商业银行的贷款和投资，调控社会货币供应量，起到刺激或抑制社会总需求的作用。

【专题 13-4】

李嘉图等价定理

李嘉图，D.

大卫·李嘉图（David Ricardo，1772—1823）是英国资产阶级古典政治经济学的主要代表之一，也是英国资产阶级古典政治经济学的完成者。他的有关公债的理论来自当时关于如何偿还英国债务的争论。英国在英法战争中借了大量债务，战后英国议会对如何偿还债务发生了争论。一派认为应该提高税收，用税收偿还债务；另一派认为征收高税对经济发展不利，应该发行债券偿还债务。李嘉图认为，这两种做法对经济的影响是一样的。李嘉图在《政治经济学及赋税原理》第十七章《农产品以外的其他商品税》中表述了如下思想：政府为筹措战争或其他经费，采用征税还是发行公债的影响是等价的。这就是所谓的李嘉图等价定理（The Rciardian Equivalence Theorem）的来源。

后来理性预期学派巴罗（R. J. Barro）利用这个等价定理来证明，不仅政府的货币政策是无效的，政府财政干预经济的政策也是无效的。因为按照李嘉图等价定理，政府用公债来代替税收筹措资金，只不过表明筹资的方式改变了，而筹资的数量却始终一样。政府财政支出的增加，如果用增税来弥补，会排挤私人投资；如果用公债来弥补，同样也会排挤私人投资，整个社会的投资和储蓄却因此而不会发生任何变化。所以，政府企图用扩张或紧缩的财政政策，尤其是用赤字财政政策来干预经济显然是无效的。

但是，巴罗假说一提出就遭到新古典综合派和新凯恩斯主义的质疑和批评。对李嘉图等价定理的疑问之一就是人们是否有动机为超出生命界限的未来增税因素而储蓄。莫迪利阿尼（Modiligani）在有限期界理论中提出，人们并不关心生命以外的事情，因此，由于发行公债带来的减税效应会带来消费需求的增加。这样，民间储蓄的增加不足以抵补政府储蓄的减少，所以总储蓄下降。即使消费需求增加能够刺激短期经济增长，但总储蓄下降也会影响长期经济增长。托宾（Tobin）也认为李嘉图等价定理限制条件太多，与现实不符。曼昆（Gregory Mankiw）则从消费者的短视、借债约束和代际财富再分配三个角度分析了李嘉图等价定理不成立的原因。而凯恩斯则从功能财政的思想出发，认为在经济周期的低迷阶段，发行公债扩大支出可以推动经济发展。政府购买性支出可以直接形成需求，转移支付可以影响不同群体的可支配收入，来提高边际消费倾向。因此，公债有"汲水效应"和"相对减税功能"，可以改善投资环境，带动私人部门投资，从而刺激经济的增长。

总之，目前学术界对"李嘉图等价定理"有效性的争论仍然在持续着，至于哪方观点被得到认可，还没有最终的明确。对它的争论就像"宏观经济政策是否有效"甚至"是否存在宏观经济学"一样引人入胜。

本章小结

公债收入是国家及各级政府采用信用方式以债务人的身份取得的一种债务收入。按发行主体公债可以分为中央政府公债、地方政府公债等。我国目前仅允许存在中央政府债券，所以公债就是国债。按照不同的角度，公债可以分为多种类型。

公债的运行过程开始于发行，交易于市场，结束于还本付息。同时，在这一过程中，需要政府对其有效管理，即确定合适的规模与结构。政府通过证券市场发行和偿还公债，意味着公债进入了交易过程，证券市场中进行的公债交易即为公债市场。公债市场的交易主要采取现货、期货、回购、期权四种交易方式。公债规模包括三层意思：一是历年累积债务的总规模；二是当年发行的公债总额；三是当年到期需还本付息的债务总额。公债的结构是指一个国家各种性质债务的互相搭配及各类债务收入来源的有机组合。实践中，公债的结构主要包括公债的期限结构、利率结构、种类结构和持有者结构。

公债作为政府凭借信用方式取得收入的一种基本方式，一方面会对市场经济主体的行为产生影响，另一方面对资源的占用又会对总供给和总需求产生影响。因此公债有着一定的经济效应与政策效应。经济效应包括投资的扩张效应与挤出效应、财政效应、货币的信用效应等。政策效应主要表现为对宏观经济运行的影响。

关键词

公债　溢价发行　公募招标法　净价交易　全价交易　回购交易　公债负担　公债规模　公债结构　挤出效应

思考题

1. 公债的发行条件包括哪些？
2. 公债的发行方式有哪几种？目前我国的公债发行主要采用哪些方式？
3. 用衡量公债规模的指标，来分析一下当前我国的国债规模是否适当？风险性表现在哪些方面？
4. 请用你所学的西方经济学原理，来深入分析一下公债的经济效应与政策效应。

案例讨论

案例一： 在债券市场比较发达的西方国家，地方政府发行债券是司空见惯的事，如美国的州和日本的府甚至县都能以自己的名义发行债券筹集资金。在我国，以前不允许地方政府以自身名义发行债券筹资的，可是，随着财政分权体制改革的深入，是否赋予地方政府相应的发债权，与是否赋予地方政府课税权或税收调整权一样，成为财政界讨论的热点话题之一。在此背景下，我国在2014年把山东省等10个省（市）列入地方政府债券自发自还改革试点，这一举措引起了各方的关注。

如果允许地方政府发行债券你认为会不会出现债务规模无法控制的问题？

案例二： 2009年末以来，欧洲主权债务危机成为各方关注的焦点，演变扩散加大了欧洲乃至世界经济复苏的难度。在欧元区范围内，除已爆发债务危机的希腊、爱尔兰等国外，其他一些国家的财政状况同样不容乐观。

对此，您是如何看待这些国家债务危机的？这对我国有何启示？

第十四章
政府预算与预算管理体制

学习目标

通过本章的学习，要求学生了解政府预算的含义、原则及形式，认识我国的政府预算制度，掌握预算外资金存在的问题及解决的措施，理解我国预算管理体制的改革与完善。

开篇导言

一个国家是否实行了民主，也首先体现在公共财政上。到17世纪末，当英国国会攥住了国王的钱袋子（国王和上议院明确认可了下议院对"财政法案"所享有的排他性权力），由纳税人选出的代表来决定政府花多少钱和怎样花钱时，现代民主制度便萌生了。1765年的《弗吉尼亚决议》宣称："由人民自己对人民征税，或者由其代表者为之是防止过重课税的唯一保障，是自古以来英国宪法本质的、英国人的自由固有的特点。"美国独立战争更是直接起因于宗主国的课税和干预。《独立宣言》在历数英王罪恶时，"他未经我们同意就向我们征税"便是重要的一条。

引入现代预算制度是财政领域的一场革命。直到20世纪初，在美国，所谓预算不过是一堆杂乱无章的事后报账单。对政府某部门的拨款只是一个总数，开支分类是没有的，细目也是没有的，不准确，更谈不上完整。在"进步主义运动"期间，一些人员设立了旨在推动纽约市预算改革的"纽约市政研究所"，今天闻名于世的"布鲁金斯研究所"便是由它演化而来的。这些预算改革者指出，预算问题决不仅仅是个无关紧要的数字汇总问题，是关系到民主制度是否名副其实的大问题。没有预算的政府是"看不见的政府"，而"看不见的政府"必然是"不负责任的政府"。"不负责任的政府"不可能是民主的政府。预算改革的目的就是要把"看不见的政府"变为"看得见的政府"。"看得见"，人民才有可能对它进行监督。在这个意义上，预算是一种对政府和政府官员"非暴力的制度控制方法"。

现代意义上的预算意味着：它是一个关于未来政府支出的计划，而不是事后的报账；

是一个统一的计划，包括政府所有部门的开支；是一个详尽的计划，要列举所有项目的开支，并对它们进行分类；对计划内的每项开支都要说明理由，以便对开支的轻重缓急加以区别；这个计划需要对政府的行为有约束力：没有列支项目不能开销，列支的钱不得挪作他用；这个计划需要得到权力机构（议会）的批准，并接受监督；为了便于民众监督，预算内容和预算过程需要透明。

第一节 政府预算概论

近现代的政府预算是市场和资本的产物。在中世纪后期的英国，随着市场和资本因素的成长壮大，逐步产生了政府预算这一财政范畴。它保护和促进着市场因素与资本力量的发展壮大，并最终随着市场经济的确立而建立起完整的政府预算制度。它同时又是代议制政府及作用于经济的伴生物。可以说，没有市场的发展就没有政府预算，反之，没有政府预算也不可能有市场经济体制的正常发展和最终确立。财政的收支不是无计划、盲目的，它是按照政府预算的相关规定进行的。作为一种财政收支计划，政府预算的存在也是必然的。

一、政府预算的含义

政府预算是经法定程序审批的政府年度财政收支计划，是以收支一览表的形式表现的、具有法律效力的文件，是政府筹集和分配财政资金的重要工具，是调控国民经济运行的重要杠杆。从以下三个角度分析政府预算的含义。

（一）政府预算是政府年度财政收支计划

政府预算是政府的基本财政收支计划。预算收入反映政府支配的财力规模和来源，预算支出反映政府财力分配使用的方向和构成，预算收支的对比反映政府财力的平衡状况。通过编制政府预算可以有计划地组织收入和合理地安排支出，贯彻执行国家的方针政策，保证各项任务的实现。

（二）政府预算是法定程序审批的法律文件

政府预算从形成的程序看，是由政府负责编制，经国家权力机关依据法定程序审批后形成的法律文件。政府预算一旦经权力机关审批就具有法律效力，政府就必须贯彻执行，不能任意修改，如有调整需要经权力机关批准。因此，预算的形成过程，体现了国家权力机关和全体公民对政府活动的制约与监督。

（三）政府预算是实现财政职能的重要工具

政府预算是财政为实现职能，有计划地筹集和分配由政府集中支配的财政资金的重要工具。通过预算管理手段，把政府公共资源全部纳入政府宏观调控的范畴，从而满足社会共同需要，既可为政府履行行政职能提供财力保障，也可实现政府资源的优化配置，还可以通过预算收支总量的变动和预算收支结构的调整，来维护社会经济的稳定和促进社会经济的协调发展。

二、政府预算的原则

政府预算原则是指政府选择预算形式和体系应遵循的指导思想，也就是制定政府财政收支计划的方针。政府预算的原则主要有以下五个方面。

(一) 完整性原则

预算的完整性是要求政府预算应包括政府的全部预算收支项目，完整地反映以政府为主体的全部财政资金收支活动情况，不允许在预算之外存在任何以政府为主体的资金收支活动，预算的完整性是建立规范化、法制化预算的前提条件。只有完整的预算才能保证政府控制、调节各类财政性资金的流向和流量，完善财政的分配、调节与监督职能；预算的完整性也便于立法机关审议批准和社会公众对政府活动的了解，便于监督政府预算的执行。

(二) 统一性原则

预算是政府宏观调控的重要杠杆，保证预算的统一性是加强预算管理和增强政府宏观调控能力的必要条件。预算的统一性包括以下几点：(1)预算政策的统一。全国性的财政方针政策如税收政策、财政规章制度、财务会计制度等都应由中央制定，各地区、各部门保证执行，不得任意改变，如遇特殊情况，须根据政府规定的程序进行调整。(2)预算口径的统一。预算科目的设置和收支核算口径应参照国际上通行的经济分类和统计标准，制定一个统一的收支核算口径，增加国内外各种数据的可比性。(3)预算年度与预算时效性的统一。具有法律效力的预算收支期限须与预算年度一致，不应当以临时预算或特种基金的名义另立预算。

(三) 真实性原则

预算的编制和执行要以国民经济和社会发展计划为依据，违背客观经济规律而进行预算的编制和管理，将有碍于国民经济和社会发展的良性循环。预算的真实性要求预(决)算的各项数字准确、真实、可靠，既反对隐瞒收入或支出留有缺口，又反对虚收行为或虚列支出。

(四) 公开性原则

预算涉及社会方方面面，涉及全社会每一个纳税人的利益，关系到每一个部门和单位的事业发展。因此，以适当的形式公开预算，使全社会了解预算，参与预算，加强预算监督力度，是预算管理活动的基本要求，也是预算民主化进程的关键环节。预算的公开性原则，包括预算编制审批的公开、预算执行过程的公开和预算完成结果——决算的公开。

(五) 年度性原则

预算年度是预算收支起讫的有效时间，通常以一年为标准。各国预算年度的选择主要考虑两个因素：

(1)与各国权力机关开会时间一致，以便在预算年度一开始就执行生了效的预算。

(2)与收入旺季一致，以便在预算年度初期就有充足的预算收入，保证各项预算支出的顺利执行。

【专题 14-1】
以英国为代表的现代政府预算制度的起源与发展历程

现代政府预算最早产生于英国，预算一词即来自英语 Budget，该词最初的含义是国家收付钱款的"钱袋"或"公共钱包"。之后则演变成为该皮包所装的文件，即政府提交立法机构审批的财政计划。

在英国，政府预算制度经历了数百年的发展演变过程，在这一过程中，形成了英国下院对财政权的根本控制，引起了英国财政模式的根本变革。英国近代史就是一部国王和国会为争夺对国家控制权的历史，而对预算权的争夺则是双方斗争的焦点。通过国会和国王对预算控制漫长的斗争，英国财政逐渐从皇家财政转变成国家财政。

第一阶段：政府预算的早期（1215—1688 年）

1215 年英王约翰签署《大宪章》，导致国王税收权的部分被剥夺。《大宪章》中规定"除非得到普遍的赞同，否则在王国中既不应征收兵役税，也不应征收协助税"。这是第一次将"非赞同毋纳税"原则以法律形式确立下来，并逐步成为英国宪法的基本原则之一。

第二阶段：政府预算的中期（1688—1852 年）

1688 年光荣革命，使得议会基本上控制了政权。基本完成了政府预算制度的构建任务。在这一时期，议会逐步扩大了控制财政的范围，囊括了对国王个人支出的监管，确立了王室年俸与国家支出的分离，形成了拨款制度。1688 年以后，拨款授权作为英国财政体系构成内容的永久性和系统性的制度被确定下来。这一制度的确立，不仅意味着议会可以通过收入授权，也通过规定支出用途直接限制君主的行为，并将其制度化。

第三阶段：政府预算的近期（1852 年开始）

这一开始以格莱斯顿首次担任财政大臣为标志。因为他进行了一系列的改革，使所有的财政资料都有规则地呈送议会，将所有的公共收入和公共支出都纳入预算，并由公共账户委员会在专家指导下进行详细审查。1866 年通过《国库与审计部法》，将政府账户现代化并置于议会控制之下的长期努力终于完成。其最大的成就之一就是迫使所有的部都向议会提交审计后的账户，以说明财政部拨付的钱款是否真正依据议会的规定使用。此外，还有总审计长制度的建立，总审计长完全独立于政府，只服务于议会，工资由"统一基金"支付，不必向政府提出工资预算，只有两院的有效决议才可能使他解职。

政府预算制度是英国社会公众与君主之间经济利益争夺的产物。它体现出市场因素在发展壮大的过程中，逐步形成的独立经济主体维护自身利益的根本要求。政府预算制度的形成，直接表现是英国政治格局变动的结果。它具体表现是封建家长为代表的封建势力和以议会为代表的新兴市场势力之间的，经过长达数百年的政治较量的结果。预算制度既是结果，反过来又影响着市场经济体制和资本主义制度的形成和发展。

三、政府预算的分类

政府收支分类，是对政府收入和支出进行类别和层次划分，以全面、准确、清晰地反映政府收支活动。政府收支分类科目是编制政府预决算、组织预算执行及预算单位进行会计明细核算的重要依据。

随着社会政治经济生活的日益丰富和财政分配的复杂化，政府预算逐渐演变成具有多种预算形式和多种预算方法的一个复杂体系。对预算进行科学的分类，是进一步认识和研究政府预算的前提，也是我国合理地吸收和借鉴先进预算形式和预算管理方法的客观需要。

(一) 从编制组织形式的不同，分为单式预算和复式预算

▶ 1. 单式预算

单式预算是传统的预算组织形式，是在预算年度内将全部的预算收入和支出汇列于单一的预算收支表格内，而不区分各类预算收支的经济性质。

在20世纪30年代以前，世界各国所普遍采用的是单式预算组织形式。当时西方各国信奉的是古典经济学派的经济理论。人们反对政府干预经济，主张缩小政府职能，压缩政府开支，在财政上提倡预算收支平衡，反对财政赤字。这在当时的历史条件下，单式预算组织形式对监督政府预算行为和控制收支规模，维持预算收支平衡起到了重要作用。

单式预算的优点是综合性强、结构简单、便于操作。它把全部的预算收支汇集到一个预算收支平衡表中，明确地、完整地反映财政收支活动的全貌。所以便于立法机构的审议和社会公众监督，如表14-1所示。但是，单式预算也存在着明显的缺点：①没有按经济性质的不同区分预算收支，因此就不能反映各项收支之间的对应关系，不利于经济分析和宏观经济调控。②各项收入加总和各项支出加总，然后进行总量平衡，看不出预算赤字是发生在哪个方面，易于掩盖预算赤字的真实状况。③经常性收支和债务性收支混在一起，容易造成经常性支出和建设性支出的相互挤占，不利于考核预算资金的使用效益。正因为单式预算对应性弱、透明度低，不利于政府进行有选择的宏观经济调控和不利于经济效率分析这些缺点的存在，所以，不少的国家放弃了这一预算组织形式，转而采用了复式预算，或者对单式预算进行了改进。

表14-1 单式预算例表

收 入		支 出	
预算科目	预算数	预算科目	预算数
一、各项税收		一、基建支出	
二、……		二、……	
三、……		三、……	
……		……	
上年结余收入		年终滚存结余	
收入总计		支出总计	

▶ 2. 复式预算

复式预算是在预算年度内，把全部的预算收支按经济性质的不同，分别汇编于两个或两个以上的预算。世界各国通常的做法是分为经常性预算和资本性预算。这里应该注意的是，各国复式预算的具体结构各有差异，各个分预算的称谓也不相同，即使是采用两式结构的复式预算，有的是截然分开，也有的是交叉使用。

复式预算相比于单式预算明显地存在着一些优点：①对应性强。在同一个预算年度

内，把所有的预算收支按不同的经济性质、不同的来源和用途，分别汇编于不同的收支对照表中，以特定的收入用于特定的支出，使收支之间保持稳定的对应关系。②透明度高。复式预算的各个分预算之间是相对独立的，一般不能相互混淆，资金不能相互挤占，自成一体，自求平衡。各分预算的年终结余或赤字明确，增强了预算的透明度，其结转要经过一定的规程，共同构成一个完整的预算体系。③预算结构清晰，便于分类管理和控制。复式预算把预算收支按经济性质划分得具体、明确，这便于政府采取各种不同的预算政策，加强对各类预算收支的分类管理，有利于控制预算资金的流向和流量，也有利于对经常性支出不合理增长的制约和对资本性支出的"成本—效益"分析。

但是，复式预算也存在一些缺点，主要表现在复式预算的各分预算之间的划分标准上难以掌握。实行复式预算要求，对每项预算收支需要进行定性分类，以便于分别列入不同的分预算之中。这无论在预算管理，还是在技术处理上，都是有高标准要求的。从我国近十多年的实践看，尚属一个难点。此外，复式预算自身对资本预算的规模没有量的限制，而资本预算有相当一部分资金是来源于借债。如果借口投资需要大量举债，资本预算必然膨胀，容易造成国债规模失控。

【专题14-2】
我国复式预算制度的实行情况及改进

长期以来，我国一直是采用单式预算组织形式。但自改革开放之后，随着我国市场经济的发展，国家对经济管理和财政管理提出了更高的要求。为了适应这种变化，1991年国务院颁布了《国家预算管理条例》，规定从1992年起政府预算按复式预算编制。于是，财政部在1992年对我国的国家预算、中央预算和部分省市预算开始试编。1994年我国出台的《预算法》中规定："中央预算和地方各级政府预算按照复式预算编制。复式预算的编制办法和实施步骤，由国务院规定。"这就是说，我国从1995年开始，各级政府都要编制复式预算。虽然我国实行复式预算制的实施步骤相当缓慢，但从试行，到立法，再到全面推开，这本身就是预算管理和管理思想上的一种进步。目前，我国所采用的复式预算是经常性预算和建设性预算两式结构。经常性预算收入是政府以社会管理者的身份取得的各项税收收入和其他一般性收入；经常性预算支出是政府用于维持政务活动、保障国家安全和社会秩序、发展各项事业以及用于人民生活和社会保障等方面的开支。建设性预算收入是经常性预算结余、专项建设性收入；建设性支出是指政府预算中各项经济建设活动的支出。

我国实行复式预算有重要的意义和作用，主要表现在实行复式预算有利于健全财政职能，能够提高财政分配的透明度和强化预算约束机制，提高预算管理水平，对其他各项财经改革起到积极的推动作用。但是，我国现行复式预算制度在实行中还存在一些问题，主要表现在：(1)目前所实行的复式预算结构比较粗略，还不适应进一步加强财政预算管理的要求。(2)有些政府收支活动尚未反映在复式预算中，如各种专项基金。(3)不能有效控制债务规模。在建设性预算中，建设性支出基本上都是通过举债来弥补，建设性支出需求是无限的，这样债务规模不好控制。(4)目前的复式预算分类方法不够明了，难以考察经济效益，难以适应市场经济的要求。

有鉴于此，我国财政理论界和实践界就现行复式预算提出了许多改进方案或完善我国现行复式预算的基本思路。有人主张，参照其他国家的做法，结合政府预算收支分类的改革，在现有复式预算的基础上进行完善。基本思路有：

（1）仍然是两式结构，但把原来的建设性预算改称为资本性预算，即经常性预算和资本性预算。

（2）经常性预算收入主要包括税收收入与非税收入。税收收入与原来的内容没有多大变化。非税收入主要包括行政性收费、专项收入、地方上解收入、其他收入。将地方上解收入不再单独作为一个层次反映。地方的上解上级支出作为地方上解收入的负项反映。经常性支出主要包括国防、行政管理、事业发展、社会保障、对外援助、专项、付息、其他支出、预备费、补助地方支出十个部分。

（3）资本性预算收入主要包括经常性预算结余、资本性收入（非税收入中的基金收入、国有资产收益等）、债务收入三部分。资本性支出主要有经济建设支出和环境保护支出两部分。

（4）经常性预算不能出现赤字。为了控制债务规模，在资本性预算下列出债务收入的依存度和债务规模占GDP的比重两个指标。

（二）按编制方法的不同，分为增量预算和零基预算

▶ 1. 增量预算

增量预算是指财政收支计划指标是在以前财政年度的基础上，按新财政年度的经济发展情况和财政经济政策要求，加以计算和调整后形成的预算。它与零基预算是对应的。从世界各国的预算实践中看，无论是单式预算还是复式预算，主要仍采用增量预算法。我国的政府预算无论是单式预算还是复式预算，也主要是采用增量预算。同时在现阶段某些具体项目计划上也采用零基预算方法，并且其使用范围有进一步扩大的趋势。这与我国改革开放以来，合理地吸收和借鉴西方发达国家先进的预算形式和管理方法有关联。

▶ 2. 零基预算

零基预算是在编制预算时对预算年度内所有财政收支不考虑以往基数和水平一律以零为起点，以社会经济的预测发展为依据编制预算。严格地来说，它是指在编制年度预算时，对每个部门的工作任务进行全面审核，然后再确定各部门支出预算。零基预算的一个重要特点是编制预算时，不仅对年度内新增的任务要进行审核，而且还要对以前年度确定的项目进行审核。从预算支出角度来看，不仅要对预算年度中新增支出进行审核，而且还要对以前年度形成的基数支出进行审核。

由于零基预算在编制时工作量过大，编制技术要求高，因此通常只用在一些具体收支项目上，尚未形成一种比较完善的预算方法。目前美国中央政府财政预算采用的编制方法是零基预算。

【专题 14-3】
我国的零基预算和美国的零基预算的区别

美国通过编制零基预算，实现了"目标、有效性、效率"三原则，并成为了西方世界指导政府公共支出管理公认的准则。1993 年以来，我国借鉴美国的经验，在河南、安徽、河北、云南、湖南、湖北、海南、深圳等省市推行了零基预算改革试点并取得了很好的效

果，但是我国上述地区采取的零基预算与美国的模式不是完全相同的。

（1）基础不同。我国零基预算的改革是在"基数法"基础上进行的，我们从计划经济到市场经济的转变过程中，一直实行"基数法"编制预算，结果造成了部门之间严重的苦乐不均，有关地区进行零基预算改革，其中动因之一是要逐步改变这种苦乐不均。美国实行零基预算的基础是计划——方案预算体制（PPBS），就是说当时在美国不是因为大量存在苦乐不均的问题而实行零基预算，是为了能如何更好地提高资金的使用效益，所以两者的前提和基础是不同。

（2）基本方法不同。美国的做法是确定决策单位、制订一揽子计划、层层排序。我们的基本做法是核实基本数字，提供编制预算的可靠依据；确定单位的预算定额，依据定额计算出正常经费；根据需要和可能确定专项经费。我们没有层层排序的过程，由一级主管部门汇总预算报到财政部门，预算过程相对较简单，仍然属于"粗放型"。

（3）成效不同。我国部分省市试行零基预算主要取得了五点成效：①清理家底，对基数里面不合理的开支进行了压缩，收回了部分"沉淀"资金，提高了资金的使用效益。②开始改变了"粗放型"的预算编制方法，预算编制细化，增加了预算支出的透明度。③初步改变了单位之间的苦乐不均。实行零基预算打破了旧的"基数"格局，人头费统一按定额核定，专项支出逐项核定，整个支出预算结合预算外财力统筹安排，创收多的单位，抵顶的支出也相对较多，缩小单位之间的贫富差距。④优化了财政支出结构。实行零基预算除对财政需要负担的个人部分给足外，其他专项支出必须遵循《预算法》中地方财政收支平衡的要求和市场经济的原则进行安排，改变了"基数法"中支出项目只能上不能下的局面。因而财政部门能够集中资金保证刚性支出和对农业、科技、教育等重点支出的倾斜，有效地控制了人头费的非正常增长。⑤有利于规范预算编制，强化预算约束意识。实行零基预算，使各部门在年初预算时不再为"保基数、争增长"与财政部门产生矛盾，预算编制逐步走向规范，基本改变了预算执行中部门频繁要求财政追加支出的状况。

（三）按管理层次的不同，分为中央预算和地方预算

▶ 1. 中央预算

中央预算是指经法定程序批准的中央政府的财政收支计划。中央预算是中央履行职能的基本财力保证，在国家预算体系中居于主导地位。中央预算由中央主管部门的行政单位预算、事业单位预算、企业财务计划、基本建设财务计划、国库和税收计划等汇总而成。

▶ 2. 地方预算

地方预算是指经法定程序批准的地方各级政府的财政收支计划的统称，包括省级及省级以下的四级预算。地方预算是保证地方政府职能实施的财力保证，在政府预算体系中居于基础性地位。

按照政府的政权结构和行政区域来划分，我国实行一级政府一级预算，从中央到地方设立中央、省（自治区、直辖市）、市（设区的市、自治州）、县（自治县、不设区的市、市辖区）、乡（民族乡、镇）五级预算。地方总预算由各省（自治区、直辖市）总预算汇总组成，国家预算包括中央预算和地方总预算。政府预算横向结构，如图14-1所示。

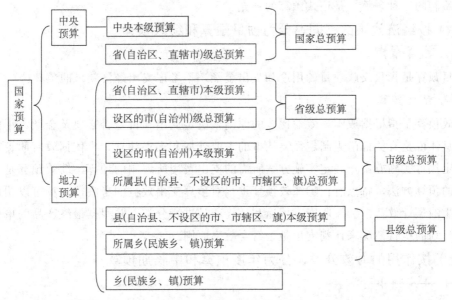

图 14-1　政府预算横向结构

(四) 按收支管理范围的不同，分为总预算、部门预算和单位预算

▶ 1. 财政总预算

财政总预算是指各级地方本行政区域的预算，由汇总的本级政府预算和汇总的下一级总预算汇编而成。没有下一级预算的，总预算即指本级政府预算。

▶ 2. 部门预算

部门预算是反映各本级部门(含直属单位)本系统内各级单位全部收支的预算，由本部门所属各单位预算组成。各部门是指与本级政府财政部门直接发生预算缴拨款关系的国家机关、军队、政党组织和社会团体。

▶ 3. 单位预算

单位预算是列入部门预算的国家机关、社会团体和其他单位的收支预算，它以资金的形式反映着预算单位的各种活动。

(五) 按成立的时限分类，分为正式预算、临时预算和追加预算

▶ 1. 正式预算

正式预算是指政府依法就各预算年度的预计收支编成预算草案，并经立法机关审核通过宣告正式成立、取得法律地位的预算。

▶ 2. 临时预算

临时预算是指预算年度开始时，由于某种特殊原因使得政府编制的预算草案未能完成法律程序，因而不能依法成立，在这种情况下，为了保证正式预算成立前政府活动的正常进行而编制的暂时性的预算。这种临时性预算不具备法律效力，只是作为政府在正式预算成立前进行必要的财政收支活动的依据。

▶ 3. 追加预算

追加预算是指在正式预算在执行过程中，由于情况的变化需要增加正式预算的收支时

而依法编制的一种预算，是正式预算的补充。

（六）按经济效果的不同，分为项目预算和绩效预算

▶ 1. 项目预算

项目预算是指只反映项目的用途和支出金额，不考虑支出经济效果的预算。

▶ 2. 绩效预算

绩效预算是指根据成本—效益比较的原则，决定支出项目是否必要及金额大小的预算形式。具体说是有关部门先制定需要从事的事业计划和工程计划，再依据政府职责和施政计划选定执行实施方案，确定实施方案所需的支出费用所编制的预算。绩效预算是一种比较科学的预算方法。特点有：①绩效预算重视对预算支出效益的考察，预算可以明确反映出所产生的预计效益。②按职责、用途和最终产品进行分类，并根据最终产品的单位成本和以前计划的执行情况来评判支出是否符合效率原则。

（七）按作用的时效分类，分为年度预算和中长期预算

▶ 1. 年度预算

年度预算是指预算有效期为一年的政府收支预算。这里的年度指预算年度，大体有公历年制和跨历年制。

▶ 2. 中长期预算

中长期预算也称中长期财政计划，一般1年以上10年以下的计划称中期计划，10年以上的计划称长期计划。在市场经济下，经济周期性波动是客观存在的，制订财政中长期计划是在市场经济条件下政府进行反经济周期波动，从而调节经济的重要手段，是实现经济增长的重要工具。

【专题14-4】

中长期财政预算的实施经验借鉴

根据周期时间长短，经济增长周期一般可以分为四种：短周期（3~4年）；中周期（9~10年）；库兹涅茨周期（15~25年）；康德拉季耶夫周期（50~60年）。与经济增长周期相适应，财政预算也要体现出一定的周期覆盖范围。因此，以一个财政年度为编制周期的年度财政预算显然无法体现经济增长的周期性，也就不能有效地发挥财政政策的逆周期调节作用。所以，与经济增长周期相适应就必然要求编制中长期财政预算。

从发达国家编制多年期财政预算的实践和经验看，大多数国家均是在经济增长周期步入衰退阶段，导致财政状况恶化的背景下，为了应对经济危机和扭转财政状况而开始编制3~5年的多年期财政计划（财政预算）。澳大利亚政府于2002年开始编写的考虑公共财政长期可持续性的《代际报告》则为我们提供了一个较好地实施与经济增长周期相适应、考虑经济社会发展长期需要的财政预算框架的参考样本。澳大利亚政府在1997—2001年实现财政状况持续好转，财政由赤字转为盈余的情况下，开始考虑公共财政的长期可持续性，以实现：(1)社会资源在代际之间平等分配。(2)总体财政收支平衡的长期稳定的财政政策。(3)减少经济周期变化可能引起经济、财政和人民生活水平波动的风险。(4)确保市场机制有效作用和公共产品与服务的有效提供。以此为出发点，考虑到澳大利亚未来40年

内面临的最大问题是人口老龄化问题,以此为基础对 GDP 增长率、财政收入和财政支出的规模、变化结构等进行了长期预测,分析了影响财政预算压力的因素;并提出在现阶段财政状况较好的情况下,通过减税、鼓励就业、延迟退休、鼓励移民、调整医疗保险结构、建立补充养老保险基金和可持续发展基金等为未来的财政收支做准备。

第二节 政府预算程序

政府预算程序指预算的周期过程,它起于一个财政年度开始以前,结束于一个财政年度结束之后。世界各国的预算程序基本一致,大体可以分为预算的编制、预算的批准、预算的执行和政府决算四个阶段。

一、预算的编制

预算编制是整个预算工作程序的开始。预算的编制是由政府机关负责的,与政府行政机构体制有着十分密切的关系。预算的编制工作基本上可以分为草案的编制和预算的核定两大步骤。

根据世界各国主持具体编制工作的机构不同,把编制预算草案分为两种类型:一是由财政部主持预算编制工作,即由财政部负责指导政府各部门编制支出预算草案并审核和协调这些草案;同时根据各种经济统计资料和预测,编制收入预算草案;最后,综合收入和支出两个部分,把预算草案交给由法定预算提案权或国会审议权的个人或机构核定。例如中国、英国、德国等国家。二是由政府特设的专门预算机关主持预算编制工作,财政只负责编制收入预算。分开编制预算的原因是保证收入和支出有更多的合理性和科学性,避免财政部统编支出和收入预算可能带来的各种矛盾,以美国和法国为代表。

预算的核定与政府的政体相联系。西方国家政府预算的核定有三种类型:由总统核定预算草案,如美国;由内阁核定预算草案,如英、法等国;由委员会核定预算草案,如瑞士。

【专题 14-5】

OECD 国家预算编制程序的新模式

一直以来各国政府预算编制都是遵循自下而上的原则。但自 20 世纪 90 年代初开始,包括英国、加拿大、瑞典、荷兰和芬兰在内的一些 OECD 国家开始采用"自上而下"的预算编制程序。

与"自下而上"模式相比,"自上而下"的预算编制程序可以使政府更有效地实施严格的财政纪律,控制财政赤字,实现稳定的公共财政,进而推动社会经济稳定发展。具体做法是在严格控制总支出水平的同时,将预算权力更多地下放到支出单位。各国实践证明,要成功地实施"自上而下"的预算编制程序,需要各方面付出巨大努力。

(1) 为了确保通过财政部门对总支出水平的控制来实现财政的稳定性和可持续性,必须制定严肃的财政纪律并严格遵守。除非立法和有重大事件发生，否则不允许调整，这样财政政策才能更有效地发挥自动稳定器的作用。

(2) 谨慎的宏观经济走势预测至关重要。为此，有些国家成立了独立的宏观经济走势的预测机构，如荷兰的中央规划局，或使用私立部门的预测数据作为预算的基本依据，如加拿大等。

(3) 保持管理的灵活性，避免次级部门或行业限额数目过多，造成预算资金在类别间调剂时监督负担过大。

(4) 需要有关部门管理行为和思维方式的转变。财政部门应从干预部门内部资源的分配转向从中长期战略的角度来关注对财政资金的管理，财政资金使用部门则应从希望争取财政资金的更大份额转向对内部资源使用的有效性承担更大的责任。

二、预算的批准

预算的批准是政府预算程序的第二节阶段。在西方国家，预算的批准权力属于议会。在实行一院制的国家中，政府预算直接由其批准，如瑞典、荷兰、西班牙等国家。在实行两院制的国家中，大部分国家议会的两院都有批准政府预算的权力，一般来说，两院中的下院在预算批准上具有比上院更大的权力，往往拥有预算先议权和最后批准权。美国、法国、德国等国家就属于此类。我国的预算批准权力机构是各级人民代表大会。政府预算经权力机构批准后，才具有法律效力。

三、预算的执行

预算执行是整个预算工作程序的重要环节。收入入库、支付拨付以及预算调整都必须按照法律和有关规定的程序进行。各级预算由本级政府组织执行，具体工作由本级财政部门负责。预算收入征收部门，必须依法及时、足额征收应征收的预算收入。有预算收入上缴任务的部门和单位，须依照法规的规定，将应上缴的预算资金及时、足额地上缴国库。各级政府财政部门须依照法律和规定及时、定额地拨付预算支出资金，并加强管理和监督。

各级政府预算预备费的动用，由本级政府部门提出方案，报本级政府决定。各级政府预算周转金由本级政府财政部门管理，用于预算执行中的资金周转，不准挪作他用。

预算调整是预算执行的一项重要程序。预算调整是指经过批准的各级预算，在执行中因特殊情况需要增加支出或者减少收入，使总支出超过总收入或使原举借债务的数额增加的部分改变。预算调整，须经各级权力机构的审查和批准，未经批准，不得调整预算。各部门、各单位的预算支出，不同科目间需要调整使用的，须按国务院财政部门的规定报经批准。

四、决算

决算是整个预算工作程序的总结和终结。决算草案由各级政府、各部门、各单位，在每一预算年度终了后按国务院规定的时间编制，具体事项由国务院财政部门部署。决算草案的审批和预算草案的审批程序相同,各级政府决算批准后,财政部门要向本级各部门批复决算,地方各级政府还应将经批准的决算,报上一级政府备案。

在以上预算工作程序中,预算编制是预算管理最重要的一个环节。预算一经法定程序通过,即为法律文件,必须严格执行,执行中发生问题需要通过法律程序进行调整。我国普遍存在"重决算,轻预算"的现象,预算准备、编制和执行过程中投入的时间与精力不足,形成"预算简单化,决算复杂化"的局面,政府预算管理程序的重点应该转变为"强化预算,淡化决算"。

【专题 14-6】

2011 年我国全面取消预算外资金

2010 年 6 月,财政部颁发《关于将按预算外资金管理的收入纳入预算管理的通知》,规定自 2011 年 1 月 1 日起,中央各部门各单位的全部预算外收入纳入预算管理,收入全额上缴国库,支出通过公共财政预算或政府性基金预算安排。地方各级财政部门要按照国务院规定,自 2011 年 1 月 1 日起将全部预算外收支纳入预算管理。相应修订《政府收支分类科目》,取消全部预算外收支科目。2011 年受国务院委托,时任财政部部长、党组书记的谢旭人向十一届全国人大常委会第二十七次会议做 2011 年中央决算的报告。宣布 2011 年我国全面取消预算外资金,将所有政府性收入纳入预算管理。至 2012 年 5 月,初步统计 2012 年中央约 60 亿元、地方约 2 500 亿元原按预算外资金管理的收入纳入预算管理。

此后,中央部门对按预算外资金管理的各项收入进行了清理,自 2011 年 1 月 1 日起,根据各项资金的性质,分别纳入公共财政预算和政府性基金预算管理,地方省级财政部门也对预算外资金进行了清理核实,并结合当地实际情况,对本级部门和下级财政部门全面取消预算外资金提出了具体要求。全面取消预算外资金,将政府所有收支全部纳入预算管理,是我国预算管理制度改革乃至财政制度改革进程中的一个重要里程碑。一方面规范了政府资金的分配秩序,保证了预算的完整,推动了由公共财政预算、政府性基金预算、国有资本经营预算和社会保险基金预算组成的有机衔接的政府预算体系建设。另一方面规范了市场经济秩序,有利于减少乱收费、乱罚款和乱摊派等不良现象,有利于从源头上治理腐败。并强化了财政资金管理,有利于人大和社会各界加强对财政资金的监督,提高了财政管理透明度和依法理财水平。

第三节 政府预算改革

政府预算改革涉及预算编制、预算执行和预算监督的全过程,是事关公共财政和民主理财是否名副其实的大问题。长期以来,我国各级政府的预算工作中,普遍存在预算编制粗略简化、预算外资金过度膨胀、部分财政资金脱离监管等问题,既分散了政府有限的财力,又削弱了政府调节经济的效果。因此,通过预算改革提高政府预算的透明度,是确保财政资金的使用符合公众长远利益的必然选择。

1998年中国财政管理当局明确提出建立公共财政体制，为了提高财政透明度和公共支出的管理水平，加强预算资金的管理，将改革的重点转向预算管理制度的建设，着手进行了若干重大改革：2000年预算开始实施部门预算改革、2001年在一些地区进行了国库集中收付管理的改革试点；2002年通过了《中华人民共和国政府采购法》；2004年发布财综〔2004〕53号文强调进一步加强非税收入管理、完善预算外资金"收支两条线"管理；2007年全面进行政府收支分类改革；2008年分别公布加强行政单位国有资产管理的办法和加强事业单位国有资产管理的办法；2011年明确将按预算外资金管理的收入纳入预算管理，推进绩效预算，相继修订公布《事业单位财务规则》《事业单位会计准则》《事业单位会计制度》《行政单位财务规则》《行政单位会计制度》；2015年施行修订后的《预算法》，删除有关预算外资金的内容，将政府的全部收入和支出纳入预算，明确指出建立健全全面规范、公开透明的预算制度等等，政府预算管理水平和公共支出效益明显提升。

一、预算编制的改革——编制部门预算

按照编制主体划分，我国政府预算可分为单位预算、部门预算和财政总预算。部门预算由各预算部门编制，是财政总预算的基础；财政总预算由各级财政部门编制，是各部门预算的汇总和综合。因此，预算编制应主要包括单位预算编制、部门预算编制和总预算编制三个方面的内容。

（一）部门预算的含义

部门预算是在单位预算的基础上，以部门为单位编制的反映本部门财政收支计划的预算，此处"部门"的资质要求是一级预算单位。部门是指与财政直接发生预算缴款、拨款关系的国家行政机关、军队、武警、政党组织、社会团体及企事业单位。

部门预算，简单地说就是"一个部门，一本预算"，是部门依据国家有关政策规定及其行使职能的需要，由基层预算单位编制，逐级上报，经各级政府财政部门汇总审核后提交立法机关批准的完整地反映一个部门的所有收入和支出的综合财政计划。部门预算由本部门所属的各单位预算和本部门机关经费预算组成。

（二）部门预算的编制原则

作为政府预算编制的基础，应加强对部门预算的管理，以保证预算编制的质量。部门预算的编制主要应遵循以下原则。

▶ 1. 合法性原则

部门预算的编制要符合《预算法》和国家其他法律、法规，充分体现国家有关方针、政策，并在法律赋予部门的职能范围内编制。具体来讲：一是收入要合法合规。税收收入要严格依法征收，组织基金收入要符合国家法律、法规的规定；行政事业性收费要按财政部、国家发改委和价格管理部门核定的收费项目和标准测算等。二是各项支出要符合财政宏观调控的目标，要遵守现行的各项财务规章制度。支出预算要结合本部门的事业发展计划、职责和任务测算；对预算年度收支增减因素的预测要充分体现与国民经济和社会发展计划的一致性，要与经济增长速度相匹配；项目和投资支出方向要符合国家产业政策；支

出的安排要体现厉行节约，反对浪费，勤俭办事的方针；人员经费支出要严格执行国家工资和社会保障的有关政策、规定及开支标准；日常公用经费支出要按国家、部门或单位规定的支出标准测算；部门预算需求不得超出法律赋予部门的职能。

▶ **2. 真实性原则**

部门预算收支的预测必须以国家社会经济发展计划和履行部门职能的需要为依据，对每一收支项目的数字指标应认真测算，力求各项收支数据真实准确。机构、编制、人员、资产等基础数据资料要按实际情况填报；各项收入预算要结合近几年实际取得的收入并考虑增收减收因素测算，不得随意夸大或隐瞒收入；支出要按规定的标准，结合近几年实际支出情况测算，不得随意虚增或虚列支出；各项收支要符合部门的实际情况，测算时要有真实可靠的依据，不能凭主观印象或人为提高开支标准编制预算。

▶ **3. 完整性原则**

部门预算编制要体现综合预算的思想，要将部门依法取得的包括所有财政性资金在内的各项收入以及相应的支出作为一个有机整体进行管理，对各项收入、支出预算的编制做到不重不漏。相应地，在预算执行中要严格执行"收支两条线"管理，所有收入和支出全部纳入部门预算，改变预算内外资金"两张皮"的状况。

▶ **4. 科学性原则**

部门预算编制要具有科学性，具体主要体现在：(1)预算收入的预测和安排预算支出的方向要科学，要与国民经济社会发展状况相适应，要有利于促进国民经济协调健康、可持续发展。(2)预算编制的程序设置要科学，合理安排预算编制每个阶段的时间，既以充裕的时间保证预算编制的质量，又要注重提高预算编制的效率。(3)预算编制的方法要科学，预算的编制要制定科学规范的方法，测算的过程要有理有据。(4)预算的核定要科学，基本支出预算定额要依照科学的方法制定，项目支出预算编制中要对项目进行遴选，分轻重缓急排序，科学合理地选择项目。

▶ **5. 稳妥性原则**

部门预算的编制要做到稳妥可靠，量入为出，收支平衡，不得编制赤字预算。收入预算要留有余地，不确定的收入项目和数额，不要列入预算，以免收入不能实现时，造成收小于支；预算要先保证基本工资、离退休费和日常办公经费等基本支出，以免预算执行过程中不断调整预算。项目预算的编制要量力而行，有多少钱办多少事。

▶ **6. 重点性原则**

部门预算编制要做到合理安排各项资金，本着"一要吃饭，二要建设"的方针，在兼顾一般的同时，优先保证重点支出。根据重点性原则，要先保证基本支出，后安排项目支出；先重点、急需项目，后一般项目。基本支出是维持部门正常运转所必须的开支，如：人员基本工资、国家规定的各种补贴津贴、离退休人员的离退休费、保证机构正常运行所需要的公用经费支出及完成部门职责任务所须的其他支出，因此要优先安排预算，不能留有缺口；项目支出根据财力情况，按轻重缓急，优先安排党中央、国务院交办的事项，符合国民经济和社会发展计划、符合国家财政宏观调控和产业政策的项目。

7. 透明性原则

部门预算要体现公开、透明原则。对于单位的经常性支出,要通过建立科学的定员定额体系,以实现预算分配的标准化。对于部门为完成特定行政工作任务或事业发展而发生的各类项目支出,要通过填报项目文本、建立项目库、科学论证,采用择优排序的方法确定必保项目和备选项目,结合当年的财力状况与财政支出重点,优先安排急需、可行的项目,从而减少预算分配中存在的主观随意性与"暗箱操作"使预算分配更加规范、透明。

8. 绩效性原则

绩效性原则是对部门预算编制的较高要求。部门预算应建立绩效考评制度,对预算的执行过程和完成结果实行全面的追踪问效,不断提高预算资金的使用效益。在项目申报阶段,要对申报项目进行充分的可行性论证,以保障项目确实必需、可行;在项目执行阶段,要建立严格的内部审核制度和重大项目建设成果报告制度,以对项目进程资金使用情况进行监督,对阶段性成果进行考核评价;在项目完成阶段,项目单位要及时组织验收和总结,并将项目完成情况报中央部门,中央部门要将项目完成情况汇总报财政部。中央部门和财政部要将项目完成情况和绩效考评结果分别记入中央部门和财政部项目库,并作为财政部以后年度审批立项的参考依据,以强化对部门预算资金使用过程的监督和使用效益的考核分析,促使预算资金的安排由"重分配"向"重管理"转变。

(三)中国部门预算的改革实践

1999年6月审计署代表国务院在第九届全国人民代表大会常务委员会第十次会议所做的《关于1998年中央预算执行情况和其他财政收支的审计工作报告》和1999年12月25日全国人大常委会通过的《关于加强中央预算审查监督的决定》,分别针对中央财政预算管理中存在的问题,就进一步改进和规范中央预算编制工作提出了明确的要求,"要严格执行预算法,及时批复预算""要细化报送全国人大审查批准的预算草案内容,增加透明度""报送内容应增加对中央各部门支出、中央补助各地方的支出和重点项目的支出等"。这些要求的提出,拉开了我国部门预算改革的序幕。

部门预算改革的指导思想是:要通过部门预算改革,逐步建立符合社会主义市场经济体制要求的、具有中国特色的财政预算管理体制;通过部门预算改革,充分提高预算管理水平,增强预算透明度,提高预算管理的法制化程度,实现预算管理公开、公正、公平的要求。部门预算改革包括以下几方面的内容。

1. 编制范围

部门预算涵盖了部门或单位所有的收入和支出,不仅包括财政预算内资金收支,还包括各项预算外资金收支、经营收支以及其他收支;既包括一般预算收支,还包括政府性基金收支。因此,部门预算可以全面地反映一个部门或单位各项资金的使用方向和具体使用内容。

2. 编制程序

部门预算是汇总预算,是由基层单位编制,逐级审核汇总形成的。编制时单位根据本单位承担的工作任务、部门发展规划及年度工作计划测算编制,经逐级上报、审核并按单位或部门汇总形成。汇总后,预算既反映了本部门所有财政性收支总额,还反映了各单位和项目的具体收支构成情况,以及按功能分类的支出构成情况。

▶ 3. 编制时间

1999年度以前,编制预算一般从11月份开始进行,预算编制时间为4个月;2000年,中央部门从9月份开始编制预算,预算编制时间延长为6个月;2002年,从7月份开始编制预算,预算编制时间延长为8个月;2004年,从5月份即开始着手项目的清理工作,预算编制时间延长为10个月。预算编制时间的延长,有助于提高预算编制的准确性。

▶ 4. 基本框架

部门预算包括部门收入预算和部门支出预算。部门各类收入要按照不同来源分别编制预算,汇总后形成部门收入预算。部门支出预算包括基本支出和项目支出预算两部分。其中基本支出预算是行政事业单位为保障本机构正常运转、完成日常工作任务而编制的基本支出计划;项目支出预算是按指定用途和对象编制的专项支出计划,是行政事业单位为了完成特定的行政工作任务或事业发展目标,在基本支出预算之外编制的年度项目支出计划,通常是一些大型但不经常的支出项目。

【专题14-7】

财政部2018年部门预算的收支预算总表　　　　　　　　　　单位:万元

收　入		支　出	
项目	预算数	项目	预算数
一、一般公共预算拨款收入	1 325 020.93	一、一般公共服务支出	184 891.36
二、政府性基金预算拨款收入		二、外交支出	1 132 565.79
三、事业收入	93 681.19	三、教育支出	100 501.94
四、事业单位经营收入	1 229.18	四、科学技术支出	9 443.74
五、其他收入	12 294.64	五、文化体育与传媒支出	11 022.40
		六、社会保障与就业支出	11 663.87
		七、医疗卫生与计划生育支出	1 323.07
		八、农林水支出	2 115.54
		九、住房保障支出	10 027.95
本年收入合计	1 432 225.94	本年支出合计	1 463 555.66
用事业基金弥补收支差额	20 295.83	结转下年	82 259.04
上年结转	93 292.93		
收入总计	1 545 814.70	支出总计	1 545 814.70

资料来源:财政部网站。

▶ 5. 报审部门

2000预算年度,中央所有一级预算单位开始试编部门预算,并将农业部、科技部等4

个部门的部门预算报送全国人大审议;2001年,部门预算报送全国人大审议的部门增加到26个,2013年达到99个;2017年,中央现有的119个预算部门中,除涉密的以外,104个全部都提请审议。报送全国人大审议的部门预算逐步细化,范围明确,内容更加清晰。

十几年来,我国部门预算改革不断深化,预算编制逐步走向规范化、制度化和科学化。与公共财政相适应的新的财政预算编制、管理体系已经初步建立。但部门预算编制中仍然存在一些突出问题,主要包括:科学的定额标准体系尚未建立;部门费用的核定尚不能同部门占用公共资源有机结合,实物费用定额还有待建立和完善;部门预算汇总与总预算口径不吻合;部门预算收入来源编报不完整;部门预算编报单位不齐全;没有建立对部门预算编制质量和项目绩效的考核机制等等。随着部门预算改革的不断深入,需要进一步加以完善。

二、预算执行的改革之一:国库集中收付制度的确立和完善

(一)国库类型及其职责

国库即国家金库,是保存和管理一国财政的资产和负债,以及反映该国预算执行情况的组织机构。从世界各国情况来看,国库体制主要有三种类型:一是银行制,是指不设国库机构,由财政部门在银行开立账户,办理预算收支业务的体制。财政账户的性质与一般存款账户相同,实行存款有息,结算付费。美国的州和地方财政及蒙古等国实行银行制。优点是能够充分利用银行体系进行预算收支,有利于提高效率。二是委托国库制,是指国家委托中央银行经理或代理国库业务的制度。目前很多国家均采用这种制度,有英国、法国、德国、日本、韩国等。这种体制能够有力地加强财政政策和货币政策的配合,但同时也增加了中央银行的负担。三是独立国库制,是指国家特设机构,负责办理国家财政预算收支和保管出纳工作。优点是便于预算执行的监督管理,缺点是容易导致预算资金的闲置,而且专设国库的成本较高。目前采用这种体制的只有芬兰等少数国家。

我国的现行的国库体制是委托国库制,由中国人民银行经理国库,组织管理国库工作是中国人民银行的一项重要职责。

(二)改革财政国库制度的原因

按照资金拨付方式,国库的管理模式可以划分为国库分散收付制度和国库集中收付制度两类。2001年试点国库集中支付制度之前,我国实行的是国库分散收付制度两类。这种制度下,财政性资金缴库和拨付方式,是通过征收机关和预算单位设立多重账户分散进行的,财政资金逐级层层经收、上解和下拨。分散的财政资金收付制度,越来越不适应社会主义市场经济体制下公共财政的发展要求。主要弊端是:①重复和分散设置账户。各商业银行为了承揽储蓄往往置有关规定于不顾,推动多头重复开列账户,致使政府财政资金分散,脱离了财政统一管理,导致财政资金活动透明度不高,不利于对其实施有效管理和全面监督。②收支不规范。财政资金入库时间延滞,收入退库不规范,大量资金经常滞留在预算单位,降低了使用效率。③预算信息管理落后。由于大量资金分散于各商业银行,政府的预算管理部门无法及时了解资金使用效率和运转情况,不利于政府对形势做出正确

的判断,难以及时为预算编制、执行分析和宏观经济调控提供准确的依据。④脱离财政监督。财政资金的使用和支付过程脱离财政监督,无法用预算来约束和控制公共支出,截留、挤占、挪用等问题时有发生,甚至出现腐败现象。

为了改变这一局面,我国于2001年开始在一些地区进行了国库集中收付管理的改革试点。2015年实施的新预算法第六十一条规定:"国家实行国库集中收缴和集中支付制度",从法律上正式肯定了我国十多年国库集中收付制度改革的成果,为下一步改革提供合法性依据。

(三)国库集中收付管理改革的主要内容

国库集中收付管理作为现代国库管理的基本制度,是指通过建立国库单一账户体系,规范财政资金收入和支出运行机制,进而提高预算执行的透明度以及资金运行效率和使用效益的财政管理活动。

国库集中收付制度是指将所有财政性资金全部集中到国库单一账户,并规定所有的支出必须由国库直接支付给商品或劳务供应者或用款单位,实行收支两条线管理。在这种制度下,财政资金的使用由各部门、单位根据细化的预算自主决定,由财政部门核准后支出,财政资金将由国库单一账户直接拨付给商品和劳务供应商,而不必经过支出单位进行转账结算。为便于各部门、单位小额零散支出的需要,财政部门可为预算单位设立小额现金账户和当日清算的零余额账户,在实际支付之前,所有资金都集中在国库,财政部门可以统一调度。国库集中收付管理的主要内容一般包括以下三个方面。

▶ **1. 建立完善的国库单一账户体系**

财政部门作为接受政府委托负责管理财政资金收支活动的具体承担者,需要依托于国库单一账户体系,统一核算政府财政收支活动,财政收入通过国库单一账户体系直接缴入国库,财政支出通过国库单一账户体系直接支付到收款人,所有财政资金收付活动都纳入国库单一账户体系管理。国库单一账户体系由下列银行账户构成。

(1)财政部开设的国库存款账户(简称国库单一账户)。国库单一账户用于记录、核算、反映财政预算资金和纳入预算管理的政府性基金的收入和支出。代理银行应当按日将支付的财政预算内资金和纳入预算管理的政府性基金与国库单一账户进行清算。国库单一账户在财政总预算会计中使用,单位预算会计(包括行政单位会计和事业单位会计)不设置国库单一账户。

(2)财政部开设的零余额账户(简称财政部零余额账户)和财政部为预算单位开设的零余额账户(简称预算单位零余额账户)。①财政部零余额账户。财政部零余额账户用于财政直接支付。该账户每日发生的支付,于当日营业终了前与国库单一账户清算;营业中单笔支付额5 000万元人民币以上的(含5 000万元),应当及时与国库单一账户清算。财政部零余额账户在国库会计中使用。②预算单位零余额账户。预算单位零余额账户用于财政授权支付。该账户每日发生的支付,于当日营业终了前由代理银行在财政部批准的用款额度内与国库单一账户清算;营业中单笔支付额5 000万元人民币以上的(含5 000万元),应及时与国库单一账户清算。预算单位零余额账户只能用于财政部授权预算单位支付额度内的支付和国库单一账户的资金清算。不得违反规定从该账户向预算单位其他账户划拨资金。财政授权的转账业务一律通过预算单位零余额账户办理。预算单位零余额账户在行政单位会计和事业单位会计中使用。

(3) 财政部开设的预算外资金财政专户(简称预算外资金专户)。预算外资金专户用于记录、核算和反映预算外资金的收入和支出。预算外资金专户收入按预算单位或资金性质设置分类账户,用于记录、核算、反映预算外资金的支出活动。财政部负责管理预算外资金专户。代理银行根据财政部的要求和支付指令,办理预算外资金专户的收入和支付业务。预算外资金专户只能用于核算预算外资金的收支活动。预算内资金不得进入预算外资金专户。预算外资金专户在财政部门设立和使用。

(4) 财政部为预算单位开设的小额现金账户(简称小额现金账户)。小额现金账户用于预算单位的零星现金支付。预算单位小额现金账户的月度资金使用额度,由财政部一级预算单位按均衡使用的原则确定,分月下达,累计使用。小额现金账户只能用于财政部授权预算单位支付额度内的支付和国库单一账户的资金清算。不得违反规定从该账户向预算单位其他账户划拨资金。各基层预算单位应严格按照财政预算用款计划确定的使用范围及额度支用现金。不得违反规定用于单位和职工福利、奖金等方面的开支。小额现金账户在行政单位会计和事业单位会计中使用。

(5) 经国务院或国务院授权财政部批准预算单位开设的特殊专户(简称特设专户)。特设专户用于核算经国务院或国务院授权财政部批准的特殊专项支出。预算单位不得将特设专户资金转入本单位的其他银行账户,也不得将本单位的其他银行账户资金转入特设专户。特设专户在按规定申请设置了特设专户的预算单位使用。

▶ **2. 规范财政资金收付程序和方式**

(1) 收缴方式。财政收入的收缴分为直接缴库和集中汇缴两种方式。其中,直接缴库是指由缴款单位或缴款人按有关法律法规规定,直接将应缴收入缴入国库单一账户或预算外资金财政专户;集中汇缴是指由征收机关(有关法定单位)按有关法律法规规定,将所收的应缴收入汇总缴入国库单一账户或预算外资金财政专户。

(2) 收缴程序。财政收入的收缴程序分为直接缴库程序和集中汇缴程序。①直接缴库程序,直接缴库的税收收入,由纳税人或税务代理人提出纳税申报,经征收机关审核无误后,由纳税人通过开户银行将税款缴入国库单一账户。直接缴库的其他收入,比照上述程序缴入国库单一账户或预算外资金财政专户。②集中汇缴程序,小额零散税收和法律另有规定的应缴收入,由征收机关于收缴收入的当日汇总缴入国库单一账户。非税收入中的现金缴款,比照本程序缴入国库单一账户或预算外财政专户。

▶ **3. 规范支出拨付程序**

(1) 支出类型。按照国库管理办法的规定,财政支出总体上分为购买性支出和转移性支出。根据支付管理需要,具体分为:工资支出,即预算单位的工资性支出;购买支出,是预算单位除工资支出、零星支出之外购买服务、货物、工程项目等支出;零星支出,即预算单位购买支出中的日常小额部分,除《政府采购品目分类表》所列品目以外的支出,或虽列入《政府采购品目分类表》所列品目,但未达到规定数额的支出;转移支出,指拨付给预算单位或下级财政部门,未指明具体用途的支出,包括拨付企业补贴和未指明具体用途的资金、中央对地方的一般性转移支付等。

(2) 支付方式。财政性资金的支付实行财政直接支付和财政授权支付两种方式。其中，财政直接支付是指由财政部向中国人民银行和代理银行签发支付指令，代理银行根据支付指令通过国库单一账户体系将资金直接支付到收款人或用款单位账户；财政授权支付是指预算单位按照财政部的授权，自行向代理银行签发支付指令，代理银行根据支付指令，在财政部批准的预算单位的用款额度内，通过国库单一账户体系将资金支付到收款人账户。

(3) 支付程序。①财政直接支付程序。预算单位实行财政直接支付的财政性资金包括工资、工程采购支出、物品和服务采购支出。财政直接支付的申请由一级预算单位汇总，填写"财政直接支付申请书"，报财政部国库支付执行机构。财政部国库支付执行机构审核确认一级预算单位提出的支付申请后，开具"财政直接支付清算汇总通知单"和"财政直接支付凭证"，经财政部国库管理机构加盖印章签发后，分别送中国人民银行和代理银行。代理银行根据"财政直接支付凭证"及时将资金直接支付给收款人或用款单位。代理银行依据财政部国库支付执行机构的支付指令，将当日实际支付的资金，按一级预算单位分预算科目汇总，附实际支付清单与国库单一账户进行资金清算。代理银行根据"财政直接支付凭证"办理支付后，开具"财政直接支付入账通知书"发一级预算单位和基层预算单位。"财政直接支付入账通知书"作为一级预算单位和基层预算单位收到和付出款项的凭证。一级预算单位有所属二级或多级预算单位的，由一级预算单位负责向二级或多级预算单位提供收到和付出款项的凭证。预算单位根据收到的支付凭证做好相应会计核算。②财政授权支付程序。财政授权支付程序适用于未纳入工资支出、工程采购支出，物品、服务采购支出管理的购买支出和零星支出。包括单件物品或单项服务购买额不足10万元人民币的购买支出；投资额不足50万元人民币的工程项目支出，以及特别紧急的支出。财政部根据批准的预算单位用款计划中月度授权支付额度，每月25日前以"财政授权支付汇总清算通知单""财政授权支付通知单"的形式分别通知中国人民银行、代理银行。"财政授权支付通知单"确定各基层预算单位下一月度授权支付的资金使用额度。代理银行凭"财政授权支付通知单"受理预算单位支付指令并与国库单一账户进行资金清算。代理银行按"财政授权支付通知单"确定的额度控制预算单位的支付金额。预算单位支用授权额度时，填制财政部统一印制的"财政授权支付凭证"送代理银行，代理银行根据"财政授权支付凭证"通过零余额账户或小额现金账户办理资金支付。预算单位需要现金支付，可按照规定从小额现金账户提取现金。代理银行根据预算单位"财政授权支付凭证"提出的结算方式，通过支票、汇票、银行卡等形式办理资金支付。

三、预算执行的改革之二：政府采购制度的确立和完善

政府采购制度作为政府支出管理的重要制度，在西方发达国家已广为应用。由于政府采购支出所遵循的公开、公正、公平的原则和购买支出所达到的规模效益，它的影响已超过单纯的财政支出管理，涉及对国民经济的宏观调控以及国内国际经济合作领域。鉴于此，我国在建立社会主义市场经济体制过程中，有必要研究和探索建立既具有中国特色又

能与国际惯例接轨的政府采购制度。我国自 1996 年进行政府采购试点工作，之后逐渐确立和完善政府采购制度。2002 年 6 月 29 日第九届全国人民代表大会常务委员会第二十八次会议通过《中华人民共和国政府采购法》，并于 2003 年 1 月 1 日起施行。

（一）政府采购的概念和特征

政府采购也称公共采购，是指各级政府及其所属机构为了开展日常政务活动或为公众提供公共服务的需要，在财政的监督下，以法定的方式、方法和程序，对货物、工程或服务的购买行为。

与私人采购相比，政府采购具有以下明显的特征：

(1) 政府采购资金来源是公共资金。这些资金的最终来源为纳税人的税收和政府公共服务收费。

(2) 政府采购的目的主要是实现政府目的。

(3) 政府采购的主体是依靠国家财政资金运作的政府机关、事业单位和社会团体等。

(4) 政府采购为非商业性采购，不以盈利为目标。

(5) 采购范围广、规模大。

(6) 采购过程要求能够较充分地体现公平、公正、公开的原则。

(7) 采购制度一般是围绕政府意图而制定的，具有较强的政策性。

（二）政府采购制度的内容

政府采购制度是指有关政府采购的一系列法规、政策和制度的总称。具体而言，政府采购制度是以公开招标、投标为主要方式选择供应商（厂商），从国内外市场上为政府部门或所属团体购买商品或服务的一种制度。它具有公开性、公正性、竞争性的特征，其中公开竞争是政府采购制度的基石。通过公开竞争，政府能买到最佳价格和性能的物品及最优的服务，并可节省费用开支，使公众缴纳的税收产生更大的效益。基本内容体现在以下四个方面。

(1) 政府采购法规：主要表现为各国分别制定的适合本国国情的《政府采购法》。该项法规主要包括：总则、招标、决议、异议及申诉、履约管理、验收、处罚等内容。

(2) 政府采购政策：政府采购的目的，采购权限的划分，采购调控目标的确立，政府采购的范围、程序、原则、方式方法，信息披露等方面的规定。

(3) 政府采购程序：有关购买商品或劳务的政府单位采购计划拟定、审批、采购合同签订、价款确定、履约时间、地点、方式和违约责任等方面的规定。政府采购制度的程序一般分为三个阶段：确定采购要求；签订采购合同；管理、执行采购合同。

(4) 政府采购管理：有关政府采购管理的原则、方式、管理机构、审查机构与仲裁机构的设置，争议与纠纷的协调与解决等规定。

（三）政府采购制度的作用

(1) 从公共财政来讲，进行政府采购，可以适当地节约财政资金，提高支出效益。市场经济比较发达国家的实践表明，政府采购的确可以提高资金节约率。通过引入竞争机制和信息披露制度，扩大采购的可选择面，就可以在更大的范围内挑选性价比更高的产品。

另外政府采购还能推动我国公共财政的确立，促进其他环节的改革。

（2）从政府角度来讲，政府采购制度是财政政策的重要组成部分，政府采购是一种政府行为，政府可以通过调整采购总量来实现对经济的总量调控；可以通过选择采购对象对国民经济各产业进行调控；也可以通过对采购地区的选择支持某些特殊地区的发展。但是，若想使这些调控目标真正有效的实现，政府采购就需要具备一定的前提条件：让市场起基础性资源配置作用。所以，政府采购制度的实施还有助于政府与市场关系的准确定位。

（3）从供应商角度来讲，政府采购制度可以提高竞争能力、活跃市场经济。由于政府是市场中的最大消费者，而且政府采购遵循公开、公平、公正的原则，在竞标过程中执行严密、透明的"优胜劣汰"机制，所有这些都会调动供应商参与政府采购的积极性，而且能够促使供应商不断提高产品质量、降低生产成本或者改善售后服务，以使自己能够赢得政府这一最大的消费者。由于供应商是市场中最活跃的因素，所以，供应商竞争能力的提高又能够带动整个国内市场经济的繁荣昌盛。

四、政府采购、国库集中支付制度和部门预算的关系

部门预算、国库直接支付和政府采购作为财政支出管理体制改革的三项核心内容，互为条件，相辅相成，犹如三驾马车，只有并驾齐驱，财政支出管理体制改革才能快速前进。特别是政府采购制度的推行，没有部门预算和国库直接支付改革的支持和保障，恐怕难以获得成功。

（一）编制部门预算是基础

部门预算，是由各部门根据职能和社会发展的需要，统一编制反映本部门所有收入和支出的预算。实行部门预算，就是要细化预算，从改革预算编制的体系分类和预算科目着手，重新按定员定额确定人员经费，重新按支出标准确定公务经费。它为确定政府采购的品目目录、编制政府采购预算和制定政府采购计划奠定了基础。

（二）实行国库集中收付制度是手段

实行国库集中收付制度，解决了由于资金分配交叉造成难以控制整体的问题，可使财政资源达到最优配置，克服财政资金被部门挤占和挪用的问题，保证预算资金的及时、足额支付。通过国库集中支付，也有利于对部门预算执行的监督，有利于政府采购制度的执行。实行国库集中支付制度，政府采购资金都集中于国库的"政府采购资金专户"中，政府采购行为一旦发生，经财政支出管理部门的审核，采购资金由国库单一账户直接拨付给货物供应商和劳务提供者。

（三）政府采购制度是保证

政府采购制度是将行政、事业单位购买货物、工程和服务的行为公开化、规范化、程序化。实行政府采购制度，可提高部门预算执行准确性和效率。主要体现在：

（1）通过政府采购并在配套的支出标准约束下，可全过程管理和监督预算单位对财政资金的使用，压缩不合理支出。

（2）通过政府采购可将原来由各单位自行分散的采购活动合成规模优势，通过法定的集中采购方式，充分运用竞争机制，好中选优，大幅度节约财政资金。

（3）通过政府采购制度所遵循的"公开、公平、公正"原则，极大地增强了采购过程的透明度，在提高财政资金使用效益的同时，从源头上预防腐败现象的发生。

总之，实行部门预算和国库直接支付，可以解决财政管理中长期存在的预算编制粗放、资金分配权分散、透明度不高及挤占、挪用财政资金等问题，为编制政府采购预算、制定、下达和执行政府采购计划奠定了基础。实行政府采购制度可以为财政支出管理和部门预算管理创造一种全方位、全过程管理模式，实施政府采购后的采购价格、预算单位设备配置等信息也为细化部门预算、制定部门支出标准创造了条件。政府采购制度既需要部门预算和国库集中支付制度改革加以配套，同时又促进和支持了部门预算和国库集中支付制度改革。只有将这三项改革同时做好，我国财政支出的效益才能真正发挥，财政支出的绩效也可以被明确的考核，财政职能才能得到更好的发挥。

第四节 政府预算管理体制

预算管理体制是确定中央政府与地方政府及地方各级政府之间各级预算管理的职责权限和预算收支范围的一项根本制度，核心问题是各级政府之间的收支划分，即财政分权。

预算收支范围涉及的是政府财力在中央与地方，及地方各级政府间如何分配的问题，预算管理职权则是各级政府在支配政府财力上的权限和责任问题。建立政府预算管理体制的根本任务，是通过正确确立各级政府预算的收支范围，规定预算管理权限及相互间的制衡关系，使政府财力在各级政府及各区域间合理分配，保障相应级次或区域的政府行使职能的资金需要，提高财政资金管理和使用效率。

我国预算管理体制进行过多次改革，总体上是根据"统一领导、分级管理"原则，由统收统支的预算管理体制（1953—1978年）到划分收支、分级包干的预算管理体制（1979—1993年），再到我国现行的1994年起开始实行的分税制。

一、分税制

分税制财政体制是在中央与地方各级政府之间，根据各自的职权范围划分税源，并以此为基础确定各自的税收权限、税务机构和协调财政收支关系的一种制度。分税制的主要内容包括以下几个方面。

（一）在划分事权的基础上，划分中央与地方的财政支出范围

根据当时中央政府与地方政府事权的划分，中央财政主要承担国家安全、外交和中央政府机关运转所需经费，调整国民经济结构、协调地区发展、实施宏观调控所必需的支出及由中央直接管理的事业发展支出。具体包括国防费；武警经费；外交和援外支出；中央级行政管理费；中央统管的基本建设投资；中央直属企业的技术改造和新产品试制费；地

质勘探费；由中央本级负担的公检法支出和文化、教育、卫生、科学等各项事业费支出。

地方财政主要承担本地区政权机关运转所需支出及本地区经济、事业发展所需支出。具体包括地方行政管理费；公检法支出；部分武警经费；民兵事业费；地方统筹的基本建设投资；地方企业的技术改造和新产品试制经费；支农支出；城市维护和建设经费；地方文化、教育、卫生等各项事业费；价格补贴支出及其他支出。

（二）按税种划分收入，明确中央与地方的收入范围

根据事权与财权相结合的原则，按税种划分中央收入和地方收入。将维护国家权益、实施宏观所必需的税种划分为中央税；将同经济发展直接相关的主要税种划分为中央与地方共享税；将适合地方征管的税种划分为地方税，充实地方税税种，增加地方税收入。

（三）实行中央对地方的税收返还制度

税收返还制度就其性质而言，是一种转移支付，是年年都有的经常性收入返还。为了保持地方既得利益格局，又逐步达到改革的目标，中央财政税收返还数额以1993年为基期年核定。按照1993年地方实际收入及税制改革和中央地方收入划分情况，核定1993年中央从地方净上划的收入数额（消费税＋75%的增值税－中央下划收入）。1993年中央净上划收入，全额返还地方，保证地方既得利益，还以此作为以后中央对地方税收返还基数。1994年以后，税收返还数额在1993年基数上逐年递增，递增率按本地区增值税和消费税增长率的1∶0.3系数确定，即本地区两税每增长1%，对地方的返还则增长0.3%。如果1994年以后上划中央收入达不到1993年的基数，则相应扣减税收返还数额。

（四）原体制中央补助、地方上解及有关结算事项的处理

为顺利推行分税制改革，1994年实行分税制后，原体制分配格局暂时不变，过渡一段时间再逐步规范化。2002年国家对所得税划分进行了调整，自2003年起，所得税不再按归属划分，则改由中央和地方按一定比例分成。

【专题14-8】
财政分权的理论基础

西方财政学家主要是从公共产品的层次性与空间特点入手，论证各级政府间财政分权的必要性，比较有代表性的观点有以下几个方面。

(1) 斯蒂格勒最优分权模式菜单。斯蒂格勒(Stigler)认为，可以从两条原则出发阐明地方政府存在的必要性：一是与中央政府相比，地方政府更接近公众，更了解辖区内居民对公共服务的选择偏好及效用；二是一国国内不同的人们有权力对不同种类与不同数量的公共服务进行投票表决，与之相适应，不同种类与不同数量的服务要求由不同级次、不同区域的政府来提供。

(2) 奥茨的分权定理。奥茨(Oates)通过一系列假定，将社会福利最大化表达为一个线性规划，并求解得出资源配置处于社会福利最大化时的一般均衡模型。在分析这个模型附加的限制条件时发现，在等量提供公共产品这个前提条件下，某种公共产品由地方政府提供优越于中央政府："关于该物品的每一个产出量的提供成本无论对中央政府还是对地方政府来说都是相同的——那么，让地方政府将一个帕累托有效的产出量提供给它们各自的

选民,则总是要比中央政府向全体选民提供任何特定的并且一致的产出量有效得多。"

(3) 分权"俱乐部"理论。布坎南(Buchanan)运用"俱乐部"理论来解释最优地方政府管辖范围的形成问题,麦圭尔(Mc Guire)运用简单模型加以具体论证。"俱乐部"理论简要地说就是把社区比作俱乐部,研究在面临外部因素的条件下,任何一个俱乐部如何确定最优成员数量。理论核心有两个方面,一方面,随着俱乐部接收新成员的增加,原有俱乐部成员所承担的成本会由更多的新成员分担;另一方面,新成员加入的过多会随之增加拥挤成本,产生外部负效应。显然,一个俱乐部的最佳规模,应确定在外部负效应所产生的拥挤成本等于由新成员分担成本所带来节约的均衡点上。

(4) 偏好误识理论。美国经济学家特里西(Tresch)从理论上提出了偏好误识问题。他认为由于信息不完全,中央政府在提供公共产品过程中存在着失误的可能性,易造成对公共产品的过量提供或提供不足。而由地方政府来提供公共产品,社会福利才有可能达到最大化。

(5) "以足投票"理论。蒂布特(Tiebout)的"以足投票"理论认为,个人在各管辖区之间的移动,主要目标是寻找哪个地方政府能为他们提供最大的福利,即地方政府为他们所提供的服务与征收的税收之间的对比关系对他们来说是利益最大化的。这类似于通过市场来解决公共产品有效供给的方法。当他们在某地发现这种对比关系符合自己的效应最大化目标时,便会聚集在这一地域,从事工作,接受和维护当地政府的管辖。

二、分税制的意义及存在的问题

实践证明,1994年的分税制改革,是我国预算管理体制上一次卓有成效的制度创新,初步建立起了与社会主义市场经济发展相适应的预算管理体制和运行机制。

(一) 分税制的意义

(1) 在中央优化全局产业结构导向的大框架下,调动了地方各级政府理财、抓效益、抓收入的积极性,各地顺应分税制要求,都将精力和财力用在对自己有利新财源的培育上来。

(2) 在政府和企业的关系方面,使中央政府和地方政府都开始走上不再按照企业行政隶属关系,而是按照税种组织财政收入的新轨道,标志着我国的改革终于走上了由"行政性分权"向"经济性分权"的转折点,把企业放到了在税法面前一律平等的地位上,不论大小、所有制和行政级别,该缴国税的缴国税,该缴地方税的缴地方税,税后红利按产权规范分配。因此,这是使企业真正站到同一条起跑线上展开公平竞争的新开端。

(3) 在中央和地方关系方面,大大提高了财力分配的透明度和规范性,规则全国统一,有利于长期行为的形成,并促使地方政府转变理财思路,实现规范管理。

(二) 存在的问题

1994年的分税制改革取得了显著的正面效应,财政收入恢复性增长,财政政策为全局服务的能动性显著提高。政企关系、中央和地方关系的处理、促进生产要素流动、市场化配套改革等都可圈可点。但在分税制之后的运行中也出现了一系列新矛盾,目前面临越来越明显的挑战。这主要表现在以下几个方面。

▶ 1. 财政管理体制层次过多

我国目前仍在实行中央、省、市、县、乡五级行政体制和与之配套的预算体制,过多的财政级次分割了政府间财政能力,使各级政府之间的竞争与权力、责任安排难以达到稳定的均衡状态,并进一步加大了纳税人对政府的监督难度。

▶ 2. 转移支付制度不完善

目前我国预算体系中,政府间的转移支付形式存有自身的缺陷。(1)税收返还的设计并不是根据地区经济的发展水平的差异,与行使事权所必须的财力无关,且这种转移支付形式保护了既得利益,使建设财力与事权相匹配体制相背离。(2)一般目的转移支付的测算基础并不科学、合理,实现不了财力与事权的匹配。(3)过渡期转移支付的规模很小,起不到太大的调节作用。(4)专项拨款名目太多,很多专项拨款并不具有专项的目的,这种转移支付资金数额的决定也没有一定的标准。

▶ 3. 税收征管成本过高

税收征管成本指税务机关在征收税款过程中自身消耗的各项费用。据国家税务总局公布的有关数据测算,1994年国税、地税分征分管体制实行后,税收征管成本比以前明显提高。1993年,我国的税收征收成本率约为3.12%,从1994年开始上升,其后持续增长到5%~6%,而西方发达国家的税收征管成本一般都在1%左右。

▶ 4. 基层政府财政困难

由于分税制改革时没有说清楚的事权,都以各种形式压着基层政府承担责任,但却没有把相应的财权与其配套,使地方政府把更多精力放在办企业、搞建设项目、抬高地价增加土地批租收入等短期行为上。这几年全国房地产价格的迅速上涨,地方政府对"土地财政"的极大依赖,从某种程度上来讲都和分税制改革的自身缺陷有关。

▶ 5. 改革不彻底

由于分税制只实现了中央和省之间的利益分割,但是省以下还有四级政府,却未能进入分税制状态。比如有的地方明确说省以下不搞分税制,而是分成制,其他地方虽承认是分税制,但实际上也都是多种多样、复杂易变、讨价还价的色彩非常浓重,很难明晰各个层级政府拿什么税。

【专题14-9】

中国"省管县"改革正在进行时

我国以前实行的"市管县"体制是1983年以来逐渐形成的,这一模式在过去近30年中,一定程度上发挥了城乡合治、以市带县的功能,但随着县域经济的发展,对县域经济发展的制约作用也日益显现,我国基层财政尤其是县乡财政困难问题进一步凸显。

进入21世纪以后,一些地区逐步推行"省直管县"财政改革试点。随着经验的积累,2009年财政部发布了《关于推进省直接管理县财政改革的意见》(以下简称《意见》),明确提出了省直接管理县财政改革的总体目标,力争全国除民族自治地区外全面推进省直接管理县财政改革。

随着省直管县财政改革的实施和推进,在政府间收支划分、转移支付、资金往来、预算决算、年终结算等方面，方可实现省财政与县财政直接联系，不再经过市这一级了，这不仅可以避免市级对县级的财政截留，使中央和省下放给县乡的各种权益及时到位，有利于县域经济特别是农村经济的发展，而且将会使中央和省级政府更好地根据县（市）的具体情况，有针对性地制定县域经济发展的一系列方针政策，更好地扶助农村地区经济和社会的发展。

在某种意义上，"省管县"对于上级政府来说，事权变小了，但对生产力的发展是解放，是"松绑"；对于下级政府来说，放下来的权力就是生产力，直接的效应是减少了环节，简化了手续，加快了速度，提高了效率；对于各类企业和社会经济组织来说，是上级"放权"最直接的受益者。权大权小，该放该不放，唯一的标准是看是否有利于发展和创造生产力。逐步地还权于民、还权于市场、还权于法，不是政府的退位，是政府的归位。政府成为有限权力的政府，这是我国经济和社会发展的大趋势。

三、分税制的进一步改革

面对分税制面临的一系列困难，需要继续推进分税制改革，在改革的进程中逐步解决这些困难。

（1）减少财政管理层级。从国际经验来看，一般来说，分税制的大国家，多数是三个层级左右的政府，而我国却是五级政府。对此改革的基本思路，是要把五个层级扁平化到三个层级。一个切入点是"省直管县"；另一个是"乡财县管"，最终形成"中央—省—市县"三级的政府层级框架。在这个扁平的框架下构建财权与事权相呼应、财力与事权相匹配的预算体制。

（2）完善转移支付制度。要重点加大以"因素法"为主要方式与手段的均等化转移支付的力度，尽快构建与和谐社会建设相适应转移支付制度体系。一方面，要在确保中央财力分配主导地位和调控能力有效发挥的基础上，强化中央财政的再分配功能。另一方面，要在提高转移支付总量和增加转移支付规模的基础上，加大中央财政对中西部地区转移支付的力度和省级财政对县级财政转移支付的力度。

（3）结合我国政府职能转变的实际，对分税制财政管理体制下政府间收入的划分做适当调整，如改变企业所得税按照行政隶属关系共享的做法，按国际惯例实行分率计征或比例分享等等。另外，要积极引导推动省以下分税制财政管理体制的改革和完善，使之在地方收入划分和中央返还收入划分上更趋合理。

【专题14-10】
建立事权和支出责任相适应的财税体制

为贯彻落实党的十八大关于全面深化改革的战略部署，十八届中央委员会第三次全体会议研究了全面深化改革的若干重大问题，做出《中共中央关于全面深化改革若干重大问题的决定》（以下简称《决定》）。

《决定》对深化财税体制改革做了详细说明。《决定》指出，财政是国家治理的基础和重要支柱，科学的财税体制是优化资源配置、维护市场统一、促进社会公平、实现国家长治久安的制度保障。必须完善立法、明确事权、改革税制、稳定税负、透明预算、提高效率，建立现代财政制度，发挥中央和地方两个积极性。

其中，明确指出要建立事权和支出责任相适应的制度。适度加强中央事权和支出责任，国防、外交、国家安全、关系全国统一市场规则和管理等作为中央事权；部分社会保障、跨区域重大项目建设维护等作为中央和地方共同事权，逐步理顺事权关系；区域性公共服务作为地方事权。中央和地方按照事权划分相应承担和分担支出责任。中央可通过安排转移支付将部分事权支出责任委托地方承担。对于跨区域且对其他地区影响较大的公共服务，中央通过转移支付承担一部分地方事权支出责任。

改进预算管理制度。实施全面规范、公开透明的预算制度。审核预算的重点由平衡状态、赤字规模向支出预算和政策拓展。清理规范重点支出同财政收支增幅或生产总值挂钩事项，一般不采取挂钩方式。建立跨年度预算平衡机制，建立权责发生制的政府综合财务报告制度，建立规范合理的中央和地方政府债务管理及风险预警机制。保持现有中央和地方财力格局总体稳定，结合税制改革，考虑税种属性，进一步理顺中央和地方收入划分。

四、新一轮财税体制改革的三大突破口

财税体制改革被视为推进国家治理能力现代化的重要突破口和影响改革全局的关键。2014年6月30日，中共中央政治局召开会议，审议通过《深化财税体制改革总体方案》。新一轮财税改革的重点是建立健全财力与事权相匹配的财政体制，其中税制改革、预算改革和财政体制改革，是新一轮财税改革的三大突破口。

（1）在营改增后地方税收吃紧，迫切培育新主体税种相对独立的税收体系。在我国现行的18个税种中，虽然划归地方的税种有9个，但这些税种大都是税源零星、征管难度高的小税种。虽然企业所得税和个人所得税收入较为稳定，但企业、个人所得税已划分为共享税，不能成为地方主体税种。新一轮财税体制的制度设计时要培育较为稳定的地方政府的主体税种，特别是应该进一步深化省级以下政府之间的分税制改革，因为只有这样，才可能真正解决在中国式的财政分权体制（纵向竞争）和地方竞争体制（横向竞争）双重背景所导致的存量资产配置扭曲和效率低下的深层次问题。

（2）以"全口径预算"为突破口推动新一轮财政体制改革。"全口径预算"不仅将政府预算内资金和预算外资金的全部收支都纳入预算管理中，而且包括政府性债务和或有负债的监管，是真正意义上的完整的政府预算。必须实现财源结构的合理化和实现财政分配的结构合理化，保证财政收支平衡。要在政府一般预算、政府性基金预算、国有资本经营预算及社会保障预算之间形成统一和均衡，建立规范透明的资金往来渠道，同时尽可能把专项资金变为预算内资金，纳入公众的监督范畴。

（3）以政府融资体制改革为切入口，逐渐改变以地方政府融资平台为主体，以土地储备作为抵押支持，以银行信贷作为主要资金来源的地方政府融资模式，开辟地方政府新的财源来取代"土地财政"。未来可以逐步剥离地方政府的土地经营管理职能，构建土地受让金管理和储备制度，探索由国有土地资产管理公司代表政府经营，政府退出土地经营而做好土地微观规划管制与土地市场的宏观调控，进而建立现代财政制度。

本章小结

政府预算是经法定程序审批的政府年度财政收支计划，它是政府筹集和分配集中性财政资金的重要工具，是调控国民经济运行的重要杠杆。政府预算必须坚持公开性、可靠性、完整性、统一性、法律性等原则。政府预算制度包括预算的编制、审核、执行、决算等程序。

政府预算管理体制是处理一国财政体系中各级政府间财政分配关系的一项基本制度，核心问题是各级政府预算收支范围及管理职权的划分和相互制衡关系。分税制是政府预算管理体制中的一种重要形式，我国目前已经初步形成了分税制预算管理体制框架，但其中还存在着很多问题，需要从事权划分、收入的调整和转移支付制度的完善等角度进行解决。

关键词

政府预算　预算原则　复式预算　零基预算　增量预算　分税制

思考题

1. 增量预算与零基预算有何区别？
2. 目前我国的分税制的内容包括哪些？请你根据它存在的一些问题谈一下进一步改革的思路。

案例讨论

从纵向上看，我国 1994 年的分税制改革对于中央政府与省级政府的财税关系给出了相对清晰的界定，但是由于种种原因，分税制对省以下各级政府之间的财力如何划分的问题却疏于细致考虑。中央政府财力集中的范式似乎给了省、市政府一种示范效应，于是才有了目前我国政府间财权不断上移和事权不断下移的问题，这也是导致基层政府财政困境的重要因素之一。

你认为省级以下各级政府之间的财力如何划分较为合理？

第十五章
财政平衡与财政政策

学习目标

通过本章的学习，要求学生了解财政平衡的含义及财政赤字的有关问题；熟悉财政政策的目标及工具，掌握财政政策与货币政策的不同特点及其搭配方式。

开篇导言

自2007年美国次贷危机爆发以来，各国为了应对这场危机对本国经济的冲击，纷纷出台了经济刺激计划，但同时也造成了巨额的财政赤字。在世界经济复苏脆弱、下行风险尚存的背景下，各国未来经济政策，特别是财政政策的方向至关重要。按国际货币基金组织总裁卡恩的话说，世界经济仍面临四大挑战，其一就是财政的可持续性。财政收紧还是放松，何时收紧，何时放松。在经济不确定性因素与日俱增的情况下，世界各国，特别是发达国家都在权衡利弊，摸索着最合时宜的财政政策方案。

美国：继续刺激经济复苏。美国财长盖特纳说，当前最大的经济挑战仍在于加快经济增速。分析人士认为，美国政府要达到这一目标，需要创造宽松的财政和货币政策环境。奥巴马政府2009年2月份推出的首批金额达7 870亿美元的刺激经济计划大部分已经支出，刺激经济效果已在衰减，但经济复苏情况并不尽如人意，尤其体现在就业方面。美国政府于2010年年初就在考虑新的刺激经济计划，金额超过2 000亿美元。

欧盟：咬定减赤不动摇。对于深受主权债务危机困扰的欧盟来说，削减赤字、巩固财政是当务之急。面对紧缩财政可能危及经济复苏的担忧和一波又一波的抗议，欧盟国家仍咬定减赤不动摇。欧洲理事会常任主席范龙佩和欧盟委员会主席巴罗佐曾表示，欧盟将坚决维护财政可持续性。只要有必要，所有成员国将采取措施加快巩固财政的步伐。

日本：阻止经济下滑。2010财年开始后，日本经济增速明显放缓。为此，日本政府和央行不得不继续采取积极的财政政策和宽松的货币政策，出台总额接近6万亿日元的一系列阻止经济下滑的措施。但从目前情况看,日本政府和央行的措施尚未达到预期效果。日本政府财政状况恶化,政府债台高筑,除增发国债外已经没有余力再出动大规模的财政刺激政策。

总之,为了应对这场危机,世界各国都使尽浑身解数,虽取得了一些效果,但这也付出了巨大的代价。对于这场危机,我们不得不反思:这场危机爆发的原因到底是什么?各国采取的财政与货币政策是否能够真正解决经济中的深层次问题?如果再出现这样的危机,世界各国是否还有这样的力量去面对?

第一节 财政平衡与财政赤字

在现代经济条件下,任何国家都会面临财政收支总量关系的处理问题。随着财政理论的变迁,经常性财政收支平衡的理念已不再被人们所坚毅恪守,反而经常性财政收支的不平衡的现象却成为常态,不平衡的主要表现就是财政赤字。

一、财政平衡概述

(一)财政平衡的概念

财政收支矛盾是财政分配的基本矛盾。任何国家在任何经济发展阶段的财政都面临财政收支总量关系的处理问题。如果一个国家在一定时期(通常为1年)财政收支大致相等,我们就说这个国家的财政是平衡的。具体来看财政平衡是指在一定时期(预算年度)内,财政收支在量上的对比关系。财政收支的对比有三种结果:一是收大于支,表现为结余;二是支大于收,表现为赤字;三是收支相等。由于一个国家的经济状况是不断变化的,预算也不可能在实现全部财政收入后再做安排。因此,在理论上讲,财政收支相等是可以成立的,但在经济的实际运行中,财政收支完全相等的情况几乎是不存在的,而财政收支不等的状况却是普遍的。

(二)对财政平衡的进一步理解

就财政本身而言,当年财政收支平衡是最理想的状态,因为这意味着财政资金得到了充分利用。如果收大于支,结余过多,或者每年都有结余,意味着财政资金没有得到充分的运用,对经济建设和社会发展不利。相反,如果财政支大于收,超过收入的支出部分会形成社会购买力,增加社会总需求,有可能导致社会总需求与社会总供给的不平衡,引发通货膨胀。因此,在其他条件不变的情况下,政府应尽量实现财政收支平衡。财政平衡对于政府理财而言固然重要,但如果一味为了财政平衡而平衡财政收支,可能会造成国民经济的不平衡运行,所以这种财政平衡并没有多大意义。为此,对于财政平衡的概念我们应全面地理解。

▶ 1. 财政平衡是一种相对的平衡

对财政平衡不能做绝对的理解,实际上也不存在绝对的平衡。只要财政结余或赤字不超过一定的数量界限,就可以视为是财政收支的平衡状态。一般认为:如果财政收支的差额占财政收入的3%，即只要处于[-3%，+3%]这个区间，财政收支就属于平衡。在实际生活中，略有结余和略有赤字都应视为基本平衡，两者都是财政平衡的表现形式，因而财政平衡追求的目标是基本平衡或大体平衡。

▶ 2. 财政平衡是一种动态平衡

静态平衡是从当年角度实现财政平衡，而动态平衡则是从长远观点寻求财政平衡。同任何事物的发展一样，财政平衡是在收与支不断变化的过程中实现的。因此，我们要以动态的观点看待财政平衡，不应只局限于一个财政年度内的收支对比状况，更要考虑年度之间的联系和相互衔接，研究未来财政年度收支的发展趋势，研究经济周期对财政的影响及财政对经济周期的调节作用，以求得一个时期的内在平衡。

▶ 3. 财政平衡是一种综合平衡

研究财政平衡要有全局的观点，不能就财政平衡论财政平衡。财政是宏观调控的重要工具，财政平衡则是实现经济总量平衡的重要手段。经济宏观调控的一个重要目标是维持社会总供给与社会总需求的基本平衡。财政平衡有利于实现社会供需总量平衡，但财政平衡作为经济总量平衡的一个局部平衡，财政平衡与否不是决定经济总量平衡的唯一因素。

(三) 财政收支不平衡的原因

造成财政收支不平衡的原因有很多，概括起来说有以下几点。

▶ 1. 外部冲击

外部冲击是指对一国国民收入有很大影响、但本国不能左右的外部事件。它是来自国际的影响，是不可控变量。比如，进出口商品价格的变动、外债成本的变动、国外援助规模的变动等，特别是近期美国次贷危机所引发的全球性金融危机对各国财政收支状况的影响更是明显的例子。

▶ 2. 税制缺乏弹性

税收收入弹性是指在现行的税制下，税收收入变动的百分比与国内生产总值变动的百分比之间的比例关系，如果税收收入弹性小于1，则可认为税制缺乏弹性。在税制缺乏弹性的情况下，随着经济的发展，税收收入增加的比例会小于国内生产总值增加的比例，而在财政支出的增长速度不变甚至增加的情况下，自然会导致财政收支的不平衡。

▶ 3. 厂商的经营状况

不管对于哪个国家来说，厂商都是财政收入的主要来源，厂商经营状况的好坏，对于一个国家财政收入的状况会产生很大的影响。如果厂商经营得好，就会提高对国家财政收入的贡献率；反之，如果厂商经营的不好，不仅不会增加国家的财政收入，甚至还有可能导致政府拿出巨额的财政收入进行补贴。比如，美国次贷危机出现后，美国推出了至少7 000亿美元的金融援助方案，导致了美国财政赤字的剧增。

▶ 4. 意外事件的出现

随着社会经济的发展，人类与自然之间的冲突越来越明显，不仅气候变暖导致的极端天气现象越来越多，而且自然灾害的破坏程度也越来越高。当一个国家遇到严重自然灾害，增支减收就成为政府的必然选择，当年财政甚至以后年度的财政平衡就要受到考验。

▶ 5. 计划与实际的脱节

由于人们的认识一般落后于客观实际,所以政府编制的预算计划往往与实际的执行情况有很大的出入。这里面可能包括以下两种情况:

(1) 由于预算计划考虑不周、经验不足或工作指导上失误而造成的计划偏高或偏低。

(2) 在计划执行过程中,由于调整政策而对财政收支造成影响。

二、财政赤字

对于现代国家来说,财政收支的平衡是非常少见的,而财政收支的失衡却是非常普遍的。特别是财政赤字,几乎成为现代国家政府预算的一个常态。

(一) 财政赤字的含义及计算方法

财政赤字是指财政年度中财政支出大于财政收入导致的财政不平衡的一种财政现象,它反映了财政年度内国家财政收入入不敷出的基本状况。由于涉及如何看待债务收入,即债务收入是否作为正常的财政收入来计算的问题,因而导致了对财政赤字的两种不同的计算方法。

第一种:

$$赤字(结余) = (经常收入 + 债务收入) - (经常支出 + 投资支出 + 债务支出)$$

这一公式又可表示为

$$赤字(结余) = (经常收入 - 经常支出 - 投资支出) + (债务收入 - 债务支出)$$

公式中,经常收入是指政府通过税收等法定渠道所取得的财政收入;经常支出是发挥政府基本职能所安排的支出;投资支出是与固定资产形成直接有关的支出;债务收入包括国家在国内外发行的债券收入、向国外或银行的借款收入;债务支出是指还本付息的支出。显然这一公式所表示的赤字就是我国通常所说的"硬赤字",即国家通过举债手段仍未能弥补上的入不敷出硬缺口。

第二种:

$$赤字(结余) = 经常收入 - 经常支出 - 投资支出$$

按照这一口径计算,如果出现了财政赤字,说明财政在正常收入的数量规模之外,多支出了一部分资金,这部分资金通常是通过政府举债来弥补的,也就是我们所说的"软赤字"。

目前,世界各国对债务收支的处理方法是不相同的。比如,日本把国债收入列入国家收入之中,而美国等西方国家大多不把公债收入作为正常的财政收入。1993年之前,我国是采用第一种口径计算财政赤字的,在1993年以后,已经改为采用第二种口径计算财政赤字(但在付息支出的处理上仍与西方通行口径有所差别)。

(二) 财政赤字的弥补

从世界范围来看,由于各国所处的经济发展阶段不同,所实行的经济制度各异,形成财政赤字的原因和赤字计算口径不一样,因而各国弥补财政赤字的方法也有差别。归纳起来,主要有以下三种。

▶ 1. 动用往年财政结余

动用往年财政结余来弥补当年的财政赤字,虽然不会引起政府债务负担的进一步增加，但前提是须有往年财政结余的存在。而在现今世界各国政府收入普遍下降、支出普遍上升的情况下，往年财政结余的存在几乎是不可能的。可见用这种方式来弥补财政赤字，虽然说起来容易，但要做起来可就难了。

▶ 2. 向银行透支或借款

用向银行透支或借款手段来弥补财政赤字，这对政府来说是一种隐蔽的、特殊的税收，而且实行起来要比增税政策容易得多；加上又不具有国债的偿还性和负担压力，因而在特定条件下就自然成为政府的一种收益高、风险小的较佳选择。这或许容易解释为什么在出现高额财政赤字的情况下，世界上许多国家不采取增税或增发国债，而是采用向银行透支或借款的重要原因。但是，向银行透支或借款会在短期内产生一定的货币增量，增加市场上货币的流动性，加大通货膨胀的风险预期，因而也具有一定的局限性。

▶ 3. 发行公债

通过发行公债弥补财政赤字，是现代世界各国的普遍做法。尽管各国财政赤字形成原因和发债目的是不尽相同的，但各国发行国债的绝大部分实际上都是用于弥补政府财政赤字的。有些国家因为国内储蓄有限，还要向国外发债来弥补财政赤字，从而形成对国外资金市场的极大依赖，如美国等。

(三) 财政赤字对经济的影响

▶ 1. 不同理论观点

凯恩斯以前的经济学家都认为财政赤字会对经济产生"坏"的影响，因此对财政赤字基本持否定的态度。1929—1933年经济大危机后，凯恩斯及其追随者却认为，之所以会出现经济的大萧条，关键原因就在于有效需求不足，因而政府在这一时期扩大支出，实施财政赤字，不仅可以刺激有效需求，而且还可以达到促进经济发展之目的。70年代以后，由于资本主义经济中滞胀的出现，新的一些经济学派（例如，货币主义学派、理性预期学派、供给主义学派等）又开始否定凯恩斯的理论，认为财政赤字是一种公害，它不仅会引起通货膨胀，抬高利率，导致贸易经常项目的逆差，而且还会对私人投资产生排挤效应等。总之，到目前为止，对财政赤字的经济影响仍是众说纷纭，褒贬不一。

▶ 2. 一般性分析

(1) 财政赤字对货币供给量的影响。财政赤字是影响一国货币供给量的重要因素，但财政赤字并不一定导致货币供给量的增加，财政赤字对货币供给量的影响主要是由财政赤字的弥补方式及其规模决定的。①如果财政是通过银行透支或借款的方式来弥补财政赤字，一般会增加中央银行的准备金从而增加基础货币，但财政借款并不一定会引起货币供给量的过度。这是因为：一方面，随着经济的增长，货币需要与供给必然要增加，只要财政借款控制在由货币系数决定的基础货币增量的限度内，就不会有引发通货膨胀的风险；另一方面，银行在向财政贷款的同时，只要控制住贷款的总规模，也不会发生货币供给过量的问题。②如果用发行公债的方式来弥补财政赤字，它对货币供给量的影响，会依认购者的不同而不一样。一般来说，如果公债是由居民个人或企业及商业银行购买的，那只是会导致购买力的转移或替代，不会产生货币供给量增加的问题。如果公债是由中央银行认购的，那就可能会出现货币发行量过多的情况。因此，要判断财政赤字对货币供给量的影响，需要根据实际情况，区别对待。

(2) 财政赤字对总需求的影响。一般来说，财政赤字对需求的影响往往表现在规模和结构两个方面。一方面，由政府扩大购买性支出和转移性支出所造成的财政赤字可以作为新的投资需求和消费需求叠加在原有总需求水平上，从而导致总需求规模的增加。另一方面，政府也可以通过不同的弥补方式，使得财政赤字只是替代其他部门需求，在不增加总需求规模的同时只改变需求结构。

(3) 财政赤字的挤出效应和挤入效应。实行扩大政府投资的扩张性财政政策所导致的财政赤字，不仅会产生挤出效应，而且还会产生挤入效应。挤出效应是指由于政府投资的扩大，使一部分社会财富由民间部门转移到了政府部门掌握使用，从而产生了政府部门对民间部门在资源占有与使用量上的挤出。挤入效应是指当政府支出增加时，有可能带动投资需求和消费需求的增长，从而使得国民收入和私人投资有所增加。

(4) 财政赤字与国债发行。发行国债是弥补财政赤字的主要手段，也是增加财政赤字的主要因素。在政府财政收入未形成有效增长机制的情况下，如果用发行国债来弥补财政赤字，国债规模会随着财政赤字的增加而增长，从而进一步加重财政负担，最终使财政赤字与国债发行陷入恶性循环之中。因此，从财政赤字与国债发行之间的关系来看，虽然发行国债是弥补财政赤字的一种可靠来源，但国债发行的规模和结构对财政赤字也有着非常重要的影响。

(四) 财政赤字规模的衡量及依据

▶ 1. 财政赤字规模的衡量

为了揭示财政赤字对经济的影响及进行国际比较，国际上通常选择财政赤字占财政支出的比例和财政赤字占国内生产总值(GDP)的比例两个相对指标来衡量财政赤字的规模。财政赤字占财政支出的比例，也可以称为赤字依存度，说明一国在当年的总支出中有多大比例是依赖赤字支出实现的。财政赤字占国内生产总值(GDP)的比例，也可称为赤字比率，说明一国在当年以赤字支出方式动员了多大比例的社会资源。

赤字依存度的高低表明的是政府在一定时期(通常为1年)内，总支出中依赖赤字支出的程度，反映了财政本身状况的好坏。赤字依存度高，说明财政支出量很大，而与之相对应的财政收入即税收收入和其他非税收收入相对量较小。造成这种现象的原因主要有两个方面：①财政支出需要过大，导致实际财政支出超出了现行收入制度下的收入供给能力。②现行收入制度筹措收入的能力不足，不能适应经济发展的需要。总之，赤字依存度说明的是财政本身的问题，特别是说明了财政支出的需要与财政收入供给的能力之间的缺口或差距。

赤字比率的高低表明的是政府在一定时期内，动员社会资源的程度，反映了财政配置工具对经济运行的影响。如果赤字比率过高，就会对国民经济运行造成负担，这种负担主要表现在两个方面：①高赤字比率会扰乱正常的国民经济运行，特别是可能形成通货膨胀压力。②高赤字比率会形成沉重的负债负担，使将来年度的财政状况难以好转或更加恶化。

▶ 2. 确定财政赤字规模的依据

财政赤字的规模如果过大，可能会给社会经济的发展带来不良影响。适度的赤字规模则会刺激需求，带动经济增长，促进充分就业，保证国际收支平衡。那么，如何合理界定一个国家在一定时期内财政赤字的规模，就显得十分重要。确定赤字规模的依据需要考虑到社会经济和资金来源两个方面的因素。

1) 社会经济因素

从财政赤字规模的社会经济制约因素看，主要有以下几个方面。

(1) 经济增长率的提高程度。如果经济持续增长率比较高，由于本国经济的吸纳能力随着国民收入的大幅度提高而相应加强，价格水平不会出现明显上涨。所以，即使政府运用较大规模的财政赤字用于发展经济，对国民经济也没有危害，或危害很小。相反，如果经济增长率很低，即使少量的赤字，对国民经济也有可能造成危害。

(2) 国民经济各部门生产能力的未利用程度。如果在国民经济中，特别是农业和工业部门存在着大量的未利用或利用不足的人力资源和自然资源，也就是说在国民经济中还存在较大的生产能力没有被利用，那么，预算赤字可能会使闲置的资源和人力动员起来，得到充分的利用，增加本国的生产水平，而不会对国民经济运行带来通货膨胀的压力。

(3) 政府自身的管理能力。一般来说，财政赤字可能带来通货膨胀的压力。要避免这种压力，最重要的是政府有无适当而有力的管理措施和廉洁高效的管理机构。政府如果有能力通过举债和征税等手段把财政赤字的绝大部分筹集上来，那么赤字财政的实施将是成功的。同时，政府对经济体系中的物价和工资进行适当的控制，也能保证赤字财政政策发挥应有的作用。在必要时，中央银行可以采取紧缩银根和信贷管制等货币政策配合赤字财政政策来避免通货膨胀的压力，也可以采取放松银根和信贷管制等货币政策来阻碍通货紧缩的出现。

2) 资金来源因素

从财政赤字规模的资金来源制约因素来看，主要包括国际资金来源和国内的资金来源两个方面：①国际融资的限制。财政赤字的国际融资渠道主要有四种，即国际援助、优惠贷款、商业贷款和外债拖欠。前两种方式可以使赤字国(债务国)不负任何或少负财政负担使赤字得到部分弥补，所以比较好，赤字国应尽可能地争取这类国际融资方式。但一国在一定期间内可供利用的外援和优惠贷款的规模主要取决于债权国。商业贷款虽然比较容易得到，但它成本高、风险大，如果超过一定规模，会发生外债危机。因此，利用这种融资方式的关键就是要掌握好借款的总额度。②国内融资的限制。最基本的国内融资形式是向公众举债和向银行借债。国内融资规模可以分两部分进行讨论：一是国债(中央政府发行的国内公债)融资的规模，二是货币融资的规模。衡量国债规模是否合理，衡量的四个指标在国家公债一章中已提及过，在此不再赘述。倘若政府向中央银行借债，那么，赤字融资就非常容易，但这新种融资方式的危险性也最大。因为这种融资方式会直接导致货币扩张，若货币扩张提高一般价格水平，那么就会降低货币单位的实际价值。正如弗里德曼所指出的那样，这种实际价值的减少可以看成是对货币持有者的课税——通货膨胀税。

需要强调的是：①无论在哪个国家，财政赤字不仅仅是经济问题，也是棘手的政治问题，是经济与政治的接合点。只要一定时期内的财政赤字规模(以及由此导致的公债规模)促进了经济增长，提高了人民生活水平，并且没有引起政治危机，那么，这种赤字规模就可以说是适度的。②只有全面考虑一国自身的政治制度、经济发展阶段、社会文化传统等种种复杂因素，选择科学的方法，才能真正确定合理的财政赤字规模。然而，到目前为止，理论界还没有找到公认的科学方法。

【专题 15-1】

各国财政陷入"赤色潮"

2009 年 9 月《经济学人》杂志就开始关注因政府财政赤字带来的全球债务危机，建立了一个"全球政府债务钟"，实时获悉全球公债情况。截至 2011 年 7 月，全世界 86 个国家和地区的债务总和接近 45 万亿美元。"债务钟"显示，包括美国、加拿大、日本及欧元区是负债状况最糟糕的国家。国际金融协会（IIF）近来发布的全球债务数据更是令人吃惊，2018 年第一季度，全球债务从 2017 年 12 月 31 日的 238 万亿美元增至历史新高 247 万亿美元，同比增长 11.1%；截至 2018 年第三季度初，全球债务已经占全球 GDP 的 318%。截至 2018 年 9 月 30 日结束的 2018 财年，美国政府财政赤字较 2017 年同期扩大 17%，达到 7820 亿美元，创下 2012 年以来的新高。穆迪投资公司的警告称，若美国经济增长低于预期，或政府不采取更严措施解决赤字，美国所处最高级 AAA 级主权信用评级将承受压力。虽然中国的财政赤字相对来说比较低，但根据 2017 年政府的财政预算报告，当年赤字规模也达到了 30 492.72 亿元人民币，约占国内生产总值（GDP）的 3.69%。

早在 2010 年 2 月 8 日出版的《福布斯》杂志封面以"全球债务炸弹"为题，对全球债务持续膨胀现象进行了探讨。分析认为，一方面因债务国财政收支境况差，不得不"借债度日"；另一方面因经济衰退导致政府需要发更多债，依靠公共开支刺激经济。对全球来说，如果各国 GDP 不能以正常的速度保持增长，新旧债务必然压制经济增长，而低增长又让偿还债务陷入难以为继的恶性循环，这是一种可怕的结局。为了防止陷入债务危机的恶性循环，负债大国需要约束自己和改变不良开支行为。一旦大量债务到了偿还期限却无力偿还之时，就会重演类似迪拜一样的债务危机，导致美国等一批债务国"走向地狱"。①

第二节 财政政策

财政政策是国家根据客观经济规律的要求，为达到一定目的制定的指导财政工作的基本方针和准则。财政政策，同其他任何政策一样，属于经济上层建筑范畴，是基于人们对财政经济规律的认识，在一定的理论指导下制定的。

一、财政政策的类型

根据财政政策在调节宏观经济活动中所起的不同作用，现代经济学从不同角度对财政政策进行了划分，这里重点介绍两种基本的分类方法：如果根据财政政策在调节社会总需求过程中发挥作用方式的不同，可以分为自动稳定的财政政策和相机抉择的财政政策；如

---

① 资料来源：http://www.sina.com.cn. 全球出现"赤字潮"经济复苏蒙阴影。

果根据财政政策在调节国民经济总量方面的不同功能,可以分为扩张性财政政策、紧缩性财政政策和中性财政政策。

(一)自动稳定的财政政策和相机抉择的财政政策

▶ 1. 自动稳定的财政政策

自动稳定的财政政策是指财政的某些制度性安排能够自动促进总需求和总供给的平衡,如累进个人所得税、失业救济金、福利计划和社会救助支出等。这些财政政策都要遵照法律规定的收入和支出制度自动执行,财政收支的升降自动由经济周期的波动所决定。在没有改变相关法规之前,一旦某些经济现象出现,这些财政收支就需要发生,政府无法凭借自身的权力去左右和变更这些财政收支。财政政策的自动稳定器功能主要表现在以下两个方面。

(1)税收的自动稳定功能。累进征收的个人所得税制,对经济活动水平的变化相当敏感。调节机理是将纳税人的收入与适用的累进税率挂钩,即纳税人收入越多,累进所得税的边际税率越高。这样,当经济繁荣、总需求增加时,所得税税额就会相应增加,私人部门的总需求就会相应降低,税收对总需求就有了一种自动抑制的功能;反之,当经济萧条、纳税人的收入水平下降、总需求萎缩时,累进所得税的边际税率就会自动下降,税收收入也会随之自动下降,从而导致总需求扩大,有助于抑制国民收入的进一步下降。

(2)转移支付制度的自动稳定功能。政府的转移支付水平一般与社会成员的收入呈逆相关。经济增长速度越快,就业岗位越多,社会成员的收入水平越高,进入社会保障范围的人数越少,社会保障支出的数额就会自动减少,以转移支付形式形成的总需求也会相应减少;反之,则会相应增加。这样,政府的转移支付机制随着经济发展的兴衰,自动增加或减少社会保障支出和财政补贴数额,就能够自动起到调节总需求、熨平经济波动的作用。

自动稳定器是保证宏观经济正常运行的第一道防线,它能够在一定程度上熨平宏观经济的周期性波动,却无法完全消除宏观经济波动所产生的负面影响。

▶ 2. 相机抉择的财政政策

相机抉择的财政政策是指政府根据总需求和总供给的现实情况,灵活改变税收和财政支出,以达到实现总供求、熨平经济波动的目标。按照早期的财政政策理论,相机抉择的财政政策包括汲水政策和补偿政策。

(1)汲水政策(pump priming policy),是指在经济萧条时增加一定数额的公共投资,促使经济自动恢复活力。汲水政策有四个特点:①它是一种诱导景气复苏的政策,即以经济本身具有的自发恢复能力为前提的治理萧条的政策。②它的载体是公共投资,以扩大公共投资规模作为启动民间投资的手段。③财政支出规模是有限的,不进行超额的支出,只要使民间投资恢复活力即可。④汲水政策是一种短期的财政政策,随着经济萧条的消失而不复存在。

(2)补偿政策(compensatory policy),是指政府有意识地从当时经济状态的反方向出发,调节景气变动幅度的财政政策,以达到稳定经济的目的。比如,在经济繁荣时期,为了减少通货膨胀因素,政府通过增收节支等政策,抑制和减少民间的过剩需求;在经济衰退时期,为了减少通货紧缩,政府又需要通过增支减收的政策来增加消费和投资需求,谋求整个社会经济有效需求的增加。

(二)扩张性财政政策、紧缩性财政政策和中性财政政策

▶ 1. 扩张性的财政政策

扩张性财政政策,又称膨胀性财政政策或宽松的财政政策,是指通过财政收支活动对社会总需求有拉动刺激性作用的政策。在社会总需求不足的情况下,政府通常采取扩张性财政政策,通过减税、增加财政支出等手段刺激总需求增加,缩小社会总需求与社会总供给之间的差距。一般来说,减税可以增加民间的可支配收入,是扩大民间社会需求的重要途径。财政支出规模的扩大,是社会总需求增加的直接构成因素。在减税和增加政府支出并举的情况下,扩张性财政政策一般容易导致财政赤字,从这个意义上说,扩张性财政政策等同于赤字财政政策。

▶ 2. 紧缩性的财政政策

紧缩性财政政策是指通过财政政策收支活动对社会总需求有减少和抑制性作用的政策。在社会总需求规模大于社会总供给,出现需求膨胀的情况下,政府通常是采取紧缩的财政政策,通过增加税收、减少财政支出等手段来减少或者抑制社会总需求,以达到促进总供给与总需求平衡的目标。增加税收可以减少民间的可支配收入,降低他们的消费需求和投资能力,减少财政支出可以降低政府的消费需求和投资需求。无论是增税收还是减少政府开支,都是抑制消费膨胀和投资膨胀的有效措施。如果在一定的经济状态下,增税与减支同时并举,就有可能出现财政盈余,在一定程度上,紧缩的财政政策等同于盈余的财政政策。

▶ 3. 中性财政政策

中性财政政策是指通过财政收支的大体平衡,以保持社会总需求与总供给基本平衡的政策。这时政府的财政收支活动不对社会总需求产生扩张性或抑制性影响。政策功能在于保持社会总供求的同步增长,以维持社会总供求对比的既定格局。由于政策实施表现为财政收支在数量上基本一致,因此,中性财政政策对社会总供求关系不具有倾向性的调节作用。

另外,财政政策还有一些其他分类,如表 15-1 所示。

表 15-1 财政政策类型的划分

分类方法	分类内容	政策含义
根据财政政策对总供给的影响进行分类	刺激性财政政策	是指通过某些财政手段的应用,以达到刺激供给的财政政策
	限制性财政政策	是指通过某些财政手段的应用,以达到限制供给的财政政策
根据财政政策调节的对象进行分类	宏观财政政策	是指在财政收支活动中,通过财政收支量的变化对整个国民经济进行调节的政策。包括:(1)扩张性财政政策。(2)紧缩性财政政策。(3)均衡性财政政策。(4)补偿性财政政策。(5)积累与消费差别政策
	微观财政政策	是指对宏观财政政策的补充和配合,在微观层面上进行具体实施的各种政策。它在调整方向和效果上比宏观财政政策更有针对性和直接性,因而便于实现政府的一些具体的财政目标。包括:(1)固定资产折旧政策。(2)投资抵免政策。(3)资本利得税政策。(4)行业津贴(补贴)政策。(5)非营利基础设施建设政策。(6)工业布局合理化政策。(7)人才资源开发政策

续表

分类方法	分类内容	政策含义
根据财政收支两方面进行分类	财政收入政策	是指增加政府收入的政策，如税收政策、公债政策等
	财政支出政策	是指增加政府支出的政策，如补贴政策、投资政策等
根据财政政策调节的需要进行分类	总量调节政策	是指为了调节社会总供给与总需求的平衡，采取的调整财政收支总量关系的政策
	结构调节政策	是指为了调节社会供给结构与需求结构的平衡，采取的调整财政收入结构和财政支出结构的政策
	利益调节政策	是指为了调节社会经济利益关系，采取的调整财政收支变动的基本政策
根据财政政策调节对象的动态性进行分类	存量财政政策	是指通过对资产存量、收入存量、利益存量等进行合理分布和调整的基本政策
	增量财政政策	是指通过对新增的财政分配部分，如新增盈利、新增留利、新增资金等进行合理调节的基本政策

二、财政政策的目标

财政政策的目标是多元化的，但从根本上说，是为了保持国民经济持续、快速、健康发展和满足人民群众日益增长的物质和文化生活的需要。但从具体目标来看，不同国家不同时期，财政政策的目标是不同的。

（一）财政政策目标的内容

按照国际惯例，各国政府一般都是把充分就业、稳定物价、促进经济稳定增长和保持国际收支平衡作为财政政策的主要目标。

▶ 1. 充分就业

充分就业并不意味着没有失业现象，是把失业率限定在一定范围内。由于价值观念的不同，充分就业在具体的数量指标上各不相同。较为保守的一些经济学家认为失业率在2%~3%以下即为充分就业；有些经济学家认为只要失业率低于5%就可以算是充分就业。现在，大多数经济学家认为失业率不超过4%就是充分就业。当实际失业率超出该标准时，就应采取各种政策手段予以调节，增加就业机会，以确保社会经济的稳定。

理论上，一般把失业划分为四种类型：

（1）摩擦性失业指在短期内，由于信息流动的不畅或者获得信息花费的成本较高，社会中总有一部分人员处于寻找工作的状态，这部分失业人口被称为摩擦性失业人口。

（2）结构性失业指劳动力的供给与需求在职业、技能、地区分布等结构上的长期不协调所引起的失业。

（3）季节性失业指某些行业的生产因季节性变化产生间歇性的需求不足所造成的失业。这种失业带有某种规律性，除非在淡季使工人及时转到另一行业，否则这种失业是不可避免的。

（4）周期性失业是指由于经济周期的存在，某些时期市场中对商品和劳务的总需求不足所导致的失业。

前三种失业的存在可能与劳动力市场和商品市场的实际结构性特征有关，也可能与市场信息的不完全性、寻找工作的成本和劳动力转移的成本有关，由这些因素引起的失业称为自然失业。自然失业与周期性失业相对应，后者是经济萧条时期出现的失业，经济复苏之后可以慢慢消失，但是自然失业是难以通过反周期的办法来消除的。

2. 物价稳定

物价稳定是相对于通货膨胀与通货紧缩而言的。通货膨胀会使得各种商品和劳务、各种生产要素及各种债务的价格并非按照同一比例变动，这种通货膨胀的非均衡性能给经济生活带来不良的影响。它既会导致社会资源的配置失当，也会引起收入和财富的再分配，损害某些集团的利益。因此，抑制通货膨胀、稳定物价水平成为财政政策的主要目标之一。当然，抑制通货膨胀并不等于将价格总水平的增长控制为零。一般认为，温和的通货膨胀能在一定程度上刺激投资，是加速经济增长的润滑剂。通货紧缩则会严重挫伤经营者的信心，抑制企业的投资积极性，降低经济效率。因此，客观上要求政府利用财政收支与总供求之间的内在联系，既抑制通货膨胀，又防止通货紧缩。从许多国家的实践经验来看，当经济增长能够达到潜在的或合理的水平时，价格总水平上涨的幅度控制在2%～3%是比较理想的。

3. 经济稳定增长

经济增长是指在一个特定时期内，社会所生产的总产量和总收入或人均生产量与人均收入的持续增长，经济增长关键是保持合理的增长速度。首先，在市场经济中，经济运行的周期性是无法避免的。市场经济的历史表明，市场有可能通过自身的力量摆脱经济危机，但要耗时较多，生产力受到的破坏也较为严重。财政政策有可能通过政策工具的调节，减缓经济周期带来的波动，避免经济的大起大落，促进经济的稳定增长。另外，当前国际竞争越来越激烈，世界上许多国家和地区都采取措施，加快本国经济增长的速度。合理的财政政策就是其中的必要手段。当然适度经济增长速度的确定，需要根据客观实际的可能，量力而行，讲求实效。

4. 国际收支平衡

国际收支平衡，主要是指资本流出、流入的平衡和进出口的平衡。在经济生活国际化的社会，国际收支是否平衡对于社会总供求的平衡、国内货币稳定、经济发展都有着重要的影响。从国际收支造成的经济影响来看，各国政府更关心的是国际收支赤字。长期的国际收支赤字不仅会导致国际储备不断减少，本币地位不断下降，而且还会削弱国家在世界经济中的地位。因此，在国际交往中，政府一定要将外汇收支差额控制在合理的范围之内，既保持一定的外汇结存又不能结存太多。同时，在利用外资、举借外债时，要保持适度的规模。

（二）各政策目标之间的关系

（1）充分就业与物价稳定之间就有可能发生矛盾。按照标准的凯恩斯理论的宏观经济分析，充分就业与物价稳定之间本来是可以协调的，因为需求不足会引起失业，过度需求又会引起通货膨胀。因此，只要消除了需求不足而又不造成过度需求，既可实现充分就业，又能保持物价基本稳定。但经济运行的现实往往是在充分就业之前，社会上的物价就已经上涨了，在这种情况下，并不存在有效需求不足问题，如果这时候再实行扩张性的财政政策来扩大就业，只能进一步地加重通货膨胀。

（2）物价稳定与经济增长之间的矛盾。本来物价稳定是有利于促进经济增长的，但在市场经济中，由于物价稳定通常以牺牲充分就业为代价，充分就业才是促使经济增长的主要动力，这样在物价稳定和经济增长之间便产生了矛盾。

（3）充分就业、物价稳定及经济增长目标同国际收支目标也有矛盾冲突。如前所述，充分就业通常带来物价上涨和通货膨胀，而通货膨胀通常导致经济的不稳定，经济的不稳定就不利于扩大出口，也不利于吸引外资，从而给国际收支平衡带来了威胁。

既然财政政策的各项目标之间存在着上述的冲突与矛盾，这就要求政策制定者要么确定重点的政策目标，或者对这些政策目标进行协调。由于不同流派的经济学家，对财政政策目标有着不同的理解。例如，凯恩斯主义者比较重视充分就业与经济增长，货币主义者则较为重视物价稳定，这些分歧对一国财政政策目标的确定都有相当的影响。因此，政策制定者应根据不同时期的经济形势有所侧重，并尽量做到统筹兼顾，寻求一个最佳政策工具的组合模式。

【专题 15-2】

部分主要宏观经济指标解读

1. GDP

GDP是最受关注的宏观经济统计数据，是衡量国民经济发展情况的重要指标。GDP增速越快表明经济发展越快，增速越慢表明经济发展越慢，GDP负增长表明经济陷入衰退。

2. 社会消费品零售总额

社会消费品零售总额反映国内消费支出情况，对判断国民经济现状和前景具有重要的指导作用。社会消费品零售总额提升，表明消费支出增加，经济情况较好；社会消费品零售总额下降，表明经济景气趋缓或不佳。

3. 进出口额

对外贸易额占中国GDP比重达到60%以上，对中国经济影响巨大。欧美日经济危机，宏观经济指标持续时间越长，对中国实体经济出口量的冲击越大。

4. CPI，PPI，原材料、燃料和动力购进价格指数

CPI是反映与居民生活有关的产品及劳务价格变动的综合指标，通常作为观察通货膨胀或紧缩的重要指标。与货币供应量等其他指标数据相结合，能够更准确的判断通货膨胀或紧缩状况。

PPI主要用于衡量各种商品在不同生产阶段的价格变化情况，与CPI一样，是观察通货膨胀或紧缩的重要指标。一般认为，PPI对CPI具有一定的传导作用。

原材料、燃料和动力购进价格指数反映工业企业从物资交易市场和能源、原材料生产企业购买原材料、燃料和动力产品时所支付价格水平的变动趋势和程度。该指标对PPI具有一定的传导作用。

5. 储蓄存款余额

储蓄率是指个人可支配收入总额中储蓄所占的百分比，是分析居民储蓄的另一个角度。高储蓄率为经济发展提供了重要的资金来源，同时也导致了内需不足、银行系统性风险增加等问题。

6. 存贷款基准利率、汇率和外汇储备

基准利率是利率市场化的重要前提之一，在利率市场化条件下，融资者衡量融资成本，投资者计算投资收益，及管理层对宏观经济的调控，客观上都要求有一个普遍公认的基准利率水平做参考。所以，从某种意义上讲，基准利率是利率市场化机制形成的核心。

汇率是一个国家的货币折算成另一个国家货币的比率，是一种货币用另一种货币表示出来的价格。汇率变动受到经济、政治等多种因素影响，其中的经济因素集中到一点，就是国家的经济实力。

外汇储备（Foreign Exchange Reserve），又称外汇存底，指一国政府所持有的国际储备资产中的外汇部分，即一国政府保有的以外币表示的债权，是一个国家货币当局持有并可以随时兑换外国货币的资产。

7. 采购经理指数（PMI）

采购经理指数是一套综合性指标体系，因所选指标具有先导性，所以成为经济运行监测的先行指标。制造业PMI体系包括PMI综合指数和其他扩散指数，PMI综合指数由生产、新订单、产成品库存、从业人员、供应商配送时间等五个主要扩散指数加权而成；其他扩散指数包括采购量、积压订单、新出口订单、进口、购进价格、原材料库存等。PMI综合指数高于50%表示比上月增长，低于50%表示比上月下降。非制造业PMI由商务活动、新订单、新出口订单、积压订单、存货、中间投入价格、收费价格、从业人员、供应商配送时间、业务活动预期十项扩散指数构成。由于没有合成指数，国际上通常用商务活动指数来反映非制造业经济发展的总体情况，一般来说该指数达到50%以上反映非制造业经济上升或增长；低于50%反映非制造业经济下降或回落。

三、财政政策的工具

财政政策目标的实现，依赖于相应的政策工具或手段。一般说来，可供选择的财政政策工具主要包括税收、财政支出、公债和财政预算等。

（一）税收

税收作为调节手段，一是调节社会总供给和总需求的关系，二是调节收入分配关系。总供求关系的调节主要通过自动稳定机制和相机抉择两个过程实现。前者是在既定税收制度和政策下，由经济的内在运行规律进行支配；后者是政府根据经济形势的发展变化，有目的地调整税收制度和政策。在经济繁荣时期，国民收入增加，税收收入自动增加，个人可支配收入减少，这在一定程度上减轻了需求过旺的压力；此时如果总需求和总供给的缺口仍然很大，政府则要采取相机抉择的税收政策，如扩大税基、提高税率、减少税收优惠等。在经济衰退时期，国民收入下降，税收收入会自动减少，增加个人可支配收入，这在一定程度上缓解有效需求不足的矛盾；此时如果经济仍然不景气，政府就可采用相机抉择的税收政策，如缩小税基、降低税率、增加税收优惠等。

（二）财政支出

▶ 1. 购买性支出

购买性支出可分为财政投资支出和财政消费支出。财政投资支出是中央政府和地方政府用于固定资产方面的支出，它的特点是投资规模大，投资方向集中在基础设施、公共事业等项目上，投资目标非营利性，资金来源于税收和公债。政府通过财政投资，可以扩大或缩小社会总需求，调整国民经济结构，改善社会投资环境，以刺激私人投资。财政消费支出是中央政府和地方政府用于产品和劳务的经常性支出，由国防、文教卫生及其他政府活动等支出内容构成。政府通过消费政策可以直接增加或减少社会总需求，引导私人生产发展方向，调节经济周期性波动。购买性支出的增减，将直接影响个人收入的增减和社会总消费的增减，进而影响到国民收入的增减。影响程度取决于政府购买乘数的大小。可见，购买性支出作为财政政策的工具，是实现反经济周期的手段之一。

▶ 2. 转移性支出

转移性支出按用途不同可分为社会救助与保险支出、财政补贴支出两类。前者占财政支出的比例远大于后者。社会救助支出是将一部分财政资金无偿转移到低收入阶层，以保障其最低生活需要；社会保险支出则是为了保障人们的基本生活需要。社会救助和社会保险政策，是实现收入公平分配的主要工具。财政补贴可分为消费性补贴和生产性补贴。二者的调节效果有所区别。消费性补贴是对人们日常生活用品的价格补贴，作用是直接增加消费者的可支配收入，鼓励消费者增加消费需求。生产性补贴主要是对生产者的特定生产投资活动的补贴，如生产资料价格补贴、利息补贴等，作用等同于对生产者实施减税政策，可直接增加生产者的收入，从而提高生产者的投资和供给能力。因此，在有效需求不足时，主要增加消费性补贴；在总供给不足时，主要增加生产性补贴，可以在一定程度上缓和供求矛盾。

（三）公债

当经济萧条时，政府可以通过以下几个方面的国债政策来扩大总需求：(1)增加短期国债的发行来提高社会资金的流动。(2)通过向银行发行国债，促使银行扩大信贷规模。(3)调低国债的发行利率，带动金融市场利率水平的下降。(4)政府大量买进债券，刺激国债价格上升。由于国债价格与利率呈反方向变化，这一行为将使利率水平下降。这些措施都有利于刺激投资需求和消费需求，实现供求平衡。当经济过热时，可以采取相反的措施加以调节。

（四）财政预算

预算调节经济的作用主要反映在财政收支的规模和收支差额上。赤字预算体现的是一种扩张性财政政策，在有效需求不足时，可以对总需求的增长起到刺激作用。盈余预算体现的是紧缩性财政政策。在总需求过旺时，对需求膨胀起到有效的抑制作用。平衡预算体现的是一种中性财政政策，在总需求和总供给相适应时，可以保持总需求的稳定增长。财政预算主要用于提高充分就业水平，稳定价格，促进经济增长及约束政府的不必要开支。

四、财政政策的传导机制

财政政策目标的实现是由众多的财政工具借助于中介媒体的传导，最终作用于经济而完成的。传导财政政策的媒体主要有收入分配、货币供应和价格等。

收入分配表现在各个方面，针对财政政策传导分析而言，主要表现为对企业利润收入和个人收入分配的影响。政府支出政策特别是消耗性支出和公共工程支出，都会最终增加企业收入，税率的调整也会直接影响企业的税后利润水平。财政政策对个人收入分配的影响主要体现在会改变居民个人实际支配收入的变化上。调高或者是调低税率最终会减少或者是增加个人实际支配收入，增加或者是减少补贴，则会增加或者减少居民可实际支配的收入。居民个人收入的变化会影响消费行为和储蓄行为及劳动的积极性，在一定程度上可能导致人们在工作和休闲之间的重新选择。

财政采取的扩张性政策通常都具有货币扩张效应，采取紧缩性政策则会引起货币紧缩的效应，从而最终对社会供求总量平衡和经济的发展产生影响。

价格是在市场经济条件下引导资源配置的最为灵活的杠杆，财政支出政策所引起的某些商品价格变动，甚至或是扩张性财政政策所产生的货币扩张效应最终都会引起价格的变动，从而对经济产生影响，实现财政政策目的。

第三节 财政政策与货币政策的配合

财政政策和货币政策是国家调控宏观经济的两个基本手段。由于两者在调节经济的活动中发挥的作用不同，所以要达到理想的调控效果，需要将财政政策和货币政策协调配合运用。

一、货币政策概述

货币政策是指国家为实现一定的宏观经济目标所制定的货币供应和货币流通组织管理的基本准则。货币政策的内容，包括稳定货币的目标和实现这些目标的政策手段。它是由信贷政策、利率政策、汇率政策等具体政策构成的一个有机的政策体系。

（一）货币政策的工具

一般性货币政策的工具主要是法定存款准备金、再贴现率和公开市场业务，俗称"三大法宝"。

▶ 1. 法定存款准备金

商业银行等金融机构按照规定的比率，将所吸收存款的一部分交存中央银行，自身不得使用。应交存的比率称为法定存款准备率。

中央银行可以通过调高或调低法定存款准备率，来增加或减少商业银行应交存到中央银行的存款准备金，从而影响商业银行的贷款能力和派生存款能力，以达到调节货币供应量的目的。如果中央银行调低法定存款准备率，商业银行可以减少上交存款准备金的数量，相应增强贷款能力扩大贷款规模，通过存款的倍数效应扩大货币供应量；反之，则会缩减货币供应量。

▶ 2. 再贴现率

再贴现率是指商业银行向中央银行办理商业票据再贴现时所使用的利率。中央银行可以通过调高或调低贴现率的办法来影响商业银行的贷款规模。如果中央银行调低贴现率，降低商业银行向中央银行借入资金的成本，这样商业银行也可以调低贷款利率，从而起到刺激企业贷款需求、扩大商业银行贷款规模和扩大货币供应量的作用；反之，则会通过调高贴现率的办法缩减商业银行贷款规模减少货币供应量。

▶ 3. 公开市场业务

公开市场业务是指中央银行通过证券经纪人在金融市场上买进或卖出有价证券进而调节货币供应量的一种方式。比如，中央银行买进有价证券，实际上相应地向流通领域注入了货币，增加了流通中的货币供应量，增加商业银行的可贷资金来源，有利于企业投资。另一方面它还可以提高证券的价格，刺激人们对证券的需求；反之，政府卖出证券，则可以起到减少市场货币供应的作用。

除上述传统手段外，西方国家还经常地辅以其他调节手段，如道义劝告、行政干预和金融检查等。

(二) 货币政策的传导机制

货币政策的传导机制一般包括两个层次：第一个层次是中央银行运用各种调节手段，以影响商业银行的行为。商业银行对中央银行的行为做出反应，相应调整对企业居民的贷款规模；第二个层次是企业居民对商业银行的行为做出反应，相应调整投资支出和消费支出，最终影响社会总需求，从而实现货币政策目标。

二、财政政策与货币政策相互配合的必要性

财政政策与货币政策相互配合的必要性是由财政政策与货币政策的不同特点决定的。

(一) 政策目标的侧重点不同

财政政策直接作用于社会经济结构，间接作用于供需总量平衡；货币政策则直接作用于经济总量，间接作用于经济结构。从财政政策看，它对总供给的调节，首先表现为对经济结构的调节，财政政策对总需求的调节主要通过扩大或缩小支出规模，达到增加或抑制社会总需求的目的，但这种调节从根本上说也是以调节社会经济结构为前提的。货币政策则通过货币投放和再贷款等措施控制基础货币量，通过存款准备金率和再贴现率等手段控制货币乘数，实现对社会总需求的直接调节，达到稳定货币和稳定物价的目的。当然货币政策也可以根据国家产业政策，通过选择贷款方向，间接对结构发生调节作用。

(二) 财政和货币政策作用机制不同

财政政策更多地偏重于公平。财政政策是影响和制约社会总产品和国民收入分配的重要环节，它的主要责任是直接参与国民收入的分配并对集中起来的国民收入在全社会范围内进行再分配，调节各经济主体间的利益差别，保持适当合理的分配差距，以防止过度的收入悬殊，并从收入和支出两部分影响社会总需求的形成。货币政策则更多地偏重于效率。货币政策的实施是国家再分配货币资金的主要渠道，是在国民收入分配和财政再分配基础上的一种再分配，主要是通过信贷规模的伸缩来影响消费需求和投资需求，进而引导资源流向效益好的领域。

（三）财政政策和货币政策调节的领域不同

财政政策主要通过参与社会产品和国民收入的分配来实现对国民经济的调节。货币政策主要从流通领域出发对国民经济进行调节。货币政策的核心内容是通过货币供应量的调节来对国民经济施以影响，功能是向流通领域提供既能满足经济发展需要，又能保证物价稳定的流通手段和支付手段。

三、财政政策与货币政策的配合模式

由于财政政策与货币政策对总需求结构会产生不同的影响，对产出和利率水平也会产生不同的影响，因此只有将两者有效地结合起来，以一方优势弥补另一方的不足，才能更好地发挥对宏观经济的调控作用。在不同的经济状况下，财政政策和货币政策可以有多种不同的配合方式。

财政政策与货币政策的配合使用，一般有四类组合形式：（1）松的财政政策和松的货币政策，即"双松"政策。在社会总需求严重不足，生产能力和生产资源大量闲置的情况下，宜于选择这种政策组合，从而刺激经济增长，扩大就业。调控力度过大、过猛，也可能带来严重的通货膨胀。（2）紧的财政政策与紧的货币政策，即"双紧"政策。这种政策组合可以用来治理需求膨胀与通货膨胀，但调控力度过大、过猛，也可造成通货紧缩、经济停滞甚至滑坡。（3）紧的财政政策和松的货币政策。这种政策组合效应是在控制通货膨胀的同时，保持适度的经济增长。（4）松的财政政策和紧的货币政策。长期运用这种政策组合，会积累大量的财政赤字。紧的政策措施和松的政策措施有时是相互补充的。在对总需求和总供给进行调节时，需要考虑它们的结构情况，不能简单地运用松或紧的政策措施。同时还应注意到，调节需求的措施容易迅速奏效，而影响供给的措施要经历一个过程才能见效。

【专题 15-3】

宏观调控政策在实践中存在的困难及局限性

（一）财政政策方面

（1）财政政策的实施会遇到公众压力。如增税一般会遭到公众的普遍反对；减少政府购买可能会引起国有企业和垄断资本的反对；对政府转移支付规模和结构的调整则会遭到不同层次地方政府和底层公众的反对。

（2）财政政策可能出现的"时滞"。财政政策的形成过程需要较长的时间。因为财政政策的变动一般是一个完整的法律过程，这个过程涉及多个政府职能部门、立法机关和多个利益集团的参与等。这样，在财政政策最终形成并付诸实践时，经济形势可能已经发生意想不到的变化。同时，财政政策实施后的效果产生时间存在快慢。如政府购买的变动对增加总需求有直接而迅速的作用，减税对增加个人可支配收入有即时的作用，但对消费支出的影响则要一定时间后才会产生。

（3）理性预期导致财政政策目标的偏离。如政府采取增支减税政策扩大总需求时，人们并不一定会把增加的收入用于增加支出，也可能转化为储蓄。除此之外，财政政策的实施，还要受到政治因素的影响。

(二) 货币政策方面

(1) 货币流通速度的稳定性。从货币市场均衡的情况看，增加或减少货币供给要影响利率的话，需要以货币流通速度不变为前提。如果这一前提并不存在，货币供给变动对经济的影响必然产生偏差。在经济繁荣时期，中央银行为抑制通货膨胀需要紧缩货币供给，或者说放慢货币供给的增长率，然而，那时公众一般说来支出会增加，而且物价上升快时，公众不愿把货币持在手上，希望尽快花费出去，从而货币流通速度会加快，这无异在流通领域增加了货币供给量。

(2) 在不同时期政策效果不同。在通货膨胀时期实行紧缩的货币政策效果相对显著，但在经济衰退时期，实行扩张的货币政策效果就不明显。厂商对经济前景普遍悲观，即使中央银行松动银根，降低利率，投资者也不肯增加贷款从事投资活动，银行基于资金风险控制，也不肯轻易放贷。因而，货币政策作为反衰退的政策，效果则相对无力。

(3) 货币政策也存在时滞。中央银行变动货币供给量，要通过影响利率，再影响投资，然后再影响就业和国民收入，因而，货币政策作用要经过相当长一段时间才会充分得到发挥。尤其是，市场利率变动以后，投资规模并不会很快发生相应变动。利率下降以后，厂商扩大生产规模，同样需要时间，利率上升以后，厂商缩小生产规模，需要的时间更长，因而，货币政策的实施效果往往会与显示经济的货币政策需求存在偏差。

本章小结

财政平衡是指财政收支在量上的对比关系。实际经济生活中，财政收支相等的情况几乎是不存在的。导致财政收支不平衡的原因包括外部冲击、税制缺乏弹性、厂商的经营状况等因素。财政赤字是指财政年度中财政支出大于财政收入导致的财政不平衡的一种财政现象，它反映了财政年度内国家财政收入入不敷出的基本状况。财政发生赤字后，需要采用一定的方法予以弥补。一般来说，弥补财政赤字的方法主要有增加税收、发行公债和增发货币等。

财政政策是指国家为实现一定目标对财政收支进行的决策。财政政策的具体目标一般包括充分就业、物价稳定、经济稳定增长和国际收支平衡。工具包括税收、支出、公债和政府预算等。

财政政策和货币政策是国家调控宏观经济的两个基本手段。由于两者在调节经济的活动中发挥的作用不同，所以要达到理想的调控效果，需要将财政政策和货币政策协调配合运用。二者的搭配有双松、双紧、一松一紧和一紧一松四种模式。

关键词

财政平衡　财政赤字　硬赤字　软赤字　自动稳定财政政策　汲水政策　补偿政策　扩张的财政政策　紧缩的财政政策　充分就业　公开市场业务

> **思考题**
>
> 1. 何为财政平衡？对此问题应该如何理解？
> 2. 财政赤字是如何形成的？弥补的手段包括哪些？
> 3. 对于财政赤字不同的学者有着不同的看法，通过财政赤字对于经济影响的分析，谈一下你对财政赤字的看法？
> 4. 财政政策的具体目标有哪些？可动用的财政政策工具有哪些？
> 5. 根据近些年来我国财政与货币政策配合的实践，来谈一下财政政策与货币政策各自的特点及搭配方式。

案例讨论

案例一：2017中央经济工作会议指出，党的十八大以来，我国经济实力再上新台阶，经济年均增长7.1%，经济发展进入了新时代，基本特征是我国经济已由高速增长阶段转向高质量发展阶段。稳中求进工作总基调是治国理政的重要原则，要长期坚持。积极的财政政策取向不变，调整优化财政支出结构，确保对重点领域和项目的支持力度，压缩一般性支出，切实加强地方政府债务管理。2018年3月5日，国务院总理李克强做政府工作报告时指出，2018年赤字率拟按2.6%，比去年预算低0.4个百分点；财政赤字2.38万亿元，其中中央财政赤字1.55万亿元，地方财政赤字8 300亿元。这是中国多年来首次降低赤字率。他还强调，调低赤字率，主要是我国经济稳中向好、财政增收有基础，也为宏观调控留下更多政策空间。2018年10月，财政部部长刘昆接受采访时表示，积极财政政策效应正在不断显现，仅减税降费，预计全年规模就将超过1.3万亿元，推动了经济高质量发展。下一步，我国将推动加力减负、补齐短板、促进消费、节用裕民。积极的财政政策更加积极，绝不是要搞"大水漫灌"式的强刺激，而是要提高政策的前瞻性、灵活性、有效性，在扩大内需和结构调整上发挥更大作用，推动经济高质量发展。

你怎么看待这段话，它传递出怎样的信息？

案例二：2010年11月3日，美国为了拉动国内经济的复苏，启动了规模为6 000亿美元的第二轮定量宽松货币政策，这一政策导致了全球性的通货膨胀。在此情况下，中央明确指出，当前及今后一段时期内将实施积极的财政政策与稳健的货币政策为主的宏观调控组合政策。

对此，你是怎样看待当时中央这一决策的？

参考文献

[1] [美]哈维·S. 罗森. 财政学(第四版)[M]. 北京：中国人民大学出版社，2000.

[2] [美]鲍德威·威迪逊. 公共部门经济学[M]. 北京：中国人民大学出版社，2000.

[3] [美]查尔斯·I. 肯森等. 国际税收[M]. 北京：中信出版社，2003.

[4] [荷]塞尔维斯特尔·C. W. 艾芬格，雅各布·德·汉. 欧洲货币与财政政策[M]. 北京：中国人民大学出版社，2003.

[5] 陈共. 财政学[M]. 北京：中国人民大学出版社，2004.

[6] 邓子基，林志远. 财政学[M]. 北京：清华大学出版社，2005.

[7] 财政部预算司. 财政热点聚焦[M]. 北京：中国财政经济出版社，2007.

[8] 段治平，辛波. 财政与税收[M]. 北京：北京交通大学出版社，2008.

[9] 王玉华. 中国财政支出结构调整与优化——基于公共财政的框架[M]. 上海：上海三联书店，2009.

[10] 樊丽明，李齐云，陈东. 政府经济学[M]. 北京：经济科学出版社，2011.

[11] 寇铁军. 财政学教程[M]. 大连：东北财经大学出版社，2012.

[12] 陈共. 财政学[M]. 北京：中国人民大学出版社，2017.

教学支持说明

▶▶ 课件申请

尊敬的老师：

您好！感谢您选用清华大学出版社的教材！为更好地服务教学，我们为采用本书作为教材的老师提供教学辅助资源。鉴于部分资源仅提供给任课教师使用，请您直接用手机扫描下方二维码实时申请教学资源。

任课教师扫描二维码
可获取教学辅助资源

▶▶ 样书申请

为方便教师选用教材，我们为您提供免费赠送样书服务。任课教师扫描下方二维码即可获取清华大学出版社教材电子书目。在线填写个人信息，经审核认证后即可获取所选教材。我们会第一时间为您寄送样书。

任课教师扫描二维码
可获取教材电子书目

 清华大学出版社

E-mail: tupfuwu@163.com　　　　　　　　网址：http://www.tup.com.cn/
电话：8610-62770175-4506/4340　　　　　传真：8610-62775511
地址：北京市海淀区双清路学研大厦B座509室　邮编：100084